Bruno Borchert

Mystik

HERDER / SPEKTRUM

Band 4530

Das Buch

Ein Standardwerk zur Mystik, in spannender Sprache geschrieben von einem bedeutenden Fachmann. Das ist der Kern der Mystik: Das Wissen, daß alles zusammenhängt und alles im Ursprung eins ist. Die tiefe Erfahrung und Erkenntnis, daß es eine Wirklichkeit gibt, die bislang im eigenen Ich und in der umgebenden Wirklichkeit verborgen war. Die mystische Erfahrung ist unmittelbar. Sie kommt ohne Bilder, ohne Worte aus. Sie läßt sich schwer artikulieren. Und dennoch: Wenn es auch nur eine begrenzte Zahl „großer Mystiker" gibt – Menschen, die sich in Mystik wiedererkennen, ein „Gespür" für sie besitzen, gibt es um so mehr, in allen Religionen und Kulturen, nicht nur in vergangenen Epochen, sondern auch heute. Bruno Borchert legt in dem vorliegenden Band eine universale Geschichte der Mystik vor. Er beginnt mit den Erfahrungen selbst: Welches sind ihre Kennzeichen, wie wird ihnen Form gegeben? Was macht mystische Sprache aus? Wie menschlich ist Mystik? Wie ist das Verhältnis von Mystikern und Künstlern? Bruno Borchert geht solchen Fragen nach. Er liefert aber auch eine umfassende Geschichte der Mystik, setzt ein bei ihrem archaischen Ursprung, schildert ihre östliche Ausprägung, den Stellenwert der Mystik in der hellenistischen Welt und schließlich die europäische Phase in der Geschichte der Mystik. Und er fragt nach dem Weg der Mystik in der westlichen Welt des späten 20. Jahrhunderts. Mystik ist in Mode gekommen, gerät aber auch in Gefahr, zum Egotrip zu verkommen. Aber jenseits all dessen ist eine Mystik im Wachsen begriffen, die sich durch die westliche Kultur von heute herausfordern läßt und diese ihrerseits herausfordert. Borcherts Überzeugung: Nur durch eine solche neue Mystik, die Ehrfurcht bedeutet, Achtung vor der Ruhe der Natur und vor der Ordnung in sich selbst, wird es schließlich auch gelingen, Armut und Unrecht zu beheben. „Ein erstaunliches Werk, das ein Klassiker werden kann und einen in didaktischer wie in enzyklopädischer Hinsicht besonderen Platz unter den nicht so häufigen unentbehrlichen Werken zur Mystik beanspruchen darf" (Dietmar Mieth).

Der Autor

Bruno Borchert, Theologe, Karmelit und wissenschaftlicher Mitarbeiter am Titus Brandsma-Institut der Universität in Nimwegen (Niederlande). Langjährige Beschäftigung vor allem mit den Themen neuzeitliche Spiritualität, Volksfrömmigkeit, Mystik und Kunst.

Bruno Borchert

Mystik

Das Phänomen – Die Geschichte – Neue Wege

Aus dem Niederländischen übersetzt und
herausgegeben von Hugo Zulauf
Mit zahlreichen Abbildungen

Herder
Freiburg · Basel · Wien

Gedruckt auf umweltfreundlichem,
chlorfrei gebleichtem Papier

Alle Rechte vorbehalten – Printed in Germany
Verlag Herder Freiburg im Breisgau 1997
Lizenzausgabe mit freundlicher Genehmigung des Verlags Karl Robert
Langewiesche Nachfolger Hans Köster, Königstein/Taunus
Die Taschenbuchausgabe wurde mit freundlicher Genehmigung des
lizenzgebenden Verlags aus Raumgründen
geringfügig gekürzt und bearbeitet.
Herstellung: Freiburger Graphische Betriebe 1997
Umschlaggestaltung: Joseph Pölzelbauer
Umschlagmotiv: Navajas, Man in Zen Garden Temple – Kyoto, Japan
Copyright: The Image Bank, München
ISBN: 3-451-04530-0

Inhalt

I. Das Phänomen Mystik

II. Geschichte der Mystik

Ursprung

Der Osten

Iran und Israel

Die hellenistische Welt

Westeuropa

Die europäische Phase der Weltgeschichte

III. Der mystische Weg

IV. Anmerkungen

V. Anhang

I.

Das Phänomen Mystik

Das Wort „Mystik" kann so viele Bedeutungen haben, daß es nichts mehr zu bedeuten hat. Doch gibt es etwas, was einen Namen haben muß und nicht anders benannt werden kann als mit „Mystik". Es ist ein Phänomen, das offensichtlich in allen Religionen und Kulturen vorkommt, in seinen Äußerungsformen zwar verschieden, aber im Kern überall gleich: *aus Erfahrung wissen, daß alles irgendwie zusammenhängt, daß alles im Ursprung eins ist.*

Dieses Phänomen läßt sich vielleicht am besten von einem anderen Phänomen aus verstehen, das ebenfalls in allen Kulturen und Zeiten vorkommt: Verliebtheit. Auch Verliebtheit ist eine Erfahrung: Eine andere Welt dringt in unser Bewußtsein ein, man lernt jemanden auf eine ungewöhnliche Weise kennen, man erfährt Verbundenheit und sehnt sich nach Einswerdung.

Verliebtheit kann sich sehr verschieden äußern: durch Erröten, plötzliche Schwäche in den Knien, starkes Herzklopfen, man wird wahnsinnig vor Freude, blind für alles andere, es ist, als ob man schwebe. Aber sie kann sich auch viel nüchterner äußern: Man beginnt zu dichten, schüttet jedermann sein Herz aus, beginnt eine Liebschaft, oder man hüllt sich in Schweigen und fragt sich, ob man nicht dafür sorgen muß, von dieser Verliebtheit loszukommen.

Wie Verliebtheit sich auswirkt, wird auch von der unmittelbaren Umgebung abhängen. In Neapel hat man andere Möglichkeiten als in Hintertupfingen. Vor dem Krieg, als noch nichts erlaubt war, werden die Gefühle stärker gewesen sein als heute, wo alles erlaubt ist. Die Sprache der Verliebten ist auch

jeweils anders. In der Zeit der Troubadoure ist sie sehr ausdrucksvoll, weil Minne zum Wesen der Kultur gehörte, heute
ist sie karg und dürftig, weil Verliebtheit im Licht der vielen
Ehescheidungen schnell verblaßt.

Verliebtheit an sich ist nicht so wichtig. Sie ist meistens
schnell vorbei. Aber sie kann doch ein Leben von Grund auf
verändern. Man kann den Reiz der Verliebtheit immer wieder
neu erleben wollen, man kann diese Verliebtheit aber auch in
einem ruhigeren Fahrwasser zu „Liebe" werden lassen. Diese
Entwicklung von Verliebtheit zu Liebe ist ein Weg mit vielen
Hindernissen. Zu jeder Zeit und in allen Kulturen werden Lösungen dafür gesucht, die jeweils andere Kulturmuster ergeben,
wie die monogame Ehe, die Ehe mit mehr als einer Frau, die
Ehe mit einer geduldeten Mätresse, die Ehe mit der Möglichkeit der Ehescheidung, das Zusammenleben ohne Heirat. Keiner dieser Rahmen garantiert, daß man zu einer bleibenden,
tiefgehenden Liebeserfahrung kommt. Selbst dort, wo Menschen zu einer gereiften Liebe miteinander kommen wollen,
wird der Weg *gesucht* werden müssen. Rahmen können genausogut eine Hilfe wie ein Hindernis bilden.

Man ersetze „Verliebtheit" durch „mystische Erfahrung",
und damit ist Mystik als ein allgemeines Phänomen im ersten
Ansatz beschrieben. In Wirklichkeit wurde mystische Erfahrung von Mystikern selbst oft als Verliebtheit erlebt und beschrieben und ihr Leben als ein Liebesverhältnis mit der allumfassenden Wirklichkeit, welche die konkrete Alltagswirklichkeit durchdringt *und* übersteigt.

Das Wort „Mystik" weist also auf eine Erfahrung hin, aber
auch auf das, was sich aus dieser Erfahrung entwickelt. Ein *Mystiker* ist jemand, dessen Leben von dieser Erfahrung bestimmt
wird.

Wir sprechen von einem *mystischen Weg*, wenn es um die
Frage geht, wie mystische Erfahrung nachhaltiger auf das tägliche Leben einzuwirken vermag.

Mystische Theologie ist die Lehre von Gott, wie diese aus Er fahrung transparent gemacht wird. Ein *mystisches Weltbild* ist eine Ansicht von der Struktur des Kosmos, in der alles mit allem zusammenhängt. Eine *mystische Kultur* oder eine „*mystische Gegenkultur*" hat ihren Ursprung in mystischen Erfahrungen, aber wird geschaffen und getragen von Menschen, die sich selbst in dem wiedererkennen, was Mystiker als höchste Kulturwerte anstreben, ohne daß sie vielleicht selbst eine mystische Erfahrung gehabt haben.

Das Wort „Mystik" wird auch für „geheimnisvolle" oder „rätselhafte" Dinge gebraucht, für etwas, was eine besondere Atmosphäre hat (der mystische Duft eines französischen Parfüms), oder für etwas „Verschwommenes". Das sind abgeleitete Bedeutungen. Gegenüber der klaren Sprache der Wissenschaft mutet die mystische Erfahrungssprache unbeholfen, paradox, nebulos an. Erfahrungen lassen sich schwer artikulieren. Hinzu kommt noch, daß sich Mystiker oft religiöser Symbolsysteme bedienen, die für Außenstehende unverständlich sind. Zudem hat die kirchliche Wissenschaft von der Mystik dieses Phänomen als eine ganz außergewöhnliche Gnade Gottes ausgegliedert, und es ist ein starker Nachdruck auf die anomal anmutenden Begleiterscheinungen der mystischen Ekstase, wie Trance, Levitation, Stigmata usw., erfolgt. Aus etwas Nebensächlichem sind daher die Bedeutungen des Wortes Mystik hervorgegangen, wie sie etwa vom Duden genannt werden: rätselhaft, geheimnisvoll, dunkel, unergründlich.

Mystik ist nicht etwas so Außergewöhnliches. Es ist von außergewöhnlichen mystischen Erfahrungen zu berichten, und es gibt eine begrenzte Anzahl „großer Mystiker", aber unauffällige mystische Erfahrungen und mystisch orientierte Lebensläufe gibt es viele. Und Menschen, die sich in Mystik wiedererkennen, ohne selbst Erinnerungen an starke Erfahrungen zu haben, gibt es noch mehr.

Einer der ersten, der dies um die Jahrhundertwende entdeckte, war William James. Er schrieb Geschichten aus seiner Umgebung auf, legte eine Sammlung von Zeugnissen an und versuchte, in diese gewaltige Anhäufung von Emotionen Klar-

heit zu bringen. Das Resultat war das bahnbrechende Werk
„Die Vielfalt religiöser Erfahrung" [1]. Seitdem ist eine andere,
unvoreingenommene Betrachtungsweise der Mystik möglich,
befreit von theologischen Bezügen, mit klaren Unterscheidun-
gen zwischen der Erfahrung selbst und der Art und Weise, wie
diese Gestalt gewinnt, zwischen schwärmerischen Formen
und krankhaften Phänomenen einerseits und echtem Erleben
andererseits.

Bei der nun folgenden näheren Beschreibung der Mystik folgen wir der Linie von William James. Wir werden mit den Erfahrungen selbst beginnen und dabei von den Zeugnissen ausgehen: Welches sind die Kennzeichen solcher Erfahrungen, wie
wird einer solchen Erfahrung Form gegeben, welches sind deren psychosomatische Äußerungen?

Mystische Erfahrung

Noch immer wird jemand, der mystische Erfahrungen be-
kanntmachen will, zum Beispiel ein Autor, das gleiche erfahren wie William James: „Das Thema hat uns buchstäblich in
Emotionen schwelgen lassen." Wie trennt er hier die Spreu
vom Weizen? Im übrigen, kann jemand, der von emotionalen
Erlebnissen überschwemmt wird, selbst eine gewisse Klarheit
schaffen in dem, was ihm widerfährt? Ziemlich viele Mystiker
haben damit zu tun gehabt; und bei vielen läßt sich Unsicherheit verspüren darüber, was sie nun eigentlich erfahren. Früher
fragten sie sich: Stammt es vom Teufel, oder kommt es von
Gott? Heute lautet die Frage eher: Bin ich wahnsinnig, leide ich
an Einbildungen, lebe ich in Illusionen? Es ist nun einmal nicht
so, daß mystische Erfahrungen nur bei stabilen, nüchternen
Typen vorkommen.

Es läßt sich natürlich kein Leitfaden an die Hand geben, nach
dem man seine Emotionen und Erfahrungen sichten kann. Jeder Mensch ist anders, so auch jede Erfahrung. Doch ist genügend darüber reflektiert worden, sowohl von Mystikern als

auch von Wissenschaftlern, so daß wir zu einem ziemlich exakten Bild dessen kommen können, was mystische Erfahrung ist und was nicht.

DEN EMOTIONEN FREIEN RAUM GEBEN?

Mystik wird oft mit emotionalen Erlebnissen identifiziert. Das kann, muß aber nicht unbedingt richtig sein. Erweckungsbewegungen, die Pfingstbewegung, Guru-Bewegungen u. a. üben eine gewisse Anziehungskraft aus, weil sie die Teilnehmer zu starken emotionalen Erlebnissen zu bringen vermögen: in Zungen reden, charismatisch beten, die Hingabe an den Guru. Das wird erreicht durch das Ausschalten des „mind", des reflexiven kritischen Verstandes, was ein Gefühl der Befreiung und des Glücks bewirkt.

Bei Mystikern stoßen wir auf eine Wertschätzung von Glücksempfindungen. Sie gehören zum Lieben. Wenn Verliebtheit nicht so schön wäre und Liebschaft nicht ein solches Glücksempfinden verursachte, würden nicht viele es wagen, ein solches Abenteuer mit einem anderen einzugehen. Aber es ist auch nicht mehr als das, eine Begleiterscheinung. Denn das Gefühl verdorrt, das Glück schwindet, und erst dann beginnt das Liebesabenteuer richtig. Das gilt genauso für Mystik.

Auch versuchen Mystiker oft, sich selbst von Blockaden ihres Gefühls zu befreien. Der Verstand kann das Gefühl blockieren. Aber auch die Befreiung des Emotionalen kann zu einer Blockade werden, nämlich wenn das „Ich", das so sehr danach verlangt, seinen Gefühlen freien Raum zu geben, in den Mittelpunkt rückt und zu einer „Ich-Kultur" wird. Seinen Verstand zu gebrauchen gehört zum mystischen Weg dazu, und sei es auch nur „zur Unterscheidung der Geister": Welche Motive treiben uns, lieben wir unsere eigenen Emotionen, oder reicht unser Lieben weiter als das eigene „Ich"? Jedenfalls unterscheiden sich „Erweckungen" stark von mystischen Erfahrungen. Eine mystische Erfahrung ist meistens von kurzer Dauer, wird nicht wirklich erweckt, sondern widerfährt jemandem. Es ist der Durchbruch eines Bewußtseins, eines Wissens, daß es eine andere Wirklichkeit gibt, von der man zuvor keine Ahnung hatte. Der Verstand ist dabei beteiligt. Dieses Wissen wird daher auch immer „Erleuchtung" genannt. Die Übereinstimmung mit emotionalen Erfahrungen besteht darin, daß die Erkenntnis sich dem logisch denkenden Verstand entzieht und daß sie affektiv ist.

In einer mystischen Erfahrung dringt eine tiefere Schicht der Wirklichkeit in das Bewußtsein ein. Einer Wirklichkeit, die immer da war, die man aber nicht gewahrte, deren man sich nicht bewußt war. Einer Wirklichkeit, die im eigenen Ich und in der Wirklichkeit rundum gleichsam verborgen ist. Sie taucht aus der Tiefe des eigenen Ichs empor. Sie durchbricht die Grenzen des wachen Bewußtseins. In diesem Sinn wird Mystik auch „Bewußtseinserweiterung" genannt. Sie läßt sich mit Träumen vergleichen: In Bildern dringt das unbewußte „Ich" in das bewußte ein. Nur geht es um mehr als das Unbewußte. Es handelt sich um eine tiefere Schicht in unserem Wesen, dieselbe, die auch die tiefere Wirklichkeitsschicht in allen Dingen ist.

Dieser *Durchbruch* einer anderen Wirklichkeit als der des alltäglichen Lebens kann sehr verwirrend sein und starke Emotionen hervorrufen. Man weiß nicht, was einem widerfährt, man ist aus dem gewohnten Gleis alltäglichen Tuns, man ist fassungslos und wird oft von einem Glücksgefühl befallen. Aber er kann auch in tiefster Ruhe erfolgen. Langfristig auf sein Leben zurückblickend, kann man dann wie durch einen Schock erfahren, daß man aus einem tiefen Bewußtsein heraus sich selbst und die Wirklichkeit völlig anders gesehen hat. Das Eindringliche der Erfahrung wird erst hinterher erfaßt.

DER PHANTASIE FREIEN LAUF LASSEN?
Mystische Erfahrungen werden manchmal auch mit Visionen, dem Erfahren „geheimer Kräfte" identifiziert: dem Sehen von Göttern und Dämonen, von Jesus und Maria, von Ufos und außerirdischen Wesen, dem Kontakt mit Verstorbenen oder mit früheren Inkarnationen seiner selbst. Auch das können eindringliche Erfahrungen sein. Sie kommen auch bei Mystikern

vor, diese begegnen ihnen aber meist mit Mißtrauen, sehen sie manchmal als „teuflischen Sinnestrug" an, manchmal auch als Äußerungen einer tiefergehenden Erfahrung, die einen viel wesentlicheren Kern enthält. Dieser *Kern* ist aber unaussprechlich und kann nur mit vagen Bildern, wie Licht, Dunkel, Ozean, Liebe, Vater, unendlich, Nichts, Gegenwart usw., angedeutet werden. Hinsichtlich dieses Kerns bemerken wir bei Mystikern kein Gefühl der Unsicherheit; er wird als die wirklichste Wirklichkeit erfahren. Der Kern der mystischen Erfahrung ist das Durchschauen aller konkreten Formen und Gestalten bis auf ihren Grund. Dieser Grund geht eben über alle Formen hinaus. Er ist genauso der Grund des eigenen Ichs wie der der Mitmenschen, der Tiere und Pflanzen, der Erde, des Alls, Jesu und des Dämons, der Grund alles dessen, was man sich vorzustellen vermag. Visionäre Erfahrungen berühren diesen Kern oft nicht. Wenn wir C. G. Jung[2] glauben dürfen, sind es Bilder, die, aus unserem Unbewußten auftauchend, unserem wachen Bewußtsein erscheinen. Aus eigenen Ängsten und Sehnsüchten hervorgehend, die verdrängt wurden, aber möglicherweise auch aus einer tieferen Schicht, dem „kollektiven Unbewußten", in dem sich sozusagen die Erfahrungen früherer Generationen angesammelt haben. Im ersteren Fall sagt eine Vision nur etwas über die Ängste und Sehnsüchte des Sehers, der Seherin; im letzteren Fall ist die Vision ein Mythos, der uns mit vergessenen religiösen Urerfahrungen in Kontakt bringen kann. Das Sehen von Ufos sei ein solcher moderner Mythos, meint Carl Gustav Jung, der diesem ein ganzes Buch widmete.[3]

Der Phantasie freien Lauf lassen kann von Bedeutung sein, um klarzukommen mit dem, was in uns, vage und ungeformt, umgeht. In diesem Sinn ist es auch für Mystik wichtig. Aber es ist selbst keine mystische Erfahrung; es kann eine Formgebung derselben sein.

GLAUBENSERFAHRUNG?

Mystische Erfahrung wird in kirchlichen Kreisen oft mit „Glaubenserfahrung" gleichgesetzt. Man gewinnt plötzlich

Einsicht in eine bestimmte Stelle der Bibel, man sieht Zusammenhänge in Lehrsätzen. Man fühlt, daß Jesus lebt, gibt sich Gottes Willen anheim. Man lauscht seinem Wort, hört ihn reden, man weiß, was wahr ist. Man betet zu Maria und erfährt Kontakt mit ihr; man meditiert über den Himmel und fühlt sich darein versetzt. Ein erlebter Glaube! Glaube ist Wissen „vom Hörensagen", aufgrund der heiligen Schriften oder aufgrund einer Lehrinstanz, die diese interpretiert. Auf Autorität gegründeter Glaube, Glaubenserfahrung, bedeutet, daß man dieses maßgebende Wort aufgrund eigener Erfahrungen bejahen kann. Mystik dagegen heißt von innen heraus wissen. Es ist ein unmittelbares Wissen im buchstäblichen Sinn des Wortes: Es gibt keine Mittel zwischen der Wirklichkeit, die sich offenbart, und der eigenen Erfahrung, kein Wort, kein Bild, keinen Lehrsatz, keinen Gedanken. Wie bei einer Umarmung. Es handelt sich hier um ein intimes Geschehen, zwischen dem Mystiker und einer anderen Welt, die einander anziehen, fesseln, einander durch direkten Kontakt kennenlernen wollen. Um diese Intimität anzudeuten, verwenden Mystiker Bilder der Einswerdung: sexuelle Einswerdung, Vermählung. Sie sprechen von Vereinigung (unio; bei den Juden: jichud), von Gemeinschaft (communio), von Verschmelzung, Aufgehen in, „ganz aufgenommen werden von" usw. Und auch von Kontakt, Berührung, Umarmung. Das Bewußtsein von einem abgesonderten „Ich" verschwindet. Innen und Außen verfließen.

Gerade wegen dieses Aspekts der Mystik kann der Osten momentan als „mystisch" gelten. Der Buddhismus ist keine Religion, kennt keine Offenbarung und damit auch nicht den Konflikt zwischen einerseits heiligen Schriften und kirchlicher Autorität, die von Schriften aus religiöse Erfahrungen interpretiert, und andererseits persönlichen Erfahrungen, die ein vages, aber unumgängliches Wissen über das Religiöse mit sich bringen. Doch haben die Offenbarungsreligionen (Judentum, Christentum und Islam) eine mystische Tradition, die sich wider die Unterdrückung entwickelt hat und deshalb anders ist als die östliche.

Glaube und Mystik sind manchmal Gegner füreinander. Sie schließen sich aber nicht aus. Eine gegenseitige Konfrontation kann heilsam sein: für den Mystiker, um zur Klarheit hinsichtlich seiner Erfahrungen zu kommen, erst recht auch für den Gläubigen, um aus dem Zwang der Dogmen, Vorschriften und Rituale befreit zu werden und sich wieder auf die Suche nach den Erfahrungen zu machen, die ihnen zugrunde liegen.

RELIGIÖSE ERFAHRUNG?

Mystisch kann man eine religiöse Erfahrung nennen, aber nicht jede religiöse Erfahrung ist mystisch. In den institutionalisierten Religionen ist Religion oft auf Gott als Macht gerichtet. Der religiöse Mensch steht dann unter dem Gericht des machtvollen Gottes, der Opfer verlangt und Sündenböcke braucht, um versöhnt zu werden. Religiöse Erfahrung ist dann eine Erfahrung der eigenen Abhängigkeit.

Mystische Erfahrung ist jedoch eine Erfahrung von Liebe, einer Liebe, die herausfordert wie ein Partner, der nicht versöhnt, sondern begehrt wird, den wir nicht zu beschwören brauchen, um wir selbst sein zu können.

Gott als Machthaber ist die ganze Geschichte hindurch vom Menschen bekämpft worden. Die primitivste Form dieses Kampfes ist Magie. Gegenüber den übermenschlichen Mächten versucht der Mensch, die eigene Macht zu vergrößern, indem er die Macht in gute und böse Kräfte aufteilt, um sodann die ersteren für sich zu gewinnen und die letzteren mit Beschwörungen im Zaum zu halten. Dienen und Herrschen also aus ein und derselben religiösen Abhängigkeit. Durch Rituale und Opfer, Teufelsbeschwörungen und Hexenverbrennung. Manche „moderne Mystik" ist ein Rückfall in diese religiöse Machtsphäre oder eine Fortsetzung derselben auf jenen Gebieten, auf denen die Wissenschaft noch unwissend oder unkundig ist.

Die Götter sind vor allem durch die Wissenschaft besiegt. Der Mensch lernte die Struktur göttlicher Kräfte als Gesetze der Natur, als Evolutionsprozeß, als psychische Reaktionen erkennen. Er durchblickt den Kosmos jetzt bis in die fernsten Winkel des Alls und bis in den kleinsten Raum des Atoms. Gott ist hier nicht mehr zu sehen. Glaube, sofern er von einer Macht abhängig macht, und Wissenschaft sind füreinander Gegenpole.

Wissenschaft und Mystik sind das nicht: Sie sind zwei Haltungen gegenüber der Wirklichkeit, die einander ergänzen können, wenn beide ihre Grenzen erkennen, wenn Mystik die sichtbare Wirklichkeit nicht zu einer Illusion erklärt und die Wissenschaft nicht den Anspruch erhebt, auch den tiefsten Grund der Wirklichkeit erkennen zu können.

Die Wirklichkeit wird von Gesetzen beherrscht, entwickelt sich durch ein Spiel der Kräfte, wird durch das Recht des Stärkeren regiert; zugleich ist der tiefste Grund dieser Wirklichkeit nicht Macht, sondern Liebe.

Einander entgegen stehen sich jedoch magische Religiosität und Mystik: Eine Erfahrung der letzten Wirklichkeit als Macht schließt die Erfahrung, daß diese Wirklichkeit Liebe ist, aus. Magie kann übrigens auch in Mystik eindringen, wie auch Liebe sadomasochistisch oder vergewaltigend werden kann. Die Einswerdung, die beglückende Ekstase wird dann durch Methoden, bewußtseinserweiternde Mittel, Drogen erzwungen. Mystik entartet dann, macht jemanden zum Sklaven statt zum Liebenden.

KENNZEICHEN EINER MYSTISCHEN ERFAHRUNG

Für die mystische Erfahrung ist kennzeichnend, daß sie von kurzer Dauer ist, direkt, vage und allumfassend, kennzeichnend aber auch, daß sie *tief in das Leben* einschneidet und in diesem Sinn von langer Dauer ist, ein ständiger Impuls, dem Vagen Form zu geben, das Allumfassende in die Begrenztheit der konkreten Realität zu bringen, das Unmittelbare in Bildern und Worten zu vermitteln.

Die Durchbruchserfahrung selbst ist *von kurzer Dauer* und wird daher auch wohl die Erfahrung des „nunc stans" genannt:

des stillstehenden Jetzt. Es besteht kein Bewußtsein mehr von Zeit, von einem Verlauf der Zeit mit einer Vergangenheit und einer Zukunft. Ein Bewußtsein von „ewig".

Sie ist eine unmittelbare Erfahrung, ohne Bilder, ohne Worte, aber auch ohne etwas zwischen dem Ich und dieser anderen Wirklichkeit. Das Bewußtsein von einem besonders eigenen Ich, das etwas anderes erfährt, das sich selbst noch als genießend, sehend, erfahrend erfährt – dieses Bewußtsein gibt es auch nicht mehr.

Mystische Erfahrung ist daher *allumfassend*. Sie hat nicht nur etwas mit Gefühl, Phantasie, Verstand, Willen zu tun – mit alldem zugleich –, sondern sie umfaßt auch alles, was ist. Sie ist ein Erkennen, mit allem, was in uns ist, daß alle Dinge eins sind, ein Universum, ein organisches Ganzes, in das man selbst paßt. Ein solches Sehen ist abstrakt, auf kein einziges Detail gerichtet, und in diesem Sinne vage. Aber es ist paradiesisch: Alles ist eins, hängt miteinander zusammen, ist nicht in Gut und Böse, in Ich und den anderen, in Leib und Geist gespalten. Alles scheint dann seinem Wesen nach gut zu sein.

Hinzu kommt, daß *Liebe* sich als *der Grund von allem* erweist, als der Zusammenhalt dieses Ganzen, das Herz dieses Organismus.

Daß ein solches Sehen, wie kurz es auch sein mag, eine *tiefe Freude* bedeutet und auch ein Verlangen wachruft, es festzuhalten, liegt auf der Hand. Alles was im täglichen Leben Lebensfreude untergräbt, verblaßt zu einer Illusion. Der Tod ist nicht mehr beängstigend, wenn das Ich in dem unsterblichen Universum aufgeht und in einem „stillstehenden Jetzt" verschwindet. Die Absurditäten der heutigen Gesellschaft – Arm und Reich, Verteidigung der Existenz durch Vernichtungswaffen, Gewalt, um Sinn im Leben zu finden, Versklavung, um sich frei zu fühlen – verschwinden in dem einen Liebesgrund, in dem alles eins, gut und sinnvoll ist.

Der Mystiker

WIE MENSCHLICH?

Wenn eine solche Erfahrung so etwas wie ein Augenblick wäre, den man genauso schnell wieder vergessen könnte, wie er kommt, hätten wir nicht viel über Mystik in Erfahrung gebracht. Nun haben wir aber eine Fülle von Zeugnissen, Traktaten, Poesie, Studien, aus allen Zeiten, Kulturen und Religionen, aus allen Teilen der Welt. Eine mystische Erfahrung hat etwas Unabwendbares an sich, der Mystiker muß offensichtlich in seinem weiteren Leben damit klarzukommen suchen. Daß dies keine ungeteilte Freude ist, geht aus der mystischen Literatur selbst hervor. Der Mystiker sah, daß alles gut war, aber wenn er sich mit Alltagskram herumschlagen muß, mit einem politischen Beruf, wie Dag Hammarskjöld, dann sind die Kontraste hart, ist Gewalt eine Tatsache, wird Frieden zu einem fernen Ideal. Wie kann man diese beiden Erfahrungen miteinander in Einklang bringen: die Erfahrung, daß alles Stückwerk und ein Spielball guter und böser Mächte ist, und jene andere, in der alles so eindeutig eins und gut ist?

Mystische Literatur ist wichtig, weil darin zu lesen ist, wie schon so viele Menschen sich damit schwergetan haben und nach einer Antwort suchten. Menschen, die es nicht schafften und sich für die harte Alltagswirklichkeit entschieden und die Mystik drangegeben haben, wie Jonesco es tat[4]. Aber er erzählte dabei, daß seitdem sein Leben krank wurde durch eine gewaltige Gier und eine unbändige Lust, zu leben, alle Sinne zu befriedigen. Oder andere, die ihrem Leben ein Ende setzten, weil sie die Spannung nicht mehr aushielten. Fehlschläge und Mißerfolge sind in der Literatur kaum beschrieben worden. Man hielt es offensichtlich nicht der Mühe wert, sie für kommende Generationen festzuhalten, und Mystiker werden als so heilig angesehen, daß Selbstmordobsessionen die Zensur nicht passierten. Nur ab und zu begegnen wir einer solchen Zwangsvorstellung, etwa bei Maria Petyt[5], einer karmelitischen Rekluse aus dem 17. Jahrhundert: „Ich war einige Zeitlang versucht, mir selbst das Leben zu nehmen ... wie will man sein Leben in solcher Qual verbringen? Man wählt die kurze Pein."

Eine mystische Erfahrung macht jemanden noch nicht zu einem Mystiker. Diesen Namen gebrauchen wir erst für einen Menschen, der auf die Erfahrung eingeht, ihr Form geben, damit leben will. Je nachdem, wie ihm das gelingt, können wir von einem „großen" oder weniger bedeutenden Mystiker sprechen.

Die mystische Literatur ist die Literatur von „Mystikern". Sie ist aus einem Ringen, zur Klarheit zu kommen, erwachsen. Erfahrungen, die jemanden zwar nicht unberührt lassen, aber mit denen er nicht in auffälliger Weise nach außen tritt, fallen außerhalb der mystischen Tradition. Beim Beschreiben dessen, was mystische Erfahrung ist, haben sie deshalb auch kaum eine Rolle gespielt. Ist eine solche streng persönliche Erfahrung übrigens der Mühe wert, zur Kenntnis genommen zu werden?

In den letzten Jahren beginnt man doch etwas anders darüber zu denken. Solche Erfahrungen können für die fragliche Person von größerer Bedeutung sein, als sie selbst erfaßt. Sie werfen auch ein neues Licht auf die Stellung, die ein Mystiker in der Gesellschaft einnimmt.

Es sind vor allem die Psychiater, die Zeugnisse von Erfahrungen sammeln, die alle Merkmale einer mystischen Erfahrung haben, wie wir sie oben aufzählten, mit Ausnahme des einschneidenden Charakters. Freud nannte sie „ozeanische Erlebnisse", gekennzeichnet durch den Wegfall aller Bewußtseinsgrenzen und durch ein lustvolles All-Eins-Sein. Man fühlt sich gleichsam versinken und aufgenommen in einen grenzenlosen Ozean. Die meisten Menschen kennen eine solche Erfahrung. Sie stellt sich vor allem in der Pubertät und in Phasen des Übergangs von einer Lebensperiode in die andere ein. Maslow hatte die Idee, einmal zu erforschen, ob solche Erfahrungen auch bei psychisch gesunden Menschen, außerhalb einer Krise, vorkämen, und kam zu dem Ergebnis, daß das tatsächlich der Fall war. Er nennt diese Erfahrungen „Spitzenerfahrungen" und sieht darin den Gipfel einer Entfaltung zu menschlicher Reife.[6] Rümke bringt eine solche Erfahrung in Verbindung mit dem religiösen „Instinkt" und sieht sie als ein intuitives Empfinden des Urgrunds, in dem alles zusammenhängt.[7]

Psychiater haben auch einen Blick bekommen für die Möglichkeit, daß eine Spannung zwischen zwei Erfahrungen ein und derselben Wirklichkeit zu Wahnsinn führt. Früher glaubte man, daß ein solcher Geisteskranker vom Teufel besessen sei, er wurde exorziert oder eingesperrt. Wenn ein Mystiker psychisch schwer zu leiden hatte, aber Herr über den Wahnsinn wurde, dann neigte man dazu, die neurotischen und psychotischen Phänomene als eine Art außerordentliche, manchmal wunderbare Gabe Gottes zu deuten. In der heutigen Zeit neigt man in einem solchen Fall mehr dazu, den Mystiker zum Psychopathen zu erklären. Erst in den letzten Jahren wächst die Erkenntnis, daß Mystik und Wahnsinn einander nicht ausschließen.

Erst jetzt wird zögernd die Frage gestellt: Wie menschlich ist Mystik? Können mystische Erfahrungen sich bei einem psychiatrischen Patienten einstellen, und, umgekehrt, müssen bei einem Schwergestörten alle Erfahrungen als krankhafte Phänomene gedeutet werden? Der Psychiater Mark Gijselen entdeckt nach einer sorgfältigen Analyse in dem komplizierten Krankheitsbild eines schwergestörten Patienten eine echte mystische Erfahrung. Er schließt daraus:

„Die Psychiatrie wird diese Erfahrung als psychisches Phänomen sui generis anerkennen müssen. Allein dann wird der Psychiater imstande sein, jenen Menschen, die in einer ungesunden Art darauf reagieren, zu Hilfe zu kommen und ihnen den Weg zu zeigen, der aus der Sackgasse zu einem neuen Leben führt."[8]

Eine mystische Erfahrung ist also noch keine Garantie für ein freudvolles und ruhiges Leben. Sie garantiert ebensowenig ein langes und gesundes Leben. Viele Mystiker klagen ständig über ihre schlechte Gesundheit. Teresa von Avila wurde in einem

fort vom „Rauschen vieler Wasser und vom Durcheinander-
zwitschern vieler kleiner Vögel im oberen Teil ihres Kopfes",
von chronischen Kopfschmerzen geplagt, wie auch Mechthild
von Hackeborn. Ohnmachten, Krämpfe, Phobien, Depressionen – man könnte eine ganze Liste von Symptomen aus dem
Leben der Mystiker zusammenstellen; und sie lebten oft nicht
lange. Hildegard von Bingen wurde 81 Jahre alt, Ruusbroec 88
und Thomas von Kempen 91, aber Katharina von Siena wurde
nur 33, Hugo von Sankt-Viktor 45, Johannes vom Kreuz und Jakob Böhme 49, während Franz von Assisi, der so verbunden mit
der Natur lebte, nur 44 Jahre alt war, als er total erschöpft und
aufgerieben starb.

KEIN SUPERMENSCH, SONDERN BAHNBRECHER
Die Folgerung scheint berechtigt, daß Mystik nicht das aus-
schließliche Terrain des Mystikers ist. Ein Vergleich mit Kunst
drängt sich auf: Nicht-Mystiker können durchaus „ein Gespür
für Mystik" haben, wie auch Nicht-Künstler ein „Gespür für
Kunst" besitzen. Sie wissen, worum es geht, fühlen es innerlich, erkennen Mystik, nicht weil sie sie aus eigener Erfahrung
kennengelernt haben.

Doch wird ein Mystiker tiefer in die „Letzte Wirklichkeit"
eingedrungen sein und diese besser kennen, und zwar als etwas, was fesselt, herausfordert, festhält, verändert.

Einer der bekanntesten zeitgenössischen Künstler, Joseph
Beuys, ist berühmt geworden durch das Grundprinzip, aus dem
heraus er arbeitete: „Jeder Mensch ist ein Künstler." Chaos ordnen und dem Ungeformten Form geben – das Wesen der Kunst
– ist nämlich eine allgemein-menschliche Tätigkeit. Das tut
ein Politiker, ein Ökonom, ein Journalist, ein Erzieher, ein
Gangster, ein Jesus, ein Buddha, ein Künstler. Wir nennen jemand aber erst dann „Künstler", wenn er sich ausdrücklicher
mit diesem künstlerischen Prozeß selbst befaßt, aus einem bestimmten, ausgesprochen bildnerischen Talent heraus. Er hält
seinem Mitbürger einen Spiegel vor: Versuche nicht, wie ein
Roboter zu leben, sondern wie ein Lebenskünstler, der das Le-

ben als eine Herausforderung erfährt, ihm Form zu geben. Der Spiegel, den Beuys vorhielt, wurde weithin bejaht. Er machte damit auch etwas deutlich, was schon lange in Entwicklung begriffen war: Kunst ist demokratisiert. Der Künstler nimmt keinen bevorzugten Platz ein, er ist keine besondere Art Mensch, sondern ein Bahnbrecher, der sich ausdrücklich für *einen* Aspekt des Lebens einsetzt. Auch Mystik ist demokratisiert. Ein Mystiker ist kein Supermensch, sondern ein Bahnbrecher. Er hat einen bestimmten Aspekt des Lebens zum Einsatz seines eigenen Lebens gemacht.

Für eine gesunde Kultur sind solche Bahnbrecher notwendig. Sie sorgen dafür, daß die vielen Aspekte des Lebens auch lebendig bleiben. Wenn in einer Demokratie nur Politiker die Bahnbrecher sind, wird der Wert des Lebens nach dem politischen Engagement gemessen. Was nicht politisch engagiert ist, scheidet aus dem Rennen aus. Leben ist aber mehr als das. Übrigens würde eine „mystische Kultur" auch nur eine karge, lahme Kultur sein.

DER MYSTIKER UND DER KÜNSTLER

Ziemlich viele Mystiker sind Sprachkünstler, und ziemlich viele bildende Künstler sind Mystiker. Meister Eckhart gilt als einer der Begründer der deutschen Sprache, Mechthild von Magdeburg schuf als erste eine Volkssprache für die Frömmigkeit, Hadewijch und Ruusbroec gehörten zu den Großen der niederländischen literarischen Tradition, genauso wie Teresa von Avila und Johannes vom Kreuz dies für die spanische waren. Mit Fra Angelico als Mystiker hatte man wenig Mühe gehabt – er war ein Mönch und wurde seliggesprochen –, aber Mystiker unter den modernen Künstlern aufzuzeigen erregt noch immer Befremden. Doch gibt es sie, und wahrscheinlich in ziemlich großer Zahl: Marc Chagall, Piet Mondrian, Vincent van Gogh zum Beispiel. Übrigens auch unter den Komponisten, den Bühnenautoren und Cineasten wird es solche geben, die ihre Inspirationsquelle in einem mystischen Erfahren der Dinge finden.

Mystik ist nicht nur eine Erfahrung, sondern auch der kreative Prozeß, in dem diese Erfahrung Form erhält in Sprache, Bildern, Weltsicht, Verhalten. Eine mystische Erfahrung ist im Augenblick des Erfahrens selbst klar und deutlich. Ist die Erfahrung vorbei, dann erweist sie sich als dunkel und ungeformt. Es herrscht ein unbestimmtes Gefühl der Spannung, da ist etwas, was mit dem eigenen Tun und Lassen, mit der täglichen Erfahrung, mit der Welt rundum nicht in Einklang zu bringen ist. Man kann dies auf sich beruhen lassen, dem inneren Konflikt aus dem Weg gehen oder ihn beschwichtigen, indem man den gebahnten Wegen folgt. Künstler und Mystiker sind dazu aber nicht imstande oder jedenfalls nicht dazu bereit. Sie halten die Spannung und die Angst vor dem Chaos aus, sie finden einen Ausweg, indem sie sich damit auseinandersetzen und der Spannung Form geben, dies immer wieder versuchend. Cézanne ging zwanzigmal zum selben Berg (dem Mont Sainte-Victoire) zurück, Mondrian zeichnete und malte dutzendemal und jahrelang denselben Baum, Ruusbroec versuchte, auf immer wieder anderen Umwegen in gleichmäßigem Wortfluß immer wieder dasselbe deutlich zu machen, elf Traktate lang.

Ein Mystiker hat, genauso wie der kreative Künstler, das beunruhigende Bewußtsein, daß die Jacke nicht paßt. Die geordnete Gesellschaft, ihre Denkwelt, ihre Gefühlsmuster, Sprache und Religion, das ganze Netzwerk ihrer Kultur bestimmen uns so sehr in unserem Denken und Handeln, daß es schwierig ist, etwas anderes zu sehen oder festzuhalten. Mit dem vagen Gefühl, daß etwas nicht stimmt, daß es mehr und anderes gibt, hat man noch keine neue Sicht. Sie muß nach und nach erobert werden, indem man, gegen den Strom, eine Lösung sucht für die Spannung zwischen dem einmal Gesehenen, das immer wieder unter der Bewußtseinsschwelle verschwindet, und dem, was im Bewußtsein des Alltags so aufdringlich klar gesehen und erfahren wird, eine so klare Sprache spricht.

Wie gebraucht man diese Sprache, um etwas zu sagen, was fast unsagbar ist, und dann noch so, daß es verstanden und

gleichzeitig nicht mißverstanden wird? Nur, wenn so etwas
Form erlangt hat, wird sich zeigen, ob es gelungen ist. Und mei-
stens sind Zufriedenheit und Aufatmen nur von kurzer Dauer.
Die Spannung scheint sich nur zu einem Teil gelöst zu haben.

FOLGERUNG

Es dürfte klar sein, daß jeder, der sich auf mystische Erfahrungen einlassen will oder sich ihnen wegen ihrer Heftigkeit nicht
entziehen kann, über ein gewisses Quantum von Talent verfü-
gen muß. Das kann ein literarisches Talent, ein organisatori-
sches Talent – Chaos ordnen können – oder ein bildnerisches
Talent sein. Es kann auch Lebenskunst sein. Wer nicht über das
nötige Talent verfügt, wird einen Führer brauchen. Einen erfah-
renen Menschen, der seine Weisheit nicht aus Büchern bezieht,
sondern aus eigener Erfahrung weiß, was in mystischen Schriften berichtet wird, und der zugleich auch die Gabe hat, zu spüren, was jemanden bewegt. Ein solcher Betreuer ist eine anerkannte Gestalt in allen mystischen Bewegungen, unter
wechselnden Namen: Meister, Magister, geistlicher Führer,
Guru. Eine der wichtigsten Forderungen, die an einen solchen
Führer gestellt werden, ist, daß er seine Schüler nicht von sich
selbst abhängig macht, sondern sie zur Selbständigkeit bringt,
daß er ihnen nicht seinen eigenen Weg aufzwingt, sondern den
Schüler zu dem begleitet, was zu ihm zu passen scheint.

Eine andere Folgerung ist, daß die mystische Erfahrung zwar
stets die gleiche ist, aber daß jede Äußerung darüber verschieden sein wird. Das beginnt schon, sobald jemand davon berichten will. Ein bild- und zeitloses Geschehen muß er in vielen
Worten wiedergeben, die zeitlich auseinanderliegen. Er spricht
aus der Erinnerung. Was läßt er weg, was betont er, wie empfindet er es jetzt? Außerdem ist jede Sprache kulturgebunden und
nur ein unzulängliches Mittel, eigene Empfindungen auf andere zu übertragen. Es kommt auch auf die Person selbst an,
ihre Psyche, ihren Charakter, ihre Talente, ihre Erziehung, und
ob der Betreffende genug freie Zeit hat, sich mit der Wiedergabe
seiner Erfahrungen zu befassen.

Die Unterschiede zwischen Mystikern entwickeln sich oft zu Gegensätzen, wenn es darum geht, was mit dieser mystischen Erfahrung gemacht wird. Wie sieht der Mystiker aus seiner Erfahrung die unmittelbare Umgebung, wie verhält er sich, wie deutet er seine Erfahrung aus seinem Glauben? Es ist nicht so, daß Gott sich einem Mystiker zwingend manifestiert, daß dieser dadurch heilig wird, daß alles, was er sagt und tut, göttlich und gut, bewundernswert und annehmbar wäre. Sehr viele Schriften von Mystikern zeugen davon, daß sie auch nicht mehr klar sahen, daß sie durch eine „Nacht" hindurch mußten.

Etliche Mystiker wurden selig- oder heiliggesprochen; weit mehr, und gewiß nicht die am wenigsten interessanten, wurden verketzert. Die Zahl derer, die der Ehre der Altäre teilhaftig wurden, ist sehr viel kleiner als die Zahl derer, die auf dem Scheiterhaufen endeten.

Die mystische Sprache

PARADOX SPRECHEN UND SCHWEIGEN

Mystische Sprache ist ein Versuch, das Unsagbare zu sagen. Dabei geht es nicht so sehr darum, wie man etwas erlebt, als vielmehr darum, was man erlebt. Die Sprache von Verliebten und die von Mystikern unterscheiden sich oft nicht sehr voneinander, Johannes vom Kreuz arbeitete zum Beispiel volkstümliche Liebeslieder und zeitgenössische profane Liebeslyrik in seine mystische Poesie ein. Typisch für mystische Sprache ist jedoch der paradoxe Charakter derselben. Was behauptet wird, wird zugleich wieder verneint. In der vorhandenen Sprache ist offensichtlich kein Wort zu finden, das genau angibt, was man erfährt. Um ein Beispiel zu nennen, Jean-Joseph Surin sagt:

> „Sein Werk ist Verwüsten, Zerstören und zugleich Neuschaffen, Aufrichten, Erwecken. Er ist wunderbar schrecklich und wunderbar zart. Je schrecklicher er ist, um so liebenswerter und anziehender ist er ... Er ist geizig und freigebig, großherzig und eifersüchtig. Er verlangt alles und gibt alles."[9]

In der jüdischen „Haggada von Serajewo" wird die mystische Erfahrung des Mose dargestellt als ein Aufsteigen in einer Säule emporlodernden Feuers; er steht zwischen seinem Volk und dem Himmel. Danach war sein Gesicht so strahlend, daß man nicht hineinblicken konnte.

Faksimile-Ausgabe Rosenthaliana. Amsterdam, Universitätsbibliothek.

Widersprüchliche Behauptungen, die einander auf den ersten Blick ausschließen: Verwüsten – Neuschaffen, geizig – freigebig, schrecklich – anziehend. Durch die Spannung zwischen diesen Gegensätzen entsteht eine Art Spalt, durch den man einen Blick erlangt auf etwas, was nicht mit *einem* Wort wiederzugeben ist. Was dies ist, wird nicht gesagt, wohl suggeriert. Für Menschen, die gewohnt sind, sich klar auszudrücken, vor allem in einem Computer-Zeitalter, in dem nur mit Ja *oder* Nein gearbeitet werden kann, ist eine solche Sprache anstößig. Das wäre sie mit Recht, wenn es sich hier um eine Wirklichkeit handelte, die sich in klarer Sprache wiedergeben läßt. Man hat recht, wenn man verschleiernden, nebulosen, wirren Sprachgebrauch bekämpft und erklärt, daß man etwas nicht verneinen kann, was man zuerst behauptet hat. Ein Politiker oder ein Wissenschaftler, der so etwas tut, kann deswegen zur

Einsam am Fuß des Berges Hira bei Mekka sitzend, empfängt Mohammed vom Engel Gabriel die Botschaft, die er im Koran niederlegte. Die mystische Erfahrung wird durch Feuer, das seinen Leib umhüllt, angedeutet. In sein Gesicht kann buchstäblich nicht geblickt werden. Das wäre Blasphemie.

Miniatur aus dem türkischen Manuskript „Das Leben des Propheten" vom 16. Jahrhundert.

Istanbul, Topkapi-Sarayi-Museum.

Rede gestellt und angegriffen werden. Anders verhält sich die Sache, wenn es sich um etwas handelt, was seinem Wesen nach nicht vom Menschen zu fassen ist und von ihm lediglich bildlos, wortlos erfahren wird, mit all seinen Kräften zugleich. Sobald er es in einem Begriff oder in einem Bild oder in Worten wiedergeben will, zersplittert die Erfahrung. Aus den Splittern kann das Ganze höchstens gefolgert werden.

Bei vielen Mystikern finden wir Klagen über die Schwierigkeit, sich auszusprechen. Sie sagen, daß sie nicht wiederzugeben vermögen, was sie erfahren, und doch wollen sie darüber sprechen. Johannes vom Kreuz sagt dazu:

„Wer könnte das in Worte fassen, was er die liebenden Seelen, denen er innewohnt, begreifen läßt! Wer könnte in Worten ausdrücken, was er sie empfinden läßt! Und wer am Ende das, was er sie verlangen läßt! Sicherlich, das vermag niemand; sicherlich, sie selber, in denen solches vorgeht, vermögen es nicht. Das ist der Grund, warum sie in Bildern, Gleichnissen und Umschreibungen etwas von ihren Gefühlen überströmen lassen und aus der Fülle des Geistes verborgenste Geheimnisse ergießen, die sie dann aufzuhellen versuchen."[10] Wie aus diesem Text hervorgeht, gibt es noch andere Sprachmittel, mystische Erfahrungen wiederzugeben: Bilder, Vergleiche, Symbole. Wie mythologische Geschichten und Gleichnisse in Religionen dazu verwendet werden, etwas über die göttliche Wirklichkeit zu sagen. Aber während sie in einer Religion leicht erstarren, weil sie zu buchstäblich genommen, in Dogmen umgesetzt, in ein theologisches Lehrsystem eingearbeitet werden, wird ein Mystiker entweder nach eigenen Bildern suchen, die durch ihre Neuheit eine suggestive Kraft haben, oder die normierten Bilder, Symbole, Vergleiche in Abrede stellen, oder sie so anders bringen, daß sie ihre suggestive Kraft wiedererlangen. Auch dabei spielt das Paradox oft eine Rolle.

Während sich die kirchliche Theologie um die richtigen Formulierungen für die Dreieinigkeit mühte, sagt dann ein Gregor von Nazianz:

„Du bist eins,
Du bist alles,
Du bist niemand,
Du bist nicht Einer,
Du bist nicht alles."[11]

Eine Reaktion ist auch oft das „silentium mysticum", das mystische Schweigen. Als Thomas von Aquin seine „Summa", das umfassendste theologische Werk des Mittelalters, fast vollendet hatte, erhielt er eine mystische Erfahrung. Er sagte: „Verglichen mit dem, was ich geschaut habe, kommt mir alles, was ich geschrieben oder gedacht habe, wie Streu vor." Seitdem schwieg er. Seine Summa blieb unvollendet.

Thomas von Aquin ging letztlich den Weg, der schon Jahrhunderte zuvor von Wüstenvätern gefunden worden war: „Wahrlich, Abba Josef hat den Weg gefunden, denn er hat gesagt: Ich weiß es nicht."

Der Weg des Schweigens, nachdem man viel geredet, des Nicht-Wissens, nachdem man viel geforscht hat – das ist in der christlichen Tradition eine der ältesten Formen des mystischen Sprachgebrauchs, „negative Theologie" genannt. Das klassische Werk über diese negative Theologie stammt etwa aus dem Jahre 500 und wurde von jemandem geschrieben, der unter dem Namen Dionysius Areopagita als ein Schüler des Apostels Paulus angesehen werden wollte. Er beschreibt den gewaltigen Reichtum dessen, was man sich an himmlischer Wirklichkeit, symbolisiert in den hierarchisch geordneten Engelchören, vorstellen kann, die dann auf irdischer Ebene in der kirchlichen Hierarchie widergespiegelt wird. Aber alle diese „Strahlen des göttlichen Quells" enden im „Dunkel", Gott ist Dunkelheit hinter dem Licht: „Die überhelle Finsternis, die allen Glanz mit der Intensität ihres Dunkels überstrahlt."

Auch in der nicht-christlichen Mystik wird eine solche mystische Sprache verwendet. Das Tibetanische Totenbuch spricht von dem „hellen Licht der Leere". Lao-tse sagt:

„Die es sagen, wissen es nicht.

Die es wissen, sagen es nicht." [12]

Das läßt sich auf Thomas von Aquin anwenden, als er das Werk des Pseudo-Dionysius kommentierte, ohne dessen Kern zu verstehen. Es stimmt auch bei dem Anonymus aus dem 14. Jahrhundert, der denselben Pseudo-Dionysius ins Englische übersetzte und zugleich ein eigenes Buch schrieb mit dem vielsagenden Titel „Wolke des Nicht-Wissens", das bekannteste Werk aus der englischen Mystik. Aber es lassen sich genauso viele Mystiker in Ost und West nachweisen, die nicht wußten und doch viel darüber sagten.

Sobald das mystische Schweigen und die negative Theologie eine zu leichte Errungenschaft werden, wird man Mystiker behaupten hören, daß es über Gott durchaus viel zu sagen gebe. Das Typische der Mystik ist auch hier wieder das Paradox. Wenn von einem Mystiker etwas sehr richtig formuliert, aber bei Adepten zu einem Klischee wird, wird ein anderer Mystiker es in Abrede stellen. So hat Ruusbroec seinen großen deutschen

Vorgänger Eckhart bekämpft, aber es handelte sich dann um dessen Lehre, wie sie von seinen Nachfolgern gebraucht wurde. Getrennt von der Erfahrung, wird jedes Wort unwahr. Mystik ist ihrem Wesen nach keine Form doktrinären Denkens, sondern des Redens aus Erfahrung.

Wenn Mystiker etwas über Gott sagen, tun sie das auch oft deshalb, um einer allzu bequemen Frömmigkeit entgegenzuwirken. Sie sagen dann: Gott hat keinen Namen, der ausreichend ist, sondern er hat viele Namen. Er ist ein „Wurm" und ein „Bär", lies nur die Bibel. Er ist „Wüste", „Abgrund", „Das große Nichts". Solche Namen stehen Bezeichnungen wie „Fülle des Lebens" und allen anderen Namen paradox gegenüber, die Ihn als eine allumfassende Allmacht bezeichnen, strahlend vor Schönheit, oder als einen sanften, zu süßen Liebespartner. Der grausame, harte Aspekt der Wirklichkeit, erfahren als Ungerechtigkeit und Grausamkeit, wird in der Frömmigkeit und in der Theologie oft mit oberflächlichen Erklärungen beseitigt. Mystiker haben dann den Drang, das menschliche Elend in Gottesnamen wiederzugeben und sie so wieder scharf ins Bewußtsein zu heben: „Er ist schrecklich, verheerend …"

Buddha warnt ausdrücklich davor, allzu schnell anzunehmen, etwas sei unsagbar. Sein Schweigen ist aber vollkommen. Es gibt keinen einzigen Hinweis auf Gott, keine negative Suggestion, keine paradoxe Umschreibung. Eine gott-lose Mystik. Selbst gebraucht er nur fünfmal den Begriff atakkavacara („bloßem Nachdenken unerfaßbar"), wie damals, als er unter einem Feigenbaum eine Erleuchtung bekam:

> „Erkannt habe ich diese Lehre, die tiefe, schwer zu schauende, schwer zu verstehende, die friedvolle, herrliche, bloßem Nachdenken unerfaßbare, feine, nur dem Weisen zugängliche." [13]

Mystische Sprache ist von einem ständigen Suchen gekennzeichnet. Das Unerreichbare erweist sich noch immer als unerreichbar, das Unsagbare immer wieder als unsagbar.

EIN GANZ UNTERSCHIEDLICHER SPRACHGEBRAUCH

Mystik ist ein Liebesprozeß, bei dem es zwei Beteiligte gibt. Es geht nicht nur um das Erkennen und tiefere Eindringen in die letzte Wirklichkeit der Dinge. Das geschieht auch in der Theologie und der Philosophie. Von Grundideen aus wird dort auf eine nähere Definition Gottes hingearbeitet. Etwa von dem Prinzip aus, daß aus den Folgen die Ursache zu erkennen ist: Aus den Dingen, angenommen, daß sie erschaffen sind, ist dann der Schöpfer zu erkennen, aus den heiligen Schriften der Inspirator. In der Mystik ist der Mystiker jedoch selbst mit einbezogen. Seine Erkenntnis reicht so weit, wie seine Erfahrung reicht. Gott wird von ihm aufgrund einer Liebeserfahrung erkannt, die menschlich ist, eine eigene Geschichte kennt, wechselvoll erlebt wird. Deshalb werden dieser Wirklichkeit verschiedene Namen gegeben werden. Sie weisen auf die Art der Liebesbeziehung hin, sagen etwas über einen Gott, wie er erfahren wird, nicht jedoch über Gott an sich, Gott, wie er in sich selbst ist. Alle Mystiker erklären, darüber nichts zu wissen. Abhängig von der Art und Weise, wie die mystische Erfahrung entstand, sich entwickelte, innerhalb des kulturell-religiösen Kontextes erlebt wurde, entstehen völlig verschiedene Namen. Wir wollen einige nennen.

Die *Letzte Wirklichkeit*, das *Absolute*, das *Sein*, *Alles-ist-eins / eins-ist-Alles*, die *Einheit von allem*, der *Erschaffende Grund*, *Brahman*. Es sind alles Namen für die tiefere Wirklichkeit, die als eine Einheit erfahren wurde, in der alles mit allem zusammenhängt.

Das *wahre Ich*, das *Selbst*, der *Seelenfunke*, *Atman*. Diese Namen weisen auf die Erfahrung hin, daß diese tiefste Wirklichkeit auch im Innersten des Menschen wohnt. „Brahman ist alles, und Atman ist Brahman." Namen wie *Grund*, *Tiefe* hängen auch mit dieser Erfahrung zusammen.

Der *Andere*, *Du*, der *Bräutigam*, der *Geliebte*. Diese Namen weisen auf ein Verhältnis von Partnern, auf den personalen Charakter der mystischen Erfahrung hin.

Vater, Sohn, Leib Christi, Jesus, Maria, Krishna verweisen auf eine Erfahrung der All-Einheit, in welcher der Mensch der Natur und den Dingen zentral gegenübersteht.

Der Name „Gott" kann für all diese Namen gelten und noch für vieles mehr: für Projektionen eigener Sehnsüchte und Bedürfnisse, Ängste und Schuldgefühle. Das Wort „Gott" wird in den Religionen genau umschrieben, aber im täglichen Sprachgebrauch hat jeder dabei seine eigene Vorstellung. Es wird vage vorausgesetzt, daß wir wissen, wovon wir reden. Mystiker sagen: Wisse wohl, daß du ein Wort gebrauchst für eine Wirklichkeit, von der du letztlich nicht viel mehr weißt, als daß es sie gibt. Zugleich gebrauchen sie viel eindeutigere Namen als „Gott". Namen, die durchaus an etwas ganz Bestimmtes denken lassen, zum Beispiel landschaftliche Namen, wie „Wüste", „Abgrund". So lernten sie Ihn kennen: furchtbar und gefährlich, wenn man von Ihm gefesselt wird.

Das Eigentümliche der mystischen Sprache, im Gegensatz zu der Sprache der Kirchen und der Theologie, ist also nicht, daß von einer anderen Wirklichkeit gesprochen wird, sondern daß auf eine andere Art von ihr gesprochen wird.

Innerhalb der Mystik gehen Unterschiede im Sprachgebrauch zurück auf Unterschiede in der Kultur, in verfügbaren Wörtern, in der Tradition, in Vorstellungen, in dem ganzen religiösen und gesellschaftlichen Rahmen, in dem ein Mystiker lebt, und andererseits auch auf Unterschiede in der Entwicklung dieser Erfahrung selbst: Was tut jemand damit, wie sieht er die unmittelbare Umgebung aufgrund dieser Erfahrung, wie interpretiert er sie?

Die mystische Erfahrung Hildegards von Bingen 1141: Ein Strom feurigen Lichts überflutet ihr Gesicht. Sie macht Aufzeichnungen. Ihr Sekretär arbeitet diese aus. Ihre Freundin Richardis von Stade schaut mit einem Auge zu. Die Glut kommt aus einem Fenster, dessen Läden geöffnet sind. Im Fensterrahmen steht der dreieine Gott als die Liebe, die das Böse zerschmettert. Diese Miniatur wurde wahrscheinlich im Skriptorium der Abtei von Hildegard geschaffen.

„Liber divinorum operum". Lucca, Bibl. Governativa, cod.lat. 1942.

Jedes Wort ist kulturgebunden, jede Reaktion des Menschen ist durch Psyche und Charakter gefärbt, jede Reflexion ist begrenzt durch das Maß an Talent, die Fähigkeit, zur Klarheit zu kommen. Kein Mystiker beginnt von vorne, mit einer tabula rasa; er knüpft an eine Tradition an.

In diesem Sinn kann man von „mystischen Schulen", von östlicher und westlicher Mystik, von italienischer, rheinischer, niederländischer, indischer, germanischer, slawischer Mystik, von klassischer und moderner Mystik sprechen. Auch auf andere Weise können die Erscheinungsformen verglichen werden, die Phänomene in phänomenologische Typen gruppiert werden. Es gibt eine ekstatische Mystik, eine Mystik der Verinnerlichung, „nüchterner Trunkenheit", schauenden Sehens, eine dialogische Mystik, eine Mystik der Tat. In gleicher Weise kann man mystische Bewegungen und Personen mit Hilfe von eher theologischen Begriffen gruppieren: Naturmystik, theistische und atheistische Mystik, quietistische Mystik, christliche und buddhistische Mystik und so fort. In mannigfacher Art kann man also die verwirrende Vielzahl von Äußerungsformen übersichtlicher machen, etwa indem man sie nach Übereinstimmungen gruppiert und eine Geschichte nach der gegenseitigen Beeinflussung schreibt. In diesem Buch beschränken wir uns auf einige Hauptzüge in der westlichen Mystik. Wir kommen später darauf zurück. Hier gehen wir näher auf die mystische Sprache ein, ohne die Geschichte miteinzubeziehen. Es geht also jetzt um die Reize, die Erfahrungen hervorrufen, und die Farben, die Bilder, die gebraucht werden, die Visionen, die Sprache des Körpers.

ANREIZE UND ATMOSPHÄRE, DIE DIE FORM BESTIMMEN

Für die Art und Weise, wie eine mystische Erfahrung in Sprache umgesetzt wird, dürfte die Atmosphäre, in der jene stattfand, nicht unwichtig sein. Das Moment also, das die Erfahrung hervorzurufen scheint. Der Anreiz, der die Mystik zum Erwachen bringt. Obwohl es kein eigentlicher Reiz ist; denn wiederholt man dasselbe Moment, um wieder dieselbe Erfahrung zu bekommen, dann erweist sich dies meistens als nicht möglich. Eine mystische Erfahrung, die bei einer Nonne in einem Frauenkloster aufkommt, wird eine ganz andere Atmosphäre haben als jene, die einen stark beschäftigten Geschäftsmann überfällt, wenn er in einem Wald dahergeht, oder einen angespannt lebenden Studenten, wenn er eine klassische LP aufgelegt hat, oder einen Wissenschaftler, der zwischen seinen Büchern sitzt und nach Zusammenhängen forscht, oder bei Verliebten, die sich gerade geliebt haben.

Diese „Anreize" sind bisher wenig erforscht worden. Eine dieser Untersuchungen, von Marghanita Laski[14] bei Zeitgenossen vorgenommen, erbrachte das folgende Ergebnis. Der am häufigsten vorkommende Anreiz bei Nichtgläubigen ist Sex, danach kommt die Natur, dann Kunst. Bei Christen war die Reihenfolge: Kunst, dann Religion, dann Natur. Anders als bei unerwarteten Anreizen kann die Atmosphäre, in der Mystik erlebt wird und in der die mystischen Erfahrungen selbst wiederkommen und verarbeitet werden, auch einen Dauercharakter tragen. Wenn dies der Fall ist, etwa wenn jemand freigestellt ist, zu meditieren, zu beten und nachzudenken, wird er Erfahrungen ganz anders verarbeiten als jemand, der eine verantwortungsvolle Stellung in der Gesellschaft hat. Ein mittelalterlicher Mystiker, der sich gegenüber der Kirche verantworten mußte, oft mit der Drohung, verketzert zu werden, mußte seine Worte ganz anders wählen als ein Hindumystiker. Bei Konfrontation mit der Heiligen Schrift wird eine Erfahrung ganz anders werden, als wenn es um eine Konfrontation mit gesellschaftlichen Kräften geht. Wer nie von Jesus gehört hat, wird ihn nicht in seinen Erfahrungen sehen; wer in einer Region lebt, in der bei allem und jedem sein Name fällt, wird ihm auch in seinen Erfahrungen begegnen.

Im großen und ganzen sind die Hauptanreize: die Religion, die Natur, die unmittelbare kulturelle Umgebung, der Mitmensch und das eigene Ich. Die Formen der Mystik, die daraus hervorgehen, haben verschiedene Namen erhalten: Naturmystik, dialogische Mystik (siehe unter 4.), Wesensmystik (siehe unter 5.), theistische Mystik, moderne Mystik. Es handelt sich hier nicht um scharf voneinander abgegrenzte Formen der Mystik; meistens geht die eine in die andere über. Wir werden kurz auf die verschiedenen Formen eingehen, andeutungsweise. Auf die eine oder andere kommen wir noch ausführlich zurück.

1. Es liegt auf der Hand, daß bei vielen Mystikern dem mystischen Erwachen ein *religiöser Anreiz* zugrunde liegt. Das kann eine Liturgiefeier sein, das Lesen der heiligen Schriften, ein bestimmtes kirchliches Dogma, ein Guru oder eine religiöse Gestalt, wie zum Beispiel Jesus, Maria, Buddha, Krishna.

Die Dreieinheit – drei Gesichter in einem – , geschaut von Augustinus. Die abstrakte Idee traf aber auch sein Herz, hier durch drei Pfeile dargestellt.

Gemälde von Filippo Lippi, um 1440.
Florenz, Uffizien.

Ruusbroec wurde vor allem vom Dogma der Dreieinigkeit getroffen. Er sah es plastisch: Gott wie ein Ozean, sich ausdehnend und zusammenziehend in Ebbe und Flut; die göttliche Einheit, aus der drei Personen hervorgehen, drei Personen, die wieder in Einheit zusammenfließen. Ruusbroec wendet das auf den Menschen an mit seinen drei Kräften (Verstand, Wille, Gedächtnis) in einem Geist, auf die mystische Erfahrung als ein Hinaus- und Hineinfließen in Gott und auf die drei Stadien, in denen sich diese mystische Erfahrung entwickelt.

Für Hadewijch war der entscheidende Anreiz die Erkenntnis, daß Gott auch Mensch ist, und zwar ein attraktiver Mann, Jesus. Sie sieht, wie Jesus während einer Messe zu ihr kommt: „Dann kam er selbst zu mir. Er nahm mich jetzt ganz in seine Arme und drückte mich an sich, und alle meine Glieder fühlten die seinen, soviel es sie gelüstete und mein Herz und mein Menschsein es begehrten."[15]

Sie gerät hierdurch aus einer Sackgasse. Sie wußte bis dahin nicht, wie man ein rein geistiges Wesen so lieben könne, wie sie sich das in ihrer Zeit „höfischer Minne" zu tun vorstellte. In Jesus kann sie ihre ganze Liebeskraft loswerden. Ihre Mystik ist seitdem von dieser „orewoet" (Liebestollheit) zu Jesus gekennzeichnet.

Die Jesus-Mystik kommt in vielen Varianten vor. Im Osten ist das Pendant dazu die Krishna-Mystik: im Bhakti-Yoga, der persönlichen Hingabe und Freundschaft mit dem Gottmenschen Krishna. Auch die Marien-Mystik findet ihre Pendants im Osten: die chinesische Kwan-Yin-Mystik und die japanische Kwan-Non-Mystik.

Wie ein Moment der Erleuchtung in einer religiösen Atmosphäre entscheidend sein kann für eine Umkehr von einer stärker sichtbaren, bildhaften Mystik zu einer mehr abstrakten, geht zum Beispiel aus dem Leben Krishnamurtis hervor. Im Lager zu Ommen, wo die Gläubigen des Stern-Ordens jährlich zusammenkamen, um sich auf die Ankunft des Weltenlehrers, des Maitreya Buddha, vorzubereiten, dessen Sprachrohr Krishnamurti war, sagte dieser 1927:

„Vor kurzem habe ich Buddha gesehen, und es ist für mich eine große Freude und Ehre gewesen, eins mit ihm sein zu dürfen. Man hat mich gefragt, was ich unter dem Geliebten verstehe. Ich will euch eine Auslegung, eine Erklärung geben, die ihr deuten könnt, wie ihr wollt. Für mich umfaßt es alles; es ist Krishna, es ist Meister KH, es ist der Maitreya Buddha, es ist der Buddha, und doch geht es über alle Formen hinaus. Was macht da der Name schon?"[16]

2. Ein häufig vorkommender Anreiz ist die *Natur*. In Stille in der Natur verweilen kann mancherlei Gefühle in uns wecken: das Gefühl, in ein großes Ganzes aufgenommen zu sein, das Gefühl der Geborgenheit, aber auch das Gefühl eines gewissen Erschauerns vor der machtvollen Größe; religiöse Gefühle also und auch romantische, wobei die Natur die eigenen Gefühle verstärkt.

Die Natur kann auch erfahren werden als etwas, was seinen eigenen Gang geht, in dem die Vögel auch dann noch singen, wenn man sich selbst im dumpfesten Elend befindet. Diese Erfahrungen kann man noch keine mystischen nennen. Das ist jedoch der Fall, wenn im Bewußtsein die Erfahrung durchbricht, daß alles mit allem zusammenhängt und daß man sich eins mit diesem Universum fühlt. So spricht Eckhart von der Erfahrung, daß „alle Grashälmchen, Holz und Stein, alle Dinge eins sind". Jakob Böhme sagt:

„In diesem Licht hat mein Geist alsbald durch alles gesehen und an allen Creaturen, sowohl an Kraut und Gras, Gott erkannt."[17]

Eine solche Erfahrung knüpft nicht per se an den eigenen Empfindungen an. Franz von Assisi dichtete seinen berühmten Sonnengesang, in dem er alle Dinge in der Natur Brüder und Schwestern nennt, als er selbst sich am allerelendesten fühlte. Fast blind, preist er die Sonne als seinen Bruder, obwohl das Sonnenlicht ihn quält. Die Naturmystik kann liebliche Formen annehmen. Reden mit Vögeln und Fischen oder mit Insekten, wie Rosa von Lima es tat; die Mücken summten mit ihr das Lob Gottes. Franziskus pflegte die Läuse in seinem Fell wie

„himmlische Pcrlen", Franz von Sales sah die Fußabdrücke der Weisheit in der Welt ringsum.

Sehr beliebt war die Legende von dem Jäger – meist Sankt Hubertus –, der den gekreuzigten Jesus im Geweih des Hirsches sieht und durch diese Einsicht in den Zusammenhang der Dinge vom Jagen abläßt. Eine gleichartige Erfahrung überkam den Sufi-Mystiker Ibrahim-ben-Adham († 777).

Hildegard von Bingen sieht in dem Zusammenhang von allem auch die schlimmen Seiten. Sie hört die Elemente des Universums klagen und „mit gewaltiger Stimme" rufen:

> „Wir können nicht mehr laufen und unsere Bahn vollenden, wie wir das nach den Richtlinien unseres Meisters tun müßten, denn die Menschen kehren uns mit ihren schlechten Taten wie in einer Mühle von unterst zu oberst. Wir stinken schon wie die Pest und vergehen vor Hunger... nach der vollen Gerechtigkeit."[18]

Diese Erfahrung des Einsseins mit einer Natur, in der alles mit allem zusammenhängt, ist wahrscheinlich die älteste Form der Mystik. Sie liegt Versuchen in vielen Kulturen zugrunde, diese Zusammenhänge näher zu bestimmen. Die Pyramiden von Ägypten und Mexiko, megalithische Bauwerke, wie in Stonehenge, die komplexe Amtstracht des Schamanen weisen in diese Richtung. Die arabische Astrologie und Mathematik, die ägyptische Hermetik, die Zahlenmystik, die Alchemie – dies alles sind Versuche, die Struktur des Kosmos aus der Erfahrung zu ergründen, daß alles zusammenhängt und letztlich eine Einheit ist.

Auch die jüdische Kabbala ist dadurch gekennzeichnet, unter anderem in dem klassischen, auch in christlichen Kreisen einflußreichen Buch „Sohar" (Buch des Glanzes), Ende des 13. Jahrhunderts in Kastilien von Moses de Leon geschrieben. Darin wird unter anderem der Zusammenhang zwischen der Farbe, dem Geruch und der Anzahl der Blütenblätter der Lilie, zwischen dem menschlichen Fasten und der messianischen Endzeit, zwischen der Bedeutung und der Buchstabenform des Alphabets beschrieben.

Vieles von alldem ist heute „Okkultismus" geworden, von der Wissenschaft überholt. Doch hat es in der modernen Mystik wieder eine besondere Attraktivität erlangt, und zwar aufgrund der Erkenntnis, die diesem esoterischen Denken zugrunde liegt und die in der technischen Kultur verlorengegangen ist: daß der Kosmos ein Organismus ist, in dem alles aufeinander angewiesen ist, miteinander zu tun hat und aus ein und derselben Seele lebt.

Auch die Vorstellung vom Menschen als Mikrokosmos, einem Organismus im kleinen, der den Organismus im großen, den Makrokosmos, widerspiegelt, zusammenfaßt und ein Bestandteil desselben ist, auch diese Vorstellung fesselt heute wieder und ruft die Frage wach, welchen Platz der Mensch im großen Ganzen der Zusammenhänge einnehmen muß.

Ursprüngliche, moderne Naturmystik können wir bei einer Gestalt wie Teilhard de Chardin finden. Er erhielt 1911 seine erste Erfahrung einer starken Gegenwart des Alls; fünf Jahre später im Schützengraben erhielt er dieselbe Erfahrung des Alls, aber jetzt verbunden mit Christus:

„Man hätte sagen mögen, die trennende Oberfläche zwischen Christus und der umgebenden Welt verwandle sich in eine vibrierende Schicht, in der alle Grenzen verschmolzen." [19]

1933 sagt er:

„Der Ozean, der alle geistigen Strömungen des Alls sammelt, ist nicht nur etwas, sondern jemand. Er hat, selbst, ein Gesicht und ein Herz."

Sein ganzes Leben lang hat Teilhard de Chardin diese Grunderfahrung an den wissenschaftlichen Hypothesen der Evolution, an der Forschung, an der er aktiv teilnahm, und an seinem Glauben an den kosmischen Christus, wie ihn der Apostel Paulus gesehen hatte, geprüft.

3. *Kultur*, im Sinne einer von Menschen geschaffenen Umwelt, ist auch oft ein Auslöser für mystische Erfahrung. Ein Gedicht, ein Gemälde, Musik, eine Kirche, gregorianischer Gesang,

Weihrauch, eine Stadt, ein Buch, aber auch ein Krieg oder ein Teegebäck sind Anlaß für den Durchbruch einer mystischen Erfahrung gewesen. Derartige Erfahrungen kommen häufig in Sammlungen zeitgenössischer mystischer Zeugnisse und bei heutigen Schriftstellern vor. Die Mystik, die daraus hervorgeht, wird wenig Anknüpfungspunkte in der religiösen westlichen Mystik finden, um so mehr aber bei der japanischen Zen-Mystik. Und gerade hier werden kulturelle Verrichtungen dazu benutzt, die Atmosphäre für mystische Erfahrungen zu entwikkeln: Bogenschießen, einen Garten harken, Tee trinken, Malen, paradoxer Sprachgebrauch, Za-Zen während der alltäglichen Verrichtungen.

Doch spielt auch in der westlichen Mystik die Kultur eine große Rolle, aber dann häufig in negativem Sinn: Man zieht sich aus der Gesellschaft zurück, weil man ihre Kultur zu grob, zu reich, zu unterdrückend, zuwenig der Mühe wert findet. In einer Situation der Gegenkultur entsteht dann oft eine mystische Kultur, basierend auf Erfahrungen einer Wirklichkeit, die wahrlich die Mühe des Lebens lohnt.

Eine solche Gegenkultur entstand schon ziemlich früh, im 4. Jahrhundert, als das Christentum Staatsreligion wurde, sich in kaiserliche Pracht kleidete und Staatsmacht dazu verwendete, die Lehre von Gott zu definieren und zwingend aufzuerlegen. Männer und Frauen zogen sich damals aus der „Welt" zurück, sie suchten Wüsten und unzugängliche Gegenden auf, wo auch Steuerhinterzieher und andere Randfiguren der Gesellschaft hausten. Sie sahen von jeder Lehre ab; was sie hinterließen, sind Aussprüche und Geschichten. Sie wollten keine Gesellschaft mehr, wurden Einsiedler, sahen aber Gastfreundschaft als ein großes Gut an. Sie waren Anarchisten, erkannten jedoch die Liebe als die höchste Norm an und ein Reich, das nicht von dieser Welt ist.

Zentral in ihrer Mystik stehen die Seligpreisungen der Bergpredigt: „Selig, die ein reines Herz haben; denn sie werden Gott schauen" (Mt 5,3). Den Werten entsagen, die in der Gesellschaft gelten, und Erfahrungen von einer anderen Welt machen!

Eine solche Gegenkultur liegt auch der imponierenden mittelalterlichen Mystik in den Niederlanden zugrunde. Im 12. Jahrhundert zogen sich viele Frauen des Adels und des begüterten Bürgertums aus Ehe und Gesellschaft zurück. Sie wollten keinen Reichtum, keine Geborgenheit und siedelten sich in der Umgebung einer Kirche oder eines Hospitals in Zellen oder Klausen an. Sie waren keineswegs prüde, wollten aber ihre Liebe nicht auf eine Ehe einengen. Wenn sie verheiratet waren, dann wußten sie ihren Mann zu überreden, in ein Kloster zu gehen. Sie wurden von der etablierten Kirche und Gesellschaft so sehr als eine Bedrohung angesehen, daß viele von ihnen auf dem Scheiterhaufen endeten. Sie wurden „Beginen" genannt. Das war ein Schimpfwort, bis sie den Schutz Roms erhielten. Der Mann, der dafür sorgte, war Jakob von Vitry. Er sagt in der Lebensbeschreibung der Maria von Oignies (1117 bis 1213), einer Begine, die eine geistliche Führerin war:

„Inmitten der Weltkinder bleiben sie geistig sittsam, inmitten der Unzüchtigen halten sie sich keusch, mitten im Getriebe der Gesellschaft führen sie ein Einsiedlerleben."[20]

Zu diesen Frauen gehörte auch Hadewijch.

In unserer Zeit entwickelt sich ebenfalls wieder eine solche Gegenkultur mit starken mystischen Zügen. Übrigens genauso chaotisch wie in der vergangenen Zeit.

4. Auch der *Mitmensch* kann Anlaß zum Erwachen der Mystik sein. Bei Gandhi hat die Begegnung mit einem klassenlosen Paria im Warteraum einer Bahnstation eine fundamentale Umkehr bewirkt, durch die sich sein weiteres Leben änderte. Für Franz von Assisi waren das Aussätzige, vor denen er einen Abscheu hegte, denen er aber „Barmherzigkeit" erzeigte, als sie seinen Weg kreuzten.

„Und da ich fortging von ihnen, wurde mir das, was mir bitter vorkam, in Süßigkeit der Seele und des Leibes verwandelt. Und danach hielt ich eine Weile inne und verließ die Welt."[21]

Der Erste Weltkrieg brachte viele mit einem Schock zur Besinnung: Wie ist es möglich, daß so viele Menschen einander so grausam abschlachten? Das bedeutendste mystische Werk, das in dieser Zeit entstand, war Martin Bubers: „Ich und Du"[22]. Dieses Buch hat viel dazu beigetragen, daß Mystik heute auch dialogisch erlebt wird, nicht eingesperrt in ein „Ich", sondern in direktem Kontakt zwischen Mensch und Mitmensch, empfänglich für den anderen, gerade weil er anders ist. Martin Buber wurde stark vom Chassidismus beeinflußt, einer jüdischen mystischen Strömung aus Osteuropa, die er zu neuem Leben zu bringen versuchte. Es ist eine Mystik, in der die Erzählung die Sprache ist und das frohe Genießen des Zusammenseins im Mittelpunkt steht mitsamt einem Ja zum Leben auch in all seiner Härte.

Auch der Zweite Weltkrieg bedeutete einen Schock, nicht zuletzt durch den kaltblütig organisierten Massenmord an den Juden, wobei die Religionen mit ihren traditionellen Gottesbildern überhaupt keine Kraft gezeigt hatten, diesen Rassismus zu bekämpfen. Dietrich Bonhoeffer plädierte für ein Christentum ohne Gottesbild, ohne Religion. Er wurde vom Hitler-Regime hingerichtet, fand aber nach dem Krieg viele Leser. Gott nach Auschwitz, Gott ist tot! „Die ‚Vision' Gottes ist eins mit dem Werk der Gerechtigkeit", sagt der Jude Emmanuel Lévinas. Der Transzendente offenbart sich im Antlitz des Anderen, derer, die ausgeschlossen sind, als Fremde aus unserer Gesellschaft in Gettos ausgestoßen. Mystik bedeutet: empfänglich werden, verwundbar, verletzlich für den Mitmenschen, der uns fremd ist. Erst dann ist die Gewähr gegeben, daß wir mehr schauen als das eigene Ich.

Die Befreiungstheologen Lateinamerikas setzen die Linie des Philosophen Lévinas fort. Für sie ist der andere der Unterdrückte, vor allem die Indianer und die Bauern, die von Wirtschaftsmächten an den Rand der Gesellschaft gewalzt werden.

5. Ein Anreiz zur Mystik braucht nicht immer von außen zu kommen, von der Religion, der Kultur, der Natur, vom anderen Menschen her; sie kann auch dem Verlangen entspringen, tiefer

in das eigene *Bewußtsein* vorzudringen, oder der Erkenntnis, daß Gott im Tiefsten unseres Wesens erreichbar ist. Die Mystik, die so entsteht, nennt man meist „Wesensmystik": Das tiefere Wesen des Menschen kommt gleichsam nach oben, bricht sich im Bewußtsein Bahn.

Die Anreize werden oft systematisch angewandt: Meditation, Yoga, Aszese – vor allem, wie sie im Osten entwickelt sind – , aber auch bewußtseinserweiternde Drogen, wie sie von den Indianern gebraucht und von Aldous Huxley propagiert wurden. In seinem Buch aus dem Jahr 1960 „Doors of Perception" (Die Pforten der Wahrnehmung) interpretiert Huxley die Erfahrung, die er durch die Droge Meskalin erhielt, mit Hilfe der hinduistischen und buddhistischen Mystik als eine mystische Erfahrung.

Inwieweit durch solche Anreize auch dieser tiefste Grund in unserem Wesen erfahren wird, der die „letzte Wirklichkeit" genannt werden kann – weil sie auch derselbe Grund alles Seins ist –, das bleibt immer die Frage. Die TM-Bewegung des Guru Maharishi Mahesh Yogi behauptete dies zu Anfang; zur Zeit bestreitet die TM selbst, mit Hilfe von Prozessen, ein solches mystisch-religiöses Image. Es handelt sich bei TM heute nicht mehr um Einswerdung mit dem kosmischen All-Einen, sondern um Gehirnströme, durch die man zur Ruhe kommt, um Gesundheit und die Abnahme der Kriminalität. Im übrigen hat sich auch gezeigt, daß bewußtseinserweiternde Drogen zu Bewußtseinsverengung führen statt zu dem Bewußtsein, daß das eigene Ich im Grunde eins ist mit allem und deshalb auf alles hin offen sein müßte.

RIECHEN, HÖREN, SEHEN, SCHMECKEN, FÜHLEN

Mystik ist die Erfahrung einer Wirklichkeit, die über alles hinausgeht, was ein Mensch fassen kann. Es läßt sich, wie wir gesehen haben, kaum eine Sprache dafür finden. Andererseits ist der ganze Mensch darin einbezogen. Wie geistig Mystik auch ist, sie ist zugleich sehr leiblich. Man kann Gott hören, sehen, riechen, schmecken, fühlen mit fünf „geistigen Organen", die den fünf leiblichen entsprechen, wie Mystiker vielfach gesagt haben. Durch diesen Aspekt der mystischen Erfahrung ist eine Sprache möglich, die von Künstlern leicht ins Bild gebracht und vom „Volk" leicht verstanden werden konnte. Viele volkstümliche Frömmigkeitsformen, viele Themen der religiösen Ikonographie in Ost und West, viele liturgische Feste finden ihren Ursprung in Schriften von Mystikern.

In seinen „Bekenntnissen" gibt Augustinus an, wie die Sinnesorgane Gott nicht und zugleich *doch* erfahren:

> „Was aber liebe ich, wenn ich dich liebe? Es ist nicht Schönheit des Körpers und zeitliche Anmut, nicht Schimmer des Lichts, der Freund meiner Augen, es sind nicht wenige Melodien vielgestaltiger Gesänge, ist nicht Wohlgeruch von Blumen, Salben, Spezereien, nicht Manna und Honig, und es sind nicht Glieder, die das Fleisch mit Lust umfängt: Das liebe ich nicht, wenn ich meinen Gott liebe. Und dennoch liebe ich ein Licht, eine Stimme, einen Duft, eine Speise, ein Umfangen, wenn ich meinen Gott liebe, der für meinen inneren Menschen Licht, Stimme, Duft, Speise und Umfangen ist. Was dort meiner Seele erstrahlt, das faßt kein Raum, was dort erklingt, vergeht nicht mit der Zeit, es duftet, und kein Hauch verweht es, es mundet, und die Sattheit stillt sich nicht daran, es haftet, und kein Überdruß trennt mich davon. Das ist es, was ich liebe, wenn ich meinen Gott liebe!"[23]

Hier geht es also um Symbole. Aber um keine erdachten Symbole, wie die Flagge Symbol für ein Land ist. Das sinnliche Wahrnehmen Gottes ist anders als das sinnliche Wahrnehmen eines Mitmenschen, doch sind beide miteinander zu vergleichen, weil bei beiden der Leib eine Rolle spielt.

Wenn Teresa von Avila vom inneren Gebet sagt, es sei, „als wäre ihr ins innerste Mark die köstlichste, lieblichen Geruch verbreitende Salbe eingegossen worden", dann ist Wohlgeruch ein Symbol, aber die Erfahrung des Wohlgeruchs hat doch etwas mit der Erfahrung innigen Betens zu tun. Welches ihre Erfahrung gewesen ist, läßt sich noch am besten nachempfinden, wenn man selbst in der Erinnerung erforscht, was der Duft ei-

Was Bernhard blitzartig
sah und woraus er sein
ganzes Leben lang
schöpfte, war die Er-
kenntnis, daß Gott
Mensch und dadurch
Mitmensch geworden
war. Daß er aus derselben
Quelle – der Brust Mari-
ens – trinken darf. In Einsamkeit schreibt er die
Vision nieder. In Wirk-
lichkeit ging es umge-
kehrt: Beim Schreiben
wird die Vision greifbar
und konkret.

Detail eines Triptychons,
um 1290.
Palma de Mallorca,
Museu Arqueologico
Luliano.

nes Parfüms wachruft. Das Hören von Musik, das Schmecken, das Sehen von etwas Schönem sind in diesem Sinn Symbole für das Angenehme in der mystischen Erfahrung. Schlüsseltexte für jüdische und christliche Mystiker stammten aus der Bibel, vor allem aus dem Hohenlied, in dem viel von dem „Duft" von Braut und Bräutigam gesprochen wird: „Köstlich ist der Duft deiner Salben, dein Name hingegossenes Salböl; darum lieben dich die Mädchen" (Hld 1,3); und aus Psalmen, wie etwa aus Psalm 34,9: „Kostet und seht, wie gut der Herr ist."

Das meistgebrauchte Symbol, wenn es um geistige Sinnesorgane geht, ist das Gefühl, „das gröbste leibliche und zarteste geistige Sinnesorgan" nach Aussagen einiger Mystiker. Der Mystiker fühlt sich von einer verliebten Hand berührt und gerät außer sich. Er erfährt auch eine transzendente Wirklichkeit, als ob er diese berühren könnte.

Zur Illustration etwas aus dem Werk des Johannes vom Kreuz:

„... eine zart eindringliche Berührung der Seele durch den Geliebten, mitunter dann, wenn sie es am wenigsten erwartet. Damit setzt er ihr Herz in Liebesflammen, so als wäre seine Berührung ein überspringender, zündender Funken. Und dann, wie in einem jähen Erwachen, beginnt der entbrannte Wille, Gott zu lieben, zu begehren und zu preisen und dankbar zu verehren, anzubeten und anzuflehen, durchdrungen von Liebe; und diese Regungen nennt sie Rückfluten göttlichen Balsams."[24]

DIE SPRACHE DER VERLIEBTEN

Roland Barthes sagt anläßlich seines Buches „Fragmente einer Sprache der Liebe"[25], eines Kompendiums, das er aus der Weltliteratur zusammengestellt hat:

„Die Sprache der Verliebten ist gekennzeichnet durch eine Atmosphäre der Einsamkeit. Jemand, der verliebt ist, steht allein in einer grausamen Welt, grausam, weil fast alle Situationen darauf angelegt zu sein scheinen, ihn von der Geliebten zu trennen oder ihr zu entfremden. Der Verliebte schafft eine andere Welt: die seiner Phantasie, in der das Bild der Geliebten allesbestimmend ist. Der Verliebte ist voller Hoffnung und verzweifelt, er wartet, er muß seine Zeit füllen mit Worten über die Erwartungen des neuen Lebens, füllen oft mit Tränen."

In seinem Buch kommen auch Mystiker zu Wort. Sie haben vieles der profanen Verliebtensprache entnommen, aber sie haben auch einen eigenen Beitrag geleistet, unter anderen Johannes vom Kreuz. Seine mystisch-erotische Poesie ist weltberühmt geworden. „Welche Frau wäre nicht glücklich, von ihrem Geliebten solche Verse zu erhalten!", sagt der Psychoanalytiker Ignace Lepp. Und der Schriftsteller Arthur Symons: „Dieser Mönch kann sogar Liebende noch etwas lehren!"

Zur Zeit Hadewijchs waren Troubadoure die Schöpfer der „höfischen Minne"-Sprache. Hadewijch paßt in diese Sprache, wie Johannes vom Kreuz in die Liebessprache des spanischen Barock paßt. Nicht, daß alle Mystiker eine solche Minnesprache gesprochen hätten; aber in unsere Zeit scheint sie überhaupt nicht mehr zu passen, weil, wie Roland Barthes bemerkt, „der Diskurs der Liebe heute von extremer Einsamkeit ist. Dieser Diskurs wird wahrscheinlich (wer weiß?) von Tausenden von Subjekten geführt, aber von niemandem verteidigt."[26]

Die Abneigung, die erotische mystische Texte in unserer Zeit oft hervorzurufen scheinen, und auch die Verdächtigungen, als ginge daraus hervor, daß Mystiker Frustrierte seien, gehen nicht nur auf das Fehlen einer unserer Zeit gemäßen Sprache der Verliebten zurück, sondern auch auf eine bestimmte Auffassung von Mystik, als wäre sie etwas „Geistiges", an der der Leib und das Profane nicht teilhaben dürften.

Wenn aber in mystischen Schriften eines deutlich ist, ist es die Tatsache, daß der ganze Mensch bei der Mystik beteiligt ist, seine Leidenschaften, seine Begierden, seine Liebeskräfte. Es gibt nur eine Liebe, bemerkte Teresa von Avila. Mystiker streben nach „Reinheit", aber es ist dann doch eine Reinheit, die auch in menschlicher Liebe gewünscht wird, um zur Zärtlichkeit zu kommen. Sie waren nicht rein in dem Sinne von „prüde", im Gegenteil.

Doch würde man die erotischen Texte falsch lesen, wenn man ihre symbolische Seite nicht durchschaute. Bernhard von Clairvaux, der Schöpfer der „Brautmystik", erklärt, warum er seine mystischen Erfahrungen in der Sprache der Verliebten wiedergibt: „Ich werde doch getrieben, wenn auch nicht durch ein gleiches, so doch durch ein ziemlich ähnliches Verlangen." Er betont aber auch den Unterschied:

> „Hüte dich jedoch zu glauben, wir dächten uns diese Vereinigung des Göttlichen Wortes mit der Seele als einen körperlichen oder einbildungsmäßigen Vorgang: Wir sprechen nur aus, was der Apostel sagt: Wer Gott anhängt, ist ein Geist mit ihm (1 Kor 6,17). Das Entzücken einer reinen Seele in Gott oder Gottes gütiges Sich-herab-lassen zur Seele drücken wir, so gut es möglich, mit unseren Worten aus, bestrebt, Geistiges mit Geistigem zu vergleichen." [27]

Die Symbolik bei Bernhard ist klar. Auch er entlehnt übrigens vieles, vor allem aus dem Hohenlied. Bei Hadewijch ist diese Symbolik viel weniger klar. Sie übernimmt gern Symbole, beschreibt aber ihre eigenen Emotionen und sehr leiblich-erotischen Erlebnisse. Ohne sich selbst und den Leser zu warnen, daß es sich hier um eine Wirklichkeit handelt, die letztlich nicht körperlich, sondern unvorstellbar und bildlos ist. Sie sagt es aber doch, implizit:

> „Er schlinge dich in sich. Wo die Tiefe seiner Weisheit ist, dort wird er dich lehren, was Er ist und wie wunderbar süß der eine Geliebte im anderen wohnt und so den anderen durchwohnt, daß keiner von beiden sich selbst noch erkennt. Aber sie besitzen einander gegenseitig in Sinnenfreude, Mund in Mund und Herz in Herz, und Leib in Leib, und Seele in Seele, während eine einzige süße göttliche Natur sie beide durchströmt; und sie sind beide eins durcheinander, bleiben aber zugleich doch sie selbst, ja bleiben es immer." [28]

Die Sprache der Verliebten kommt in der westlichen Mystik vor allem vom 12. Jahrhundert an bis zur Barockzeit vor. Auch bei östlichen, nämlich den Krishna-Mystikern, und vor allem bei den islamitischen Sufis treffen wir sie an. Sie hat immer eine symbolische Bedeutung.

Im übrigen kennen die meisten Religionen einen Zusammenhang zwischen der Sexualität und dem Göttlichen. In dem Hauptwerk der jüdischen Mystik „Sohar" sagt Moses de Leon: „Wenn ein Mann mit seiner Frau innig zusammen ist, sind sie von der Sehnsucht nach den ewigen Hügeln umweht."

In der katholischen Theologie ist die durch den sexuellen Akt „vollendete" Ehe ein „sakramentales Zeichen".

Den sexuellen Akt als Fundort für Mystik treffen wir ziemlich selten an. Am ausdrücklichsten wohl im Tantrismus. Dort ist ein Weg zur Mystik auch die sexuelle Vereinigung, erlebt als eine totale Vereinigung zweier Personen, die Aug in Aug beieinander sind, mit einem Blick auf die tiefere Einheit mit dem Unendlichen. In der modernen Mystik, der der „erotischen Gegenbewegung", hat die Sexualität wieder einen festen Platz bekommen. Auch hier fehlt jedoch die Sprache der Verliebten. Von einem persönlichen Band ist kaum die Rede; es handelt sich nicht um Freundschaft. Dies war jedoch der Fall bei vielen Mystikern vergangener Zeiten, die oft sehr enge Freundschaften auf menschlicher Ebene pflegten.

DIE SPRACHE DER ERLEUCHTETEN

Mystische Erfahrung bedeutet nicht nur, daß man von einer anderen Wirklichkeit gefesselt wird, sondern auch, daß man eine kurze, aber sehr klare Einsicht in den letzten Grund aller Wirklichkeit erlangt. Beide Aspekte gehen Hand in Hand, aber in der Reflexion dieser Erfahrung kann der eine einen stärkeren Akzent erhalten als der andere. In der Sprache der Verliebten spielt immer eine Rolle, daß man den geliebten Menschen kennenlernt. In der Sprache des Schauens geht es um „Erleuchtung", bei der man wesentlich beteiligt ist. Nicht um Einsicht durch kühles Nachdenken.

Ein fundamentales Bild, das in der Sprache des Schauens stets

eine Rolle spielt, ist das der „göttlichen Trunkenheit". Es stammt von einem Juden, Philon von Alexandria[29], einem Zeitgenossen Jesu von Nazaret. Er war ein Mystiker und zeugte auch von eigenen mystischen Erfahrungen. Von diesen Erfahrungen aus interpretiert er die jüdischen Propheten: Sie erlangten göttliche Einsicht durch einen Zustand göttlicher Trunkenheit. Diese Trunkenheit muß nach Ansicht Philons unterschieden werden von der göttlichen Trunkenheit, die in den dionysischen Mysterienfeiern durch Wein hervorgerufen wurde. Es handelt sich hier nämlich um eine „nüchterne Trunkenheit", „nüchterner als die Nüchternheit selbst". Es handelt sich um eine Einsicht in Lebensfragen, die tiefer geht als das, was durch nüchternes Nachdenken über Tatsachen erlangt wird, wohl aber an dieses anknüpft. Von dieser „nüchternen Trunkenheit" spricht fünf Jahrhunderte später auch Augustinus. Dieser Nordafrikaner war durch eine tiefe Krise gegangen, in der er an allem zweifelte, bis zu dem Augenblick, da er blitzartig erkannte, daß alles, was man sieht, zu bezweifeln ist, außer dem eigenen Lebenswillen: der Tatsache also, daß man in sich selbst ein unausrottbares Verlangen hat, zu leben und zu lieben. Darin erblickte er den Lebenswillen aller Wesen und Dinge, Gott. Und auch, daß das Urverlangen des Menschen auf diese Liebe gerichtet ist: „Unruhig ist unser Herz, bis es Ruhe findet in Dir." Seine mystische Sprache ist durch diese Erfahrung gekennzeichnet:
„Gehe nicht nach außen – kehre in dich selbst ein: Im inneren Menschen wohnt die Wahrheit."[30]
Nur das „Auge der Seele", nicht das leibliche Auge, nur das „innere Auge", das „Auge des Herzens", kann die Urliebe wahrnehmen. In einer „Sekunde klaren Sehens". Augustinus muß später erkennen, daß ein solches Sehen selten ist. Aber es hat bei ihm doch ein bleibendes und leidenschaftliches Verlangen geweckt, die Erkenntnis festzuhalten und zu entwickeln. Die nüchterne Trunkenheit dieses einen Augenblicks wirkt nach in einem nüchternen, aber leidenschaftlichen Verlangen und Suchen nach der Wahrheit hinter den Dingen.
In einem Zwiegespräch mit sich selbst sagt Augustinus:

„Gott und die Seele, das ist es, was ich zu kennen verlange.
Sonst nichts? Nichts anderes."[31]
Das Kennenlernen, das „Schauen" der Wahrheit im Innersten
des eigenen Wesens war *die* Leidenschaft, die Augustinus trieb.
Nicht ohne Grund hat ihn die spätere Ikonographie als „Den-
ker mit dem Herzen" dargestellt.

Augustinus hat die Mystik im Westen lange Zeit beeinflußt.
Deren Höhepunkt bildete die „Schule von Sankt-Viktor", eine
internationale Gruppe von Mönchen, die im 12. Jahrhundert in
der berühmten Abtei Sankt-Viktor in Paris die Erkenntnisse
des Augustinus zu einer Lehre über „Kontemplation" und zu
einem praktischen Leitfaden, wie man zur Beschauung kommen kann, verarbeitete.

Die beschauliche Form der Mystik ist immer ziemlich elitär
geblieben, nur geeignet für Mönche, die dafür freigestellt waren.
Für vielbeschäftigte Menschen war diese nicht geeignet, wie
Papst Gregor der Große (ca. 540–604) bei sich selbst feststellte:
„Meine arme Seele denkt daran, wie sie früher im Kloster
über allem schweben durfte, was geschah, über allem Wech-
sel der Dinge, wenn sie das Gefängnis des Leibes verließ in
der Betrachtung. Jetzt muß ich den tausend Geschäften der
Weltmenschen standhalten."[32]
Nach dem Mittelalter hat es auch Bewegungen von Nicht-
Mönchen gegeben, die sich „Erleuchtete" nannten: die „Alumbrados" im Spanien des 16. Jahrhunderts; die „Illuminés" in
Frankreich im 17. Jahrhundert, die „Illuminaten" in Bayern im
18. Jahrhundert. Sie gerieten alle in die häretische Richtung,
weil sie zu selbstsicher auftraten und zu sehr auf andere herab-
blickten, die nicht erleuchtet waren.

Die moderne humanistische Mystik ist gewissermaßen eine
Rückkehr zu dieser Mystik der „Erleuchtung". Aber sie ist
demokratischer, schöpft aus anderen Quellen und bedient sich
einer anderen Sprache. Heute geht es um „Bewußtseinserweiterung", um „das wahre Ich", das „Selbst", es geht um Meditation als Weg zur Vorbereitung auf die Erleuchtung, um „höch-

ste Erfahrung" und „die letzte Wirklichkeit". Das Vokabular
bezieht man zu einem großen Teil aus Psychologie und Psychiatrie und aus der östlichen Mystik. Aber es handelt sich im
wesentlichen noch immer um die Mystik, von der Augustinus
sprach: in unserem eigenen Innersten den tiefsten Grund von
allem zu erreichen, so daß wir „sehen", uns der Wirklichkeit
bewußt sind bis in ihren tiefsten Grund. Ein „kosmisches Bewußtsein", indem sich in unserem Bewußtsein ein „Licht"
Bahn bricht, in dem das Universum „als ein integriertes und
vereintes Ganzes wahrgenommen wird", so der Formgeber der
humanistischen Psychologie Abraham Maslow, 1964.

DIE SPRACHE DER TAT

Eines der Kennzeichen einer mystischen Erfahrung ist, daß sie
tief in das Leben einschneidet. Dieser Aspekt hat in der westlichen Mystik immer eine Rolle gespielt in dem Sinn, daß
Erfahrung von Liebe, als dem Existenzgrund von allem, zu Taten der Liebe gegenüber dem Mitmenschen führen muß. Vor
allem nach dem 17. Jahrhundert beherrscht dieser Gedanke
die mystische Sprache. Es entwickelt sich dann in Frankreich
eine antimystische Atmosphäre: Mystik ist etwas Elitäres, ist
etwas für Auserwählte, nicht für den einfachen Menschen!
Die Sprache der Mystiker paßt sich dann folgendermaßen an:
Über die Erfahrungen sollte man besser nicht allzuviel reden;
was mystische Erfahrung ist, werde man mit Taten sagen müssen.

Einer der ersten Mystiker, der diese Sprache auf überzeugende Weise beherrschte, war Vinzenz von Paul (1581–1660),
der Sohn eines französischen Bauern, bekannt geworden vor allem durch die Vinzenz-Vereine und den neuen Nonnentyp
„mit den Flügelhauben", den Töchtern der Liebe.

Mit „Liebesantennen" (Dom Helder Camara) fing er jeden
Notschrei auf, von Galeerensklaven, Findelkindern, Bettlern,
verwahrlosten Jugendlichen, Kranken und Geisteskranken,
Heimatlosen und Flüchtlingen. Er sprach eine Sprache, die jeder verstand, auch wenn er Worte gebrauchte.

Zurückgezogen auf dem Berg Randa, empfing Ramón Llull 1274 eine Vision, eine Erkenntnis, die er sein ganzes Leben lang wissenschaftlich zu entfalten suchte. Auf dieser Miniatur, die im Auftrag seines Freundes Thomas le Myésier angefertigt wurde,
sind die drei Phasen wiedergegeben: die Vision in der Höhle, wie er über diese Vision
mit einem vorbeikommenden Pilger redet, seine Lehre vor einer großen Menge vor-
trägt.

Karlsruhe, Badische Landesbibliothek, Pergamenthandschrift 92.

Der Vorteil dieser mystischen Sprache ist, daß sie Mystik für jeden erreichbar macht. Ein Ideal, ausdrücklich angestrebt von dem französischen Mystiker, auf den Vinzenz sich oft berief, Franz von Sales (1567–1622):

„Es ist ein Irrtum, ja sogar eine Irrlehre, die Frömmigkeit aus der Kaserne, aus den Werkstätten, von den Fürstenhöfen, aus dem Haushalt verheirateter Leute verbannen zu wollen."[33]

Die neuzeitliche Mystik ist zu einem großen Teil auch eine Fortsetzung dieser Mystik der Tat. Einer der ersten, die bei uns formulierten, was moderne Mystik sein muß, war der niederländische Karmelit Titus Brandsma. Er tat dies in einer Festrede 1932. Mystik der Tat, wobei man wegen einer anti-mystischen Atmosphäre über die mystischen Erfahrungen schweigt, wird seiner Ansicht nach bald versanden, weil die Tat dadurch ausgehöhlt wird. Es müsse deshalb wieder von Mystik gesprochen werden.

Ein moderner Mystiker der Tat war Dag Hammarskjöld, der Generalsekretär der UNO. Er sprach nie über seine mystische Erfahrung, erst nach seinem Tod fand man das Tagebuch, in dem er diese in Worten festgehalten hatte. Da wurde klar, wie sehr alle seine Taten aus dieser mystischen Quelle motiviert waren, für die er sich in seinem aktiven Leben Raum freihielt:

„Das ‚mystische Erlebnis'. Jederzeit: hier und jetzt – in Freiheit, die Distanz ist, in Schweigen, das aus Stille kommt. Jedoch – diese Freiheit ist eine Freiheit unter Tätigen, die Stille eine Stille zwischen Menschen.

Weihe – Licht oder im Licht zu sein, vernichtet, damit es entstehe, vernichtet, damit es sich sammle und verbreite.

Der Weg zur Heilung geht in unserer Zeit notwendig über das Handeln."[34]

Hammarskjöld kann sich der mystischen Erfahrung selbst nicht mehr erinnern, um so besser aber des einschneidenden Charakters derselben:

„Ich weiß nicht, wer – oder was – die Frage stellte. Ich weiß nicht, wann sie gestellt wurde. Ich weiß nicht, ob ich antwortete. Aber einmal antwortete ich Ja zu jemandem – oder zu

etwas. Von dieser Stunde her rührt die Gewißheit, daß das
Dasein sinnvoll ist und daß darum mein Leben, in Unterwer-
fung, ein Ziel hat."[35]
Viele neuzeitliche Mystiker, die in der jüdisch-christlichen
Tradition verwurzelt sind, werden am stärksten von dem einschneidenden Charakter mystischer Erfahrungen in dem Sinn
angesprochen, daß Mystik sich in der harten Realität des Alltags wahrmachen muß.

Ekstase, Visionen, Erscheinungen, Phänomene

Nach dem, was wir bis jetzt über die mystische Sprache gesagt
haben, könnte man auf den Gedanken kommen, das Lesen der
Schriften von Mystikern und über Mystiker sei ziemlich leicht,
sobald man den kulturell-religiösen Kontext einmal kennt.
Dieser Eindruck ist falsch: Mystische Schriften sind sperrig
und wahrscheinlich für viele auch ziemlich peinlich. Es wim-
melt dort von Visionen, Stimmen, Erscheinungen, Gemütsaus-
brüchen, Levitationen und Blutungen, merkwürdigen Reaktionen, so daß man sich manchmal fragt, ob dieser oder jener
Mystiker nicht total verrückt ist. Es handelt sich in der Mystik
nicht nur um eine Erfahrung von kurzer Dauer, die immer dieselben Charakteristika zeigt, sondern auch um jemanden, der
diese Erfahrung persönlich erlebt und dann zusehen muß, wie
er in seinem weiteren Leben auf seine Art damit fertig wird.
Und es gibt nun einmal auch unter den Mystikern nüchterne
und emotionale, harmonische und labile, beleibte und fragile
Typen. Außerdem handelt es sich, vor allem in der westlichen
Mystik, um ein Balancieren zwischen zwei Welten: einer, die
heil, vollkommen, beglückend ist, geschaut in einem lichten
Moment, und einer anderen Welt, mit der man täglich zu tun
hat, die voller Gewalt und Bosheit, voller Probleme und Widersprüche ist. Zwischen diesen beiden Welten verschwimmen
auch manchmal die Grenzen: die Grenze zwischen Tagtraum
und harter Wirklichkeit, zwischen Phantasiebild und wirkli-

chem Sehen, zwischen geistigen und leiblichen Eindrücken. Über Letzteres nun etwas mehr.

TAGTRAUM UND WIRKLICHKEIT

Wir können nicht ununterbrochen in einer Welt der Probleme und Verantwortungen leben. Der Geist braucht Ruhe. Er muß zu einer einfachen Bewußtseinsebene zurückkehren können, wo noch alles möglich ist, ohne daß man dafür Verantwortung trägt. Das geschieht im Traum während des Schlafes. Werden Träume blockiert, zum Beispiel in einem Indoktrinationsprozeß, dann wird der Mensch geisteskrank. Er verliert die Möglichkeit, die Wirklichkeit ordnend im Griff zu behalten.

Je höher die Anforderungen sind, die das Leben stellt, um so stärker wird man das Bedürfnis verspüren, auch tagsüber träumend in einer problemlosen Welt zu verweilen: sinnend in einer stillen Umgebung, in der Vögel ihr Leben führen und Wolken ihren Gang gehen, ohne um unsere Sorgen zu wissen. Solche Tagträume können auch stimuliert werden und dadurch von mehr ekstatischer Art sein. Sie können durch Fasten und Aszese, durch Drogen, Tanz, Musik und rhythmisches Beten geweckt oder mit Hilfe von TM und Yoga eingeübt werden. Fast alle Kulturen kennen dieses Bedürfnis nach Tagträumen und fanden Mittel, um in eine solche Traumwelt zu gelangen. Alkohol und die Droge Peyote (Meskalin) wurden bei religiösen Riten gebraucht, wie auch der Tanz nach rhythmischer Musik als etwas Religiöses erfahren wurde. Die Traumwelt, in die man geriet, sah man als eine göttliche, als ein Paradies, als den ursprünglichen Zustand an, in dem alles „heil" ist. Man nannte das Ekstase, Trance; heute nennt man es High-sein. Alkohol, Hasch, LSD, Heroin sind vielgebrauchte Mittel geworden; aber auch ein Disco-Abend dient demselben Zweck: Durch Bewegung, Musik, Licht und Lautstärke wird man high. Das Bewußtsein von der Umgebung, von den eigenen Problemen, von dem, dessen man nur schwer Herr werden kann, verdampft. Das Bewußtsein vom eigenen Körper nimmt zu, und damit wächst auch das Selbstvertrauen. Die Welt wird übersichtlich und beherrschbar.

Derartige Tagträume haben ziemlich viel Ähnlichkeit mit mystischen Erfahrungen, sind solche jedoch nicht, wie wir schon dargelegt haben. Doch spielen sie bei verschiedenen – keineswegs bei allen – Mystikern eine Rolle. Wenn die Erfahrung intensiv gewesen ist, wird der Rückfall in die banale Wirklichkeit um so härter sein.

„Das Wort entschwindet wieder, und ich liege wieder wie in einer Krankheit starr und kalt da, wie wenn man unter einem kochenden Topf das Feuer wegnimmt", sagt Bernhard. Dann wird man zurückverlangen nach jener anderen Welt, um darin eingetaucht zu werden. „In die Tiefen des göttlichen Ozeans, so daß wir ausrufen können: Gott ist in mir, Gott ist außer mir, Gott ist überall um mich herum" (Tauler). Der ekstatische Rausch, der jemanden wieder in die Nähe einer solchen mystischen Erfahrung bringen kann, wurde und wird noch oft angestrebt; in Ost und West. Frauen im 13. Jahrhundert taten es durch die Kultivierung der „Minne" zu ekstatischen Höhen. Minne wird gleichsam zu einem Gefäß, das bis zum Rand voll Wasser steht und bei der geringsten Berührung überläuft, wie Beatrijs van Nazareth es beschreibt:

„Wenn sie so sich selbst fühlt in dieser überreichlichen Wonne und in der großen Fülle des Herzens, dann beginnt der Geist ganz in Minne zu versinken; der Leib entsinkt ihr, ihr Herz schmilzt dahin, und all ihre Kräfte versagen ... wie ein Faß, das voll ist, alsbald überläuft und leerfließt, wenn man es anrührt ..." [36]

Daß dieses Streben nach ekstatischen Erfahrungen nicht ungefährlich ist, war auch in früheren Zeiten schon klar. Eine Gefahr ist die Sucht. Ruusbroec beschreibt eine solche Sucht, wie sie vor allem bei Frauen vorkam („denn die haben ein weicheres Temperament"). Sie sind süchtig nach der heiligen Messe, namentlich nach dem Empfang der Hostie:

„... in solchem Maße, daß sie manchmal fürchten, die Sinne zu verlieren oder gar zu sterben, wenn sie das heilige Sakrament nicht empfangen könnten (...) Niemand kann da etwas ausrichten oder sie besänftigen, ihnen helfen oder sie zur Ruhe bringen, solange sie das Sakrament nicht empfangen haben: Erst dann sind sie zufrieden, kommen zur Ruhe und unterhalten sich mit ihrem Geliebten in geistlichem Genuß und überreicher Süße der Seele und des Leibes, solange die

Die Vision kann so stark sein, daß der Leib „Stigmata" zeigt. Auch kann der Leib so ausstrahlen, daß er mit emporgezogen wird. Dieses Phänomen sollte seit Teresa von Avila als ein physisches Geschehen angesehen werden. Hier verwendet Giotto es als Symbol der Ekstase.

Wandgemälde von Giotto in der Basilica Superiore von San Francesco, Assisi.
Foto: Scala Archivio Fotocolor.

Gnade und die Gottesfurcht in ihre Natur und alle ihre Seelenkräfte strömen. Dann fallen sie wieder in ungestüme Lust und Begierde, als ob sie das Sakrament nie zuvor empfangen hätten."[37]

Und noch eine andere Gefahr ist mit der Kultivierung der Ekstase verbunden, daß nämlich die Grenze zwischen der Traumwelt und der wirklichen Welt dem Bewußtsein entschwindet. Was man träumt, scheint wirklich zu sein, was man sieht, scheint Traum zu sein, man weiß nicht mehr, wie man die Wirklichkeit in den Griff bekommen soll. Eine mystische Erfahrung hat oft einen überwältigenden Charakter, sie reißt den Menschen aus seinem normalen Bewußtsein fort. Man spricht dann von „Verzückung". So etwas kann einen Menschen sehr aus der Fassung bringen. Johannes vom Kreuz vergleicht es mit einem Alptraum:

„In einem solchen Augenblick wird der Mensch von Furcht und Zittern befallen, wegen der geistigen Vision, die ihm dann mitgeteilt wird (...) Der Leib erstarrt in einer solchen Ekstase, daß das Fleisch sich wie bei einem Toten zusammenzieht."[38]

Seines Erachtens ist es jedoch etwas, was einen Menschen dann überkommen kann, wenn er „die Schwelle" zum erstenmal überschreitet; später gewöhnt er sich daran. Aus der Geschichte geht aber auch hervor, daß ein solches Überschreiten der Schwelle bei labilen Persönlichkeiten zu einer psychischen Desintegration führt. Bekannte Beispiele dafür sind J.-J. Surin und François la Combe. Aber auch das ist keine Gesetzmäßigkeit. Es hat psychisch labile Mystiker gegeben, die sich jedoch selbst behaupten konnten. Ein merkwürdiges Beispiel dafür ist Katharina von Genua (1447–1510). Sie war ein äußerst nervöser Typ. Ihre Ehe war dadurch lange Zeit ein Leidensweg, bis sie eine überwältigende mystische Erfahrung erhielt. Danach erlebte sie immer wieder ekstatische Zustände, die an Wahnsinn grenzten.

„Ich bin so ertränkt im Quell seiner unermeßlichen Liebe, als wäre ich im Meer ganz unter Wasser und könnte nach keiner Seite irgend etwas berühren, sehen oder fühlen als Wasser ... diese Liebe läßt das Mark meiner Seele und meines Leibes verschmelzen, so daß ich manchmal das Gefühl habe, mein Leib sei aus Teig gemacht."[39]

Sie deutet dies als ein „Untergetauchtwerden in Liebe", aber es ist doch eine wahnsinnige Liebe; man kann sogar an eine Psychose denken, wenn man liest, daß sie sich dann unter einem Bett versteckte:

„Dort blieb sie, mit ihrem Gesicht an den Boden gedrückt, außer sich, in einer Glückseligkeit, die niemand wiederzugeben vermag, ohne es selbst erfahren zu haben. In einem solchen Zustand verblieb sie fünf bis sechs Stunden."[40]

Daß sie trotz dieser Zustände doch nicht wahnsinnig wurde, sondern im Gegenteil sich wirksam für Pestkranke und Arme einsetzen konnte, wurde zu ihrer Zeit als etwas sehr Bemerkenswertes gesehen: „Dann arbeitete sie wieder in dem großen Hospital von Genua. Sie war für alles verantwortlich, und sie tat das mit der größten Sorgfalt. Aber sie erfüllte ihre Aufgabe auf eine solche Art, daß alle Sorgfalt, die sie ihr widmete, ihr nie das Gefühl von Gott, ihrer Liebe, nahm und daß andererseits, wie intensiv diese innere Andacht auch war, im Hospital ihr nie etwas fehlte. Jeder sah darin ein Wunder."

Ganz merkwürdig ist auch, daß sie den mystischen Kern ihrer Erfahrung von ihrem ekstatischen Untergetauchtwerden in Liebesempfindungen zu trennen und daß sie diesen Kern festzuhalten und zu festigen wußte. Das ist wahrscheinlich ihre Rettung gewesen.

Bedeutende Mystiker haben einen klaren Standpunkt gegenüber Ekstasen. Sie machen deutlich, daß ekstatischer Rausch nicht dasselbe ist wie die „Verzückung" einer mystischen Erfahrung. Sie lehnen Ekstasen nicht ab, wenn diese jemanden überkommen. Es ist genauso wie mit der Verliebtheit: Wer würde sich mit einem anderen einlassen, wenn er nicht zuerst von den Freuden des Verliebtseins angezogen wurde? „Gemüthafte Freuden, Süßigkeiten, die Gott unseren kindlichen Seelen gibt, um uns an sich zu ziehen", fand Franziskus. Auch Teresa von Avila spricht so davon. Sie erlebte acht ekstatische Jahre, wertet sie als göttliche Ermutigung, aber relativiert sie auch: als weibliche Schwächen, die man im übrigen nicht vorzeitig zu unterdrücken braucht. Auch findet sie, daß Ekstasen einen Sinn haben nach Perioden der Depressivität, wenn man sich von Gott verlassen fühlt. Eine Tröstung, die angebracht ist!

Allerdings verhält es sich anders, wenn die Ekstase kultiviert wird als ein Weg zu bleibender und stärkerer Einswerdung. Viele Frauen haben diesen Weg gewählt. Auch heute wird er wieder oft versucht. Dann taucht stets die Frage auf: Welche Risiken darf man auf sich nehmen, wenn man die sicheren Grenzen überschreitet? Wie weit darf man auf die „orewoet", diese rasende Liebesbegierde, eingehen? Weiter als der Punkt, an dem man spürt, daß man dabei untergeht? Hadewijch ging weiter:

> „Ich war – und ich bin noch – so sehr von heftiger Begierde und einem ungestümen Verlangen erfaßt, daß ich den Eindruck hatte und auch wohl wußte, ich könnte mit dieser großen Ungeduld, in der ich war und noch bin, nicht länger leben, wenn Gott mir nicht neue Kraft schenkte." [41]

Es scheint ein vermessenes Vertrauen zu sein. Hadewijch fährt dann aber fort: „Das tat er dann, und dafür sei Ihm Dank." Dieses Vertrauen auf Gott wird aber leicht ein falsches Vertrauen sein können, wenn die Motivation nicht ganz rein ist. Augustinus gab als Leitfaden an: „Liebe, und dann tu, was du willst." Der Liebe kann keine Grenze gesetzt werden. Aber dann muß man sich doch darüber im klaren sein, wie radikal man sich von Eigenliebe frei machen muß, wenn man sich von diesem Liebeskompaß sicher leiten lassen will.

Liebesempfindungen sind unzuverlässig; will man sich ihnen hingeben, wird man doch stets seinen Verstand gebrauchen, auf die Beweggründe und was man wirklich liebt achten und sich darüber klar sein müssen, daß eigene Gefühle, wie intensiv, ekstatisch, erhaben, zärtlich sie auch sein mögen, nicht der Geliebte selbst sind.

Die großen Mystiker lehnen den emotionalen Weg nicht ab,

nicht einmal, wenn dieser stark erotisch ist, aber sie weisen doch auf die Notwendigkeit der Lauterkeit hin. So sagt Ruusbroec:

> „Je mehr Aufmerksamkeit sie dann auf sich selbst richten und auf die leibliche, ungeordnete Erregtheit, um so mehr nimmt diese zu (...) Wollen sie diese überwinden und ihre Natur im Dienst des Herrn rein erhalten, dann müssen sie sich selbst vergessen und ihren Blick einzig auf den richten, den sie lieben ... Und so werden sie zu reinen Menschen, die alles, was sie abhält, überwinden." [42]

Teresa von Avila wehrt sich gegen eine „Vergeistigung" und den Ausschluß des Emotional-Menschlichen, aber sie warnt ihre ekstatischen Mitschwestern doch davor, Traum und wirkliche Einswerdung durcheinanderzubringen. Wenn sie diese Ekstase durch Fasten, Abtötungen und Nachtwachen anstreben, werden sie unwiderruflich in einen Teufelskreis verstrickt.

> „Je mehr sie ihr Bewußtsein aufgeben, desto mehr geraten sie außer sich, weil ihr Körper immer kraftloser wird, und das erscheint ihnen in ihrem Hirn als Verzückung. Ich nenne es Verdummung; denn man verliert damit nur seine Zeit und vergeudet seine Gesundheit." [43]

Johannes vom Kreuz weist auf Teresa hin, wenn es sich um Ekstasen handelt. Er erkennt den emotionalen Weg als möglich an, findet ihn aber ziemlich kompliziert. Es kann sehr bald die Rede von „geistiger Feinschmeckerei" sein: „Sie finden dann Behagen darin, daß man dies sieht, und oft verlangen sie danach." Für ihn ist der kürzeste Weg der der nüchternen Ekstase: das leidenschaftliche Suchen nach der Wirklichkeit hinter den Dingen, indem man radikal vom eigenen Ego loskommt.

Auch in der nicht-westlichen Mystik stößt man auf ähnliche Wertungen der Ekstase. So findet der Sufi-Mystiker al-Qushayri in seinem Buch „Risala" (1046) eine ekstatische Stimmung oft verhängnisvoll für die Seele auf der Suche nach Gott. Er warnt: „Seid sparsam mit diesen Entzückungen, und seid auf der Hut davor."

Um sich nicht in den Beschäftigungen des Alltags so zu verlieren, daß man den Durchblick auf den Sinn alles Bestehenden
verliert, wird ein Mystiker sich immer einen Raum freihalten
wollen, in dem er versuchen kann, Kontakt mit jener anderen
Welt und jenem Anderen zu halten. Aber dieser freie Raum
braucht nicht der der Ekstase zu sein. Er kann auch durch Meditation, Yoga oder Zen geschaffen werden: Za-Zen im Wohnzimmer. Auch indem man in der Aktivität Werte sucht, die
stärker an die mystisch erfahrene Wirklichkeit anknüpfen.

PHANTASIE UND WIRKLICHES SEHEN

In der Sprache der Mystiker spielt die schöpferische Phantasie
oft eine größere Rolle als der registrierende, analysierende und
ordnende Verstand. Die mystische Erfahrung ruft Bilder wach:
von einem Ozean, in den man untergetaucht wird, von Licht,
in dem man alles anders sieht, von Feuer, das alles Unreine verbrennt, so daß man darin zerfließt, von Verliebtheit und Vermählung. Alles Bilder, um ein Gefühl dafür zu schaffen, was
das ist: Erfahren einer „bildlosen" Wirklichkeit, so intensiv,
daß das eigene Ich-Bewußtsein verschwindet. Im Zusammenhang mit diesen Bildern entstehen denn auch Bilder für den
Ort, wo diese Erfahrung stattfindet: tiefster Grund der Seele,
Höhe des Geistes, das bildlose Wesen, das innere Auge, der
Funke der Gottgleichheit, die innere Burg, der Seelenfunke, das
Brautgemach.

Daß diese Bilder symbolisch zu verstehen sind, ist klar.
Wenn Augustinus sagt, daß er Gott riechen, fühlen, hören,
schmecken kann, dann ist das Bildsprache. Aber der Zusammenhang mit der Wirklichkeit der Erfahrung ist hier doch stärker, als wenn Teresa von Avila von einem Garten spricht, der
von Gott besprengt wird. Die geistige Wahrnehmung hat, wie
wir schon sahen, etwas mit der sinnlichen Wahrnehmung zu
tun, aber die Seele hat wenig mit einem Garten zu tun, außer
daß man das eine mit dem anderen vergleichen kann.

Wenn Teresa von Avila aber ganz genau beschreibt, wie zu ihrer Linken ein Engel erscheint und wie er aussieht „in leibli-

cher Gestalt (...) er war nicht groß (...) außerordentlich schön (...) in seinen Händen ein langer goldener Speer, der an seiner Spitze ein wenig Feuer zu tragen schien", dann erweckt das den Eindruck, daß sie dies genauso wirklich sah, wie wenn man bei einem Überfall einen Mann mit einem Messer neben sich auftauchen sieht. Aber wenn diese Vision Teresas von einem Künstler wie Bernini dargestellt und später auf Bildchen unters Volk gebracht wird, dann wirkt sie wieder wie ein Symbol.

Tut ein Visionär etwas wesentlich anderes als ein Künstler? Die Beschreibung Teresas war so plastisch, daß Bernini nicht viel eigene Phantasie mehr brauchte, um ein Marmorbild daraus zu schaffen. Andererseits war ein Engel mit einem Speer als Symbol der Liebe zur Zeit Teresas, in Marmor gehauen, allenthalben zu sehen. Wenn Marguerite Marie Alacoque Christus „mit fünf Wunden glänzend wie fünf Sonnen" erscheinen sieht, seine Brust öffnend, so daß die Strahlenquelle – das Herz – zu sehen ist, dann beschreibt sie genau das, was sie auf einem Stich in ihrem Meßbuch gesehen hatte. Wenn Bernadette Soubirous Maria beschreibt, wie sie ihr in der Grotte in Lourdes erschienen ist, dann stimmt ihre Beschreibung mit einer Lithographie der „Unbefleckten Empfängnis" von Murillo überein, die einige Jahre zuvor von der Regierung im ganzen Land, auch in Lourdes, verbreitet worden war.

Hildegard von Bingen (1098–1179) war eine der großen mystischen Seherinnen. Ihre Visionen waren so anschaulich, daß sie buchstäblich in Miniaturen festgehalten werden konnten. Sie sagt selbst:

> „Die Gesichte, die ich schaue, empfange ich nicht in traumhaften Zuständen, nicht im Schlaf oder in Geistesgestörtheit, nicht mit den Augen des Körpers oder den Ohren des äußeren Menschen und nicht an abgelegenen Orten, vielmehr nehme ich sie im Wachzustand und aufmerksam bei klarem Geist mit den Augen und Ohren eines Menschen an allgemein zugänglichen Orten nach dem Willen Gottes entgegen (...). Aber meine äußeren Augen blieben offen, und die anderen leiblichen Organe behielten ihre Tatkraft."[44]

Eine der bekanntesten Darstellungen der Ekstase. Ein Liebesengel durchbohrt mit seinem Pfeil das Herz Teresas. Diese fällt in einen orgastischen Rausch. Eine Barockplastik von Bernini.

Marmorplastik in der Kirche Maria della Vittoria.
Rom, 1645–1652.

Eine moderne Auslegung: Teresa bleibt stehen. Johannes vom Kreuz, aber auch Teresa selbst sahen das Ohnmächtigwerden, das Überwältigtwerden als eine Folge des Ungewohnten oder auch als ein Zeichen von Schwäche.

Zeichnung von Marianne van der Heijden, 1953.
NCI, Boxmeer.

Bei ekstatischen Frauen ist dieses innere Schauen mehr von der sichtbaren Wirklichkeit abgesondert, und dadurch wird das Geschaute von ihnen stärker als greifbare Wirklichkeit erlebt. Hadewijch ist dafür ein Beispiel, wenn sie beschreibt, wie sie mit Jesus eins wird:

> „Er nahm mich jetzt ganz in seine Arme und drückte mich an sich, und alle meine Glieder fühlten die seinen ..."[45]

Das innere Hören kann zum Hören von Stimmen werden, das innere Schauen zum Sehen einer Erscheinung, beim inneren Empfinden kann der ganze Leib mitbeben. Sie werden „Begleiterscheinungen" der mystischen Erfahrung genannt. Mit Recht, aber sie sind für die Geschichte der Mystik bedeutsam gewesen. Sie sprechen die verständlichste Sprache, sind am leichtesten sichtbar zu machen und zu popularisieren. Man muß aber berücksichtigen, daß sie eine Sprache bleiben, eine Symbolsprache, eine Zeichensprache. Im Mittelalter hatte man damit wenig Mühe. In Legenden liefen Realität und Zeichen durcheinander. Der Zeichenwert der Wirklichkeit war sogar primär. Auch bei Teresa von Avila war die erste Frage noch: Sind es Zeichen von Gott oder vom Teufel? Weil sich das nur von den Folgen her beantworten läßt, ist für sie das Wichtigste der Vision, der Stimmen und der Erscheinungen, was sie bewirken. Aber das ändert sich im 18. Jahrhundert.

Der Schwede Emanuel Swedenborg (1688–1772) sah die Trennung zwischen leiblicher und geistiger Welt so transparent, daß das Sehen von Mitmenschen und das Sehen von Geistern für ihn auf derselben Linie lagen. Er hatte genauso leicht Kontakt mit Geistern wie mit Lebenden. Er wußte auf diesem Weg viele Berichte aus der anderen Welt zu erhalten. Die Ergebnisse gab er in einem umfangreichen Werk mit dem Titel „Himmelsgeheimnisse" wieder. „Acht Bände voll Unsinn", sagte Immanuel Kant; er gab eine Broschüre heraus, um deutlich zu machen, warum dies so sei: Kontakt sei nur möglich mit gleichartigen Wesen, die, genauso wie der Mensch, an materielle Gesetzmäßigkeiten gebunden sind. Was nicht zu dieser materiellen Welt gehöre, könne nicht erkannt werden.

Alles, was weiter darüber gesagt werde, sei Ausgeburt der Phantasie.

Kant war ein einflußreicher Philosoph. Sein Standpunkt bestärkte die antimystische Atmosphäre, aber – merkwürdig genug – seitdem wuchs das Interesse für das, was man die „Begleiterscheinungen" der Mystik nennt. Man wollte wissen, ob diese andere Welt nicht doch zu erkennen sei. Die Begleiterscheinungen erhielten dann eine ganz andere Wertung: nicht als Zeichen einer tiefergehenden Einswerdung mit dem Grund alles Seienden, sondern als Spuren von Wirklichkeiten, die man auch auf eine andere Art müsse erkennen können. Ist die Schwerkraft eine solche Gesetzmäßigkeit, daß der Mensch nicht schweben kann, ist der Leib eine solche räumliche Begrenzung, daß der Geist nicht außerhalb oder an zwei Orten zugleich sein kann, gibt es keine Wesen in der anderen Welt, die den Menschen erscheinen können, hat der Mensch keine geistigen Kräfte, mit deren Hilfe er in Vergangenheit und Zukunft blicken kann? Sind Trance, Ekstase, Hypnose nicht Wege, um mit anderen Wesen in Kontakt zu kommen? Bis zum heutigen Tag sind diese Fragen aktuell geblieben. Sie erhielten den Sammelnamen „mystisch" (neben „okkulte Wissenschaft"), aber es dürfte klar sein, daß sie mit Mystik nichts mehr zu tun haben.

GEIST UND LEIB

Die mystische Erfahrung ist dadurch gekennzeichnet, daß sie allumfassend ist, auch in dem Sinne, daß der ganze Mensch, Geist und Leib, miteinbezogen ist. Das gilt für den Bereich, in dem die Erfahrung erwacht oder gehegt wird; es gilt auch für die Rückwirkung, die diese Erfahrung auf den ganzen Menschen hat.

Ein altes Mittel, eine mystische Atmosphäre zu schaffen, ist der Tanz. Der Tanz kann ein Auftreten gegenüber Gott sein, um ihn zum Beispiel zu zwingen, Regen zu spenden, aber öfter noch, vor allem in älteren Religionen, hat er die Bedeutung eines Mittanzens mit dem ewigen Tanz der schöpferischen kosmischen Kräfte rund um ein Ruhezentrum. So tanzten die Der-

wische in Mevlevi im 13. Jahrhundert. Im selben Jahrhundert
schreibt Mechthild von Magdeburg:
„Soll ich sehr springen,
Mußt du selber vorsingen.
Dann springe ich in die Minne,
Von der Minne in die Erkenntnis,
Von der Erkenntnis in den Genuß."[46]
Zu ihrer Zeit wurde in Nonnenklöstern viel getanzt. Ruusbroec
berichtet noch davon. Es handelte sich manchmal auch um ei-
nen mehr ekstatischen Tanz, wie wir diesen heute wieder von
den Jesuspeople und den Hare-Krishnas kennen, die dabei ju-
beln vor Freude, unbändig lachen und in die Hände klatschen.

Ekstase kann sich ungeordnet und ungewollt in körperlichen
Phänomenen äußern. Der islamitische Ausdruck dafür ist
„hal": Der Leib windet sich in mancherlei Verrenkungen, man
heult und schreit, tanzt wild mit Schaum vor dem Mund, man
ist unempfindlich für Verletzungen. Beatrijs stolperte, fiel zu
Boden, wurde ins Krankenzimmer gebracht und
„den ganzen Tag, trunken von einer unvorstellbaren Süße
des Geistes, jauchzte und jubelte sie, und in dem sanften
Frieden ihres Gemütes ruhte sie beim Herrn."[47]
Solche Zustände wurden damals als Zeichen leidenschaftlicher
Verliebtheit in Gott angesehen, wie man sie auch bei Verliebtheit zwischen Menschen wahrnahm. Schwitzen, erröten, in
den Knien schlottern, jubeln, fiebern, hoher oder niedriger
Blutdruck, ein Gefühl, als würde man schweben. „Mein Herz
und meine Adern und alle meine Glieder erzitterten und beb-
ten vor Begierde", erzählt Hadewijch. Und Teresa von Avila:
„Oft schlägt kein Puls mehr in mir, wie dies jene Schwestern, die zuweilen zu mir kommen und denen die Sache
schon mehr bekannt ist, sagen. Meine Füße gehen weit auseinander, und meine Hände sind so starr, daß ich sie manchmal nicht falten kann."[48]
Das sind eindeutig psychosomatische Phänomene, gebunden
zudem an den Charakter und den Zeitgeist. Zu einer Zeit, in
der Frauen vielfach in Ohnmacht fallen, werden wir auch My-

stikerinnen häufig in Ohnmacht fallen sehen. Stoff für Psychologen. Anders ist es mit Phänomenen wie Levitation, Stigmatisation, Bilokation, Geruch der Heiligkeit, eine Aura um den Körper bestellt. Diesen Phänomenen hat man seit dem 18. Jahrhundert viel Beachtung geschenkt, weil sie auf eine andere Gesetzmäßigkeit als die der materiellen Welt hinweisen: Die Schwerkraft wird aufgehoben, die Grenzen des Leibes sind nicht absolut, der Geist kann gerochen oder gesehen werden. Und Berichten zufolge konnte das eine oder andere sogar gemessen werden.

Im Zusammenhang mit Mystik sind solche Phänomene nur insoweit interessant, als sie psychosomatische Äußerungen einer mystischen Einstellung sind, vor allem soweit sie als anschauliche Sprache verstanden und, ebenso wie Visionen, Anlaß zu mystisch orientierten Volksfrömmigkeitsäußerungen geworden sind. In dieser Hinsicht wurde Levitation, aber vor allem Stigmatisation bedeutsam.

Levitation heißt, daß man sich vom Boden löst und schwebt. Zu der Zeit, da man das Heil im Himmel lokalisiert sah, war Emporschweben ein vielgebrauchtes Symbol und eine verständliche Sprache. Häufig abgebildet wurden: Elija, in einem feurigen Wagen zum Himmel fahrend; die Himmelfahrt Jesu, Mohammeds, Alexanders des Großen; Heilige auf einer Wolke emporschwebend; die Ikarus-Legende von dem Mann, der fliegen wollte, aber nicht rein genug dazu war. Auch von Hexen nahm man an, daß sie fliegen können, aber dann aufgrund teuflischer Kräfte.

Levitation im Sinne einer mystischen Begleiterscheinung finden wir im Westen aber erst zur Zeit Teresas von Avila. Dieses Phänomen kommt ihrer Ansicht nach nur bei Ekstasen vor. Es ist dann eine körperliche Erfahrung. Während der Ekstase fühlt man, daß man schwebt. Teresa erzählt, wie stark dieses Gefühl sich manifestiert, wie sie dagegen ankämpft, daß sie manchmal nicht Herr darüber werden kann:

„Meine Seele wurde erhoben, und fast immer folgte ihr, ohne daß ich es verhindern konnte, der Kopf, manchmal auch der

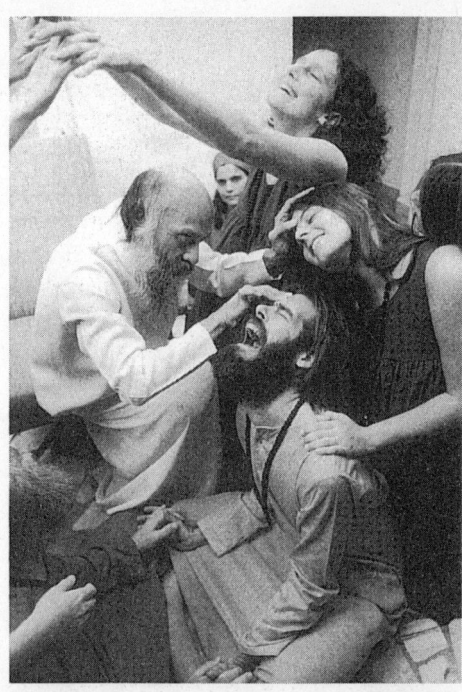

Bhagwan Shree Raneesh experimentierte in seinem Ashram in Poona bei seinen Schülern mit vielen psychotherapeutischen Techniken. Ziel war die Befreiung des „Ego" und dadurch der Zugang zu einem mystischen Bewußtsein. Die meisten Schüler waren westliche Intellektuelle, die ihres Wohlstands überdrüssig waren.

Foto: ABC-Press Service, Amsterdam.

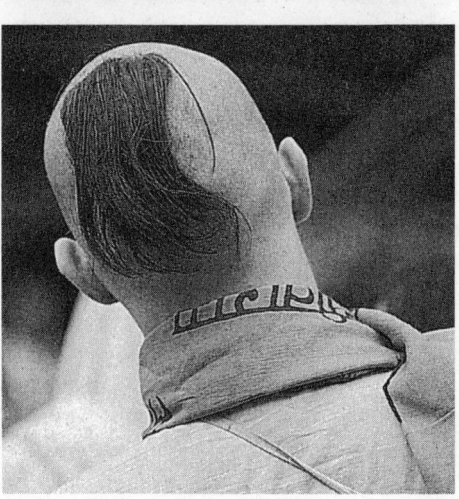

Eine mystische Erfahrung ist einschneidend. Ein Mystiker wird daher sein Leben verändern wollen. Oft entscheidet er sich dabei auch für ein verändertes Äußeres: eine andere Wohnkultur, andere Kleidung, eine andere Frisur. In Klosterorden, die oft aus der Erfahrung eines Mystikers entstanden sind, liegen diese Veränderungen fest. Ein Aspirant muß sich darein fügen und so erfahren, daß er „abstirbt und neu geboren" wird. In den letzten Jahrzehnten sahen die etablierten Orden von diesem äußeren Zwang ab, doch übernahmen die „neuen Religionen" diesen Brauch.

Ein westlicher Hare Krishna-Jünger.
Foto: C. Barton van Flymen.

ganze Körper nach, so daß dieser frei über der Erde schwebte."[49]
In dieser Beschreibung ist deutlich, daß ein solches Phänomen psychosomatisch ist: Der Körper folgt dem Geist. Die Zeugnisse, in denen behauptet wird, daß Teresa auch meßbar über dem Boden geschwebt habe, sind nicht sehr verläßlich. Die wenigen Zentimeter bei der einen Nonne werden zu Metern bei anderen. Man sah so etwas gern. Es war ein Zeichen der Heiligkeit. Teresa kämpfte gerade deshalb so heftig dagegen an. Was wir aus diesen Geschichten in jedem Fall lernen können, ist, daß Ekstase von Umstehenden gesehen werden kann. Die Ekstatikerin strebt empor, ihre Gestalt strahlt das aus!

Seit Teresa gibt es Hunderte von Augenzeugenberichten über Levitationen. Die bekanntesten sind die von Joseph von Copertino und, in unserem Jahrhundert, von Gemma Galgani. Inzwischen ist Levitation ein vielgeübtes Experiment außerhalb der Sphäre der Heiligkeit geworden, sie segelt aber immer noch häufig unter der Flagge der Mystik.

Stigmatisation heißt, daß jemand Wunden an seinem Körper erhält als Zeichen (stigmata) der Wunden Jesu. Der Apostel Paulus sagt, er trage Stigmata an seinem Leib. Die mittelalterliche Frömmigkeit brachte diese „Male" in Zusammenhang mit den Wunden Jesu.

Im 13. Jahrhundert gab es Menschen, die sich selbst solche Stigmata eigenhändig beibrachten, in Ekstase, bewußt oder unbewußt. Franz von Assisi ist der erste in der Geschichte, der die Stigmata auch wirklich empfing. Es überkam ihn. Auch nach Franziskus kommen etliche Fälle von selbst beigebrachten Stigmata vor, wie bei Lukardis von Oberweimar (1276–1309). Ihre Finger wurden während der Ekstase so steif, daß sie wie Nägel wirkten, wenn sie damit auf ihre Handflächen schlug. Die Stigmata des Franziskus waren die der fünf Wunden Jesu; nach ihm, später, gibt es Stigmata von mancherlei Art: Wunden, wie von der Dornenkrone und von der Geißelung. Es gibt mehr als dreihundert dokumentierte Fälle von Stigmatisation.

Man ist sich heute darüber einig, daß Stigmata „psychogen"

sind, das heißt, ihren Ursprung in der Psyche haben. Als Theresia Neumann[50] (1898–1962) mit ihrer Verweigerung jeglicher
Nahrung und ihren sich regelmäßig wiederholenden Stigmati-
sierungen Aufsehen erregte, machte man in Wien Experimente
mit einer labilen Frau, Elisabeth Kolbe, die nichts von Jesus
wußte. Man erzählte ihr eindringlich die Leidensgeschichte
Jesu. Auch sie bekam Stigmata. Um jemanden von seinem KZ-
Syndrom zu befreien, wurde er in Hypnose versetzt, so daß er
die Lagererfahrungen von neuem erleben konnte. Er bekam alle
Verletzungen wieder. Ein starkes Sich-Hineinversetzen kann
also diese Verletzungen am Körper verursachen. Wir wissen inzwischen auch, wieviel körperliches Leiden seine Ursache in
der Psyche hat: Hautausschlag, Magengeschwüre, Lähmungen.
Nicht nur die Augen, auch der ganze Körper ist ein Spiegel der
Seele. In diesem Sinn sind Stigmata auch wirklich „Zeichen",
und zwar für ein intensives Mitleben mit dem Leiden, in Son-
derheit mit dem Leiden Jesu.

II.
Geschichte der Mystik

Ursprung

Die Geschichte der Mystik läßt sich nicht schreiben, zumindest nicht von mir. Doch kann ich von einigen Momenten in dieser Geschichte berichten, die mich beeindruckt haben und von denen ich glaube, daß sie zu den „Wurzeln" dessen gehören oder gehören sollten, was jetzt am Wachsen ist.

Ziemlich allgemein wird angenommen, daß der „Schamanismus" die älteste Form von Mystik ist, die erste in der Geschichte der Menschheit. Die Bezeichnung „Schamanismus" weist auf eine zentrale Gestalt in dem Stamm, die als einzige der Gruppe fähig ist, mit dem „Allerhöchsten, der in den Himmeln wohnt", in Kontakt zu treten. Dieser „Schamane" war ein Spezialist. Er war zu etwas fähig, was die anderen nicht vermochten. Seine Spezialität war die Technik der Ekstase.

Der Schamanismus gehört zu einer prähistorischen Erlebniswelt, deren Wurzeln bis in die Zeit reichen, da die Kontinente noch miteinander verbunden waren. Es ist die gleiche Erlebniswelt, die jetzt noch bei den „Naturvölkern" in Sibirien, Indonesien, Australien und bei den Eskimos und den nordamerikanischen Indianern zu finden ist. Diese Naturvölker bieten uns die Möglichkeit, etwas von dem zu ahnen, was unsere Vorväter in der Urzeit erlebten.

Zu der Vorgeschichte gehören, neben archäologischen Funden, auch die uralten Mythen, die in allen Kulturen zu finden sind, wie auch die „Archetypen", die in den tiefsten Schichten unserer Psyche schlummern, das „kollektive Unbewußte", wie C. G. Jung es nannte. Es war vor allem Mircea Eliade[51], der den

Zusammenhang zwischen archäologischen Funden, Naturvölkern, Mythen und Archetypen aufdeckte. Nach Ansicht Eliades gehört die Mystik als Erfahrung der Einheit mit dem Allerhöchsten zu den tiefsten Schichten des menschlichen Bewußtseins, sowohl geschichtlich als auch psychologisch.

DAS ARCHAISCHE BEWUSSTSEIN

Viele Äußerungen der prähistorischen Religion weisen auf eine magische Beschwörung der Naturkräfte hin, um ihre vernichtende Kraft zu verhindern oder Fruchtbarkeit zu fördern. Aber es gibt auch solche, die auf eine völlig andere Erfahrung hinweisen. Man hatte eine Vorstellung von dem „Allerhöchsten, der im Himmel wohnt". Diese Vorstellung ist dadurch entstanden, daß man das Firmament als unendliche Höhe erfuhr, unzugänglich für den Menschen, der ja keine Flügel hat. Höhe wurde spontan mit heilig verbunden. Sehr alt sind auch die Riten und Mythen um „Himmelfahrt" und „Abstieg"; sowie das Bewußtsein, daß der Mensch geistige Flügel hat, mit denen er bis zum Allerhöchsten hinauf fliegen kann. Das wurde unter anderem möglich durch die Darbringung eines Opfers in dem „Zentrum", einem Baum, einem Pfahl, um den herum man lebte und von dem aus man gemeinsam mit dem Duft des Opfers emporstieg.

Innerhalb dieses Erfahrungskomplexes spielte die Erregung von Trance eine Rolle. Aus den vielen Felsmalereien, die uns aus der Jägerkultur des späten Paläolithikums (15000–10000 v. Chr.) erhalten geblieben sind, glaubt man folgern zu können, daß dies damals schon der Fall war.

Aufgrund der Kenntnis, die wir heute von Ekstase-Techniken und dem Schamanismus haben, stellen wir uns diese Trance so vor: Der Stamm zog sich zeitweilig in eine stockdunkle Höhle außerhalb des Wohngebietes zurück. Bei flakkerndem Feuer als dem einzigen Licht, inmitten der als Wandmalerei gegenwärtigen Tierwelt, mit der man sich als Jäger verbunden fühlte, tanzte man zu monotonen Klängen und kam so zu der ekstatischen Erfahrung einer anderen Dimension des Lebens als der des täglichen harten Kampfes um das Dasein.

Vorgeschichtliche Höhlenzeichnung in Les Trois
Frères in Arriège, Frankreich.

Nachgezeichnet.

Das Leben mit den Tieren und dem Stamm wird
auch als ein Emporsteigen des Schamanen in den
himmlischen Raum erlebt. Wie die Vögel, die daher oft auf Schamanenkleidung abgebildet sind.

Von einem Eskimo in Stein graviert. Nachgezeichnet.
Canadian Eskimo Arts Council.

Der Mensch in meditativer Haltung eins mit den Tieren. Die Interpretation dieser keltischen Darstellung liegt nicht fest. J. Campbell weist auf die Ähnlichkeiten mit mythischen Bildern der Steppenvölker im Fernen Osten hin.

Detail eines Silberkessels. Keltisch, um 100 v. Chr. Gefunden in Gundestrup, Dänemark. Kopenhagen, National-Museum.

Wenn diese Interpretation richtig ist, könnte man daraus folgern, daß sich das Erregen von Ekstasen von einem mehr oder weniger spontanen Gruppengeschehen zu einer festen sozialen Struktur entwickelt hat, in welcher ein einzelner die Ekstasetechnik beherrscht und im Dienst der Gruppe ausübt.

In diesem Zusammenhang weist Mircea Eliade auf den uralten Paradiesmythos hin, der im Schamanismus eine wesentliche Rolle spielt. Dieser verweist auf eine mythische Zeit, in der der Mensch unmittelbar mit den Himmelsgöttern in Verbindung stand:

„Einen Berg, einen Baum, ein Schlinggewächs und dergleichen erklimmend, vermochten es die ersten Menschen, durchaus real und mühelos zum Himmel hinanzugelangen. Und was die Götter betraf, so stiegen sie regelmäßig zur Erde nieder, sich unter die Menschen begebend. Dann wurden infolge irgendeines mythischen Ereignisses (im allgemeinen: infolge eines rituellen Verstoßes) die Verbindungen zwischen Himmel und Erde zerrissen: Der Baum ... wurde zerstört,

Der Schamane als zentrale Figur im Stamm. Gesehen von Nicolaas Witsen und graviert für sein Buch „Noord en Oost Tartarije", 1705.

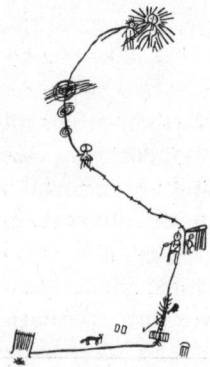

Der Weg, den der Schamane geht. Die zweite Phase beginnt mit dem Erklettern des Baumes über sieben Zweige. Danach reist der Geist durch den himmlischen Raum zum Allerhöchsten.

Zeichnung eines Schamanen im Altai-Gebiet, Sibirien.

und Gott zog sich in die Höhen des Himmels zurück. Und nur noch der Schamane vermag kraft einer Technik, deren Geheimnis er besitzt, ... die Verbindungen zum Himmel wiederzugewinnen. Die Ekstase kann ... als Erringung paradiesischen Seins aufgefaßt werden."[52]

Die reinste Form des Schamanismus war noch bis vor kurzem in Zentralasien und Sibirien zu finden, obwohl man hier mit Einflüssen von seiten des Lamaismus, des Buddhismus und iranischer Religionen rechnen muß. Beruht die Beschreibung der

Entstehung des Schamanismus auf Vermutungen, wie wir oben sahen, so läßt sich das Phänomen des prähistorischen Schamanen selbst mit ziemlich großer Gewißheit beschreiben.

Der Schamane bekleidet im Stamm eine zentrale Funktion; diese ist meist durch Erbfolge bestimmt. Manchmal aber wird er innerlich berufen. Bevor er diese Funktion ausübt, muß der Schamane sich einer Initiation unterziehen, bei der er eine neue Persönlichkeit erwirbt. Diese Initiation hat manchmal den Charakter einer psychischen Desintegration, manchmal eines Angriffs von Dämonen, die ihn quälen und töten, oder eines Abstiegs in die Hölle. Übersteht er dies, so wird er in die Namen der Götter und Dämonen eingeweiht. Dadurch lernt er, die verschiedenen Krankheiten zu erkennen und zu heilen. Er kann dann die Seele des Kranken zurückholen, nahebei im Dorf oder weiter weg, wo er mit den Dämonen wird kämpfen müssen. Er wird die Toten zur Unterwelt begleiten und, zurückgekehrt, den Lebenden von ihnen erzählen können. Die wichtigste Aufgabe ist die Reise zum Allerhöchsten durch die Himmel: die Himmelfahrt, die Ekstase. Seine Ekstase-Technik sieht meistens so aus: Bekleidet mit und umringt von mancherlei Symbolen von Vögeln, Geistern und Bäumen, schlägt er eine Trommel, ruft Geister an, spricht eine Geheimsprache oder die „Sprache der Vögel". Er klettert auf einen Baum. Seine Seele verläßt den Leib und reist durch die Himmel. Wenn er zurückgekehrt ist, erzählt er seinen Stammesgefährten, was er gesehen hat. In einer eigenen Sprache. Poetisch.

Der Schamane ist nicht nur Medizinmann, Totenbegleiter und Seher des Allerhöchsten, sondern auch der Dichter und der Weise, der die Geschichten aus der Vergangenheit bewahrt und auslegt und neue erfindet. Manchmal ist er auch noch ein Zauberer, der spektakuläre Kunststücke vollbringt, um eine Welt darzustellen, in der alles möglich ist.

Eliade weist darauf hin, daß im prähistorischen Schamanismus schon viele Elemente vorhanden sind, die in der späteren Mystik eine wichtige Rolle spielen: die Ekstase und die Ekstasetechniken, Mystik als Rückkehr ins Paradies, der Abstieg zur

Hölle, das heißt der mystische Tod oder die Nacht, durch die jemand hindurch muß. Auffallend ist auch, daß Mystik hier stark gesellschaftlich eingebunden ist: Erhalt der Tradition, schöpferisches Dichtertum, Zusammenhalt und Heilung des Stammes. Der Schamane ist eine Gestalt, die für ihre Stammesgenossen den Tod beschwört, indem sie das Totenreich sichtbar macht, und die die Welt des Lichtes, der Gesundheit, der Fruchtbarkeit, der Harmonie mit Natur und Göttern verteidigt, indem sie die Dämonen bekämpft.

Der Schamanismus ist noch, wie gesagt, bei den Naturvölkern lebendig. In der weiteren Entwicklung der Mystik verschwindet der Schamane und macht anderen Typen von Mystikern Platz. Im Kontext eines anderen Bewußtseins, eines kosmischeren und irdischeren.

DAS KOSMISCHE BEWUSSTSEIN

Um 9000 v. Chr. entdeckte der primitive Mensch den Ackerbau. Die Veredelung von Gräsern und Pflanzen band ihn an einen Ort. Es entstanden Städte. Jericho ist die älteste bekannte von ihnen, gegründet um 8000 v. Chr. Bauernstaaten und Stadtzentren entwickelten sich in den fruchtbaren Tälern der großen Flüsse: des Nils, des Euphrats und des Tigris, des Indus und des Ganges. Man erfand Werkzeuge für den Ackerbau wie auch für die Kommunikation: den Pflug, das Seil, das Rad und die Schrift.

Die religiöse Erfahrung wurde mit dieser Entwicklung konkreter, das heißt direkter, mit irdischer und menschlicher Fruchtbarkeit und mit dem Ordnen von Land und Stadt verbunden. Das Heilige wurde in der Erde und im Leben auf der Erde erfahren und gesehen. Der himmlische Kosmos wurde als Mikrokosmos im eigenen Leib widergespiegelt.

Der eigene Samen und der Pflanzensamen, die eigene Frau und die Erde, der eigene Lebensrhythmus von Geburt, Tod und Auferstehung und der Rhythmus der Jahreszeiten – alles stand in einem Zusammenhang, der auf einen Schöpfer dieser Ordnung zurückging. In dieser Erfahrung der kosmischen Einheit spielt der Allerhöchste nur noch eine bescheidene Rolle. Man suchte keinen Kontakt mehr mit ihm, es sei denn in äußerster Not als mit der letzten Instanz. Er wurde als ein „deus otiosus", ein Gott im Ruhestand, erfahren, der einst den Kosmos erschuf und dadurch eine Ordnung in der Welt garantierte, von der aus immer wieder Chaos überwunden werden könne. Durch den Menschen sowie die niederen Götter und Göttinnen, die unmittelbarer mit dem Leben zu tun hatten. Die alten Rituale und Symbole beherrschten weiterhin den Kult: Zentrum, Berg, Baum, Leiter, Feuer, Wasser. Sie erhielten aber eine andere Bedeutung: Sie machten das irdische Leben transparent und dienten nicht mehr dazu, zum Allerhöchsten emporzusteigen.

In der Zeit, da sich das kosmische Bewußtsein entwickelte, blieb jedoch das Bewußtsein vom Allerhöchsten lebendig bei den Nomadenvölkern, die von Jägern zu Hirten geworden waren: bei den indoeuropäischen in den Steppen Zentralasiens und den semitischen im Wüstengürtel von Arabien und Nordafrika. Sie betrieben Viehzucht und entwickelten starke Stammesverbände. Sie zähmten Tiere: Esel und Kamele in den Wüsten, Pferde in den Steppen. Die indoeuropäischen Stämme entdeckten auch, daß die Kombination von Pferd und Wagen ein gewaltiges Kampfmittel war.

Aus diesen Nomadenvölkern kam ein neuer Impuls für die weitere Entwicklung der Mystik. Und zwar zwischen 1550 und 1200 v. Chr., als sie als Herrscher oder Unterdrückte mit den großen Kulturen um Nil und Indus in Berührung kamen.

DER PRIESTER-SCHAMANE

Von den indoeuropäischen Nomaden sind die iranischen Stämme für die Geschichte der Mystik von entscheidender Bedeutung gewesen. Sie bevölkerten den Süden Zentralasiens, vor allem das Gebiet östlich des Kaspischen Meeres: Turkmenistan und Afghanistan. Sie waren zu Hirtenvölkern geworden. Die Kuh war ihnen heilig. Und das Vieh bestimmte auch ihre Bewegungsschnelligkeit.

Es gab nur zwei Stände: die Hirten, die zugleich Krieger waren, wenn Stamm und Vieh verteidigt werden mußten, und die

Yin		Yang
weiblich		männlich
zusammenziehend		ausdehnend
beharrend		Ansprüche stellend
reagierend		agierend
mitwirkend		wetteifernd
intuitiv		rational
synthetisierend		analysierend
zusammenfügend		zerfasernd

Yin-Yang ist eine abstrakte Idee. Das Symbol dafür: zwei tropfenförmige Figuren. Die Form der einen bestimmt die der anderen. Die eine ist das Gegenteil der anderen: Hell – Dunkel. Beide greifen aber ineinander und bilden eine vollkommene Einheit: einen Kreis.

Eine besondere Einheit mit der Natur wurde von jeher in China angestrebt. Dieser ganz eigene Weg wird gekennzeichnet durch Schlüsselwörter wie: I-Tching (Buch der Wandlungen), Yin-Yang und Tao (Weg). Eine jahrhundertelange Beobachtung der Beziehungen, die in der Sternenwelt und in der menschlichen Gesellschaft herrschen und die allen Veränderungen zugrunde liegen. Die Weisheit kann als eine Art Orakel noch immer durch das Stellen einer Frage und das Werfen von Münzen befragt werden. Kopf oder Zahl wird in einer langen oder gebrochenen Linie wiedergegeben. So entstehen, durch sechsmaliges Werfen, zwei Trigramme = ein Hexagramm. Die Gesamtzahl möglicher Hexagramme beträgt 64.

Im „Buch der Wandlungen" kann man einen Ansatz zum Denken in der richtigen Richtung erwarten. Dieses Denken basiert auf der Auffassung, daß alles aus einem Pol und einem Gegenpol, Yin-Yang, besteht. Die Lebenskunst verlangt nicht, einen dieser Pole zu meiden, sondern beide miteinander in Harmonie zu bringen. Laotse bezeichnete diese Lebenskunst als: sich auf das „Tao", den großen kosmischen Weg, richten.

Priester. Der Priester hatte noch Züge des Schamanen an sich: Er erbte das Priestertum von seinem Vater, er war eine zentrale Gestalt, die auch den Gesetzen des Stammes eine feste Form gab, er war Experte im Kontakt mit dem heiligen Kosmos, er war der Weise und der Dichter.

Der Priester wurde nicht durch eine psychische Desintegration initiiert, sondern durch eine lange Ausbildung auf einer Art Priesterschule. Dort lernte er Weisheit, das heißt das Suchen nach den Geheimnissen der Natur. Die Ekstasetechnik, die zu dieser Weisheit gehörte, war zweifacher Art. Der Kavi-Priester (kavyas = Schöpfer von Prophetien) prophezeite in

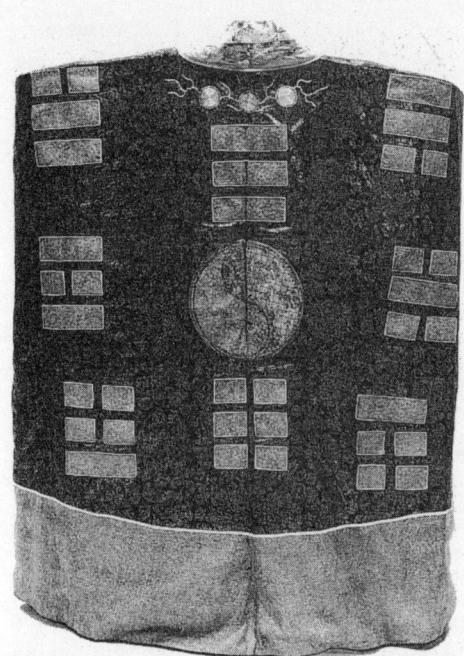

Die Symbole von I
Tching und Yin-Yang auf
dem liturgischen Ge-
wand des taoistischen
Priesters.

Chinesisch, 18./19. Jahr-
hundert.
New York, Metropolitan
Museum of Art

Trance nach dem Trinken von Soma (Haoma). Der rituelle Ka-
rapan-Priester meditierte aus dem „Mantra". Mantras sind Gedanken, die als Offenbarungen im Herzen empfangen werden.
Sie sind selbst wieder offenbarend, wenn sie, von außen gelehrt, bei rituellen Verrichtungen meditiert werden. Daher ihre
Bezeichnung als „Instrumente des Denkens".

Beide Arten von Priestern waren Dichter, Verfasser von Lob-
gesängen und Weisheitsgedichten. Es sind jene Gedichte, die
später schriftlich niedergelegt und gesammelt wurden. Der
Rigveda, ein Basistext der Hindu-Mystik, und die Gathas von
Zoroaster gehören dazu. Soma, Mantra und Gedichte hatten
ihre Funktionen im Kult. Dieser war seinem Wesen nach sehr
einfach. Es gab keinen Tempel, keinen Altar, und es gab keine
Bilder. Es gab nur das Feuer. In diesem Feuer wurde das Opfer
verbrannt: Mit dem Duft des Opfers stiegen Lob- und Bittge-

bete zu den Göttern empor, die den Kosmos in Drehbewegung hielten. Ziel des Kults war die Beherrschung dieses Kosmos. Wo Stämme völlig von den Naturkräften abhängig waren, war die Versöhnung dieser Kräfte von lebenswichtiger Bedeutung. Sühnopfer und die richtigen Rituale konnten dies bewerkstelligen. Und wer der Rituale mächtig war, war auch ein mächtiger Mann innerhalb des Stammes. Das Wirken des Priesters in seinem Stamm wurde nicht durch seine mystischen, sondern durch seine magischen Kräfte bestimmt.

DIE ARIER

Innerhalb des iranischen Steppenvolks muß sich, grob geschätzt, zwischen 1700 und 1500 v. Chr. ein revolutionäres Geschehen abgespielt haben. Einige Stammesverbände entdeckten den Wagen mit Rädern, gezogen von den von ihnen gezüchteten Pferden, als ein schnelles Transportmittel. Pferd und Wagen zu haben bedeutete, daß man nicht an eine träge sich fortbewegende Herde und damit nicht mehr an den Stammesverband gebunden war; daß man Wohlstand irgendwoanders erzielen konnte. Es entstand eine neue Kaste, die der Krieger. Sie waren nicht mehr die Hirten, die ihre Herde verteidigten, sondern die Helden, die Reichtum und damit Ruhm erwarben. Die Gesetze wurden nicht mehr von den Priestern, sondern von den Kriegern gemacht. Ihr Wille war übermächtig. Sie verehrten neue, eigene Götter, die des Krieges. Der höchste Gott war Indra. Sie nannten ihn „den Städtebrecher", den mächtigen Krieger, der die Welt aus nichts erschafft und das Böse besiegt.

Die Priester erwarben sich eine neue Stellung neben den Kriegern, weil sie das Alleinrecht über die Riten behielten und diese für die Krieger wichtig zu machen wußten. Der Kult um das Feuer wurde auf das Erflehen von Reichtum, Erfolg, langem Leben, Macht, Frauen für die Herrscher und Nachkommen gerichtet. Die Formel war: Preist die Götter, laßt Sühnopfer emporsteigen, und bittet dann um Wohltaten, die die kosmischen Kräfte, wirksam in Mensch und Natur, zu geben vermögen.

Diese kriegerischen Stämme zogen nach 1500 v. Chr. in das Industal und usurpierten dort die Kultur. Sie nannten sich „Arier" (Edle), waren weiß und verachteten die nichtweißen Eingeborenen. Etwa 500 Jahre später usurpierten sie die Kultur im Gangestal, und noch einmal 500 Jahre später erreichten sie den südlichsten Punkt von Indien. Sie sind die Urheber des Kastensystems, das auf dem Rassenwahn basiert, daß derjenige, der eine weiße Hautfarbe hat, ein Mensch von höherem Wert sei, jemand von höherer Reinheit (casta = rein). Das Kastensystem verschob sich später auf die Abstammung: Die Parias sind bei ihrer Geburt unrein. Nur Reinkarnation kann daran etwas ändern.

In dieser langen Periode entwickelten sich auch die heiligen Schriften dieser Völker zu zwei großen Sammlungen: den Veden (veda = Weisheit) und den Upanishaden (upa-ni-shad = beim Meister sitzen). Auf diesen Schriften gründet die Hindu-Mystik.

Die anderen, nicht-arischen iranischen Stämme entwickelten sich weniger stürmisch. Sie hielten länger an dem alten Stammesverband fest und wurden anfangs von den Kriegerstämmen überrumpelt und unterdrückt. Erst nach 1200 v. Chr. zogen sie langsam südwärts. Unter ihnen erhob sich der Priester Zoroaster mit einer neuen Botschaft. Im 6. Jahrhundert v. Chr. wurde diese Botschaft zur Staatsreligion des großen Reiches um Euphrat und Tigris. Sie wurde zu einer der bedeutendsten Wurzeln der westlichen Mystik.

Die heute als so tief erfahrene Kluft zwischen östlicher und westlicher Mystik entstand vor langer Zeit in einem fernen Land durch eine neue Waffe: Pferd und Wagen.

Der Osten

DIE ARISCHE HELDENMYSTIK

Der Veda und die Upanishaden umfassen Tausende von Hymnen und Weisheitstexten in Sanskrit; sie sind im Laufe von zehn Jahrhunderten entstanden. Es läßt sich keine systematische religiöse Anschauung daraus ableiten. Sowohl Vielgötterei als auch der eine Gott, ein persönlicher und ein unpersönlicher Gott, eine vorherrschend magisch-rituelle und eine mystische Einstellung, das alles ist in ihnen zu finden. Doch haben diese Schriften insgesamt zu einer ausgeprägten Mystik geführt und können von daher als ganze gelesen werden. Aus diesen Schriften läßt sich auch ergründen, wie sich diese Mystik entwickelt hat.

Der Veda besteht aus vier Sammlungen. Die älteste und bedeutendste ist der „Rigveda", etwa tausend Hymnen, die im Kult gebraucht wurden. Sie wenden sich an Dutzende verschiedene Götter. Sie atmen die arische Heldenmentalität: patriarchalisch, kriegslüstern, hypermännlich, gerichtet auf Reichtum, Wohlstand, Gesundheit, reichliches Essen und Trinken, die Eroberung der Macht über andere und über die Götter, die die kosmische Ordnung aufrechterhalten, in welcher der Mensch seinen Wohlstand gesichert weiß. Im Veda ist eine Tendenz spürbar, das rituelle Sühnopfer immer stärker zu betonen. Es ist die Rede von einem kosmischen Sühnopfer als Ursprung der kosmischen Ordnung: Purusha, die Weltseele, spaltet sich selbst, und aus den Teilen ihres Leibes wird das Universum geschaffen. Die Riten sind magische Wiederholungen dieses kosmischen Opfers. Sie schaffen so die Weltordnung immer wieder neu.

Die Entwicklung der vedischen Schriften wird um 1000 v. Chr. abgeschlossen durch die „Brahmanas", eine Reihe von Texten, zusammengestellt von Priestern, die freigestellt waren, um zu studieren und zu unterrichten, die „Brahmanen". Aus diesen Brahmanas geht hervor, daß die Rituale Selbstzweck geworden waren. Die Versöhnung der Götter ist verschwunden. Ihre Macht über die kosmischen Kräfte ist vom Priester übernommen worden. Nicht ein Gott, sondern ein Priester erschafft den Kosmos immer wieder neu, auf mythische Weise, durch die Rituale. Die Mantras werden zu magischen Formeln, die den Kosmos in sich bergen, wie „der Same im Baum und der Baum im Samen" ist. Die Mantras zu kennen bedeutet Einsicht in das Universum. Die alten vedischen Götter verblaßten durch diese Entwicklung. Sie waren nicht mehr interessant. Man brauchte sie nicht mehr zu versöhnen, um im Wohlstand leben zu können.

Eine andere parallel verlaufende Entwicklung ist auch von Bedeutung gewesen. Über den höchsten Gott, Indra, in den die Arier ihre männliche Überlegenheit projizierten, wurden von den Priestern Fragen gestellt:

„In jener Zeit gab es weder Sein noch Nicht-Sein, gab es keine Welten und kein Firmament, noch gab es etwas, was dahinterlag. Was bedeckte das All? Und wo? Und zu wessen Freude?

Götter sind jünger als diese Kraft. Wer kann dann wissen, woraus dieses All geworden ist? Woher diese Schöpfung kam, ob einer sie trug oder nicht. Nur er, der alles aus der Höhe überschaut, nur er weiß es. Oder vielleicht auch er nicht!" [53]

Aus diesen Fragen erwuchs das Bild eines unnennbaren Gottes.

„Vor der Erschaffung gab es weder nichts noch etwas, weder Raum noch Zeit. Es gab nur den ‚Einzig-Bestehenden' in sich selbst beschlossen, ruhig atmend."

„Upanishad" ist ein Sammelwort für Sammlungen unterschiedlicher Reflexionen, entstanden zwischen 1000 und 500 v. Chr. Der Unterschied zwischen dem All und dem unnennbaren Schöpfer dieses Alls, im Veda schon im Ansatz vorhanden, ist hier eine klar erkennbare Basis für alle Reflexionen. Das Schöpfungsprinzip wird „Brahman" (heilige Kraft) genannt und entzieht sich aller Veränderung in Raum und Zeit. Ein ungeborenes, unsterbliches, unpersönliches Etwas, welches das Herz von allem ist, was in Zeit und Raum geboren wird und stirbt, was eine Gestalt annimmt und wieder abgibt. Das All mit allen seinen vernichtenden und lebenweckenden Kräften ist nun endgültig entgöttlicht. Der Priester mit seinen Riten, in der vedischen Epoche heiliger Mittelpunkt, macht dem Ich Platz, dem tiefsten Mittelpunkt in jedem Menschen, „Atman" genannt.

Brahman, Atman und „Ich" sind im wesentlichen dasselbe: unbewegter Mittelpunkt von allem, was sich bewegt. Ein Text aus der Chandogya Upanishad möge dies illustrieren:

„Der fischende Einsied-
ler" von Ma Yuan
(13. Jahrhundert) zeugt
von einer typisch taoistischen Lebenshaltung:
dem Weg des Nicht-Han-
delns.

Kopie des Originals im
Nationalpalast, Taipeh.

„Die Unbeschränktheit, o Herr, möchte ich erkennen. Sie ist
unten, und sie ist oben, im Westen und im Osten, im Süden
und im Norden; sie ist diese ganze Welt.

Daraus folgt für das Ich-Bewußtsein: Ich bin unten und oben,
im Westen und im Osten, im Süden und im Norden; ich bin
diese ganze Welt.

Daraus folgt für die Seele: Die Seele ist unten und oben, im
Westen und im Osten, im Süden und im Norden; die Seele ist
diese ganze Welt."[54]

Diese Lehre wurde mit einer nicht-arischen Idee verbunden,
die man von der ursprünglichen Bevölkerung übernommen
hatte: mit der Idee der Seelenwanderung. Wenn der Leib stirbt,
steigt die Seele empor zu himmlischen Regionen, kehrt aber
nach einiger Zeit zur Erde zurück. Sie wird in einer besseren
oder schlechteren Existenzform geboren, je nachdem ob das
vorangegangene Leben besser oder schlechter war.

„Welche nun hier einen erfreulichen Wandel haben, für die
ist Aussicht, daß sie in einen erfreulichen Mutterschoß ein-

gehen, daß sie geboren werden als Priester oder als Krieger oder als Kaufmann. Die aber hier einen stinkenden Wandel haben, für die ist Aussicht, daß sie in einen stinkenden Mutterschoß eingehen, einen Hundeschoß oder Schweineschoß oder in einen Pariaschoß."[55]

Die Reinkarnationslehre wurde von den Ariern dazu verwendet, ihr Kastensystem zu sanktionieren: Der Paria war ein Unmensch. Er konnte nur durch eine höhere Wiedergeburt nach seinem Tod Mensch werden.

Für die eigene Elite jedoch wurde die Verbindung dieser Reinkarnationslehre mit der Brahman-Atman-Lehre als eine Befreiung gedeutet. Man könne sich aus dem Kreislauf von Geburt und Wiedergeburt und aus den Wechselfällen des irdischen Daseins in das unbewegliche Zentrum dieses Alls, in das eigene Ich, zurückziehen. Die wirklichste Wirklichkeit:

„So nimmst du auch das Seiende hier (im Leibe) nicht wahr, aber es ist dennoch darin. Was jene Feinheit ist, ein Bestehen aus dem ist dieses Weltall, das ist das Reale, das ist die Seele, das bist du."[56]

Der Weg der Befreiung ist also ein mystischer Weg nach innen: Werde du selbst, eins mit dem Atman, das eins ist mit Brahman. Es ist eine selbstsichere Mystik:

„Am Anfang war diese Welt allein der Atman, in Gestalt eines Menschen. Der blickte um sich: Da sah er nichts anderes als sich selbst. Da rief er zu Anfang aus: ‚Das bin ich!' Daraus entstand der Name Ich. Daher auch heutzutage, wenn einer angerufen wird, so sagt er zuerst: ‚Das bin ich!', und dann erst nennt er den anderen Namen, den er trägt. – Weil er vor diesem allem alle Sünden vorher verbrannt hatte, darum heißt der Mensch der Geist. Wahrlich es verbrennt den, welcher ihm vor zu sein begehrt, wer solches weiß."[57]

Oder auch:

„Gewißlich, dieses Weltall ist Brahman: als in ihm werdend, vergehend, atmend soll man es ehren in Stille … Dieser ist meine Seele (Atman) im inneren Herzen, kleiner als ein Reiskorn oder Gerstenkorn oder Senfkorn oder Hirsekorn oder ei-

Fragment einer Rolle, auf der verschiedene Yogi-Haltungen abgebildet sind.

Gouache auf Papier, Rajasthan, 18. Jahrhundert. Neu Delhi, Coll. Aijt Mokerjee.
Foto: Jeff Teasdale / Thames & Hudson, Ltd.

nes Hirsekornes Kern. Dieser ist meine Seele im inneren Herzen, größer als die Erde, größer als der Luftraum, größer als der Himmel, größer als diese Welten. Der Allwirkende, Allwünschende, Allriechende, Allschmeckende, das All Umfassende, Schweigende, Unbekümmerte, dieser ist meine Seele im inneren Herzen, dieser ist das Brahman, zu ihm werde ich, von hier abscheidend, eingehen."[58]

Das eigene Ich und das Göttliche, sie sind nicht dasselbe, aber doch so eins miteinander, daß sie nicht voneinander zu unterscheiden sind. Wie Salz sich im Wasser auflöst.

DER METHODISCHE WEG: YOGA

Bei alldem geht es nicht um eine Lehre, sondern um eine Lebenshaltung. Ziel dieses Lebens ist die Einswerdung mit dem Brahman. Der Weg dorthin ist nicht mehr die Ekstasetechnik des Schamanen oder des späteren Somatrinkers, sondern eine verfeinerte langwierige Übung, der Yoga, was methodische Anstrengung bedeutet. Beherrschung der Atmung und der Körperbewegungen, um dadurch das Chaos des täglichen Lebens zu ordnen. Von diesem „Kosmos" aus kann man das Zeitlose erfahren lernen. Und darin zu dem Bewußtsein kommen, wie sehr das tiefste Zentrum in unserem Ich eins ist mit dem tiefsten Zentrum des Universums. Eine nüchterne Ekstase (= Austreten) aus dem Zeitgebundenen in das Zeitlose. Das Endziel ist das „Versinken" in das Brahman wie in ein farbloses Licht, in dem alle Farben zusammenlaufen.

Beim Yoga handelt es sich um Übung in Haltungen und Techniken, die auf die Beherrschung der Atmung und der Körperbewegungen gerichtet sind. Es handelt sich auch um Meditation und Entspannung ohne Verkrampftheit. Ziel des Yoga ist, die Flut an Eindrücken auf Gemüt und Geist stillzulegen, sich im Strom der Zeit zu isolieren und auch die vergangene Zeit im Unbewußten auszulöschen. Dadurch wird das Schuldbewußtsein vernichtet.

Neben diesem „königlichen Weg" (Raja Yoga) haben sich noch sehr viele andere Arten von Yoga gebildet: der Weg der guten Taten (Karma-Yoga), der Liebe (Bhakti-Yoga), des sinnlichen Genusses (Tantra-Yoga), der Erkenntnis (Jnana-Yoga).

Alle diese Formen von Yoga kennen ihre Entgleisungen, nämlich wenn das Ziel aus dem Auge verloren wird. Yogis sind oft mehr Kraftprotze als Mystiker. Sie beherrschen den Körper so sehr, daß sie sogar den Herzschlag oder die Verdauung bewußt zu regulieren vermögen. Sie können Kunststücke vollbringen, zum Beispiel an einem Seil hochklettern, das nirgends befestigt ist, über Wasser gehen, fliegen. Sie sind Aszeten mit einer äußersten Konzentration, Nabelbeschauer. Der entgegengesetzte Weg, der Yoga der Verehrung der Götter, des göttlichen

Tänzers, der den Rhythmus des Alls unterstützt (Shiva), oder
der weiblichen Schöpfungsenergie (Shakti), kann im rein Emotionalen oder im sinnlichen Genuß steckenbleiben.

Worum es beim Yoga immer gehen muß, wurde von Mircea
Eliade so zusammengefaßt:

„Sämtliche Formen des Yoga schließen bereits in ihrem Beginn eine Umformung des diesseitsverhafteten Menschen
ein; eine Umformung, die diesen schwächlichen und zerstreuten, zum Sklaven seines Körpers erniedrigten, einer
wahrhaftigen Geistesbemühung unfähigen Menschen verwandelt in einen, der des Ruhmes würdig ist: in einen Menschen von restloser physischer Gesundheit, der durchaus
Herr über seinen Körper ist wie auch über das ihm eigene seelische sowie verstandesmäßige Leben; in einen Menschen,
der fähig ist der Konzentrierung seines eigenen Selbst: in einen ganz und gar seiner selbst bewußten Menschen. Eben ein
solcher vollkommener Mensch ist es, den der Yogi zuletzt zu
überwinden sich bemüht; nicht aber ist der, den es zu überwinden gilt, der nur ans Diesseits Gebundene, der dem Alltag
unterworfene Mensch."[59]

ERLÖSUNG VOM LEIDEN:
BUDDHA UND DER JAINISMUS

Die arische Mystik ist eine Eliteangelegenheit, bestimmt für
Auserwählte, die Brahmanen und die Yogis. Eine selbstsichere
optimistische Mystik, in der das Böse kaum eine Rolle spielt.
Diese Mystik kennt keine Wörter für Mitleid, aber auch nicht
für Liebe. Der Weg zur Vereinigung ist ein Bewußtseinsstrom,
kein Liebesstrom.

Dieser Mystik widersetzen sich im 6. Jahrhundert v. Chr.
zwei große Mystiker: Siddharta Gautama, der Buddha, und Mahavira, der Gründer des Jainismus. Sie untergruben die Selbstsicherheit und gingen vom Elend im Leben und vom Mitleid
aus.

Der Buddhismus gründet auf einer sehr pessimistischen Ansicht vom Leben. Dieses ist voller Leiden, und nichts ist blei-

bend. Selbst was Glück bringen kann, der Wohlstand, ist unsicher. Der Mensch will immer mehr. Mehr Besitz, mehr Ruhm, mehr Anerkennung, immer mehr Erfahrungen, immer wieder neue Ideen. Er ist nie zufrieden. Er lebt in der Angst, zu verlieren, was er hat, oder nicht erreichen zu können, was er will.

Wie kann er zur Ruhe und zu beständigem Glück gelangen? Die menschliche Natur ist gut, dort kann die Ursache nicht liegen. Die Ursache ist in dem Geflecht von Bedürfnissen und Sehnsüchten zu suchen, in dem Verlangen, nicht nur nach materiellem Wohlstand, sondern auch danach, Liebe zu geben und zu empfangen, nach einem intakten Familienleben, nach einem glücklichen Leben nach dem Tod, nach der Liebe Gottes. Hinzu kommt als zweite Ursache die Illusion, als könnten wir ein Individuum sein. Als wäre das „Ich", das wir als das Zentrum unseres Wollens, Denkens und Erlebens erfahren, auch eine Wirklichkeit, eine Persönlichkeit, eine Seele.

Nun, das ist eine Illusion. Wir sind eine Zusammenballung von Gefühlen, Gedanken und Körperfunktionen, die entsteht und wieder auseinanderfällt und sich in der Zwischenzeit immer wieder verändert. Was im Rad der Wiedergeburt fortwährend eine neue Form annimmt, ist nicht ein „Ich", sondern ein Aufflackern, vorübergehend wie die Flamme, die von der einen Kerze zur anderen geht.

Der zweifache Weg der Erlösung ist also das Auslöschen der Sehnsucht und die Einsicht, daß das „Ich", das sich so unbedingt verwirklichen muß, eine Illusion ist. Gelingt das, dann erreicht man die vollkommene Heiterkeit. Das Schmerzliche und das Unbeständige des Lebens verschwinden. Es treibt nicht mehr mit in dem Fluß von Geburt und Wiedergeburt. Der Tod ist besiegt. „Nirwana" (Auslöschung) ist erreicht.

Was Nirwana ist, kann nach Ansicht Buddhas nicht erklärt, sondern nur erfahren und in negativen Begriffen angedeutet werden: nicht-geboren, nicht-geschaffen, nicht-konditioniert. Oder mit Vergleichen wie: Kühlung nach Fieber, ein Versteck nach einer Flucht. Oder mit Paradoxa wie: ein Zustand des zufriedenen Nicht-Seins. Das Ich-Bewußtsein mit seiner Selbstsucht und Habsucht existiert nicht mehr, eine höhere Form von Bewußtsein, ein „erleuchtetes", ist an dessen Stelle getreten. Buddha wurzelte in der arischen Mystik. Das mystische Moment ist bei ihm auch geblieben: dem wechselnden Strom der Dinge entrinnen, durch Einswerdung mit einem nicht-geborenen, unbewegten Zentrum. Aber er untergräbt das typisch Selbstsichere dieser arischen Mystik gründlich. Das Nirwana ist ein An-Atman, ein Nicht-Selbst. Er lehnte auch die Schriften und Rituale, das Priestertum und die Götter der vedischen Religion ab. Er erreichte sein Nirwana ohne göttliche Hilfe und bezeichnet das Nirwana nicht mit einem göttlichen Ausdruck. Er verwarf auch den aszetischen Weg des Yogi. Mitleiden mit dem menschlichen, mit dem elenden Dasein ist der Beginn seines Weges. Er durchbrach auch das Elitäre, indem er seine Einsichten öffentlich jedem verkündigte. Er verkündete einen Weg, der begangen, nicht gelehrt werden müsse und der Stufen kenne. Für den einfachen Mann gibt es eine Moral guter Taten, die den Tod zum Eingang in das Nirwana machen kann. Für den, der den Weg zu Ende gehen und das Nirwana hier erleben will, gibt es das Kloster.

Der Jainismus ist eine ähnliche Reaktion gegen dieselbe arische Mystik in derselben Gegend und derselben Zeit wie der des Buddhismus. Er betont auch das Böse und das Mitleid mit dem Menschen in seinem elenden Dasein. Er lehnt ebenfalls die vedische Religion und den Schöpfer-Gott ab. Anders als der Buddhismus untergräbt er das Selbstsichere nicht dadurch, daß er das Selbst als eine Illusion verneint, sondern indem er dessen Einzigartigkeit entkräftet: Jedes Wesen, nicht nur der Mensch, sondern auch die Pflanze, der Stein, das Wasser und sogar die Götter, hat eine gleiche Art von Seele, ein Stückchen Ewigkeit, gefangen im Kerker der Materie. Der Weg der Erlösung besteht hier denn auch darin: sich aus diesem Kerker durch strenge Aszese und die Nichtverletzung aller Lebewesen zu befreien. Für den Aszeten bedeutete dies manchmal, vor Hunger zu sterben und sich nicht zu bewegen, um nur ja nicht, nicht einmal ein Insekt, zu töten. Für den einfachen Mann bedeutete es, daß er nicht Metzger, Schmied, Bauer wurde, sondern Handel trieb.

Der Jainismus blieb eine Religion in Indien. Gandhi wurde von ihm beeinflußt. Der Buddhismus dagegen breitete sich weiter aus und wurde zu einer Weltreligion, verbreitet über Ostasien und über China bis nach Japan. Er kennt zwei Hauptrichtungen – die strenge und die volkstümliche – und viele Varianten. Die bekannteste Variante ist der Zen-Buddhismus in Japan.

LIEBESEINHEIT MIT EINEM MENSCHLICHEN GOTT: BHAGAVADGITA

Die Schriften, die vom 6. Jahrhundert an in der Hindu-Tradition entstanden, haben die Form eines Epos: die Geschichte von dem Kampf zwischen den Söhnen zweier Könige. Die vedischen Götter und Göttinnen spielen wieder eine Rolle. Vishnu wird ein Hauptgott, der sich in vielen Gestalten manifestiert, vor allem in der des Menschen Krishna. Das bekannteste Epos ist die „Bhagavadgita" (ca. 200 v. Chr.). Auf dem Schlachtfeld erklärt Krishna seine Lehre dem Krieger Arjuna: Die vielfältigen Dinge und Ereignisse rund um uns sind nur Manifestationen ein und derselben letzten Wirklichkeit, die sich über alle Begriffe und Bilder erhebt und mehr ist als ihre Manifestationen. Der mystische Weg ist vielfältig, für jeden „gemäß seiner Eigenart". Einer der wichtigsten ist der Bhakti-Yoga, eine persönliche Verehrung einer persönlichen Gottesmanifestation, Krishnas. Emotionale Hingabe an eine leidenschaftliche Verehrung Krishnas, die zu einer mystischen Ekstase führt. Eine Antwort auf seine Liebe zu uns. Krishna sagt:

> „Da du mir zutiefst lieb bist, werde ich dir das Heil verkünden. Richte dein Denken auf mich, sei mir ergeben, opfere mir und erweise mir Verehrung, so wirst du zu mir gelangen. Dies verspreche ich dir, da du mir lieb bist." [60]

Es ist ein Liebesverhältnis, das persönlich bleibt.

> „Wer mich überall sieht und alles in mir sieht, dem entschwinde ich nicht, und er entschwindet mir nicht." [61]

TANTRA: SEXUALITÄT UND MYSTIK

Das Prinzip des Tantra, das die ganze indische Kultur, einschließlich der Medizin und Astrologie, durchdringt, ist, daß der menschliche Leib dem Kosmos gleich ist. Beide haben eine gleiche Struktur. Die eine ist undenkbar ohne die andere. Auch der menschliche Geist ist wesentlich derselbe wie der kosmische Geist. Tantra ist keine Philosophie, sondern ein Weg. Wie müssen wir handeln, um Mensch und Kosmos zusammenzubringen? Das gilt auch für die Sexualität. Wie müssen wir leben, um die kosmische und die menschliche Sexualität zusammenfallen zu lassen?

Es besteht eine Wechselwirkung: Das Bild des Kosmos ist aus dem Erleben der menschlichen Sexualität entwickelt und umgekehrt: Die Art und Weise, wie die kosmische Sexualität dargestellt wird, ist eine Schule für das Erleben des menschlichen Sexus.

Bild oben links: Der himmlische Ursprung eines spielerischen Universums. Holzskulptur von einem Tempelwagen.

Süd-Indien, 18. Jahrhundert.

Fotos S. 100–103: Jeff Teasdale / Thames & Hudson, Ltd., London

Bild oben rechts: Die kosmische Schöpfung, die auf Paarung basiert, ist vielfältig auf den Außenwänden der Tempel dargestellt, ganz konkret als ebenso viele verschiedene Formen sexuellen Umgangs.

Die Schöpfung als ein sexuelles Geschehen. Auf dem Lotus in einem Kreis, der das Weltall andeutet, empfängt die Frau den Samen des Mannes. Ströme von Blut, von drei Frauen aufgefangen, stellen die Lebensenergie dar, welche die Göttin auf drei Wegen (Geburt – Leben – Tod) im Universum verteilt. Die Frau ist das Bild der sich ausfächernden Pracht an Formen, die auch wieder vernichtet werden.

Gouache, um 1800. Kangra.

Voraussetzung für Gotteserfahrung ist ein intensives, selbstvernichtendes sexuelles Erlebnis, das durch Übung und Techniken erlangt wird. Ein automatischer und stürmischer Sexualverkehr ist hier absurd. Es ist die Rede von überlieferten Ritualen, von der Weitergabe des Samens eines erleuchteten Meisters, von In-Kontakt-Bringen der Genitalien mit energiebeladenen Bildern und auch von gemeinsamem Üben mit einer Frau, die auf eine geheime Weise initiiert ist.

Gouache, 18. Jahrhundert, Rajasthan.

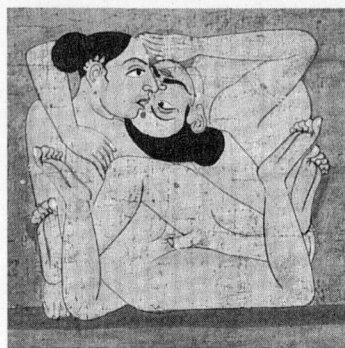 

Bild oben links: Darstellung der sexuellen Einswerdung als Gotteserfahrung. Sex ist nicht als heftige Gefühlsempfindung gesehen, sondern als ein Empfinden durch eine geschlechtliche „Begegnung mit den Augen". Liebe ist eine sorgfältig genährte Schöpfung, eine durchgehaltene Ekstase von Leib und Geist. Es geht nicht um Orgasmus, sondern um Ekstase. Die Stimulierung der Geschlechtsteile ist auf das Verspüren von Energie gerichtet, eingehend auf die beiderseitigen Bedürfnisse. Die Erotik verschiebt sich von der äußeren Frau auf die innere Göttin, von der alle Frauen Paradigmen sind. Der Mann und die Frau werden füreinander zu Schlüsseln zum Heil. Für jeden ist Gott im anderen. Man liebt den anderen im eigenen Inneren.

Gouache, 18. Jahrhundert, Nepal.

Bild oben rechts: Die mehr abstrakte Darstellung des kosmischen Sexualitätserlebens. Sie gibt auch wieder, was im Tempel zentral steht: ein „Lingam" (Phallus), begraben in der „Yoni" (Vulva), ein steinernes Zeichen, das mit Blumen und dergleichen verehrt wird. Der männliche Partner in der Gottheit wird erfahren als in dem weiblichen begraben und nur als letzte Vollendung erreichbar.

Gouache, 18. Jahrhundert. Kangra.

Rund um den Guru sind in einem Kreis die fünf Freuden des Lebens dargestellt, die zur Erleuchtung führen können, falls sie auf rechte Weise im Tantra erlebt werden. Sex ist eine der Freuden.

Bemalter Wandteppich, 19. Jahrhundert, Rajasthan.

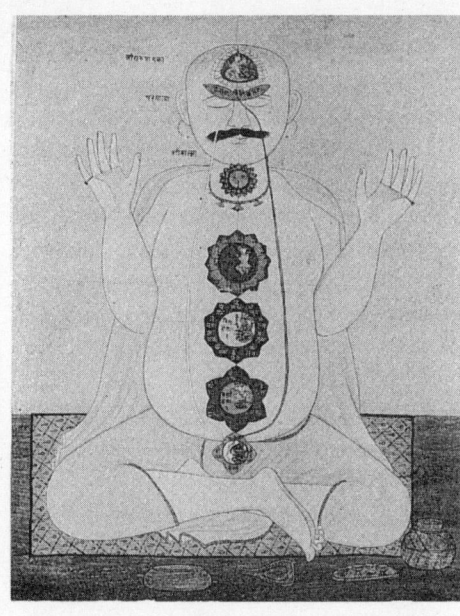

Eine Darstellung des Yogi, bei dem die Energie freigemacht und emporgetrieben wird.

Gouache, um 1820, Kangra.

Der Tantra-Erleuchtete, in sexueller Erregung mit dem Universum verbunden. Das Erwecken der Begierde hat den Zweck, schlummernde Energien aus den niederen Teilen des Menschen bis in den Gipfel des Geistes freizumachen. Die Begierde muß geweiht und gezügelt werden, so daß sich der Geist nicht in Phantasien verliert. Das geschieht durch Rituale, Yoga, Meditationen. Angestrebt wird nicht der Orgasmus, sondern der Auftrieb des Bewußtseins zu jener Erleuchtung, in der die Energie von Mensch und Welt unbegrenzt in Zeit und Raum aufgesogen zu werden scheint.

Holzskulptur von einem Tempelwagen, 17. Jahrhundert, Süd-Indien.

Hier liegt die Basis für die spätere Ehe-Mystik vom 9. Jahrhundert an, in welcher der Mensch sich weiblich zu Gott verhält in seinem leidenschaftlichen Suchen nach Vereinigung mit Ihm.

Die Stärke der Bhagavadgita ist, daß sie einen Weg für den Laien weist, der in der verwirrenden Welt lebt, Liebe und Leid erfährt, Gefühlsregungen und Leere, Freude und Enttäuschung. Der Krishna-Verehrer braucht sich all diesen Wechselfällen nicht zu entziehen, sondern kann sie auf Gott richten mittels eines Menschen, in dem Bewußtsein, daß alle Wechselfälle deutliche Manifestationen Gottes, des Brahmans, sind.

DER WEG DER SEXUALITÄT: TANTRA

Im 5. Jahrhundert n. Chr. dringt eine uralte Religion in die Mystik des Hinduismus, des Buddhismus und des Jainismus ein. Es muß ein einheimischer Fruchtbarkeitskult gewesen sein, der viele Symbole mit den prähistorischen gemeinsam zu haben scheint. Dieser Kult wird Tantra genannt. Er brachte keine neue Mystik. Das Einswerden mit dem Brahman oder das Nirwana blieb, aber der Weg dorthin, der Yoga, wird gleichsam umgedreht. An die Stelle des Nein-Sagens zur Welt ist ein vollmundiges Ja getreten. Eine Bejahung eben der Dynamik des Lebens, der kreativen Kräfte, der fruchtbaren Sexualität. Und zwar als Weg zur mystischen Vereinigung. Dem die Welt verachtenden Aszeten mißtraut man. Handelt es sich bei solcher Aszese nicht um eine versteckte Selbstbefriedigung, bei der man kein Auge mehr für Mitgeschöpfe hat?

Bei der Bejahung der vitalen Kräfte sollte man doch Egoismus vermeiden. Dazu entwickelte das Tantra Rituale, Bilder und Formeln, um die Erfahrungen zum schöpferischen Grund des Kosmos hin zu öffnen. Eine isolierte Erfahrung ist wertlos. Eine Erfahrung, auch eine ekstatische, die um ihrer selbst willen gesucht wird, ist fatal. Der Leib wird als Mikrokosmos erfahren, er enthält in kleinem Format die schöpferische Gottheit und das ganze Universum. Der Leib und der Geist des Menschen sind eins mit dem Leib und dem Geist des Kosmos. Ein gleicher Organismus, von zwei Seiten betrachtet. Aug in Auge miteinander während der Paarung vereinigt sein kann bedeuten, Aug in Auge der schöpferischen Gottheit gegenüberzustehen. Diese wird im Hindu-Tantra denn auch als göttliches Paar aufgefaßt und durch die männlichen und weiblichen Geschlechtsorgane symbolisiert.

Tantra ist keine Religion, sondern ein Weg. Lediglich zu denken, zu lesen, zu glauben wird abgelehnt. Es geht um *Tantra*, das heißt um etwas, was getan wird. In der Tat bilden Leib und Geist sich um, die Schlange der Erleuchtung kriecht vom Bauch aus empor über das Haupt zum Kosmischen. Dieses Tantra wird unterstützt durch das *Mantra*, eine ständig wiederholte Formel, oft ein gemurmeltes Om, und das *Yantra*, etwas, was gesehen wird. Das Yantra wird gemalt und hat meist die Form eines *Mandala*, eines Kreises in Form einer Art Landschaft, in der man verschiedene Wege gehen kann, bis man im Zentrum ankommt, einem Pünktchen, der unsichtbaren Quelle des Seins.

Diesen Weg des Tuns, Murmelns, Sehens muß man tuend lernen, und er wird dann durch den Genuß von Sex, Wein, Fleisch, Ekstase zur mystischen Vereinigung führen. Auch das Elend und das Schlechte im Leben können auf diese Weise erlebt werden. Die dunklen Seiten des Lebens gehören zum Spiel der schöpferischen Gottheit.

OST UND WEST

Es lassen sich viele Strömungen und viele Mystiken Indiens beschreiben. Wir haben nur einige Momente gezeigt. Alle diese Strömungen konnten nebeneinander bestehen. Anders als in westlichen Religionen, die stets die Reinheit der eigenen Lehre betonten. Andere Unterschiede sind:

1. Vielgötterei kann mit dem Streben nach Einheit mit dem Einen einhergehen. Verträgt sich sogar mit Atheismus. Der Westen kennt nur den einen Gott, der keinen anderen neben sich duldet.

2. Die Zeit ist ein Strom von Formen, die „Maya" sind, eine Illusion, in der sich der Eine manifestiert. Der Weg zu Gott be-

steht darin, die Zeit anzuhalten. Oder zumindest in der Zeit zu leben, ohne von ihr aufgefressen zu werden, in dem Bewußtsein, daß sie unwirklich ist. Im Westen sind dagegen Zeit und Geschichte ein Weg zur vollendeten Wirklichkeit.

3. Der Osten geht vom Kosmos aus. Zuerst muß der Mensch geordnet, vollkommen sein, bevor er zur Einheit mit Gott kommen kann. Der Westen dagegen geht aus vom Bösen, von der Unterdrückung, der Sünde. Es muß zuerst eine Kluft zwischen Gott und Mensch überbrückt werden.

4. Die indische Spiritualität schmachtet danach, die Gegensätze und Spannungen zu überwinden, die Wirklichkeit zu einer Einheit zu machen und das Ur-Eine wiederherzustellen. Der Dualismus, der hier überwunden werden muß, ist der Zwiespalt zwischen der sichtbaren Wirklichkeit und dem Unsichtbaren (Atman, Brahman). Dieser Dualismus kann überwunden werden durch die Erkenntnis, daß das Sichtbare ein „Spiel" des Unsichtbaren ist. Dieses erleuchtete Bewußtsein schließt auch das Wissen ein, daß Leib und Seele integrale Bestandteile des Menschen sind, wie auch die Welt ein ähnlicher Organismus ist. Alles ist Maya. Der Westen ist dualistisch auf einer anderen Ebene: Der Leib ist ein Kerker für den Geist oder ein Hindernis auf dem Weg zu Gott. Reichtum und Sexualität haben einen schlechten Beigeschmack.

5. Die indische Spiritualität beruht auf Erfahrung. Aufgrund dieser Erfahrung läßt sich alles erkennen und auch mitteilen. Dafür ist weder eine Offenbarung in Dogmen festgelegt noch Gnade von außen her notwendig. Es sind Techniken, Rituale, Übungen möglich, um diese Erleuchtung zu erreichen.

Die indische Spiritualität ist auf den ersten Blick der Mystik gegenüber aufgeschlossener als die westliche, sie ist unmittelbarer auf mystische Erfahrung selbst gerichtet. Jedoch hat der Westen eine spannende Geschichte der Mystik gekannt.

Iran und Israel

Mystik der Unterdrückten

ZOROASTER

Bis vor kurzem war Zoroaster für uns eine legendäre Gestalt aus dem 6. Jahrhundert v. Chr., deren Bedeutung auf die Gründung einer jetzt fast verschwundenen Weltreligion beschränkt blieb. In jüngster Zeit ist jedoch deutlich geworden, daß er kein Zeitgenosse des Buddha, sondern vielmehr des Mose war. Er lebte wahrscheinlich noch vor Mose, irgendwo zwischen 1500 und 1200 v. Chr. Zoroaster ist offensichtlich ein Mystiker gewesen, und zwar der erste in der Geschichte, der dem Namen nach bekannt ist. Außerdem ein religiöses Genie, das die westliche Mystik und Spiritualität entscheidend beeinflußt hat. Er ist der einzige Gründer einer Weltreligion, der selbst Priester war und selbst seinen Erfahrungen in Hymnen, den „Gathas", Form gab. Er ist auch der erste „Apokalyptiker".

Was über Zoroaster ans Licht kam, wurde von Mary Boyce in einer breitangelegten „Geschichte des Zoroastrismus" zusammengefaßt. Wir stützen uns auf diese Untersuchung.[62]

Wie wir oben schon beschrieben haben, lebte Zoroaster in einer Zeit, da indo-iranische wagenlenkende Krieger mit ihrer Heldenmentalität die Stammesstruktur radikal über den Haufen warfen. Zoroaster spricht von ihnen als „Nicht-Hirten", die mehr die Götter des Krieges verehren als den allzeit gerechten Ahura. Er spricht von ihrem Terror und ihrer Willkür, von dem „Gesetz der Tyrannen": Macht statt Recht, Betrug anstelle von Wahrheit. Aus den Gathas Zoroasters geht hervor, daß sein Stamm an den alten Strukturen und Göttern festhielt. Zoroaster selbst reiste mit Pferd und Wagen, aber es gab in seinem Stamm keine Hirten, die Pferd und Wagen als Waffen gebrauchten. Der Hund war wichtiger als das Pferd. Ihre Waffen waren noch aus Stein. Sein Stamm hatte unter der revolutionären Gewalt und der Gesetzlosigkeit der Krieger zu leiden. Die Hilflosigkeit gegenüber diesen neuen kriegslüsternen Helden machte es begreiflicher, warum Zoroaster sich gedrängt fühlte, seinem Volk eine neue Botschaft der Hoffnung zu verkünden, und dabei den Nachdruck auf strikte Gerechtigkeit, erzwungen durch die höchste Macht, legte. Nicht hier und heute, sondern einst am Ende der Zeiten. Ein Reich Gottes auf Erden, in dem jedes Unrecht überwunden und wiedergutgemacht ist, für das jeder sich aber hier und jetzt einsetzen kann und in dem er später wird leben können, nachdem er auferstanden ist. Er stellte jeden einzelnen vor eine persönliche Entscheidung. Wer sich jetzt für Gerechtigkeit, Wahrheit und Reinheit entscheidet, wird später mit Gott in seinem Reich leben. Wer gemeinsame Sache mit dem bösen Geist macht, den erwartet furchtbare Höllenstrafe. Daß seine Botschaft nicht nur hoffnungsvoll war, sondern auch polarisierend wirkte, ist vielleicht der Hauptgrund dafür gewesen, warum er von seinem eigenen Kreis ausgestoßen wurde.

MYSTIKER. Zoroaster war ein Priester-Schamane, der in derselben religiösen Umwelt lebte, in der auch die ältesten vedischen Schriften der Arier entstanden sind. In dieser Umgebung war der Schamanismus magisch geworden. Zoroaster widersetzte sich dem. Die Prophetien der somatrinkenden Kavi-Priester fand er unsinnig. Er selbst wollte sich nicht als „Schöpfer von Prophetien" bezeichnen, betrachtete sich vielmehr als Vermittler dessen, was ein persönlicher Gott ihm persönlich offenbarte. Zoroaster widersetzte sich auch den rituellen Priestern. Er nannte sie „Murmeler", welche Formeln sinnlos wiederholten. Er sah sich selbst als jemanden, der Mantras aus eigener Erfahrung schuf und Gathas aus einem persönlichen Kontakt mit dem Allerhöchsten dichtete.

Der Konflikt zwischen Zoroaster und seinen Mitpriestern weist darauf hin, daß er ein Mystiker war, der von Erfahrungen geradezu „überfallen" wurde. In diesem Sinn hört bei ihm das Schamanische auf. Weder die Ekstasetechnik noch der Soma hatte bei ihm die Gotteserfahrung geweckt. Er wurde zum erstenmal davon überrascht, als er Wasser aus dem Fluß schöpfte.

Ein Botschafter Gottes präsentiert sich ihm dann und führt ihn zum Allerhöchsten. Ein Licht, in dem er schaut, welches die wahre Struktur der Dinge ist. Von diesem Licht zeugt er, aber sein Zeugnis findet keinen Glauben, und er wird ausgestoßen:

„Wer kommt meiner Seele in ihrer Verlassenheit zu Hilfe?
Gibt es jemanden im Universum, dem sie sich anvertrauen kann?
Es gibt niemanden als dich allein, o Herr,
du, der du die einzige Quelle aller Wahrheit bist,
du, dem ein Strom reinen Denkens entspringt."[63]

Die Mystik Zoroasters ist bemerkenswert neu und ursprünglich, auch insofern, als sie eine persönliche Erfahrung ist, die eine persönliche Liebe zum Allerhöchsten und ein heftiges Verlangen nach einer anderen Existenzweise als der irdischen erweckt, „die Brücke, die uns jetzt noch von dir trennt".

VISIONÄR. Die mystische Erleuchtung hat bei Zoroaster zu Visionen geführt – zu Erkenntnissen, die eine neue Sicht des Ganzen der Wirklichkeit schenkten. Diese Anschauung ist aus einer doppelten, gegensätzlichen Erfahrung erwachsen: der mystischen Erfahrung der Einheit aller Dinge und des paradiesischen Guten und der Erfahrung der elenden Wirklichkeit des Alltags. Beide Erfahrungen haben zu einer Anschauung geführt, in der sie versöhnt werden, ohne daß einer dieser Pole zu Maya abgeschwächt wird.

Die Visionen Zoroasters haben die Form von Offenbarungen Gottes an ihn. Sie sind aber aus dem alten vedischen Bereich aufgebaut. Götter, Rituale und Theologie sind nicht neu. Doch treten sie in einen anderen Kontext. In der Zeit, da auf den Priesterschulen nach einem einzigen Schöpfungsprinzip gesucht wurde und man dieses in einer Pflanze und einem Tier (dem Stier) sah, erhielt Zoroaster in einer Vision die Einsicht, daß alles, einschließlich dieser Pflanze und dieses Tieres, von einem „Weisen Herrn" (Ahura Mazda, später Ormuzd genannt) erschaffen ist, der selbst unerschaffen, ein zeitloses Licht ist.

Die Götter sind Diener dieses Gottes (wir würden sagen: En-

gel und Erzengel) oder Söhne und Töchter Gottes (wir würden
sagen: göttliche Eigenschaften). Es gibt sechs Söhne und Töchter Gottes. Sie tragen abstrakte Namen: „Milde Unsterblichkeit", „Gute Intention", „Gute Gerechtigkeit", „Wünschens-
werte Herrschaft", „Milde Hingabe", „Ganzheit" und „Gesundheit und Leben". Zoroaster nennt sie „Milde Unsterbli-
che" und betont ihre Einheit in Gott. In einer Vision sieht er,
wie sie „eines Geistes, mit einer Stimme und einer Tat" gemeinsam mit dem Weisen Herrn eine Schöpfung beginnen und
Schöpfer bleiben: „Sie, die die Schöpfer und die Formgeber und
die Erschaffer und die Bewahrer und die Bewacher der Schöp-
fungen Ahura Mazdas sind."

Das erste Schöpfungsergebnis war die geistige Welt, einschließlich der Seelen der Menschen. Danach wurde die materielle Welt erschaffen, die besser war als die geistige, weil diese
letztere dadurch konkret wurde. Diese Welt war vollkommen,
beständig und paradiesisch.

Die Welt, in der wir jetzt leben, ist anders. Nicht mehr beständig, sondern beherrscht von dem Prozeß des Todes und der
Geburt und dadurch an Zeit gebunden. Diese an Zeit gebundene Welt begann nach der damals gängigen Theologie durch
ein kosmisches Opfer der Pflanze und des Tieres. Zoroaster sah
es anders. Das Paradies wurde von außen zerstört, durch einen
Angriff des „Zerstörenden Geistes" (Ahra Manyu, später Ahriman). Dieser böse Geist existierte im zeitlosen Beginn neben
dem Weisen Herrn. Um ihn herauszufordern, machte der Weise
Herr die geistige Schöpfung konkret. Der Zerstörende Geist
drang in alle Schichten der Schöpfung ein, verschmutzte die
Luft, den Boden und das Feuer, verdarb den Menschen mit dem
Bösen, der Krankheit und dem Tod. Der Zweck dieses Lebens
in der zeitgebundenen Welt besteht darin, dem Weisen Herrn
die Möglichkeit zu geben, gemeinsam mit den Menschen den
Zerstörenden Geist endgültig zu besiegen. Das kosmische Opfer hat innerhalb dieses Zweckes Sinn: Leben opfern, um Leben
hervorzubringen, als ein Bestandteil des Kampfes gegen den
todbringenden Ahriman.

APOKALYPTIKER: Die Rückkehr ins Paradies, die so typisch für viele Mystiker ist, hat bei Zoroaster eine hinausgeschobene Form erhalten: nicht hier und jetzt, sondern gemeinsam mit anderen am Ende der Geschichte. Der mystische Weg zur Vereinigung mit Gott ist der Weg der Tat. Ein tatkräftiges Zusammenwirken mit Gott hier und jetzt wird in einem zeitlosen, paradiesischen Zusammenleben mit Gott enden. Zoroaster spricht von einer göttlichen Verheißung. Einer Hoffnung, die Sicherheit schafft und dem Leben der Menschheit insgesamt und jedem Individuum im besonderen ein kosmisches Ziel gibt. Auch in dieser Hinsicht war Zoroaster originär. In der vedischen Religion fallen die Generationen von Menschen erbarmungslos übereinander her wie die Wogen der See, ohne Ende und ohne Ziel.

In den Gathas verspürt man Zoroasters starkes Verlangen nach dem Ende aller Zeiten und seine Erwartung, daß dieses Ereignis nicht fern sein wird. Genauso ungestüm ist sein Kampf gegen den Zerstörenden Geist. Er hält dessen Macht für ungeheuer stark. Nicht nur korrumpiert er Menschen, sondern auch die Götter haben unter seinen Legionen zu leiden, die grausam, verlogen und ohne Anerkennung von Rechten die Gutwilligen unterdrücken und Leben, Land und Luft verderben. Diese Macht ist nur zu besiegen, wenn Gutwillige sich zu Legionen unter dem Befehl des Weisen Herrn oder eines seiner Diener, vor allem des Mithras, des allsehenden Sonnengottes, zusammenschließen.

Zoroaster ist sehr streng. Nicht aszetisch. Die Welt ist gut. Die Materie ist gut. Sich ihrer zu erfreuen, ist gut. Glück ist ein Gut, um das gebetet werden darf.

„Mir, der Dir, Ahura Mazda, näherkommen will, mögen die Segnungen des Lebens gegönnt werden, sowohl die der Materie als auch die des Geistes."[64]

Streng ist Zoroaster, wenn es um die persönlichen Entscheidungen geht: zwischen Wahrheit und Lüge, zwischen Recht und Rechtlosigkeit, zwischen dem Reinen und dem Verunreinigten. Es handelt sich dann nicht nur um das Wahre, Gerechte

Echnaton, ägyptischer Pharao. Der Erste, der seinerzeit ein Einheitsprinzip in der Götterwelt einführte. Sein Versuch mißlang.

Kolossalstatue aus dem Tempel von Ra-Harakhte. Heute im Museum von Kairo. Foto: Werner Forman Archive, London.

Bild rechts oben: Zoroaster war vom „Reinen" besessen. Reines Denken (Wahrheit), reines Leben (Umwelt), reines Handeln (Gerechtigkeit). Seine Religion kannte keine Tempel, sondern Stätten im Freien für das alles reinigende Feuer und „Tore der Stille", wo die Leichen abgelegt wurden als Nahrung für die Geier, so daß der Mensch auch nach seinem Tod weder die Erde noch die Luft verschmutzen würde.

Feueraltar aus dem 3. Jahrhundert in Naqsh-i-Rustan, Persien (Iran).

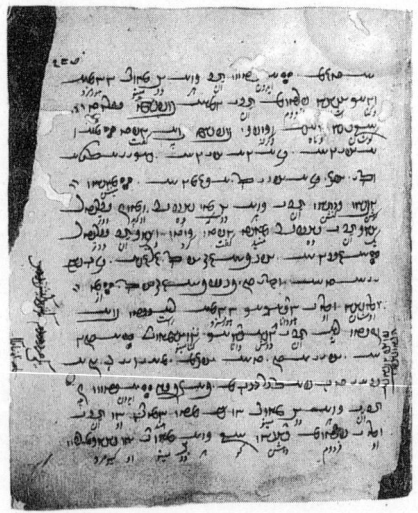

Zoroaster verkündete mit Erfolg den einen Gott. Er formulierte seine Botschaft auch in Liedern. Diese, „Gathas" genannt, sind mündlich überliefert und werden heute noch von der kleinen Gruppe der Parsi-Zoroasterjünger in Indien bewahrt. Die älteste schriftliche Festlegung, die uns noch geblieben ist, stammt aus dem Jahr 1325. Daraus eine Seite.

Oxford, Bodleian Library, ms. Zend. c.1., f. 190

Grabmal des Kyros in Pasargadès. Luftdicht abgeschlossen darin die Leichenkammer, als eine siebte Stufe über der Erde. Das Ganze ist aus makellosem weißem Stein erbaut. Die unterste Stufe ist so hoch, wie der Mensch groß ist.

Foto: Roger-Viollet, Paris.

Zoroaster kennt nur einen guten Gott. Das Böse ist eine vorübergehende Störung der Schöpfung. In einer späteren „häretischen" Strömung, dem Zurvanismus, wird das Böse verselbständigt zu einem der Zwillingssöhne des „Zurvan". Diese „Zeit" ist der eine höchste Gott. Der Dualismus haftet der Schöpfung selbst an. Die oben reproduzierte Abbildung wurde gedeutet als Zurvan mit seinem guten und mit seinem bösen Sohn (Ahura Mazda und Ahriman). Der stellvertretende Kurator des Cincinnati Art Museums, Ellen B. Avril, machte mich aber darauf aufmerksam, daß der hier abgebildete Schmuck viel älter ist und aus einer iranischen Tradition stammt, in der dualistisches Denken und der Mythos des kosmischen Stiers schon zentral standen, bevor sie in den Zoroastrismus eindrangen.

Getriebenes Silber. Schmuck. Iran, Luristan, 10.–7. Jahrhundert v. Chr. Cincinnati, Ohio, USA, Cincinnati Art Museum.

Als Erster in der Geschichte spricht Zoroaster von einem letzten Gericht für alle Menschen am Ende der Zeit. Er spricht in Bildern, die eine äußerste Objektivität nahelegen: die Waagschale, auf der gute und böse Taten gewogen werden. Die Brücke, über die jeder kommt, ist „so scharf wie ein Messer". Wer nicht rein ist, fällt hinab in den Höllenpfuhl.

Paris, Bibliothèque Nationale, ms Indien 722, fol. 24.

Worauf der Dualismus und die Idee vom Gericht letztlich hinausliefen: Die Kinderseele muß schon früh zwischen Himmel und Hölle wählen.

Bilder aus einem Kinderbuch zur Vorbereitung auf die Erstkommunion, um 1930.

und Reine im geistigen Sinn, auch die materielle Welt ist darin einbegriffen. So dürfen Leichen nicht verbrannt oder begraben werden, die Raubtiere müssen sie verzehren, sonst werden die Erde und die Luft verunreinigt. Das Feuer ist das einzige Kultbild, das reinigende Licht.

Dieser Kampf wird beendet durch das Letzte Gericht. Ein entscheidender Sieg des Guten, eine endgültige Vernichtung des Bösen, aber auch ein Endgericht. Das gilt nicht nur für die Menschheit am Ende der Geschichte, sondern auch für jeden persönlich am Ende seines Lebens. Er wird über die schmale Brücke gehen müssen und streng gerecht gerichtet werden. Es ist keine Fürsprache oder andere Beeinflussung möglich. Allein die Taten zählen und werden in der Waagschale gewogen, die guten Taten gegen die schlechten. Wer zu leicht befunden wird, fällt von der Brücke in die Hölle, wo seiner „eine lange Zeit des Elends, der Finsternis, verdorbener Nahrung und des Wehgeschreis wartet".

Am Ende der Zeiten wird Feuer das Metall in den Bergen zum Schmelzen bringen. Jeder wird durch diesen Feuersee hindurch müssen. Die Guten werden hindurchwaten wie „durch warme Milch", die anderen werden untergehen. Die Erde wird dann endgültig gereinigt sein, die Zeit hört auf, die Menschen werden mit dem Weisen Herrn ewig zusammenleben, glücklich und friedlich.

Die Botschaft Zoroasters hat sich über Handelswege nur langsam und allmählich in westlicher Richtung verbreitet. Im 8. Jahrhundert v. Chr. scheint Raga, gleich südlich von Teheran, ein Mittelpunkt zoroastrischer Priester zu sein. Im Jahre 550 v. Chr. macht Kyros den Zoroastrismus zur Weltreligion, nach einem gelungenen Aufstand, durch den er Meder und Perser zum größten Weltreich jener Tage zusammenzuschmieden vermochte. Dieses Reich wurde später von Alexander dem Großen erobert, der das Zentrum des zoroastrischen Priestertums, Persepolis, völlig ausrottete. Das bedeutete einen abrupten Bruch in der priesterlichen Überlieferung von Texten.

Der Zoroastrismus selbst, vor allem in seiner häretischen

Form des „Zurvanismus", blieb die Staatsreligion der großen
Reiche der Parther und der Sassaniden. Durch den Islam wurde
der Zoroastrismus jedoch auf eine kleine Gruppe von „Parsi" in
Indien eingegrenzt.

Der Zoroastrismus in seiner reinen Form war sehr tolerant
gegenüber anderen Religionen. Man kämpfte nicht für oder gegen Götter, sondern gemeinsam mit allen gutwilligen Göttern
und Menschen gegen die Bösen. Kyros erkannte Ahura Mazda
als einzigen Herrn aller Menschen an, aber vor allem als Gott
seines auserwählten Volkes der Iraner. Er akzeptierte aber auch
jeden Stammesgott und zeigte Interesse für dessen Kult; dies
galt auch für den Gott der Juden. Er ist der erste König des ersten großen Weltreiches in der Geschichte, der begriffen hat,
was man mit seinen Gegnern nach einem Krieg machen muß:
sie dazu bringen, sich selbst treu zu bleiben und sich folglich
für Dinge einzusetzen, in denen sie sich auskennen, zum Guten. Das Gegenteil der Herrschermystik, die Einheit durch eigene Macht und eigenes Können schaffen will.

MOSE

Die neue Waffe Pferd und Wagen, die in den asiatischen Steppen den Anstoß zu einem revolutionären Prozeß gab, hat auch
in dem südlichen Kulturgebiet, von Euphrat und Tigris bis
zum Nil, eine Umwälzung bedeutet. Eine neue militärische
Oberschicht, eine damit verbundene Unterdrückung großer
Gruppen in der Unterschicht dieses Kulturgebiets sowie ein
darauffolgender Aufstand und die Befreiung der Unterdrückten
bedeuteten den Beginn des Judentums. In dem ältesten Gedicht der Bibel, geschaffen von Mirjam, der Schwester Aarons,
gilt diese neue Waffe als Symbol im neuen Gottesbewußtsein:

„Singt dem Herrn ein Lied,
denn er ist hoch und erhaben.
Rosse und Wagen
warf er ins Meer" (Exodus 15,21).

DIE WÜSTENTRADITION. Mose und Zoroaster haben vieles miteinander gemeinsam. Die Erfahrung der Unterdrückung und eines Allerhöchsten, der den Menschen einlädt, mit ihm zusammen an Befreiung zu arbeiten, der Hoffnung auf eine bessere Zukunft. Doch sind sie insofern gründlich voneinander verschieden, als sie in unterschiedlichen Nomadentraditionen wurzeln. Die Steppen haben andere Erfahrungen hervorgerufen als die Wüste.

Die Natur hatte den Wüstennomaden wenig zu bieten. Zum Überleben waren sie abhängig von bestimmten Wasserstellen, sie waren an bestimmte Marschrouten gebunden und aufeinander angewiesen – auf den eigenen Stamm und die Gastfreundschaft anderer. Gerade letzteres war typisch für Nomaden in Wüstengebieten: Solidarität, Stammesbewußtsein und Gastfreundschaft. Die Wüstenspiritualität liegt denn auch auf der Linie dieser Werte: Nicht aus irdischer Fruchtbarkeit noch aus den Naturkräften, sondern aus der Stammessolidarität entstehen Gottesbilder.

Die Stämme waren umfangmäßig klein. Sie waren nicht Bestandteil umfassender Strukturen, wie dies in den Stadtkulturen der Fall war, in denen jede Niederlassung ihren eigenen Gott hatte und jeder Beruf und jeder Aspekt des Lebens mit einer eigenen Gottheit verbunden waren. Alle diese Götter bildeten zusammen ein Pantheon mit einem höchsten Gott, hochthronend über dem Alltagsleben, ein deus otiosus.

Die Nomaden hatten eine einfache Stammesstruktur. Ein jeder ist gleichermaßen verantwortlich für das Leben des Stammes. Nur der Patriarch hat eine besondere Stellung. Er ist eine Zentralgestalt: Leiter, Priester, Träger der religiösen Erfahrungen des Stammes, Hüter der stammeseigenen Traditionen, durch Segen und Fluch das Zusammenleben überwachend. Wer sich ihm fügen konnte, wußte sich frei. Er war an nichts anderes gebunden als an den eigenen Stamm.

Den einfachen Stammesstrukturen entsprach ein einfaches Gottesbild. Der Allerhöchste hatte eine ungeteilte Macht, war mit dem Leben des Stammes und jedem Stammesmitglied solidarisch und unmittelbar verbunden. Wie der Patriarch.

Die Gotteserfahrungen, die uns noch in der Bibel überliefert sind, weisen nicht, wie bei den Schamanen, auf einen Allerhöchsten in den Himmeln, zu dem man hinreiste, sondern auf einen stammverwandten höchsten Patriarchen. Der „Gott meines Vaters", der Gott Abrahams, Isaaks, Jakobs. Es handelt sich dabei um Gotteserfahrungen eines ganzen Stammes, festgelegt in Erzählungen, in denen dem Patriarchen immer die zentrale Rolle zugedacht wird. So hören wir „vom Schild Abrahams". Das weist darauf hin, daß man Gott als den Beschützer des Stammes erfahren hatte: „Ich will segnen, die dich segnen, und wer dich verwünscht, den will ich verfluchen" (Gen 12,3). Oder es geht um den „Schrecken Isaaks", oder auch um den „Streiter Jakobs", den Gewaltigen, mit dem Jakob ringt. Jakob wird von seinem Gott so berührt, daß diese Erfahrung ihn an seinem Leib traf und eine untilgbare Spur hinterließ: Er hinkte von da an. Eine paradoxe Erfahrung, die typisch ist für mystische Erfahrungen: Derjenige, der verletzt, ist zugleich der, der an sich bindet. Wie auch die Erfahrung Isaaks noch immer kennzeichnend ist für viele mystischen Erfahrungen: Sie jagt einem Schrecken ein, man wird dadurch aus der Fassung gebracht, sie überfällt einen unversehens.

Die Wüstennomaden lebten am Rand eines Kulturgebiets. Sie wurden davon angelockt, und zugleich blieb es fremdes Gebiet. Manche Stämme sickerten ein, für die anderen blieb es ein „Land der Verheißungen": lockender Wohlstand mit Grund und Boden in eigenem Besitz.

Das Verhältnis zwischen diesen Wüstennomaden und den seßhaften Kulturen war friedlich. Das änderte sich, als in den Kulturgebieten neue Waffen, vor allem Pferd und Wagen, das Aufkommen einer neuen Oberschicht, des Militärs, verursachten. Rund um diese militärische Oberschicht entwickelte sich eine Bürokratie, die für Geld sorgen mußte. Steuergelder, mit denen Pferde und Wagen gekauft werden konnten. Die Städte verschanzten sich hinter Festungswällen und schlossen sich zu

Im Sinai gibt es zahlreiche Höhlen, in deren Wände von irgendwelchen Passanten – Nomaden, Handelsleuten, Soldaten, Pilgern – von 6000 v. Chr. an bis heute so manches eingeritzt wurde. Der italienische Archäologe Emmanuel Anati erforschte sie und veröffentlichte eine Reihe dieser Graffiti.[52a] Es sind auch Kampfwagen aus der Zeit des Exodus dabei.

Stadtstaaten zusammen. Kanaan war ein solcher Stadtstaat. Er wurde vom ägyptischen Imperium beherrscht. Seinerseits versuchte der Stadtstaat wieder, die Bauern und Hirten im Hinterland zu unterwerfen.

Um 1250 v. Chr. treten in diesem Hinterland von Kanaan die Bauern und Hirten in einen Aufstand. Zur gleichen Zeit verstand es auch eine Gruppe von Sklaven, aus Ägypten zu fliehen. Es waren Nomaden, die sich nach 1500 v. Chr. allmählich dort niedergelassen hatten, aber unter Ramses II. (der von 1304 bis 1237 v. Chr. regierte) gezwungen wurden, als Sklaven am Aufbau der Städte Pitom und Ramses zu arbeiten. Als die Unterdrückung immer härter und schließlich unerträglich wurde, erzwangen sie ihre Freilassung. Ihnen schlossen sich auch Randgruppen an, die mit dem Namen „Chapiru", „minderberechtigte Ausländer" (der Name „Hebräer" kommt wahrscheinlich daher), bezeichnet wurden, und später während der Flucht durch die Wüste auch noch ein „Sammelsurium" von Menschen, allerlei Elemente, die dort hausten. Um 1200 v. Chr. erreicht diese Gruppe von Flüchtlingen Kanaan und schließt sich dort den Aufständischen an. Aus diesem Konglomerat von Nomaden, Halbnomaden, Bauern, Gastarbeitern, unerwünschten Fremden, Landstreichern und Randfiguren entwickelt sich dann in einem Prozeß von 200 Jahren das Volk Israel.

MYSTIKER UND POLITIKER. Der unbestrittene Führer in dieser Geschichte der Befreiung war Mose, der „größte Prophet" Israels. Von ihm sind in der Bibel Geschichten überliefert, die einen mystischen Umbildungsprozeß beschreiben: Er wurde aus einem ägyptisch erzogenen Kulturmenschen zu einem Wüstenmenschen, aus einem Wüstenmenschen zu einem Mystiker, aus einem Mystiker zu einem politischen Führer. Seine Gotteserfahrung empfing er, als er „jenseits der Steppe" auf dem „Berg des Mächtigen" von einem Brombeerstrauch fasziniert wurde. Dieser brannte lichterloh und verbrannte doch nicht. Mose gewahrte darin den „Boten" Gottes. Ohne Schuhe, denn der Ort ist heilig, mit verhülltem Gesicht, denn hier ist das gewaltige Licht, empfing er eine Erleuchtung, die ihm eine tiefe Einsicht in Gottes Wesen und in den Zusammenhang der Dinge gab. Gott ist ein Allerhöchster, der herabsteigt:

> „Die laute Klage der Israeliten ist zu mir gedrungen, und ich habe auch gesehen, wie die Ägypter sie unterdrücken. Ich kenne ihr Leid. Ich bin herabgestiegen, um sie der Hand der Ägypter zu entreißen" (Exodus 3,9.8).

Sein Name ist Jahwe: Ich bin der „Ich-bin-da". Seine Hilfe kann nicht durch Magie oder Liturgie erzwungen werden. Er ist eine dynamische Kraft im Befreiungsprozeß.

Es ist eine persönliche Erfahrung des Mose mit einer persönlichen Konsequenz: Er wird seine Erfahrungen nicht in Worten, sondern in einem Befreiungsprozeß zum Ausdruck bringen. Die Befreiung aus Ägypten ist durch ihn zu einem geballten Symbol geworden, stark genug, um ein „Sammelsurium" von Menschen zu einem Volk umzuschmieden, und tiefgehend genug, um sich zu einer Religion zu entwickeln.

Mose erhielt eine neue Einsicht in die Verbundenheit des Stammesgottes mit seinem Volk. Diese Einsicht ist in einer anderen Geschichte beschrieben, nach der Mose auf demselben Berg Horeb (Sinai) Zehn Gebote (= Worte) von Gott von „Angesicht zu Angesicht" empfing. Das Feuer, in das er schaute, strahlte danach noch so hell von seinem Gesicht, daß er es verhüllen mußte, als man ihn darauf aufmerksam machte.

In den ersten drei Geboten steht, daß kein Bild von Gott gemacht werden und daß sein Name nicht willkürlich gebraucht
werden darf. Darin ist noch die Nomadentradition spürbar.
Gott ist ein „eifersüchtiger Gott", der keine Vergöttlichung der
Naturkräfte oder von Facetten des Lebens duldet. Aber auch
keine Versteinerung. Er ist der Erfahrung des Mose zufolge ein
bewegter Gott, mitfühlend und dadurch immer wieder anders.
Deshalb läßt er sich nicht in Bildern und Namen festlegen.

Aus der Erfahrung, daß Jahwe ein unscheinbar kleines Volk
aus einem mächtigen Land befreite, erwuchs das Bewußtsein,
daß neue Formen der Solidarität in einer neuen Gesellschaft
realisiert werden mußten. Mit einem starken Gespür für das
Unscheinbare, das Unterdrückte und für zu mächtige Herr-
scher. Auch diese Ethik erhielt Form in den „Zehn Geboten".
Der tiefste Zusammenhang alles dessen wurde später in dem
Doppelgebot ausgedrückt: „Liebe Jahwe mit deinem ganzen
Herzen, mit deinem ganzen Verstand, mit deiner ganzen Kraft.
Liebe den Nächsten wie dich selbst."

Ein neues Bewußtsein vom Menschen und von seiner Geschichte

Zu der Zeit, da die arische Mystik ihren Höhepunkt überschrit-
ten hatte und Buddha auf ihren elitären Charakter reagierte,
wurde die Lehre des Zoroaster zur Staatsreligion in einem
Weltreich, und Juda erholte sich von einer tiefen Krise mit einer umfassenderen Anschauung vom Menschen und von seiner
Geschichte. Das sechste Jahrhundert ist für die Geschichte der
Mystik wichtig geworden, weil ein „universales" Bewußtsein
zum Durchbruch kam. Das Bewußtsein, daß der eigene Stamm
zu einer „Menschheit" gehörte, daß man von einer „Weltgeschichte" und von einem gemeinsamen Ursprung sprechen
kann, daß der Allerhöchste auch der Schöpfer von allem und allen ist. Diese Erweiterung des Bewußtseins bedeutete, daß die
Botschaft Zoroasters auch ins Politische übertragen werden

und daß die Exoduserfahrung des Mose und seines „Volkes" als der tiefste Sinn der Geschichte der Menschheit erlebt werden konnte.

DURCH DIE KRISE HINDURCH

Zweihundert Jahre nach dem Auszug aus Ägypten war das „Sammelsurium" aus der Unterschicht und dem Grenzbereich der kultivierten Gesellschaft selbst ein Volk geworden: Israel. Ein Reich mit einem König, mit Soldaten und Beamten, mit einer Gesetzgebung und mit Richtern, mit einem ausgedehnten Kult und einem Tempel. In einem „Land, in dem Milch und Honig flossen". Israel bekam es mit der Religion der Bauern und der Städter zu tun, vor allem mit dem kanaanitischen Baal-kult, in dessen Mittelpunkt die Fruchtbarkeit stand. Die mosaische Inspiration konnte dem offensichtlich nicht standhalten. Das Streben nach einer gerechten Gesellschaft und nach einem Dialog zwischen Gott und Mensch aufgrund des Lebens selbst scheiterte an den Machtstrukturen, dem erstarrten Kult, der formellen Rechtsprechung und der Vergöttlichung des Fruchtbaren.

Nach Salomo zerfiel das Reich in zwei Teile. Das nördliche Reich mit Samaria als neuer Hauptstadt wurde 722 v. Chr. erobert. Die Oberschicht wurde deportiert. Samaria hat sich davon nie wieder erholt. Das südliche Reich, Juda, mit Jerusalem als Hauptstadt, erfuhr 597 v. Chr. eine Deportation der Oberschicht nach Babylon. Zehn Jahre später wurde Jerusalem zerstört, der Tempel niedergebrannt und die Mittelschicht deportiert. Diese „Juden" (der Name ist von Juda abgeleitet) wurden gezwungen, in einem „unreinen Land" zu leben, wo ein Gott verehrt wurde, der sich mächtiger gezeigt hatte als ihr Stammesgott. Ohne soziale und religiöse Strukturen, mit nichts anderem als einander und den Erinnerungen an die frühere Sklaverei und Befreiung. Man hielt Ausschau nach einem neuen Befreier und sah ihn in Kyros, der 558 v. Chr. König in Ansha wurde. Ohne jede Gegenwehr eroberte dieser 538 Babylon und gestattete ein Jahr später den Juden, in ihr Land zurückzukeh-

ren und den Tempel wieder aufzubauen. Im Jahre 458 v. Chr.
wurde der dem persischen Hof verbundene Gelehrte Esra nach
Jerusalem gesandt, 445 folgte ihm der Hofbeamte Nehemia als
Statthalter. Esra wird der „zweite Mose" genannt. Er vollendete das Werk des Mose insofern, als er die überlieferten
Texte als „die fünf Bücher des Mose" zum Grundgesetz der Juden machte. Dieses Buch, die Tora, wurde das religiöse Fundament für eine Religion, die nicht mehr mit zentralen Strukturen stand oder fiel. An die Stelle einer zentralen Kultstätte
traten die lokalen Lehrhäuser (Synagogen), wo Schriftgelehrte
halfen, das mosaische Gesetz auf das tägliche Leben zu übertragen.

Der Kult fand im Wohnzimmer statt. Ein Tag wurde dem
Kult reserviert, der Sabbat. Am Hof in den zoroastrischen Rein-
heitsgesetzen trainiert, führte Esra die mosaischen Reinheits-
gesetze streng durch. Das ist vielleicht der Grund dafür gewesen, warum das Judentum, genauso wie der Zoroastrismus,
trotz seiner Universalität keine richtige Weltreligion geworden
ist.

DIE PROPHETEN

In dieser ganzen Periode des Aufstiegs, des Niedergangs und des
Wiederaufbaus haben einige Propheten eine wichtige Rolle gespielt. Sie hielten an der Linie des Mose fest, aufgrund einer eigenen Erfahrung, kritisierten Hof und Tempel und wiesen neue
Wege, als alles verloren schien.

Von altersher gab es Nabi-Propheten („Ankündiger"). In Kanaan schon von 1700 v. Chr. an. Diese lebten in Gruppen, strebten Ekstase in der Atmosphäre der Fruchtbarkeitsriten an, waren mit den Kultstätten und dem Hof verbunden, prophezeiten
die Zukunft, gaben den Führern Rat und warnten sie. Von ihren
Erfahrungen berichteten sie ekstatisch stammelnd.

Aus der Wüste kannten die Israeliten einen anderen Prophe-
tentyp, den „Seher". Dieser hat noch die Charakterzüge des Patriarchen und des Schamanen: Himmelfahrten, Wunder, Hei-
lungen, charismatische Führerschaft. Sie waren oft Dichter

Elijas Himmelfahrt im feurigen Wagen paßt in eine lange Tradition, die in ihrem Ursprung schamanisch ist. Auch vielen großen Gestalten wurde später eine solche Himmelfahrt zugeschrieben: Alexander dem Großen, Jesus, Mohammed. Die „Göttliche Komödie" Dantes ist der Abschluß dieser Tradition.

Kolorierter Holzschnitt aus der Koberger Bibel, 1483.

Elija war ein Prophet. Als Mystiker inspirierte er erst im 13. Jahrhundert eine Gruppe christlicher Eremiten, die um die „Quelle des Elija" auf dem Berg Karmel wohnten. Diese Gruppe mußte nach Europa fliehen und bildete sich dort um zu einem „Bettelorden". Für diese Karmeliten spielte Elija eine große Rolle als aktiver Kämpfer für den wahren Gott und als Seher. Auf dem Berg hatte er sich in eine Grotte zurückgezogen, so steht es geschrieben. Gott rief ihn heraus. „Da zog Jahwe vorüber", nach einem heftigen Sturm, einem Erdbeben und einem Feuer. „Nach dem Feuer kam ein sanftes leises Säuseln. Als Elija es hörte, hüllte er sein Gesicht in den Mantel …" (1 Kön 19, 11–13).

---

und sprachen eine klare Sprache. Elija und Elischa (9. Jahrhundert v. Chr.) sind solche „Seher". Sie waren „Väter" einer großen Gruppe von Propheten.

Nach ihnen entwickelte sich ein schärferer Gegensatz zwischen Berufspropheten, die dem Hof und dem Tempel verbunden und daher nicht mehr so leicht imstande waren, aus eigener Erfahrung scharfe Kritik zu üben, und den Berufenen, die nach einer einschneidenden Erfahrung ihren Beruf aufgaben, einzeln durchs Land zogen, in Wort und Symbolhandlungen von der Kluft zwischen Ideal und Wirklichkeit Zeugnis gaben. Sie stellten ihre Zuhörer vor die Wahl: Entweder es bleibt alles, wie es ist – das wird Unheil bedeuten –, oder man kehrt zu einer gerechten Gesellschaft zurück – dann wird das Heil kommen. Sie entlarvten auch den Kult, der einen falschen Schein von Gottverbundenheit wahrte und auf diese Weise eine Umkehr verhinderte.

Gegenüber den „falschen Propheten", die sich auf Jahwe beriefen, ohne ihn erfahren zu haben, und deshalb den Mächtigen nach dem Mund redeten, beriefen sie sich auf eine persönliche Erfahrung und verstanden sich als den Mund, durch den Jahwe redete. Dieser bezeuge wie von jeher, daß er mit den Unterdrückten sei, und fordere, daß jedermann zu seinem Recht komme. Diese Propheten sind Mystiker, die, aus einer sie überfallenden Erfahrung, von Jahwe als einer flammenden Glut sprachen, einem Feuer, das vernichtet oder reinigend heilt.

Während es Massen von Berufspropheten gegeben hat, gab es nur wenige mystische. Die bekanntesten sind: Amos, Hosea und Jesaja im 8. Jahrhundert, Ezechiel und Jeremia im 7. Jahrhundert, Deutero-Jesaja im 6. Jahrhundert und dann fünf Jahrhunderte später Johannes der Täufer und Jesus von Nazaret.

EIN JÜDISCHER PROPHET IM DIALOG MIT ZOROASTRISCHEN PRIESTERN

Deutero-Jesaja (wörtlich: der zweite Jesaja) ist ein künstlicher Name, der einem jüdischen Verbannten in Babylon gegeben wurde, noch bevor Kyros diese Stadt eroberte. Er prophezeite, daß Jahwe sein Volk auch jetzt wieder befreien und daß Kyros, als sein Diener, diese Befreiung bewerkstelligen werde. Das geschah in der Tat, wenn auch nicht so blutig wie vorhergesagt. Aus den Schriften des Deutero-Jesaja geht hervor, daß ein sehr enger Kontakt zwischen ihm und zoroastrischen Priestern bestanden haben muß. Die Botschaft Zoroasters hat die neuen Erfahrungen der Juden stark beeinflußt.

Für diese Beeinflussung war ein guter Nährboden entstanden. Die Hoffnungsbotschaft, die der jüdische Prophet verkündete, konnte keine Wiederholung der alten mehr sein, nämlich daß der Stammesgott Israels alle Feinde des Volkes besiegen werde. Das Gegenteil war geschehen. Die alte Botschaft konnte nur dann noch wahr sein, wenn Jahwe auch der Gott aller Menschen war. Und das lehrte Zoroaster: Es gibt nur einen guten Gott, der in der Geschichte, gemeinsam mit allen Menschen guten Willens, das Unrecht überwinden wird. Was den Juden zuvor nur sporadisch zum Bewußtsein kam, wird nun zur Selbstverständlichkeit: Jahwe ist nicht nur Stammesgott, sondern auch Schöpfer des Universums und Herr der menschlichen Geschichte.

Deutero-Jesaja übernimmt für die Verkündigung dieser Lehre sogar das Schema eines von Zoroasters Yasnas: Das ganze Universum wird Teil für Teil aufgeführt und jeweils die Frage gestellt: Wer hat es erschaffen? Doch distanziert er sich eindeutig von der Idee, neben Jahwe stehe ein böser Widersacher als Ursprung alles Bösen. Er läßt Jahwe sagen: „Ich bin der Herr, und sonst niemand. Ich erschaffe das Licht und mache das Dunkel, ich bewirke das Heil und erschaffe das Unheil. Ich bin der Herr, der alles vollbringt" (Jes 45, 6–7).

Auch die Blickerweiterung hinsichtlich der Zukunft, des Endes der Geschichte, bedeutete für Deutero-Jesaja nicht: Gericht, Hölle und Reinigung der Welt durch Feuer. Er erwartete das Endreich in ganz naher Zukunft und auf der Linie der Propheten. Die Epoche, in der wir leben, ist eine Epoche des Unheils, die zukünftige ist eine Epoche des Heils. Unterdrückung und Unrecht ruhen auf der gesamten Menschheit. Nur der Schöpfer des Alls kann hier Befreiung schenken durch einen machtvollen Schöpfungsakt.

Diese eschatologische Erwartung (eschaton = Ende) wurde nach der Rückkehr nicht verwirklicht. Doch lebte sie fort und nahm in der untersten Schicht der Bevölkerung, die von neuem der Unterdrückung anheimfiel, an Stärke zu. Hier erfuhr man die Welt als lauter Unheil, und man hatte die Neigung, sich von diesem „Unreinen" abzusondern, intolerant und hart, in Erwartung des Knechtes Jahwes, der die unreine Welt vernichten, Israel befreien, es zu einer Heilsgemeinschaft umformen und den Rest der Völker zur Bekehrung bringen werde. Ein neues Israel, weltumfassend mit Jerusalem als Hauptstadt.

Diese neue eschatologische Erwartung hatte in der Praxis gewaltige Spannungen zur Folge. In der finsteren, elenden Gegenwart bestand nur die Aussicht, daß es eine strahlende Zukunft geben werde. Die sich aber nicht immer wieder neu prophezeien ließ. Heftiges Verlangen und äußerster Einsatz, der immer wieder in Enttäuschungen endete, waren mit Schuldgefühlen gepaart. Man sah sich mit der Verantwortung für die ganze Weltgeschichte belastet und vermochte dem nicht gerecht zu werden. In das eschatologische Drama ist alles und jeder einzelne verstrickt, aber Israel hat darin die zentrale Rolle zu spielen. Aus diesen Spannungen entstanden immer wieder eschatologische, messianische und apokalyptische Bewegungen bis zum heutigen Tag. Ein tieferfahrenes mystisches Heimweh liegt dem manchmal zugrunde.

Aus diesen Spannungen entstand vom 2. Jahrhundert v. Chr. bis zum 2. Jahrhundert n. Chr. auch eine umfangreiche apokalyptische Literatur. In die jüdische Bibel wurde diese nicht aufgenommen, wohl aber in die christliche.

DIE BIBEL EIN MYSTISCHES BUCH

Die Textsammlung, die wir heute Bibel nennen, ist das Ergebnis einer jahrhundertelangen Entwicklung. Die erste Sammlung von Texten, das Buch Deuteronomium, datiert aus dem 7. Jahrhundert. Esra begann mit der Sammlung des „Pentateuchs", der fünf Bücher des Mose. Danach wuchs die Bibel durch Aufnahme einer großen Anzahl von alten und neuen Texten aus ganz verschiedenen Quellen, von unterschiedlicher Art, mit unterschiedlichen Ideen über Gott und die Welt. Die Bibel umfaßt Gesetzbücher, geschichtliche, prophetische und poetische Bücher, Weisheitsliteratur und Liebesgedichte. Sie bildet den Niederschlag dessen, was Israel erlebte, dichterisch äußerte, dachte und an anderen Kulturen wichtig fand. Viele Texte wurden entlehnt. Die Geschichte von Kain und Abel stand in den Stammesregistern der Kanaaniten. Die Geschichte von Sodom und Gomorrha bezieht sich auf ein Ereignis im Jahre 1250 v. Chr. Die Weisheitsliteratur wurde von den alten Kulturgebieten übernommen. Das Hohelied ist eine Sammlung profaner Liebeslieder, wahrscheinlich aus dem Ägypten des 5./4. Jahrhunderts v. Chr. Eine bunte Sammlung von Texten, wie auch die Schriften der Hindu-Mystik.

Aber mehr als dort ist in der jüdischen Bibel von einer Grundidee aus eine Einheit geschaffen worden. Lesen wir die Bibel von dieser Grundidee aus, dann handelt es sich um einen mystischen Prozeß: Wie Menschen sich befreien, zur Einheit kommen in einem gerechten Zusammenleben und dabei erfahren, wer Gott ist: jemand, der sich nicht in einem Bild festlegen läßt. Der Auszug aus Ägypten ist die Kerngeschichte. Sie wird in einen universellen Rahmen gestellt als ein Ereignis, auf das sich die Erschaffung des Alls und des Menschen hin entwikkelte und von dem aus die Geschichte der Menschheit als die Entwicklung zu einem irdischen Paradies erlebt werden kann.

Die Bibel hat eine ganz eigene Mythologie, die sich wesentlich von der anderer Völker unterscheidet. Es besteht wenig Interesse für die „Natur" und den Kosmos. Die Himmelskörper sind niedere Geschöpfe, der Mensch ist von ihnen unabhängig. Er ist „nach Gottes Bild" erschaffen und bildet den Mittelpunkt von Kosmos und Geschichte. Es gibt keine höhere Welt und kein Jenseits. Der Mensch muß hier auf Erden das Paradies verwirklichen. Es gibt für ihn keine Fluchtmöglichkeiten. Seine Aufgabe ist es nicht, aus dieser Welt wegzuziehen in eine geistige Welt, in der Gott wohnt. Er muß diese Welt umformen zu einer Welt mit höheren Werten, mit Werten der Einheit und der Liebe, der Freiheit und der Gerechtigkeit.

Der Auszug aus Ägypten ist ein sehr fundamentaler Mythos, der den tiefsten Sinn der Weltgeschichte aufdeckt: durch Prüfungen, Fehlschläge und Sünde hindurch, gegen jegliches Verlangen nach Abhängigkeit von Gott, nach Geborgenheit in ihm, aus jeder Form von Sklaverei und Abhängigkeit heraus erwachsen und zu Liebespartnern Gottes werden. Auch das Böse gehört zu diesem Prozeß. Profane Liebeslieder können in diese

Mythologie aufgenommen werden, weil die Liebesbeziehung mit Gott keine ausschließlich geistige Angelegenheit ist. Das Gebot ist ganz konkret. Ein Liebesgebot hat keinen Sinn, wenn es nicht immer wieder konkret aufgefaßt und umgesetzt wird. Der mystische Prozeß bedeutet auch ein neues Gesellschaftsideal, in dem alle Menschen gegenüber Gott gleich sind. Es hat gesellschaftliche Implikationen, die immer von neuem realisiert werden müssen.

Die Bibel ist kein mystisches Buch in dem Sinn, daß das Streben nach mystischer Erfahrung hier Form erhielte. Es geht nicht um ein „Versinken" in dem Einen, sondern um eine mystische Haltung, die die Konsequenzen der Liebe sichtbar macht, die Einswerdung sucht. Eine immer reifere und dadurch reinere Liebe, die sich im Alltag bewährt. Und es geht bei Gott nicht um ihn als Grund der Dinge, sondern um ihn als Herausforderung in der banalen Wirklichkeit. Einswerden mit Gott bedeutet hier nicht ein „Versinken", sondern ein Herauswachsen aus jeder Form von Abhängigkeit, auch der religiösen.

Ein wissenschaftliches Weltbild

Auf die Periode der Bewußtwerdung, die wir zuvor beschrieben haben, folgte eine Periode der Forschung. Man wollte wissen, welches der Platz der Menschheit und ihrer Geschichte im Gesamt des Universums war. Man wollte dies lernen durch ein rechtes Hinschauen, indem man analysierte, was man gesehen hatte und aus Erfahrung wußte. Die erste Entdeckung war die Bedeutung der Zahl. Astronomen in Babylon entdeckten die festen, „nach Maß und Zahl" berechenbaren Bahnen der Himmelskörper. Zoroastrische Priester wandten diese Berechnungen auf die eschatologische Heilslehre Zoroasters an. Griechische Ekstatiker durchreisten das All und entdeckten in diesem die Harmonie. Sie fanden diese Harmonie wieder in der Musik. Die Zahl wurde für sie zum Grundwert der kosmischen Harmonie.

Der Thron Gottes, wie Ezechiel ihn schaute. Diese Vision ist der Ausgangspunkt der jüdischen „Merkaba"-Mystik, die sich später entwickelte.

Holzschnitt aus der Luther-Bibel von 1545; Neuausgabe München 1972.

ASTROLOGEN IN BABYLON

Um 500 v.Chr., nach jahrelanger Beobachtung und genauer Analyse der Bewegungen der Himmelskörper, entdeckten Astronomen in der Stadt Babylon, daß diese Bewegungen feste Bahnen beschrieben, daß sie untereinander in Verbindung standen und an Zeit gebunden waren. Daß sich dies alles berechnen und in Zahlen ausdrücken ließ. Von jeher sah man die Himmelskörper als Götter an, die einen unmittelbaren Einfluß auf den Menschen hatten. Auch für die Astronomen war dies eine Selbstverständlichkeit. Sie zogen daraus den Schluß, daß sich die Berechnungen himmlischer Bewegungen auch auf die der Erde, auf die Geschichte von Mensch und Menschheit anwenden ließen.

Von Bedeutung für die spätere Mystik ist vor allem die Annahme gewesen, daß alle himmlischen Bewegungen in einer Periode von tausend Jahren vollendet seien. Dieses Millennium nannten die Astronomen „das große Jahr". Jedes große Jahr ist eine exakte Wiederholung des vorausgegangenen. Für die Menschengeschichte bedeutet dies, daß die Geschichte eine endlose Wiederholung von Millennien ist. Eine Sintflut

Wie Pythagoras entdeckte, daß die Zahl die Struktur der Töne und auch der Welt wiedergeben kann. Ein italienischer Holzschnitt aus dem Jahr 1492 bringt ihn in Zusammenhang mit Jubal, dem biblischen „Vater der Musik" (letztes Bild in der Reihe).

„Die Musik der Welt", entworfen von Robert Fludd und 1617 graviert, ist eine Interpretation des Grundgedankens des Pythagoras.

oder „das große Feuer" bildet den Schlußpunkt des einen und zugleich den Ausgangspunkt des anderen großen Jahres. Der Mensch hat darauf keinen Einfluß.

Diese Entdeckung hat einen tiefen Eindruck gemacht, auch auf zoroastrische Priester. Sie wandten die Entdeckungen der Astronomen auf die Geschichte an, wie Zoroaster sie gesehen hatte: als immerwährenden Kampf zwischen Gut und Böse mit der schließlichen Vertilgung im Feuer und der Auferstehung der Guten. Sie berechneten diesen Kampf in Episoden: 12 Millennien verteilt in vier Perioden von 3000 Jahren. In jeder Periode erscheint Zoroaster. Er wird also dreimal wiederkommen, geboren aus einer Jungfrau. Außerdem sahen sie nicht das Problem des Bösen als das zentrale an, sondern das Problem der Zeit. Von daher interpretierten sie die Lehre des Zoroaster so: Die beiden Prinzipien Gut und Böse, Ahura Mazda und Ahriman, sind Zwillingssöhne des einen Allerhöchsten mit dem Namen „Zervan", das heißt Zeit. Wegen des letzteren, des höchsten Gottes, wird diese abweichende zoroastrische Lehre „Zervanismus" genannt.

Dieser Zervanismus faßte in West-Iran festen Fuß unter Artaxerxes II. (404–358 v. Chr.). Er bedeutete eine Untergrabung der mystischen Ader des Zoroastrismus. Die Sicherheit, daß Ahriman 9000 Jahre regiert, daß das Ende der Zeiten erst danach kommt, daß der Mensch darauf keinen Einfluß hat und daß sich das Gute und das Böse im Busen des höchsten Gottes selbst befinden, nimmt den Menschen den Anreiz, gemeinsam mit dem guten Gott gegen das mächtige Böse zu kämpfen.

Doch hat das „tausendjährige Reich" in der apokalyptischen Literatur und in der eschatologischen Mystik seitdem stets eine Rolle gespielt, bis auf den heutigen Tag.

Die Astrologie ist vom Zoroastrismus in seiner reinen Form abgelehnt worden, vom Judentum und vom Christentum überhaupt, weil sie Fatalismus bedeutete. Das Schicksal des Menschen wird von Gott und den Mitmenschen bestimmt! Doch hat die Astrologie in okkulten Untergrundströmungen stets eine Rolle gespielt. Der Gedanke, daß der Mensch mit den Sternen verwandt und aus derselben Materie geschaffen sei, daß die Bewegungen der Menschen und der Sterne miteinander zu tun hätten, dieser Gedanke ist in der westlichen Mystik nie ganz verschwunden.

GRIECHISCHE SCHAMANEN

Unter dem Einfluß der Skythen, eines indo-europäischen Nomadenstammes aus den asiatischen Steppen, entstand im 6. Jahrhundert v. Chr. das Phänomen der griechischen Schamanen. Sie haben alle Merkmale der zentralasiatischen Schamanen an sich, aber sie gehörten einer ganz anderen Kultur an, und auch ihre gesellschaftlichen Funktionen waren andere. Man kann für sie daher besser den Namen verwenden, den Zeitgenossen ihnen gaben. Joan Petru Culianu[65], der in einer neueren Untersuchung das Phänomen des griechischen Schamanen beschrieben und dessen Bedeutung aufgedeckt hat, verwendet konsequent den Namen „Iatromantis", was „Medizinmann-Seher" bedeutet. Dieser Name gibt das Wesentliche an. Andere Namen, die ihnen damals gegeben wurden und die auf die verschiedenen Facetten ihrer Funktionen hinweisen, sind: „Flugreisende", „Reiniger", „Orakelkünder" und „Wundertäter". Sie waren Schlüsselfiguren. Nicht mehr in einem Stamm, sondern in einem Kult. Ihre Ekstasekultur stand dem Apollo-Kult nahe und damit in Konkurrenz zu der mit dem Dionysos-Kult verbundenen Kultur. Die Dionysos-Verehrer übten die Ekstase gruppenweise. Es handelte sich um einen mit oder ohne Wein verursachten Rausch, bei dem man sozusagen in die Natur eintauchte.

Bekannt und berüchtigt unter den dionysischen Bruderschaften waren die „Bacchantinnen", Gruppen von Frauen, die, mit Efeukränzen auf dem Kopf und in Tierhäute gekleidet, tanzend auf den Bergen das Blut lebender Tiere tranken und das Fleisch roh verzehrten, um sich ekstatisch eins mit dem Leben zu fühlen …: eine irdische religiöse Einheitserfahrung. Das Heilige wurde hier nicht mehr als hoch oben in den Himmeln, sondern

hier im Leben auf Erden erfahren: in Erde und Frau, in Pflanzensamen und eigenem Samen, Jahreszeiten wie Sterben und Auf-
erstehen; in dem, was von der irdischen Fruchtbarkeit, an der
man teilhatte, geweiht war.

Die Dionysischen Bruderschaften standen den Iatromanten
feindlich gegenüber. Manchmal kam es zu Mord und Tot-
schlag. Beide unterschieden sich denn auch gründlich voneinander. Die Iatromanten betrieben die Ekstase als einzeln Beru-
fene. Statt Einheit mit der Natur zu suchen, gingen sie zu ihr
auf Distanz. Sie aßen so wenig wie möglich und verzichteten
auf Getränke und sexuellen Umgang. Um ihren Hunger zu bekämpfen, aßen sie „Alimos" (= „kein Hunger"), eine Pflanze,
die in etwa mit dem Kokablatt zu vergleichen ist, das Indianer
in Peru verzehren. An ihrer Ekstase hatte der Körper keinen
Anteil. Während die Seele in das Land-des-Apollo-in-der-Luft
reiste, blieb der Leib oft scheintot zurück. Eine „Besessenheit
durch Apollo, der den Körper am Leben erhält, wenn auch ohne
Pulsschlag und Atmung", so beschrieb es ein griechischer Arzt.

Wir kennen verschiedene dieser Iatromanten mit Namen:
Aristeas, Abaris, Bacis, Empedokles, Epimenides von Kreta,
Hermotimus von Clazomenae, Pythagoras. Letzterer ist der be-
kannteste von ihnen. Er gründete eine Kommune und eine
Schule.

Die Pythagoräer glaubten an die Seelenwanderung und an die
Notwendigkeit, rein zu leben. Reinheit durch Achtung vor allem, was lebt, weil in allem eine Seele wohnen kann. Und
auch, indem sie nach klaren Erkenntnissen strebten. Ihre Entdeckung war, daß sich Musik durch Zahlen bestimmen läßt.
Eine Oktav zum Beispiel. Ihre Erkenntnis war es auch, daß die
menschliche Gemeinschaft und das All veränderliche Relatio-
nen von unveränderlichen Zahlen sind.

Die Iatromanten verbanden Mystik mit dem Erwerb von
Wissen. Das Jenseits war für sie nicht Objekt des Glaubens,
sondern des Sehens. Auf ihren ekstatischen Reisen sahen sie
die Himmel und die Unterwelt. Der Himmel war oben, die
Hölle unten, und die Erde lag in der Mitte. Dies alles wurde als

ein harmonisches Ganzes erfahren. Die Harmonie der Sphären hängt mit der Harmonie in der Musik zusammen. Alle Dinge haben ihr Maß, und alle Maße haben einen Zusammenhang. Die Zahl ist die Grundstruktur des Alls, und es ist die Aufgabe des Menschen, die Geheimnisse der Zahl zu enträtseln.

Die ekstatische Erfahrung, daß die Seele aus dem Leib geht und diesen gleichsam tot zurückläßt, ließ sich leicht interpretieren als: Der Leib ist ein Kerker der Seele. Die Seele selbst stirbt nicht. Sie wandert in das All, von dem einen Leib zum anderen, von der Erde zum Reich des Apollo, einem Reich im Norden oder in der Luft. In ein Paradies, in dem die Materie leichter und „luftiger" ist.

Dieses Weltbild wurde von Platon (427–347 v.Chr.) übernommen. Er ging jedoch bei seiner Forschung nicht nur von Verhältnissen aus, sondern primär vom menschlichen Individuum selbst. Der Mensch kann das Universum kennenlernen, wenn er sich selbst analysiert. Er wird dann in sich selbst entdecken, daß die Schwere des Körpers und die Wandelbarkeit des irdischen Daseins vom Geist überstiegen, transzendiert werden können. Er kann sich „Ideen" bilden. Zum Beispiel: Es gibt viele Menschen, sie kommen und gehen, aber „der Mensch", die Idee, die für alle Menschen gilt, ist unwandelbar. Von diesem kleinen Kosmos, der wir selbst sind, ausgehend, erkennen wir auch die Struktur des großen Kosmos: eine unwandelbare Wirklichkeit von Ideen, die über die materielle Wirklichkeit hinausgehen und diese beseelen. Ein Kosmos mit einer vertikalen Struktur. Reiner Geist ist das Höchste, reine Materie das Niedrigste. Und mit dieser Richtung ist auch die Konsistenz des Wirklichen bestimmt. Was niedriger ist, ist weniger wirklich als das Höhere, ist außerdem weniger gut, von geringerem Wert, gröber und schwerer.

Platon wurde auch von der Lehre Zoroasters beeinflußt. Sein Freund Eudoxos von Knidos hat diese in der Form des Zervanismus in Babylon kennengelernt. Ihm verdankt Platon wahrscheinlich die Idee, daß der Quell alles Seienden der „Eine Gute" und daß das Böse darin verborgen ist, daß das Böse eine

Randerscheinung ist, wie Dunkelheit der Rand des Lichtes ist, der Bereich, zu dem das Licht nicht hindringt. Je mehr sich die Ideen während der Erschaffung des Kosmos verwirklichen, sozusagen in die konkrete Materie hinabsteigen, um so unvollkommener wird die Widerspiegelung. In diesem Sinn hängen Gut und Böse mit „höher" und „niedriger" zusammen.

Später wurde die Unterwelt von „unterirdisch" nach „sublunarisch" versetzt: Unterhalb des Mondes beginnt das Schlechte, darüber das Gute. Und noch später wurden allmählich auch alle Himmelssphären über dem Mond schlecht. Aber dann ist das Suchen nach „Wissen" von einem religiösen Bedürfnis nach Erlösung überspült.

Die hellenistische Welt

Der Anstoß zu einer neuen Kultur, in welcher Mystik einen bedeutenden Platz einnehmen sollte, wurde von Alexander dem Großen gegeben, als er 334 v. Chr. den Hellespont überschritt und das Persische Reich, Ägypten und das Indusgebiet eroberte. Dieses gewaltige Reich fiel nach seinem Tod 323 auseinander. Eine bleibende Folge aber war, daß es nun einen freien Zugang zum Osten gab. Griechische Wissenschaftler, Beamte und junge Leute, aber auch abgedankte Soldaten, verarmte Bauern und Händler ließen sich auswärts nieder. Griechisch wurde für Handel und Wissenschaft die Verkehrssprache. Wer es zu etwas bringen wollte, mußte Griechisch können. Auch andere Völker zerstreuten sich auf gleiche Art. Es entstanden neue Reiche mit neuen Zentren: das griechisch-mazedonische Reich mit Athen, das persisch-seleukidische Reich mit Antiochia und das ägyptische Reich mit Alexandria als Hauptstädten. Zusammen bildeten sie ein ziemlich stabiles Gleichgewicht: die hellenistische Welt.

Unbestrittenes Kulturzentrum dieser hellenistischen Welt wurde Alexandria. Diese Stadt wurde von Alexander dem Großen selbst gegründet (332). Sein Satrap, Ptolemäus, machte sie

zur Hauptstadt. Es gab dort große Tempel, gewaltige Sportpalä-
ste, eine große Synagoge, eine berühmte Bibliothek mit etwa
700 000 Schriften, ein Museum für die Künste. Wissenschaftler
zogen dorthin. Sie betrieben Philosophie, aber auch exakte Wissenschaften wie Medizin, Astronomie, Sprachforschung. Ent-
fernungen zwischen etwa 350 Orten wurden gemessen und
durch den Bibliothekar Claudius Ptolemäus auf Karten aufgezeichnet. Er entwarf auch ein Modell des Alls: die kugelförmige
Erde als Mittelpunkt, um den sich die Himmelskörper bewegen. Diese Landkarte und das „ptolemäische System" drangen
später, über den Islam, nach Spanien, bis nach Westeuropa vor,
wo sie sehr beeindruckten. In Alexandria wurde auch die jüdische Bibel, das Alte Testament, zum erstenmal übersetzt, und
zwar ins Griechische.

Nach 200 v. Chr. wurde Rom langsam, aber sicher für das politische Gleichgewicht bestimmend. Mit der Niederlage Cleo-
patras 31. v. Chr. war die römische Herrschaft in Ägypten eine
Tatsache, aber die hellenistische Kultur bestimmte auch danach hier und anderswo alle Aspekte des Lebens. Bis 330
n. Chr. Da gründete Kaiser Konstantin eine neue Stadt, Konstantinopel, die spätere Hauptstadt des byzantinischen Reiches. Das Christentum wurde Staatsreligion und begann das
kulturelle Leben zu bestimmen.

Bewußtwerdung der eigenen beklemmten Seele

ENTFREMDUNG
Die hellenistische Kultur war durch eine Verschmelzung der
griechischen Kultur mit den alten östlichen Kulturen gekennzeichnet. Einer griechischen Kultur, in die man alles Wissens-
werte aufnahm und einordnete, in der man keine Angst hatte
vor den Sternen, sich gelassen dem Schicksal beugte und von
der Leidenschaft getrieben wurde, eine „polis" zu bauen, eine
Stadtgemeinschaft, die von Harmonie und Ordnung geformt
war. Und östlichen Kulturen, in denen Religion im Mittel-

punkt stand und man eine bessere Gesellschaft von einer göttlichen Welt her erwartete. Wo so viele Menschen, die einander
fremd waren, in Reißbrett-Städten zusammengedrängt wurden,
liegt es auf der Hand, daß die Behörden beim Aufbau einer Stadt
nach neuen Ausgangspunkten, aber auch nach neuen moralischen Bindungen suchten. Schon Ptolemäus I. gründete nicht
nur eine Stadt gleichsam auf dem Reißbrett, er präsentierte
sich auch als „Soter", als Erlöser, mit göttlicher Macht bekleidet, und schuf eine künstliche Religion, die Serapis-Mysterien,
um Ägypter und Griechen in ihrem religiösen Empfinden miteinander zu verbinden.

In den östlichen Ländern selbst hielten die niedere Klasse
und die Bauernbevölkerung meist an der eigenen Kultur fest.
Die hellenistische Stadtkultur wurde daher als eine Bedrohung
erfahren, was später durch die römischen Besatzer noch verstärkt wurde. Diese hatten nicht nur eine kulturelle, sondern
auch eine politische Perspektive im Auge, mit einem Straßen-
netz und gut verteidigten Grenzen, innerhalb derselben
100 Millionen Reichsbewohner und außerhalb die „Barbaren".
Innerhalb dieses Ganzen einer verwirrenden Vielfalt von Kulturen und Religionen, die einander herausforderten, der Entfremdung und der Spannungen, die daraus folgten, der Ängste,
die Veränderungen stets hervorrufen, entstand ein neues „Klima". Ein pessimistisches Klima. Die Welt wurde als etwas erfahren, in das der Mensch nicht hineingehört. Beim Nachdenken über das Dasein, das man führte, gewann man vor allem
einen Blick für den Rhythmus des Todes, der sich unter dem
Anschein des Lebens verbirgt. Für die Welt als Ort der Sklaverei, in welcher der Mensch an das Irdische gebunden ist, um
sich mühend oder sich langweilend am Leben zu bleiben, solange dieses dauert. Ein Ort der Finsternis, wo der Mensch nur
selten, und dann auch nur noch sporadisch, ein Licht erblickt.

In diesem Klima, das im 1. Jahrhundert unserer Zeitrech-
nung offensichtlich zur Reife gelangt ist, entdeckt man seine
eigene Seele. Man ist sich seiner selbst bewußt geworden, hat
ein Bewußtsein von etwas im Menschen, was nicht mit der

Umgebung zusammentrifft. Man analysiert Erfahrungen, sucht nach der eigenen Identität, nach dem Sinn des eigenen Lebens, nach dem Platz in einem Raum, in dem man sich verloren wähnt. Und man will erfahren, daß man erlöst ist. Erlöst aus der Sinnlosigkeit des Daseins, aus der dunklen alltäglichen Banalität. Befreit von der Todesangst.

EIN RELIGIÖSES WELTBILD

In diesem Klima entwickelt sich ein neues Menschen- und Weltbild neben dem griechischen wissenschaftlichen, das Claudius Ptolemäus in seinem System zusammenfaßte. Aus denselben Elementen aufgebaut wie das wissenschaftliche, aber anders entwickelt, nämlich von der Frage aus, wo die Heimat des Menschen liegt. Die Hauptelemente dieses religiösen Weltbildes sind die folgenden:

   * *Der Mensch ist aus Teilen des Alls zusammengesetzt.* Er ist der Kosmos im kleinen. Wenn wir diesen Mikrokosmos, uns selbst, analysieren, wissen wir auch, wie der große Kosmos strukturiert ist.

   * *Die Seele kann aus dem Leib emporsteigen.* Diese Seele ist reiner Geist. Nicht unbedingt an den Leib gebunden. Der Mensch ist daher ein Komplex aus Geist und Leib, die miteinander verbunden sind durch die Psyche, eine Seele, die Geist und Leib verbindet und mittels der Sinne erkennen kann. Der Kosmos ist daher sowohl eine Welt reiner Geister als auch eine irdische Welt aus lauter Materie. Dazwischen die Wesen, die zwar Geist, aber an die Materie gebunden sind: der Mensch, die Astralengel, die Schöpfer.

   * *Die Sterne bestimmen das Schicksal der Menschen auf Erden und deren „Art".* Das wird so interpretiert: Der Geist des Menschen befand sich einmal in der geistigen Welt. Aber er stieg hinab auf die Erde durch alle himmlischen Sphären hindurch. Bei diesem Abstieg wurde er von den Sternen gleichsam mit den Tugenden und Untugenden „bekleidet", die den Astralwesen eigen sind.

   * *Der menschliche Denkprozeß kann uns lehren, wie sich*

der Schöpfungsprozeß vollzogen hat. Bevor wir etwas äußern, existiert nur Geist. Sprechen wir dieses Innere in einem Begriff aus, verbalisieren wir diesen Begriff, geben wir dem Wort Form in Symbolen und Lehrsätzen, dann bleibt immer weniger vom Ursprünglichen übrig. Mystische Erfahrung macht dies noch deutlicher. Die Erfahrung selbst ist zeit- und bildlos. Die Reflexion darüber und deren Verbalisierung verunstalten diese Einheitserfahrung. So verhält es sich auch mit dem Erschaffen. Spricht sich der Schöpfer in einem Wort aus, dann entsteht Verlust an Geist. Dieser Verlust wird stärker in dem Maße, in dem die Schöpfung greifbarer und materieller wird. Die Kehrseite der Schöpfung ist daher das Unvollkommene. Dieses Weltbild kann positiv oder negativ erlebt werden, je nachdem, ob der Mensch seine Existenzbedingung positiv oder negativ erfährt. Die Schöpfung kann als Abglanz der Geisteskraft Gottes gesehen werden, wenn auch sehr unvollkommen. Sie kann auch als eine Entartung des Geistes Gottes, als ein Übel in sich, gesehen werden. Aufgrund negativer religiöser Erfahrungen wurde das Weltbild auf verschiedene Art bewiesen:

* *Der Abstand zwischen dem Schöpfer und dem Menschen* wurde als zu groß erfahren. Dieser Abstand wurde durch verschiedene Schöpfer-Wesen überbrückt, über die man endlos spekulierte: der „unbekannte Gott" und sein schöpferisches Wort (Logos) oder seine Weisheit (Sophia) oder sein Baumeister (Demiurg). Ferner „himmlische Mächte", Wesen, die wir Engel nennen würden. Man sah sie als militärische Wesen (Archontes) an.

* *Die Frage nach dem Bösen* wurde oft in diese Himmel verlegt. Begann das Böse bei Sophia, die verführt wurde, oder bei dem Demiurgen, der falsch baute, oder bei dem gefallenen Engel Satan, bei dem Sündenfall Adams auf dem Mond?

* *Die Unterwelt wurde in den Himmel verlegt.* Denn die Erde ist ein Kerker des Geistes, und die Bindung an die Materie hört nicht auf, wenn er auf dem Weg zur wahren Heimat durch die materiellen Himmel reist. Die Himmel sind daher oft dämonisiert. Die Sphären werden von dämonischen Archonten

beherrscht. Viele im hellenistischen Kulturgebiet lebten in einer Welt, aus der sie erlöst werden wollten. Sie blickten empor und versuchten den Weg zu ihrer eigentlichen Heimat zu entdecken. Man glaubte, Kennwörter zu brauchen, um durch die himmlischen Absperrungen hindurchzukommen. Ein aus dem Himmel herabsteigender Erlöser könne diese offenbaren. Ein anderer Weg war: in die Mysterien eingeweiht zu werden, durch die man schon auf Erden lernte, wie man sich von der Materie befreien könne. Wieder ein anderer Weg war der der „Erkenntnis" , durch die man in das tiefste „Selbst" vordringt, ein direkter Weg zur göttlichen „Fülle", in der dieses „Selbst" jetzt schon wohnt. Aber es gibt auch die stoische Richtung, der jene folgten, die den Himmel nicht als von Gegnern bevölkert sahen und das irdische Dasein nicht als etwas erfuhren, aus dem man erlöst werden müsse. Sie fügten sich in die kosmische Ordnung und erfuhren darin das Glück.

Wege, um sich selbst aus der Entfremdung zu befreien

DIE STOISCHE LEBENSHALTUNG: „AUS DIR SELBST DER NATUR GEMÄSS"

Alles bewegt sich, aber in diesem Wandel gibt es einen festen Punkt. Alles steht nebeneinander, ist oft gegensätzlich, wird aber im Gleichgewicht gehalten durch einen außerordentlichen Verstand. So erfuhr Heraklit (544–484 v. Chr.) das Universum. Er nannte das Einheitsprinzip „Logos". Logos bedeutet Wort, Vernunft und Harmonie. In der ersteren Bedeutung wird es später vor allem von den Gnostikern und von jüdischen und christlichen Mystikern gebraucht werden. In den beiden letzteren Bedeutungen wurde es von Zenon (335–263 v. Chr.) und der von ihm gegründeten Schule zu einer Weltanschauung ausgebaut. Die Stätte, an der Zenon lehrte, die Stoa in Athen, wurde zur Bezeichnung für diese Weltanschauung: „stoisch". Sie verbreitete sich über die hellenistische Welt. Bekannte Vertreter der römischen Stoa sind der Stadtrat und Philosoph Seneca (ca.

4 v. Chr.–65 n. Chr.), der Ex-Sklave Epiktet (etwa 55–135 n. Chr.) und Kaiser Marc Aurel (121–180 n. Chr.).

Der Grundgedanke ist immer derselbe geblieben. Das ganze Universum gründet auf göttlicher Vernunft, auf einem Logos, der alles erschafft und in allem die Harmonie bewirkt. Im Menschen selbst steckt ein Funke des Logos. Wenn er lernt, in diesem Funken zu wohnen, dann ist er in die kosmische Harmonie aufgenommen, und er erreicht das Ziel seines Lebens, das nicht in einem Jenseits, sondern in diesem Leben liegt: das Glück. Der Weg zu diesem tiefsten Innern wird durch Tugenden und Untugenden bestimmt. Die Stoiker legten von diesen lange Listen an, die wir unter anderem bei Paulus wiederfinden. Aber das Wesentliche dieses Weges ist die Gemütsruhe, das unbewegte Bejahen des Schicksals. So bezeichnete Epiktet sich als „einen alten Krüppel" mit dem einzigen Ziel seines Lebens, dieses zum „Loblied Gottes" zu machen.

Die Stoa bot gute Voraussetzungen für Mystik. Denn Gott wohnt im Menschen. „... in der Gegenwart Gottes selbst in dir, der alle Dinge hört und sieht", sagt Epiktet. Und Seneca: „Gott ist Dir nahe, er ist bei Dir, er ist in Dir. Ja, so ist es, Lucilius. In uns wohnt ein heiliger Geist, ein Beobachter und Wächter über das Böse und das Gute in uns."

In der eindrucksvollen Schrift „An sich selbst" gibt der Kaiser-Feldherr Marc Aurel an, „wie du aufhören sollst, in deinem Vaterland ein Fremdling zu sein", nämlich indem du in der Gegenwart lebst. Aus dir selbst und *„der Natur gemäß"*. Auch wenn du alles als „ein sinnloses Chaos ohne eine leitende Macht" erfährst, auch dann noch

„... erfreue dich an dem Gedanken, daß du mitten in solch einem Wogensturm in dir selbst an der Vernunft eine Lenkerin hast. Und wenn dich auch die Strömung ergreift, so mag sie das bißchen Fleisch und Lebensgeist und alles andere mit sich fortreißen; kann sie ja doch die Vernunft nicht wegnehmen." [66]

Seine Frömmigkeit ist: lieben, „was dir geschenkt ist, denn das All hat es dir geschenkt". Wenn auch anders formuliert, kommt diese stoische Lebensphilosophie sehr nahe an die chinesische Mystik des „Tao" heran. Der „Weg", den der Kosmos geht, der namenlose Beginn aller Dinge, in den sich der Mensch durch *Nicht-Handeln* fügen muß.

Die stoische Lebensweise ist auf eine Oberschicht begrenzt geblieben.

DIE MYSTERIENKULTE: IM KREIS DER EINGEWEIHTEN

Das Wort „Mystik" ist in der hellenistischen Welt entstanden, und zwar im Zusammenhang mit den Mysterienfeiern. Es bedeutete „mit den Geheimnissen (= mysteria) verbunden" und stand auch im Zusammenhang mit den griechischen Verben myo (= die Augen schließen) und myeo (= in die Mysterien einweihen). Mysterienkulte waren denn auch Gemeinschaften von „Eingeweihten", welche „Geheimnisse" feierten. Der Einblick in diese Mysterien wurde Nicht-Eingeweihten verwehrt. So hielten es auch die Christen. „Mystik" bedeutete für Klemens von Alexandria (ca. 150–215) „Einblick in die verborgenen göttlichen Dinge", zu dem ein Eingeweihter mit Hilfe des Christus-Mysteriums kommt.

Es handelt sich bei diesen Mysterienkulten um eine neue Form von Religiosität. An die Stelle der öffentlichen Opferfeiern, mit denen man die Götter versöhnen wollte, traten nun Kulte, die primär auf die religiösen Bedürfnisse des einzelnen gerichtet waren. Dieser wollte sich in eine Brüdergemeinschaft versetzt fühlen und persönlich erfahren, daß er Aussicht auf Erlösung hatte.

Die Mysterienkulte erwuchsen manchmal aus sehr alten lokalen Kulten. Vor allem diese Kulte, die auch mit offiziellen Festen an die Öffentlichkeit traten, ohne im übrigen den „Eingeweihten"-Charakter zu verlieren, erlangten mehr als lokale Bedeutung. Von diesen stammen die orphischen und die dionysischen Mysterien ab, ebenso die von Eleusis in Griechenland, der Isis-Kult und der künstlich geschaffene Serapis-Kult aus Ägypten, der Mithras-Kult aus Persien, der Christus-Kult aus der jüdischen Diaspora. Die beiden letzteren wurden schließlich die historisch bedeutendsten. Tempel des Mithras finden wir in den entferntesten Gegenden des römischen Reiches. Sein Kult war aber Männern, speziell Soldaten, vorbehalten. Dies im Gegensatz zu dem christlichen Kult, der Männern und Frauen, Reichen und Sklaven offenstand. Obwohl der Christus-Kult lange Zeit ein Stadtphänomen blieb („paganus" – von draußen – erhielt die Bedeutung von „Heide"), wurde er in relativ kurzer Zeit zu einer Weltreligion, die sehr viele Aspekte der Kultur anderer Religionen in sich aufnahm, auch Elemente der Mithras-Verehrung.

Die Mysterienkulte boten eine Möglichkeit, das Leben als etwas zu erfahren, was sich über den Tod hinaus erhält. Durch Rituale mit vielen Symbolen, Zeichen und Mythen. Eine mythische Auferstehung vom Tod. Isis sucht nach ihrem in Stücke geschnittenen Bruder und Gemahl Osiris und erweckt ihn wieder zum Leben. Orpheus wird enthauptet, singt aber weiter. Mithras tötet den Urstier, und aus dem Blut sprießt Leben. Christus stirbt am Kreuz und steht von den Toten auf.

Die griechischen und die ägyptischen Mysterien sind mit der Natur verbunden. Phallus und Same spielen eine große Rolle. Der Mithras- und der Christus-Kult sind mehr mit dem Kosmos, mit dem Kampf zwischen Dunkel und Licht verbunden. Bei den Mysterien von Isis/Osiris und Orpheus ist die Rede von „Enthusiasmus", was bedeutete, daß Gott in den Eingeweihten fuhr und eine Rauscherfahrung erregte. Bei Christus und Mithras handelt es sich um einen nüchterneren Prozeß des Sterbens und des Wiedergeborenwerdens. Beginnend mit einer Taufe. Durch das Wasser oder durch das Blut. Im Mithras-Kult wird der Einzuweihende rituell vom Tod erweckt, nachdem er sich einige Tage lang des sexuellen Umgangs und jeglicher Nahrung enthalten mußte. Gebunden und wie tot auf dem Boden liegend, wird er durch den Leiter der Zeremonie aufgerichtet und mit Blut getauft, wobei er in einer Grube steht, über der ein Tier geschlachtet wurde. Anschließend nimmt er an einem Mahl von Brot und Wein mit den schon Eingeweihten teil. Das ist der Beginn eines Wegs zum höchsten Licht. Hinauf auf sieben Stufen. Sich reinigend und für die Reise trainierend, die er über sieben Planetenhimmel zurückzulegen hat. Sein Mut und seine Ausdauer werden damit auf die Probe gestellt.

Wieweit auf dieser lebenslangen Reise auch in Wirklichkeit mystische Erfahrungen erreicht wurden, läßt sich schwer nachprüfen. Es handelte sich jedenfalls um einen mystischen Prozeß. Es ging nicht nur um den Kampf zusammen mit dem göttlichen Kämpfer Mithras, der im Dienst des Guten Gottes einen Bund mit der „unbesiegbaren Sonne" schloß, sondern auch um einen Prozeß der „Erleuchtung" und der Reinigung von allem, was der Einswerdung mit dem Licht im Wege stand. „Und du hast uns auch gerettet, indem du Blut vergossest, das uns unsterblich macht", steht im Mithras-Tempel auf dem Aventin in Rom geschrieben. Unsterblichkeit bedeutete persönliche Teilnahme an dem Licht, das über der Zeit und damit über der Dunkelheit und dem Tod steht.

GNOSIS: DURCH ERKENNTNIS

Eine der bedeutendsten Strömungen der hellenistischen Welt ist die Gnosis gewesen. Der Name leitet sich ab von „gnosis" (= Wissen), und er wurde dieser Strömung gegeben, weil hier Wissen, Erkenntnis, zentral als Weg zur Erlösung stand. Auf die Frage, was diese „Gnosis" sei, antwortete Klemens von Alexandria mit einer gnostischen Formel:

„Gnosis ist das Wissen, wer wir waren und was wir geworden sind.

Wo wir waren und wohin wir geworfen sind.

Wohin wir eilen und wovon wir erlöst werden.

Was Geburt und was Wiedergeburt ist."[67]

Es handelt sich bei der Gnosis also um Fragen nach der Stellung des Menschen in Raum und Zeit, nach seiner Bestimmung, nach dem Sinn und Zweck seines Lebens. Es handelt sich auch um eine Erlösung aus einer Welt, in die der Mensch geboren ist, in der er sich aber als Fremdling fühlt, durch eine zweite Geburt in eine Welt hinein, in der er daheim ist.

Die Antwort auf diese Fragen findet man durch Selbsterkenntnis. Diese Selbsterkenntnis bedeutet für Gnostiker die
Einsicht, daß der Mensch wesentlich, im Kern seiner Seele, auf
Gott hin orientiert ist. Daß dieser „Seelenfunke" ein Teilchen
einer geistigen Welt ist, hoch über aller Materie und allem
Dunkel. Weil der Mensch sich von der materiellen Welt in Beschlag hat nehmen lassen, hat er diesen Funken vergessen und
fühlt sich fremd in dieser Welt, ohne zu wissen warum. Alles
wird jedoch anders werden, wenn er aus diesem Schlummerzu-
stand erwacht und sich deutlich bewußt wird, was er ist: ein
Geist, eingekerkert in einen Körper, der in eine andere, göttliche Welt gehört. Die Frage ist dann noch: Wie kann er in seine
wahre Heimat zurückkehren?

Die Gnosis wurde aus einem vagen Zeitgeist, aus etwas, was
„in der Luft liegt", allmählich deutlicher strukturiert durch
den Aufbau eigener Gemeinden, eigener Mythologien und
Wege zur Erlösung. Die Geschichte dieser Entwicklung muß
aber noch geschrieben werden. Vor allem der Fund einer gnostischen Bibliothek aus dem 2. Jahrhundert nach Christus im
ägyptischen Nag Hammadi, vor ungefähr 40 Jahren, erfordert
eine Revision dieser Geschichte. Zuvor kannten wir die Gnosis
hauptsächlich aus den Schriften ihrer Gegner.

Die eigenartigen Mythologien, die sich nach dem 1. Jahrhundert entwickelten, sind offensichtlich sehr reich und alles
andere als uniform. Sie bauen an der jüdischen Mythologie weiter, interpretieren Paulus und Johannes, kennen eigene Evangelien und oft auch phantastische Kosmologien.

Wir wollen einige Fragmente aus dieser pluriformen Mythologie kurz behandeln.

* *Die Schöpfung.* Das biblische Bild von dem Schöpfer, der
sah, „daß alles gut war", war für Gnostiker unglaubwürdig. Die
Welt ist für sie wesentlich schlecht, und es ist keine bessere zu
erwarten. Der unbekannte Gott, den wir durch Christus kennen, der Vater, ist gut. Aus ihm fließt alles Gute hervor, die
Geister einschließlich des Geistes des Menschen. Dieses zusammen ist die „Fülle" Gottes. Gott ist alles in allen. Es ist

auch eine Selbstentfaltung, in der Er sich erkennbar macht. Das ist der achte Himmel, erhaben über die sieben Himmel und die Erde. Diese letzteren Himmel und die Erde gingen nicht aus dem guten Vater hervor, sondern wurden von einem minderen Schöpfer erschaffen. Für den Menschen bedeutet diese Mythologie, daß sein Inneres aus Gott geboren wird, während sein Leib und die Welt um ihn herum von einem minderwertigen Schöpfer geschaffen sind. Der Geist ist gut, der Körper schlecht.

* *Der Sündenfall.* Die Ursache des Bösen liegt in der Erschaffung einer zeitgebundenen, materiellen Welt. Wer kam auf diesen unseligen Gedanken? Der Logos (das Wort), der den unbegreiflichen Vater begreifen wollte? Oder die Sophia (die Weisheit), die unabhängig vom Mann handeln wollte und so dem Chaos verfiel? Oder der Demiurg? Der Schöpfer, wie er in der jüdischen Bibel beschrieben wurde, eifersüchtig auf den Menschen, der Wissen erlangen wollte? In all diesen Mythologien ist die Schöpfung selbst etwas Sündhaftes, weil sie den unbegreiflichen Gott begreiflich machen will.

* *Simon der Magier und Helena.* Die Beziehung zwischen dem Männlichen und dem Weiblichen im Menschen und das mystische Verlangen nach Seeleneinheit kommen in verschiedenen Mythologien vor. Den mehr abstrakten, in denen die göttliche Weisheit ihren Partner losläßt und die so dem Chaos anheimfällt, bis der Logos sie wieder zur Einsicht bringt und sich mit ihr vermählt. Und den mehr konkreten Mythologien, die auf historischen Gestalten basieren, wie Jesus und Maria Magdalena und vor allem Simon dem Magier und Helena. Über das letztere Paar etwas mehr.

In der Apostelgeschichte wird Simon als ein angesehener Mann in Samaria beschrieben. Man sagte von ihm: „Das ist die Kraft Gottes, die man die Große nennt" (Apg 8,10). Etwas, was man von den Iatromanten zu sagen pflegte. Simon wurde Christ. Bei einer Zusammenkunft mit Petrus trat seine wahre Absicht zutage: Simon wollte die Gabe erhalten, Gottes Geist mitzuteilen, und bot Geld dafür an. Petrus distanzierte sich von ihm. Nähere Einzelheiten meldet noch Klemens von Rom: Simon studierte in Alexandria und kehrte nach Samaria zurück, um die Leitung einer Sekte zu übernehmen, die von einer Frau, Dosithea, gegründet worden war. Hier traf er Helena. Sie bildeten ein ideales Paar, in dem Gott sich manifestierte: die Kraft Gottes in Simon, Gottes Weisheit in Helena. Klemens gibt auch noch den Inhalt der Gespräche zwischen Simon und Petrus wieder: Es geht offensichtlich um eine gnostische Auslegung der jüdischen Bibel. Im 2. Jahrhundert gibt es schon einen stark kultivierten Mythos mit Hymnen, in denen besungen wird, wie die Weisheit Engel gebar, diese Engel aber Welten schufen, in die sie die Weisheit aus Eifersucht einsperrten, wie die Weisheit immer wieder einen anderen Leib annahm, wie sie immer tiefer in Prostitution versank und wie schließlich Simon gesandt wurde, um sie zu erlösen. Helena ist hier das Symbol aller Frauen, die Chaos schaffen, wie Helena in Troja den Krieg verursachte.

Die Frau spielte in den gnostischen Bewegungen oft eine maßgebliche Rolle, als Leiterin, Inspiratorin und als Symbol. Symbol der weiblichen Seite der Seele, wie Simon das Symbol der männlichen Seite ist. Voneinander getrennt, rufen sie Spannungen hervor. Wenn sie sich miteinander messen, dann kann der Mensch, Mann und Frau, seine Seele wiederfinden. Die göttliche „Kraft" wird durch die Kraft der geschlechtlichen Liebe von chaotischen Emotionen und von der Besitzgier befreien. Das kann ein Feuer sein, das alles verbrennt, bis die reine Seele übrigbleibt, sagt Simon in einer der gnostischen Schriften.

Bei allen Gnostikern ist der Ausgangspunkt: die Welt verachten und sich für den Geist entscheiden. Die Welt als Dunkel erleben, in dem der Rhythmus des Todes herrscht, wo der Geist abgestumpft ist, wo die Seele an Bedürfnisbefriedigung gebunden ist, wo das Leben banal wird und man bald an Grenzen stößt, wenn man auf großem Fuß leben will, wo man unter dem Schicksal seufzt, das durch die Sterne bestimmt ist. Der Zielpunkt ist Leben in Geistesfülle im eigenen Innersten, das zugleich der achte Himmel ist. Wer dieses Selbst erreicht hat, tut das Gute von selbst. Er braucht keine Moral. Der Weg von dem einen zum anderen besteht darin, daß man sich von der materiellen Welt frei macht. Dieser Weg wird aber auf verschiedene Arten zurückgelegt. Für manche gnostischen Gruppierungen war der rechte Weg der amoralische: indem man gegen die etablierte Moral, gegen gesellschaftliche Normen und gegen die Naturgesetze anging. Anarchistisch, auch durch eine freie Sexualität. Für andere war der Weg hingegen gerade strenge Askese, Verzicht auf Vergnügen und auf Sexualität.

Die Gnosis war eine breite Bewegung, die in verschiedene Milieus und Religionen eindrang. Sie war aber eine Religion für einen bestimmten Menschentyp. Gegen die „Fleischlichen" sei kein Kraut gewachsen, fanden die Gnostiker selbst. Auf die christliche Gnosis kommen wir später zurück.

ÄGYPTISCHE HERMETIK: „TRENNE UND VEREINE"

Eine der bedeutendsten Schriften der „heidnischen" Gnosis ist eine Textsammlung, eine Art Bibel, die in Ägypten unter dem Verfassernamen Hermes Trismegistos zirkulierte. Die verschiedenen Teile stammen aus der Zeit vom 3. Jahrhundert vor bis zum 3. Jahrhundert nach Christus. Diese Sammlung ist vor allem dadurch wichtig geworden, daß die italienische Renaissance sie entdeckte, sie als eine sehr alte Offenbarungsschrift hoch bewertete und sich mit ihr näher befaßte. Der europäische Okkultismus ist zum größten Teil auf diese Schriften zurückzuführen. Wegen des Namens „Hermes", der später als ein Prophet angesehen wurde, heißt diese Form der Gnosis „Hermetik". Zu diesen Schriften gehören sowohl alte Texte volkstümlichen Ursprungs als auch neue gnostisch-erbauliche Texte. Die volkstümlichen Texte befassen sich mit einer Forschung nach den geheimen Kräften, die im Universum herrschen, und den „Sympathien", welche die Dinge miteinander verbinden. Die Forschung ist oft magisch ausgerichtet und bezweckt, diese Kräfte beherrschen zu lernen.

In dem Traktat „Poimandres" (Menschenhirt) wird eine my-

In den Mithras-Mysterien steht das Opfer des kosmischen Stiers im Mittelpunkt. Auf diesem Bild steht zentral, daß Mithras aus dem kosmischen Ei ersteht. Er hat in der linken Hand die Fackel als Zeichen des Lichts, das in die Welt kommt, und in der rechten das Messer, mit dem er den kosmischen Stier töten wird. Er ist umgeben vom Tierkreis.

Newcastle upon Tyne, University, Museum of Antiquities.

Die Gnosis hatte eine große Anziehungskraft. Allerdings wurde sie gekennzeichnet durch eine bizarre Mythologie. Auf diesem neolithischen „Celt" wurde später eines der mythologischen „Zwischenwesen" eingraviert.

London, British Museum.

stische Erfahrung beschrieben, in der alles in einem einzigen Moment klar wird und man dann dieses Wissen aufarbeiten kann. Der Verfasser erzählt, wie er meditierte und plötzlich eine „unermeßliche Größe" anschaulich anwesend wußte. Diese offenbarte sich als „Poimandres, der Nous (Geist) der absoluten Macht", der ihn fragte, was er wolle.

> „Ich sagte: ‚Ich will in den Dingen unterrichtet werden, die sind, und ihre wahre Natur begreifen und Gott erkennen …'
> Und er antwortete: ‚Halte das, was du zu lernen wünschst, in deinem Geist fest, und ich werde dich unterweisen.'" [68]

Dann folgt eine gnostische Wiedergabe der Entstehung des Kosmos und des Menschen. In einem anderen Traktat, „Die geheime Bergpredigt", erzählt Hermes seinem Sohn, auf welchem Weg diese Gnosis erlangt werden kann:

> „Ziehe dich selbst zurück, und es wird kommen. Wolle, und es wird geschehen. Schalte die leiblichen Organe aus, und die Gottheit in dir wird geboren werden. Befreie dich selbst von den rabiaten Quälgeistern, den materiellen Dingen." [69]

Erzählt wird auch, wie der Sohn des Hermes diesem Weg folgt, zur Ekstase kommt und ausruft:

> „Ich bin im Himmel, in der Erde, im Wasser, in der Luft. Ich bin in den Tieren, in den Pflanzen. Ich bin in der Gebärmutter, vor der Gebärmutter, nach der Gebärmutter, ich bin überall!" [70]

Die Ekstase, die in diesem Traktat beschrieben wird, hat den Charakter einer Reise durch den ganzen Kosmos und jenseits des Todes. Was man in dieser Ekstase kennenlernt, wird man festhalten müssen, indem man sich von neuem in alles einfühlt, was man gesehen hat. „Klettere höher als alle Höhen, steige tiefer hinab als alle Tiefen." Der menschliche Geist ist dem göttlichen gleich. Er kann alles umfassen und überall sein und so alles kennenlernen. Dazu ist es jedoch nötig, daß man still wird, frei von den Emotionen, welche die Sinne erregen, und daß man aus einer mystischen Erfahrung die Folgerung zieht: „Dann wird die Kontemplation von ihnen (den Sinnen) Besitz ergreifen und sie zu sich hinziehen."

Aus diesem Gefühl, eins zu sein mit dem Kosmos, ist auch eine bestimmte Art von Beschäftigung mit der Materie zu verstehen, die wir später Alchemie oder auch „hermetische Kunst" genannt haben, weil sie im Hermes Trismegistos beschrieben wird. Der Gedanke, daß es möglicherweise einige Urelemente gibt, aus denen in wechselnder Kombination neue Formen entstehen, kommt fast gleichzeitig in China, Indien, Griechenland und Ägypten auf. Vor allem Alexandria wurde eines der bedeutendsten Zentren, in denen man alchemistische Forschung betrieb. Der bekannteste Alchemist, Zosimos (350–420), wirkte dort. Er berief sich auf die Hermes-Schriften. Es handelte sich bei ihm um einen Reinigungsprozeß durch Manipulationen mit Materie, die chemischen Experimenten glichen, aber ihrem Wesen nach religiöser Art waren: Man wollte das reine göttliche Prinzip aus der unreinen Materie destillieren. Gold galt als das edelste Metall, als Symbol göttlicher Erleuchtung und Reinigung. Dieser Umgang mit Materie wurde mystisch erlebt. Als ein Umformungsprozeß, in den der Mensch selbst auch einbezogen war. Ein „Töten" der Materie, indem man alle Eigenschaften derselben eliminierte. Und dieselbe Materie danach wieder zum Leben bringen, indem man einen neuen Stoff daraus aufbaute. „Trenne und vereine!" Die Festigkeit der Materie wurde dadurch experimentell angegriffen, und man konnte dabei erfahren, daß Formen nicht bleibend und fest sind, so wenig wie ein Mensch unveränderlich ist. Alchemisten waren keine Goldsucher, sondern Menschen, die sich durch den Umgang mit der Natur selbst reinigen und Gottes würdig machen wollten, der der Urgrund dieser Natur ist. In dem Traktat „Die Magd des Kosmos" wird Gott selbst als ein Alchemist beschrieben, der, um die Trägheit in der Geisterwelt zu durchbrechen, aus allerlei Elementen seines Odems sehr verschiedene Seelen macht.

Antworten aus der jüdischen Welt

Unter den Völkern, die von der hellenistischen Kultur überflutet wurden, nahm das jüdische Volk eine besondere Stellung ein. Es war sich seiner historischen Bedeutung in der Geschichte der Menschheit bewußt geworden und wurde nun gezwungen, seine Identität in einer Kultur zu bestimmen, die nicht die seine war. Abwehrreaktionen und Anpassungsversuche waren die Folge. Und zwar in vielen Formen. Es bildeten sich Gruppen, die sich zurückzogen und ihre Eigenart in einer Art von Klostergemeinschaften pflegten, wie die der Essener in Höhlen am Toten Meer. Während man nach einem grausamen Ende der jetzigen Gesellschaft eine neue erwartete, stellte man sich vor, wie das geschehen werde. Aus dieser Beschäftigung mit der Endzeit entwickelte sich vom 2. Jahrhundert v. Chr. an eine umfangreiche apokalyptische Literatur. Andere aber wollten dieses Ende nicht abwarten, sondern durch einen Widerstand mit Gewalt den eigenen Heilsstaat verwirklichen. Die Zerstörung Jerusalems im Jahr 70 n. Chr. und die Zerstreuung des jüdischen Volkes insgesamt waren das Resultat.

In dieser Zerstreuung begann die Bibel in breiten Kreisen eine andere Rolle zu spielen: Sie war nicht länger mehr nur ein Buch, aus dem man in der Liturgie vorlesen hörte, sie wurde auch ein Buch, das man sah: Buchstaben auf Papier. Es bildete sich eine Mystik, welche die geheime Welt hinter den Buchstaben aufspüren wollte. Daraus entstanden die „Merkaba"-Mystik, in der die Reise zum „Thron Gottes" (= merkaba) das zentrale Bild ist, und die „Schöpfungsmystik" und Jahrhunderte später, die Kabbala. Beherrschende Gestalten in der späteren Entwicklung sind aber jene Juden gewesen, die eine Öffnung zu der nicht-jüdischen Welt schufen: Philon von Alexandria, Jesus von Nazaret und Paulus von Tarsos; allesamt Zeitgenossen.

REISEN ZUM THRON GOTTES

Das Bild von der „Reise zu Gottes Thron" geht zurück auf die Propheten, vor allem auf Ezechiel, ist aber auch von den neuen Strömungen in der hellenistischen Welt beeinflußt. Es handelt sich dann um Reisen durch himmlische Sphären, die voller Hinterhalte sind. Der Adept muß die magischen Formeln und die mystischen Zeichen gebrauchen, um die Hindernisse zu überwinden. Wenn er diese gefährliche Reise vollbracht hat, tritt er zitternd vor Gottes Thron. Voller Achtung vor der göttlichen, ehrfurchtgebietenden und über alles erhabenen Pracht. Eine wesentliche Rolle bei diesem Aufsteigen spielt das Singen. Und in diesem Singen spielt der Name Gottes wieder eine zentrale Rolle. Der strahlende König ist „umwoben von Geweben des Gesanges".

Diese Reise zu der „Merkaba" bildet meistens den Rahmen für einen mystischen Prozeß. Sie ist nämlich zugleich ein Hinabsteigen in das eigene Innerste. Die Mystiker werden daher auch „Hinabsteigende in die Merkaba" genannt. Eine gefährliche Reise. Für wie gefährlich sie gehalten wurde, geht aus einer Geschichte von vier Rabbinern hervor, die zum Thron Gottes reisten. Einer starb daran, einer wurde wahnsinnig, einer wurde ein Häretiker, und der vierte „trat hinzu zum Frieden und endete im Frieden". Man hielt eine solche Mystik daher für ungeeignet für die Masse. Doch war sie keine Randerscheinung, nicht begrenzt auf sektiererische Gruppen von Eingeweihten.

Culianu weist darauf hin, daß diese Merkaba-Mystik auch in der apokalyptischen Literatur eine große Rolle spielte und daß diese Literatur einen unmittelbaren Einfluß auf die Beschreibungen der Himmelfahrt (miraj) und der nächtlichen Reise (isra) Mohammeds gehabt hat, die im 8. Jahrhundert entstanden.

Diese hinwiederum sind ein Jahrhundert später in den christlichen Teil Spaniens eingedrungen und beispielsweise 1141 von dem Abt Petrus Venerabilis nach Cluny gebracht worden. Die jüdischen und die arabischen Himmelsreisen haben eine ausgedehnte Literatur christlicher Geschichten von Reisen ins

Jenseits hervorgerufen, von denen das Werk Dantes den Höhepunkt bildet.

Gleichzeitig mit der Thron-Mystik entwickelte sich eine andere Form, in „die Geheimnisse der Tora" einzudringen: die sogenannte „Schöpfungsmystik". Die Hauptschrift ist das „Buch der Schöpfung" (Sefer Jezira), entstanden zwischen dem 3. und 6. Jahrhundert. Das Moment der Inspiration ist hier das Bewußtsein, daß das kosmische Geschehen als eine allmähliche Verwirklichung des Namens Gottes gesehen werden muß.

PHILON VON ALEXANDRIA

In Alexandria gab es eine große hellenisierte jüdische Gemeinschaft. Philon gehörte zu der reichsten Oberschicht derselben. Seine Familie war mit den römischen Kaisern befreundet. Er selbst führte 40 n.Chr. eine Delegation zu Kaiser Caligula an, um für die Juden einzutreten, die sich gegen die Pflicht, dem Kaiser göttliche Ehre zu erweisen, empört hatten. Das ganze Leben Philons ist durch den hartnäckigen Versuch gekennzeichnet, die jüdische Tradition mit dem Hellenismus zu versöhnen und dadurch zu bereichern. Er hat dies aus einer mystischen Haltung heraus getan.

Was Mystik ist, wußte Philon aus eigener Erfahrung. „Ich schäme mich nicht, meine eigenen Erfahrungen mitzuteilen", sagt er. Er beschreibt diese als eine plötzliche Entzückung, so überwältigend,

> „daß ich mir keiner Sache mehr bewußt war, nicht des Ortes, nicht der Anwesenheit anderer, nicht meiner eigenen Person, nicht dessen, was gesagt worden war noch was geschrieben steht."[71]

Ein durchdringendes Schauen, eine Erkenntnis, die große Freude schenkt, Licht, nüchterne Trunkenheit – das sind Ausdrücke, die er dafür gebraucht. Dieses Schauen ist vergänglich und über allen Begriff erhaben. Es ist ein Sehen Gottes, und doch kann man sein Antlitz nicht erkennen. Man steht mit dem Rücken zu Ihm hin, aber erfaßt doch, daß man bei Ihm steht. Wer diese Erfahrung erlebt hat, ist „in die Mysterien eingeweiht". Philon verweist in diesem Zusammenhang auf die in die dionysischen Mysterien Eingeweihten. Ihre Entzückungen sind der seinen „nicht unähnlich". Die seine ist aber eine „nüchterne" Trunkenheit.

Aus dieser Einsicht heraus las er die Bibel, sah er die tiefere Bedeutung des Buchstabens. Wenn zum Beispiel von einem „Brunnen" berichtet wird, dann liest er darin die tiefere Bedeutung des Inneren und der fast unerreichbaren Weisheit, die in dieser Tiefe verborgen ist. Diese Art des Lesens, die allegorische, das Entdecken des Geistes im Buchstaben, wird durch ihn Schule machen. Aufgrund seiner mystischen Orientierung erkennt er die mystischen Seiten biblischer Gestalten, wie Abrahams, Moses und der Propheten. Und in den Geschichten über den Zug durch die Wüste entdeckt er den Weg, den ein Mystiker zu gehen hat. Wer auszieht und sich Gott zuwendet, dem wird sich auch Gott zuwenden. Er hat daher große Hochachtung vor einer Gruppe von Juden, den „Therapeuten", die sich aus der Stadt zurückgezogen hatten, weit weg, in selbstgebaute Häuschen, lebend von Salz und Brot, in weiße Gewänder gekleidet, sich ganz der Kontemplation widmend. Sie werden nicht „nach dieser oder jener Seite" gezogen und können die Einheit in ihrer Seele finden, um so „dem Einen" mehr zugewandt zu sein. Er denkt selbst noch mit einem gewissen Heimweh an eine Zeit der Einsamkeit zurück, bevor er sich mit politischen Aufgaben belastete.

Aus dieser mystischen Einsicht heraus assimilierte er auch Gedanken Platons und der Stoiker und kleidete diese in das damals gängige Menschen- und Weltbild. Gott ist unzugänglich, über allen Begriff erhaben, doch hat er sich in der Geschichte, im Wort, in der Schöpfung offenbart. Dieser sich offenbarende Gott ist Logos, Wort. Und dieser Logos ist das Bild, in dem Gott sein Wesen ausstrahlt. Das Gesamt der Ideen, von denen Platon sprach, benennt Philon mit „Logos". Die Ausstrahlung des unzugänglichen Gottes ist stark und unvermittelt im Logos und in allem, was aus diesem Wort an Geist geboren wird. Er ist nur indirekt und immer schwächer in der materiellen Schöpfung. So ist auch der Mensch eine Dualität. Sein Geist ist eine direkte Ausstrahlung des Logos, ein Fragment des Bildes Gottes. Sein Körper dagegen ist nur ein schwacher Abglanz von dessen Schöpfungskraft.

Philon war kein gequälter Mann. Er fühlte sich offensichtlich in der hellenistischen Welt auch als Jude zu Hause. Der Weg zu Gott war bei ihm eine Orientierung auf das Gute und das Schöne hin. Doch sieht auch er das Körperliche und das Materielle als etwas an, von dem man sich abwenden muß.

JESUS VON NAZARET

Die bedeutendste Gestalt im turbulenten Palästina, noch vor der Zerstörung Jerusalems, war der Sohn eines Zimmermanns aus Nazaret, Jesus. Er war auffallend offen für jeden Menschen in seiner Umgebung und für alles, was er dort erlebte. Er nahm immer wieder einen persönlichen Standpunkt ein. Er stammte selbst aus den Kreisen der Pharisäer. Das waren Laien-Schriftgelehrte aus der Mittelklasse, die gewissermaßen die Brücke zwischen der hellenisierenden Oberschicht und dem einfachen Volk bildete. Jesus setzte sich von diesem Pharisäismus insofern ab, als er nicht den Buchstaben, sondern den Geist des Buchstabens zum Ausgangspunkt für seine Erklärung der Schrift nahm. Er ließ sich von Johannes dem Täufer taufen, aber im Gegensatz zu den aszetischen Essenern „aß und trank er". Er erwartete das Ende, aber er widersetzte sich den Zeloten, indem er Gewaltlosigkeit predigte, und einer zu passiven Erwartung, indem er das Jetzt des Reiches Gottes hervorhob und was jetzt getan werden müsse, um es näherzubringen.

Sein dreijähriges öffentliches Auftreten begann mit einer mystischen Erfahrung, die als eine Vision beschrieben wird, in der er „den Geist Gottes" herabsteigen und über sich kommen sah und in der er Gottes Stimme sagen hörte, daß er dessen „Sohn" sei, „den ich liebe". Wie so oft bei Mystikern zog auch er sich danach in die Wüste zurück, um sich darüber Klarheit zu verschaffen, was diese Erfahrung bedeutete.

Nicht indem er darüber redete, sondern aus seinem Auftreten danach geht hervor, was diese Erfahrung zum Inhalt hatte.

Er spricht und handelt dann offensichtlich aus dieser Erfahrung heraus als einer bleibenden „Quelle lebendigen Wassers". Er redete nicht aus einer ihm von außen verliehenen Macht, sondern aus eigener Autorität: „Ich sage euch". Die Wirklichkeit, die er erfuhr und aus der er lebte, nannte er nicht „Macht", sondern „Vater". Was verwirklicht werden muß, ist das „Reich" dieses Vaters. Und was zu tun ist, ist nicht eine Vorschrift, sondern ein Nicht-anders-Können.

Das „Reich" des Vaters ist zugleich außerhalb von uns und in uns. Beten ist nur dann Beten, wenn wir Kontakt mit diesem Vater suchen. Jesus zog sich zu diesem Zweck zurück. Aber die Kraft des Gebets wird sich im Handeln erweisen. „Wer mich sieht, sieht den Vater" (Joh 14,9). Und zu sehen war, daß Jesus niemanden abschrieb. Daß er mit seinen Gegnern und Feinden einen Dialog führte. Daß er Menschen, auch außerhalb des Kreises der Frommen, aufsuchte und sein besonderes Augenmerk, heilend und gesund machend, den Randfiguren zuwandte. Das waren zu seiner Zeit Zöllner und Sünder, Kinder und Frauen, Kranke, Schwache und Besessene. Menschen, die gemieden wurden, wie Aussätzige und Mondsüchtige. Die in ihren sozialen Kontakten gehandikapt waren, weil sie nicht hören, sehen, reden oder gehen konnten. Jesus nahm Verbindung mit ihnen auf, gab ihnen die Selbstachtung wieder, indem er ihnen öffentlich Achtung bezeigte, heilte sie, indem er auf ihre Bitte „Erbarme dich unser" einging.

Auffällig an der Gestalt Jesu ist, wie normal, einfach und menschlich er war. Er weist auf die Lilien hin, die von selbst wachsen, und auf die Spontaneität von Kindern. „Sucht zuerst das Reich Gottes, und alles andere wird euch dazugegeben" (Mt 6,33). Es ist kein auferlegtes „Müssen", kein angestrengtes Streben mit heiligem Ernst, keine von außen auferlegte Gebotserfüllung. Wer den Vater erfährt, weiß aus sich selbst, was er tun und lassen muß. Den Weg zu dieser Lebenshaltung hat er am klarsten ausgesprochen in dem, was „die Bergpredigt" genannt wird. Er verlangt darin, ungeteilt gut zu sein, ohne Unterschiede zu machen und ohne Menschen auszuschließen,

„damit ihr Söhne eures Vaters im Himmel werdet; denn er
läßt seine Sonne aufgehen über Bösen und Guten, und er läßt
regnen über Gerechte und Ungerechte."[72]
Und das nicht zu tun „vor den Augen der Menschen", sondern
vor dem „Vater, der im Verborgenen ist". Er predigte einen Weg
des Geistes statt des Buchstabens, der Umkehr statt der Aszese,
eines „reinen Herzens", statt sich von Besitzgier und Macht-
streben treiben zu lassen.

Jesus lebte noch ganz in der jüdischen Tradition. Er war sich
bewußt, daß er diese „vervollkommnete". Die Gebote des
Mose sind seines Erachtens Umschreibungen von „Liebe".
Diese Liebe gründet auf dem Vertrauen in den Vater, der alles
erschaffen hat, und soll auch auf alle und alles bezogen sein.
Das Streben nach einer gerechten Gesellschaft muß von innen
kommen. Gott ist die Innenseite nicht nur der Geschichte,
sondern auch des Lebens eines jeden in seinem Alltag. Durch
diese Erneuerung der Tradition gab Jesus Antwort auf die Fragen, die zu seiner Zeit überall lebendig waren: Wovon lebe
ich? Auf wen kann ich vertrauen? Was ist der Sinn meines Lebens?

Jesu Erfahrung des Vaters blieb nicht ohne Erschütterung. Er
durchlebte Prüfungen, Konflikte mit den Seinen, mit seinen
Jüngern, mit den religiösen Führern. Er kannte Todesangst und
das Gefühl der Gottverlassenheit. Am Kreuz wurde er in seinem Gottvertrauen herausgefordert. In diesen Situationen erweist sich seine Verbundenheit mit dem Vater gegen alle Kon-
ventionen, und auch sein Vertrauen in den Urgrund des
Daseins, der wie ein Vater ist. Auch wenn er sich von diesem
Vater verlassen fühlt, befiehlt er seine Seele in dessen Hände.

Nach seinem Tod wurde der Sinn des Vertrauens Jesu in das
Leben ohne irgendeinen anderen Halt als seine Hingabe an den
Vater erst wirklich deutlich. Zuerst bei den Frauen, die an ihn
geglaubt hatten. Sie erfuhren, daß Jesus vom Tod auferstanden
war und daß sein Geist fortlebte. Das ist eine völlig neue Gege-
benheit in dieser Zeit.

Erlösergestalten, die starben und wieder auferstanden, waren bekannt, zum Beispiel Osiris. Menschgewordene Götter-Erlöser auch. Himmelfahrten waren ebenfalls beliebt. Aber ein Erlöser der Welt, in dem Gott erscheint, dessen Leben in Verwerfung, Scheitern, Todesstrafe, Todesangst und Gottverlassenheit endet, dessen Gottvertrauen aber auch darin nicht zuschanden wurde, eine solche Erlösergestalt war einzigartig.

Die ersten Jesusgemeinden besannen sich auf Jesu kurzes und eindrucksvolles Erscheinen und waren davon überzeugt, daß „der Geist alles lehren wird". Die Frucht dieser ersten Besinnung sind die Evangelien. Sie sind keine Geschichtsbücher, sondern Bücher über den geschichtlichen Jesus, wie man ihn später sehen lernte.

PAULUS VON TARSOS

Paulus war ein Jude, geboren außerhalb Palästinas in der Kulturstadt Tarsos, beeinflußt von dem stoischen Klima seiner Stadt und erzogen in Jerusalem in der orthodoxen rabbinischen Lehre. Er war offen für die hellenistische Kultur und glaubte, daß man sich angleichen müsse, ohne sein Selbst zu verlieren. „Prüft alles, und behaltet das Gute" (1 Thess 5, 21).

Er war ein ekstatischer Mystiker. Selbst beschreibt er, wie er „in den dritten Himmel entrückt" wurde, „in das Paradies aufgenommen", wo er „unsagbare Worte hörte, die ein Mensch nicht aussprechen kann". Dieser mystischen Erfahrung erinnert er sich noch genau: „vor vierzehn Jahren" (2 Kor 12, 2–4). Immer wieder beruft er sich aber auf eine andere ekstatische Erfahrung, die eine gründliche Umkehr in seinem Leben bedeutet. Auf dem Weg nach Damaskus wurde er von einem „Licht aus dem Himmel, das den Glanz der Sonne übertraf", überfallen. Es warf ihn buchstäblich zu Boden und machte ihn vorübergehend blind. Es dauerte drei Tage, bevor er wieder zu sich selbst gekommen war. Er hörte die Stimme Jesu. Einige Zeit danach wiederholte sich dasselbe, aber nun weniger heftig, während er im Tempel von Jerusalem betete. Es vermittelte ihm Einsicht in das, was Jesus bedeuten und wie er sich für ihn einsetzen konnte.

Von ekstatischen Erfahrungen, bei denen unverständliche Laute ausgestoßen wurden, hielt er nicht allzuviel. Zu den Christen von Korinth, die sich nach diesen Ekstasen „sehnten", sagt er, daß er mehr Talent für Ekstasen habe „als ihr alle" (1 Kor 14,18). Er sei nicht dagegen, aber es müsse doch von einigem Nutzen innerhalb der Gruppe und geordnet sein: „Einer nach dem andern, und dann soll einer es auslegen" (1 Kor 14,27). Andernfalls sollen sie schweigen. Für die „Nicht-Eingeweihten" habe es sonst den Anschein, als ob sie „verrückt" geworden wären.

Paulus hat ein unverkennbares Bild von der Menschheit, der Geschichte und dem Kosmos und von der Stellung, die Jesus und der „neue Mensch" mit ihm darin haben. Jesus ist der Erste einer neuen Generation von Menschen. „Der Erstgeborene der ganzen Schöpfung" (Kol 1,15). Er ist als solcher ein Gesalbter (Christus), der die Menschheit zu „seinem Leib" macht. Er ist zugleich auch der Herr (Kyrios) der Geschichte, hoch thronend über allen und allem an der Seite des Vaters. Nicht nur die Menschheit, auch der Kosmos war aus seiner Sicht von der Sünde Adams betroffen. Diese Verderbnis ist seines Erachtens so umfassend, daß nichts in der Menschheit oder im Kosmos daraus hätte erlösen können.

Das ist aber jetzt geschehen durch den Christus, der aus dem Himmel herabgestiegen und wieder dorthin zurückgekehrt ist, aus einer Frau geboren und der tiefsten Erniedrigung eines Kreuzestodes unterworfen, auf diese Weise von der Sünde erlösend, indem er „für uns zum Fluch geworden ist" (Gal 3,13). Dadurch ist die ganze Welt im Prinzip erlöst. Diese Erlösung wird vollendet werden, wenn er wiederkommt. Das wird bald geschehen. In der Erwartung dieser Wiederkunft muß man „den alten Menschen ablegen" und „einen neuen Menschen anziehen", mit anderen Worten: ein neuer Typ von Mensch werden, der „in Christus" lebt (Eph 4,22–24).

Durch diese Erkenntnis wurde Paulus ein Eiferer. Er wollte in kurzer Zeit die damalige Welt bekehren. Im Jahr 49 brach er mit dem Nationalcharakter des Judentums, zog durch die

Städte des großen Reichs, organisierte dort christliche Gemeinden und suchte jeden zu erreichen.

Vor Christus seien alle gleich: Mann und Frau, Sklave und Herr, Grieche und Jude. Die einzige Grenze sei die Bereitschaft, an Christus zu glauben. Warum nicht jeder dies tat, war für Paulus ein in Gott verborgenes Geheimnis. Er wurde von den Juden, die an ihren Gesetzen festhielten, oft angegriffen, mit dem Tod bedroht, schließlich in Jerusalem gefangengenommen. Von dort wurde er nach Rom gebracht. Wahrscheinlich ist er hier im Jahr 64 enthauptet worden.

Die Lebensweise „in Christus", wie Paulus sie in seinen Briefen predigt, hat einen mystischen Charakter. „Nicht mehr ich lebe, sondern Christus lebt in mir" (Gal 2, 20). Die Liebe Gottes, ist „ausgegossen in unsere Herzen durch den Heiligen Geist, der uns gegeben ist" (Röm 5, 5). Er spricht von „Umformung in das Bild Christi" (2 Kor 3, 18). Von Christus, der „in euch Gestalt annimmt" (Gal 4, 19). Von „dem neuen Menschen, der nach dem Bild seines Schöpfers erneuert wird, um ihn zu erkennen ... Dort allein ist Christus alles und in allen" (Kol 3, 10 f). Paulus verwendet auch Ausdrücke, die aus den Mysterienkulten stammen: „eingeweiht", „Geheimnis", „Erkenntnis". Einem Christen wird Erkenntnis geschenkt:

> „Wir alle spiegeln mit enthülltem Angesicht die Herrlichkeit des Herrn wider und werden so in sein eigenes Bild verwandelt, von Herrlichkeit zu Herrlichkeit, durch den Geist des Herrn."[73]

Der Kern der Moral ist Liebe: „Wer den Nächsten liebt, hat das Gesetz erfüllt" (Gal 5, 14).

Dieser Aspekt wird auch von Jesu Freund, dem Apostel Johannes, in seinen Briefen und in seinem Evangelium in den Mittelpunkt gerückt. Auch bei ihm läßt sich eine mystische Sprache feststellen.

> „Gott ist die Liebe, und wer in der Liebe bleibt, bleibt in Gott, und Gott bleibt in ihm. Denn die Liebe ist aus Gott, und jeder, der liebt, stammt von Gott und erkennt Gott. Wer nicht liebt, hat Gott nicht erkannt; denn Gott ist die Liebe."[74]

Der Gnostizismus wurde von der katholischen Kirche als eine Versuchung und Gefahr erfahren. Simon der Magier wurde immer mehr zum „Vater der Gnosis" und zum Symbol der Gefahr. Die Art, wie sein Fall auf einem Kapitell in der Kathedrale von Autun im 12. Jahrhundert dargestellt wurde, spricht für sich.

Foto: Bildarchiv Foto Marburg

In seinem Evangelium läßt er Jesus sagen:

„Wenn jemand mich liebt, wird er an meinem Wort festhalten; mein Vater wird ihn lieben, und wir werden zu ihm kommen und bei ihm wohnen. ... Wer mich gesehen hat, hat den Vater gesehen. (...) Der Vater, der in mir bleibt, vollbringt seine Werke. Glaubt mir doch, daß ich im Vater bin und daß der Vater in mir ist; wenn nicht, glaubt wenigstens aufgrund der Werke!" [75]

Solche Texte und vor allem Bilder, wie Einwohnung Gottes in uns und Aus-Gott-geboren-Werden, eignen sich vorzüglich für die Wiedergabe mystischer Erfahrungen. So ist es auch geschehen: Sie wurden die Basistexte für die spätere Christus-Mystik.

Paulus und Johannes knüpfen insoweit bei Jesus an, als ihre Mystik auf tatkräftige Liebe und auf die Einheit der Menschen untereinander gerichtet ist. Sie unterscheiden sich aber darin von ihm, daß sie noch ziemlich stark hellenistisch denken. Ihre Ansicht vom Leben ist pessimistisch: ein tragisches zeitliches Dasein auf Erden, in einer Welt und einem Kosmos, die von Grund auf verderbt sind. Ihr Weltbild ist vertikal. Jesus steigt hernieder, bis in das Unterste der Erde, und steigt wieder empor, hoch über alle himmlischen Wesen hinaus bis zum Thron Gottes. Die höchste Welt ist Licht, die irdische ist Finsternis. Das Licht wurde Fleisch, aber die Finsternis nahm es nicht auf. In dieser Vorstellungswelt erblühte auch die Gnosis. Paulus und erst recht Johannes haben mit dieser schon zu tun gehabt. Sie lehnen eine Gnosis, die über die Liebe gestellt wird, ab. Ebenso Vorstellungen, als wäre Christus nicht wirklich Fleisch geworden, weil Fleisch schlecht sei. Doch hat es lange gedauert, bevor Christentum und Gnosis sich schieden. Die gnostische Antwort auf Lebensfragen war auch für Christen zu belangreich. Wie sehr sie auch bekämpft wurde, immer wieder taucht diese Antwort auf. Es geht um die mystische Lebensader des Christentums.

Hellenistische Mystik

DER SCHMELZTIEGEL ALEXANDRIA

„Hier sind die Serapisverehrer zugleich Christen, und jene, die sich Bischöfe nennen, verehren auch die Serapis. Hier gibt es keinen jüdischen Synagogen-Leiter, keinen Samariter, keinen christlichen Priester, der nicht Astrologe, Opferausleger (Augur) und Salber ist."

Dies steht in einem Brief Kaiser Hadrians an Konsul Servianus. Es handelt sich um Alexandria.

Zu Beginn des 2. Jahrhunderts war Alexandria ein Schmelztiegel, in den alles aufgenommen und in Ausgleich miteinander gebracht wurde. Alte ägyptische Religionen, der künstliche Serapis-Mysterienkult, neue griechische, alte persische, jüdische, christliche, gnostische Kulte. Und, neben Religion, die Philosophie, die Wissenschaft, der Sport. Die Einheit, die angestrebt wurde, nennen wir „synkretistisch".

Im Alexandrien des 2. Jahrhunderts ist es neben einer politischen auch eine mystische Haltung, die der synkretistischen die Basis liefert. Die Erkenntnis, daß der Eine unerkennbar ist und daß alle Gottesbilder daher nur Andeutungen sind, die einander ergänzen.

Eine der Fragen, die eine mystische Erfahrung hervorrufen, ist: Was ist die Festigkeit der sinnlichen Wirklichkeit? Man erfährt eine Wirklichkeit, die sich der sinnlichen Wirklichkeit als „wirklicher denn wirklich" entzieht. Es liegt auf der Hand, daß man aufgrund dieser Erfahrung geneigt ist, diese geistige Wirklichkeit als die Quelle der materiellen Wirklichkeit zu deuten. Materielle Wirklichkeit wird gleichsam transparent, ein Bild der geistigen Wirklichkeit und läßt sich durch den Geist verändern. Einheit wird „im Geist" erreicht werden müssen. Alle Formen werden dann relativ. Die Mystik neigt dazu, vieles aufzunehmen, auch das, was augenscheinlich gegensätzlicher Art ist. Alle älteren mystischen Schriften sind Sammlungen sehr unterschiedlicher, widersprüchlicher Texte, die jedoch auf einer tieferen, kaum wahrnehmbaren Ebene zusammenhängen.

In Alexandria ist diese mystische Haltung in allem spürbar. Philon wies schon darauf hin, daß mystische Erfahrung einen tieferen Einblick in die Wirklichkeit verschafft als Wissen. Alexandria war ein Mittelpunkt der exakten Wissenschaften, aber mystische „Erkenntnis" wurde höher geschätzt, stand jedoch nicht im Widerspruch zum Wissen.

Auch auf dem Gebiet der Religion war diese Haltung vorherrschend. Die heiligen Texte wurden von Juden und Christen nicht dem Buchstaben, sondern dem Geist nach gelesen. Die konkreten Formen, die Religionen angenommen hatten, wurden miteinander verglichen und aus einer tieferen Erkenntnis heraus interpretiert. Christen erkannten sich in der Gnosis wieder und stellten von ihr aus Fragen nach der Kirchenbildung. Muß die Kirche aus dem Geist aufgebaut werden oder aus

Riten, der Organisation eines Amtsträgers und einer festgeleg-
ten Lehre?

Alexandria und Rom wurden zu Gegenpolen. Beide waren
Schmelztiegel, aber in Rom herrschte der organisierende Geist,
in Alexandria der mystische. Das ist etwas überspitzt gesagt,
denn so klar waren die Gegensätze konkret nicht. Es hat lange
gedauert, bevor der Gegensatz deutlich wurde und Rom den
Sieg davontrug.

GNOSIS UND CHRISTENTUM

Eine der wichtigsten Schriften der christlichen Gnosis ist erhalten geblieben, weil Hippolyt von Rom sie zitiert, um sie zu
bekämpfen. Diese Zitate wurden unlängst von Josef Frickel[76]
analysiert und rekonstruiert. Die Schrift scheint nun ein heid-
nischer Grundtext zu sein, bearbeitet von einem Christen, der
alle Religionen von Christus aus interpretiert. Sie heißt „Über
den Menschen" und will auf „den Zweifel des Menschen am
Menschen" Antwort geben.

Wir finden in dieser Schrift alle religiösen Strömungen vertreten. Die Grundidee dieses Werkes ist, daß Gott der „Unbekannte" ist, der ein großes Verlangen hervorruft. „Von allen
Menschen gesucht." In allen möglichen Religionen. Christus
offenbarte diesen als Vater und zeigte den Weg nach innen.

Einer der maßgebenden gnostischen Lehrer aus Alexandria
war Valentin. Er gründete eine Schule und ging später nach
Rom. Nichts weist darauf hin, daß er dort als Ketzer bekämpft
wurde. Er galt sogar eine Zeitlang als Kandidat für das Papst-
amt, wurde aber dann doch nicht gewählt. Er war ein begabter
Mann, ein Mystiker und Dichter. Nach einer klassischen Erziehung in Alexandria bekehrte er sich und wurde Christ. Es ist
nicht unwahrscheinlich, daß der Anlaß dazu eine ähnliche Erfahrung war wie die des Paulus: eine Vision, in der Christus erschien. Doch erschien ihm dieser nicht als Herr, sondern als
ein neugeborenes Kind, das sich als „Logos" offenbarte. Sein
weiteres Leben hat er der dichterischen Verarbeitung dieser Vision gewidmet. Das neugeborene Kind sah er als Symbol der

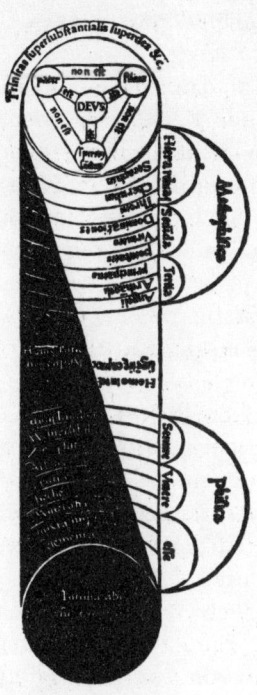

Eine Zeichnung, die das Weltbild des Pseudo-Dionysius sichtbar macht, wie Nikolaus von Kues es sah. Der strahlende Drei-Eine Gott erschafft, indem er sein Licht nach unten fließen läßt. Je weiter die Schöpfung nach unten geht, um so spärlicher wird das Licht, und damit nimmt die Kehrseite des Lichts, das Dunkel, zu. Dieses dualistische Weltbild ist die Grundlage für die christliche Gnosis, den Manichäismus und das Katharertum gewesen.

Holzschnitt in der Ausgabe von „De mistica Theologia" des Pseudo-Dionysius durch Johann Eck 1519. Er entnahm sie seinerseits aus einer Ausgabe von „De coniecturis" des Nikolaus von Kues.

Geburt des Logos in Gott. Diesen Geburtsprozeß beschrieb er so: Der „Abgrund" ruhte bei der „Stille" (Ennoia). Er bekam die „Idee", zu erschaffen, und legte diese als Saat in „Stille". Diese gebar „Denken", das wiederum durch „Selbstreflexion" befruchtet wurde und so „Logos" gebar. Und so geht es weiter bis zur Geburt Jesu. Spekulationen, die uns heute langweilen, die aber damals ausgezeichnet in das Weltbild paßten.

Einschneidender war jedoch die Werteskala, die Valentin für die Beurteilung der wahren Wirklichkeit anlegte. Der „geistliche Mensch" steht am höchsten auf der Leiter, der „fleischliche" am tiefsten. Dazwischen gibt es den „psychischen" Menschen. Auf die Christenheit angewandt, bedeutete dies für ihn, daß es drei Arten von Kirche gibt: die „geistliche" Kirche der Vollkommenen und Auserwählten, die „psychische" Kirche der Berufenen und die „fleischliche" Kirche der großen Masse, die nicht mehr zu erlösen ist.

Die Stärke der gnostischen Christen war, daß sie die Bibel in überzeugender Weise auf ihren mystischen Kern ansprachen. Ihre Schwäche war, daß sie die mystische Erkenntnis nicht genügend ins Gleichgewicht bringen konnten mit dem, was andere als „die harte Wirklichkeit" sahen. Sie machten dadurch die Kirche zu einer Elitesache und strichen schließlich auch Texte aus den Evangelien, die zu widerspenstig für sie waren; zuletzt lehnten sie das ganze Alte Testament als Lügengeschichte ab, in der der schlechte Demiurg als der gute Gott dargestellt werde.

Die zwei größten Lehrer in Alexandria, die diese Klippen zu vermeiden wußten und auf diese Weise den mystischen Funken lebendig hielten, waren Klemens und dessen Schüler Origenes. Beide waren Lehrer an der ältesten Katechetenschule, die das Christentum kennt. Bei beiden ist der vollkommene Mensch ein Gnostiker, jemand, der eine mystische Erkenntnis hat und Gott gleicht. Für beide gilt auch, daß Geist und Körper zwei verschiedene Realitäten sind; das Körperliche ist eine Hülle des Geistes. Und daß es zwei Arten von Kirchenmitgliedern gibt, geistliche und fleischliche. Mystisch ist für sie eine höhere Form von Menschsein. Während der Mystiker „in seinem Innern allzeit betet", gibt es für die anderen das mündliche Gebet zu bestimmten Zeiten. Aber das bedeutet nicht, daß die Masse nicht zu erlösen sei; im Gegenteil, Origenes sieht in einer großen Vision, daß Gott alles daransetzt, alles und alle wieder zu sich zurückzubringen. Das wird denn auch geschehen, wenn der Kreislauf zu Ende ist. Alle, auch die teuflischen Geister, werden gerettet.

Origenes war nach dem Martertod seines Vaters gemeinsam mit einem Gnostiker bei einer reichen Dame aufgewachsen. Er selbst starb ebenfalls an den Folgen von Folterungen um seines Christseins willen. Er war ein vielseitiger Mann, der für seine Sache einstand und vieles miteinander zu verbinden wußte, wie zum Beispiel: Gnostiker und zugleich Christ zu sein, die

Kirche der Vollkommenen mit der der Masse, Christus-Logos mit dem historischen Jesus, Mystik mit Wissen, Gnosis mit Liebe, Liebe mit Verantwortung für andere.

Für die Geschichte der Mystik hat Origenes vor allem dadurch Bedeutung erlangt, daß er als erster im jüdischen Hohenlied eine Beschreibung der mystischen Einswerdung der Seele mit dem Logos gesehen hat. Und damit den mystischen Weg als ein inniges Liebesgeschehen, bei dem alles ausgemerzt werden muß, was „fleischlich" ist. Er spricht aus eigener Erfahrung:

„Gott ist mein Zeuge, daß ich oft die Ankunft des Bräutigams wahrnahm und daß er so nahe bei mir war, wie es nur möglich ist. Dann zog er sich plötzlich zurück, und ich konnte nicht finden, was ich suchte. Ich halte dann wieder sehnsüchtig Ausschau nach seinem Kommen, und manchmal kommt er wieder. Wenn er dann gekommen ist und ich ihn mit meinen Händen greifen könnte, geht er wieder, und wenn er verschwunden ist, gehe ich ihn wieder suchen. Er tut das oft, bis ich ihn wirklich gefaßt haben werde, und ich werde emporsteigen, mich stützend auf meinen Geliebten." [77]

Die gnostische Bewegung als solche ist allmählich vom Christentum überflügelt und ausgerottet worden. Das Christentum wußte sich stärker zu organisieren durch eine zentrale hierarchische Amtsgewalt, durch eine immer präzisere Formulierung der Lehre, wodurch Abweichungen leichter abgewiesen werden konnten, und indem es ein Verzeichnis anerkannter Bücher anlegte, die zusammen das „Neue Testament" bildeten, wodurch alle anderen Bücher „apokryph" wurden. In diesen Rahmen wurden gnostische Elemente eingebaut, wie Klemens und Origenes es taten. Andererseits übernahm der Gnostizismus immer mehr kirchliche Strukturen und verfiel einem Dogmatismus und einer freizügigen Moral, die keinen Nährboden mehr in der Erfahrung selbst hatten. Doch hat er die christliche Mystik bleibend beeinflußt.

Der mystische Impuls wurde nicht nur durch Christen wie Klemens und Origenes gerettet, sondern vor allem auch durch

Plotin war ein schüchterner Mann, etwas asthmatisch. Er hatte eine heisere Stimme und einen schwachen Magen. Seine Diskussionen verliefen zwanglos. Er war besorgt über das religiös-emotionale Chaos im Römischen Reich und sprach darüber mit den römischen Behörden. Auch der Kaiser war unter seinen Zuhörern. Er heilte Porphyrius von einer schweren, mit Selbstmordneigungen verbundenen Depression. Dieser wurde sein treuester Schüler. Er selbst lebte sehr ärmlich, „als schäme er sich, in einem Leib zu wohnen".

Büste, 255 gefertigt von dem Bildhauer Carterius nach Anweisungen von Plotins Schüler Amelius. Rom, American Academy.

zwei Nicht-Christen: Plotin und Mani. Beide schnitten weg, was korrumpiert war, und bauten etwas Neues auf. Der eine von Alexandria, der andere von Babylon aus. Sie haben sich wahrscheinlich sogar persönlich am Euphrat gegenübergestanden, als Kaiser Gordian III. 243 gegen den persischen Fürsten Sapor kämpfte. Plotin war ein Freund Gordians und wollte nach Osten, Mani war ein Schützling Sapors und wollte nach Westen.

PLOTIN

Der Ägypter Plotin studierte den größten Teil seines Lebens in Alexandria. Er fühlte sich Platon und der Stoa verwandt, aber genauso der Gnosis. Doch vermißte er in allem, mit dem er in Berührung kam, etwas Wesentliches: eine überzeugende Antwort auf eine Frage, die ihn sein ganzes Leben lang beschäftigen sollte und die aus innigen mystischen Erfahrungen hervorging. Er formulierte sie so:

„Immer wieder wenn ich aus dem Leib aufwache in mich

selbst, lasse ich das andere hinter mir und trete ein in mein Selbst; sehe eine wunderbar gewaltige Schönheit … Nach diesem Stillstehen im Göttlichen, wenn ich da aus dem Geist herniedersteige in das Überlegen – immer wieder muß ich mich dann fragen: Wie ist dieses mein jetziges Herabsteigen denn möglich? und wie ist einst meine Seele in den Leib geraten, die Seele, die trotz dieses Aufenthaltes im Leibe mir ihr hohes Wesen eben noch, da sie für sich war, gezeigt hat?" [78]

Plotin hatte eine Ahnung, daß er die Lösung im Osten finden werde, und wollte deshalb mit dem Heer Gordians III. ziehen. Das mißlang, und er kehrte nicht mehr nach Alexandria zurück. Er ließ sich in Rom nieder, kaufte sich ein großes Landhaus und lud dorthin allerhand Leute ein, um mit ihnen über das Kernproblem zu diskutieren: Leben wir als „Verirrte" in einer Welt, die uns fremd ist, oder haben wir eine sinnvolle Aufgabe? Ist unser Tun und Lassen von außen her bestimmt, oder müssen wir von innen her mit einer eigenen Verantwortung leben? Ist der Weg zu unserer menschlichen Vollendung etwas für Auserwählte, oder kann jeder Mensch diesen Weg gehen, wenn er sich dafür einsetzt? In den ziemlich chaotisch verlaufenden Diskussionen – er ging stets auf alle Zwischenrufe ein – ist er offensichtlich zur Klarheit gelangt.

Sein Schüler Porphyrius hat nach Plotins Tod darüber berichtet, wie auch über Plotins Person und sein Leben. Er sammelte dessen Schriften und veröffentlichte sie. Aus diesem Werk geht hervor, daß Plotin der östlichen Mystik, wie sie in den Upanishaden formuliert war, so nahe gekommen ist, daß man glauben könnte, er müsse diese gelesen haben. Ein Beweis dafür wurde aber nicht gefunden. Zwar liefen in der hellenistischen Welt viele Yogis umher, die man „Nacktdenker" nannte, aber nichts weist darauf hin, daß Plotin auch Texte aus dem Osten kannte. Er ist offensichtlich aus sich selbst zu dieser Formulierung von Mystik gekommen. Er sieht den mystischen Weg als einen Aufstieg zu einer höheren Welt durch Vergeistigung, aber zugleich und öfter als ein Einkehren in sich selbst auf der Suche nach dem Grund des Seins, der mit dem Grund aller Dinge zusammenfällt: „Kehre ein bei dir selbst und entferne aus dir selbst, was überflüssig ist, so daß das göttliche Licht zum Erscheinen kommen kann und du in Reinheit eins wirst mit dir selbst." Die Erkenntnis des eigenen Seelengrundes fällt seines Erachtens mit der Erkenntnis des Grundes des Alls zusammen.

Die Stärke Plotins war, daß er das platonische Wissen und die stoische Nüchternheit an mystischer Erfahrung testete und daß er zugleich die gnostische Mystik am nüchternen kritischen Denken überprüfte. Dadurch entstand eine systematische Lehre, in der sich Mystik und rationales Denken miteinander vereinbaren lassen und die wesentlichen Werte des Hellenismus zur Geltung kommen. Dieser Schlußstein der hellenistischen Kultur sollte als „Neuplatonismus" das Denken und die Mystik Westeuropas entscheidend beeinflussen. Vor allem auch deshalb, weil sowohl Augustinus als auch Pseudo-Dionysius darauf basierten.

Plotin war mit den Gnostikern verwandt, aber er hatte sich von ihnen distanziert, als er in Rom Gnostikern begegnete. Er hat auch einen Traktat „Gegen die Gnostiker" geschrieben mit dem vielsagenden Untertitel: „Gegen diejenigen, die behaupten, daß der Schöpfer der Weltordnung bösartig und diese Welt schlecht ist".

Plotin hatte eine künstlerische Begabung und liebte Schönheit. Er konnte es daher nicht ertragen, daß die Gnostiker die Schönheit verwarfen, obwohl er mit ihnen einer Meinung war, daß die Erde unvollkommen und „um uns herumgelegt", etwas Vorläufiges, sei. Er sieht die Lehre der Gnostiker als eine mutwillige Blindheit vor der Harmonie der Schöpfung an. Wie die Gnostiker glaubt er, daß alles aus einem Quell strömt und daß dieser Quell der Erkenntnis nicht zugänglich ist. Daß wir ihm Namen geben wie „Einer", „Guter", „Gott", daß aber dies nur Bezeichnungen sind, damit wir wissen, worüber wir reden. Aber er distanziert sich von den phantastischen Mythologien darüber, wie alles aus dem Einen hervorgegangen ist. Ausgehend vom Denken Platons, beschränkt er diese Mythologie auf das Ausströmen des Geistes aus dem Einen und der Weltseele aus dem Geist. Plotin prüft die Mystik der Gnostiker vor allem an ihren Taten. Er zeigt, wie sehr sie Bauernfängerei trieben. Besonders ärgerte ihn ihre Arroganz. Sie hielten sich selbst als Mystiker für auserwählt. Mystik eignete sich nur für die eigene Gruppe. Sie zeigten keinen einzigen Weg für andere. Außerdem lernte er sie als fanatische Propagandisten ihrer eigenen Rechthaberei kennen. Er vertrieb sie schließlich aus seinem Landhaus. „Von Versuchen, sie zu überzeugen, ist ja nicht das Geringste zu erwarten. (...) Sie glauben, alles sei so, wie sie es sich vorstellen." Gegenüber dieser fanatischen Selbstüberschätzung formulierte Plotin sehr ausführlich, warum der mystische Weg für jeden erreichbar sei, der sich dafür einsetzen wolle, und fand es wichtig, diesen Weg auch aufzuzeigen.

Plotin verwendet hier mit Vorliebe das Bild von einem Mittelpunkt. Man stelle sich ein Weltall vor mit der Sonne als Mittelpunkt, denke sich die Sonne weg, behalte aber die Lichtquelle. So ist jedes Wesen eine Art All, auch der Mensch. Der Mittelpunkt in jedem Ding ist der schöpferische Geist, und dieser ist in all diesen Dingen derselbe. Alles fließt aus diesem Geist, und alles hat eine Neigung, mit diesem Einen wieder eins zu werden. Ein kosmischer Strom, eine Trift, ein kosmischer „Eros", den Plotin auch „Schauung" nennt. Mystische Schauung ist für ihn daher nicht etwas, was uns geschenkt werden muß, es ist ein Entdecken dessen, was schon da ist. Es ist keine intellektuelle Tätigkeit, sondern man braucht nur dem zu folgen, was das tiefste Naturgesetz ist: ein brennendes Verlangen, mit dem Sein eins und so vollendet zu werden. Wer diesen Weg geht und vollendet, wird selbst auch vor Liebe brennen zu allem, und zwar um der Tatsache willen, daß es existiert.

MANI

Im Alter von zwölf Jahren empfing Mani eine Erfahrung, die ihm eine tiefe Einsicht schenkte. Er begriff damals auch, daß er diese Einsicht innerhalb der Sekte überprüfen müsse, der sich sein Vater angeschlossen hatte. Das war eine christliche Sekte mit eigenen rituellen Waschungen und Ernährungsvorschrif-

Diese beiden Malereien auf einem Banner von Manichäern in Turkestan zeigen, wie Manis Vorschrift wirkte: Die Lehre ist ganz in der lokalen Formensprache wiedergegeben. Durch diese Anpassung verstand es der Manichäismus, bis weit in den Osten vorzudringen. Er wurde von 1742 bis 1840 zur Staatsreligion von Turkestan. Eine Stärke war auch die Wertschätzung der Frau. Hier sind Mann und Frau gleichrangig dargestellt, beide als „Auserwählte", beide mit dem Buch als Zeichen der Weisheit.

Teile eines Tempelbanners aus Khocho, Turkestan, 9. Jahrhundert.
Berlin, Staatliche Museen Preußischer Kulturbesitz, Museum für indische Kunst.

ten, die angeblich über den Gnostiker Elchasius auf Jesus selbst zurückgingen. Er schloß sich der Sekte an und kam zu dem Schluß, daß ihre Ansprüche falsch seien. Sein Argument war:

> „Die Reinheit, von der Jesus spricht, ist die Reinheit durch Gnosis. Diese besteht darin, das Licht von der Finsternis, Leben vom Tod, lebendiges Wasser von Eis zu scheiden."[79]

Auch gab er dem Glauben an einen jeweils wiederkehrenden Erlöser eine umfassendere Bedeutung: Er selbst, Mani, sei ein solcher Erlöser. Der letzte „Apostel des Lichts" in einer langen Reihe von Propheten, zu denen neben Jesus auch Zoroaster und Buddha gehörten. Das konnte die Sekte nicht ertragen. Nach einer neuen visionären Erfahrung verließ Mani die Sekte und zog sich für ein Jahr in eine Höhle zurück. Er kam heraus mit einem Buch, in das er nicht geschrieben, sondern gezeichnet hatte, was ihm geoffenbart worden war. Mani wurde ein leidenschaftlicher Missionar und ließ sich dabei vor allem von Paulus anregen. Wie einst Paulus, so zog auch Mani jetzt durch die ganze damalige Welt. Vom Industal bis weit in das römische Reich. Er gewann viele Jünger in höheren Kreisen, stieß aber auf den heftigen Widerstand fanatischer zoroastrischer Priester. Im Jahr 276 wurde er der Ketzerei beschuldigt, gefangengenommen und nach 26 Tagen getötet.

Mani wollte eine neue Universalreligion gründen, die alle vorausgegangenen zusammenfassen sollte. Dabei spielten sowohl die Lehre Zoroasters als auch die Lehren Buddhas und Jesu eine Rolle. Dies alles auf der Linie der gnostischen Mystik. Er ging von dem pessimistischen Dualismus, der dem Gnostizismus eigen ist, aus, und es ging ihm im wesentlichen um „Gnosis". Mystische Erkenntnis verschafft Licht im Dunkel, erlöst den Geist aus der Materie und öffnet so den Weg zum Paradies. Vom Zoroastrismus übernahm Mani den Ahriman, die Finsternis, die das Licht bekämpft, und auch die Idee von einer Geschichte, in der sich der Kampf zwischen Licht und Finsternis vollzieht – bei ihm in drei Phasen verlaufend. Seine Lehre wurde daher auch „die Lehre von den zwei Prinzipien und den drei Zeiten" genannt. Von Buddha übernahm er die Idee des

Karma, des Kreislaufs der Wiedergeburten, aus dem man sich allein durch einen Weg nach innen erlösen kann.

Dies alles führte er auf eine phantastischvisionäre Weise in neuen Mythologien aus. Der Grundgedanke dabei ist, daß das Licht zerstückelt wurde und daß überall Lichtteilchen in der Materie gefangen sind. Der Böse Geist will diese Funken im Dunkel verschlucken. Die Licht-Erlöser wollen sie aus der Materie sammeln und in das Reich des Lichts aufnehmen. Weil das Verlangen nach Erlösung immer wieder durch Bindung an die Materie getrübt wird, wird eine ständige Erweckung zur Erleuchtung notwendig sein. Dazu wird jeweils wieder ein Erlöser gesandt, der die „Gnosis" von neuem erweckt.

Für den einzelnen bedeutet dies, daß er meist an *einem* Leben nicht genug hat und immer wieder reinkarniert werden wird, es sei denn, er findet den Weg nach innen und wird „vollkommen", so vergeistigt, daß er nur noch Licht und dadurch befähigt ist, aus allem, was er an Materie berührt, Lichtfunken zu sammeln. Am Ende aller Zeiten werden alle Lichtfünkchen aus der Materie befreit werden. Die Materie selbst versinkt dann im Dunkel. Anders als bei Zoroaster ist bei ihm die Trennung zwischen Gut und Böse auch eine Trennung zwischen der materiellen und der geistigen Welt.

Die Stärke Manis lag nicht in seiner komplizierten Mythologie, sondern in der Einfachheit der Entscheidung: Materie ist schlecht, Geist ist gut, entscheide dich für den Geist. Er teilte auch die Menschheit klar in drei Klassen auf: die „Vollkommenen", die aus dem Geist und, von der Materie befreit, aszetisch leben; die „Hörer", die bereit sind, nach dem Geist zu leben, aber doch noch in der Welt leben müssen oder wollen; die „Sünder", die für den Geist nicht empfänglich und daher für die ewige Finsternis vorherbestimmt sind.

Die Stärke Manis lag ferner auch in seiner künstlerischen Begabung[80], so daß er dem Bildhaften sehr viel Wert beimaß und zugleich die Formen zu relativieren verstand. Er gründete Klöster, in denen Bücher hergestellt und Kunst ausgeübt wurde. Er zeichnete seine Visionen selber auf. Auch verfaßte er Hymnen.

Diese künstlerische Tätigkeit sah er als die Herausnahme von Lichtfünkchen aus widerspenstiger Materie an. Er schuf eine eigene Buchstabenschrift, um für die Verkündiger eine neutrale Basis zu haben. Denn ihnen gab er den Auftrag, diese Botschaft in allen Ländern je nach den landeseigenen Formen und der eigenen Sprache gemäß einzukleiden. Die Wandmalereien, die kürzlich in der Oase von Turfan in Zentralasien entdeckt wurden, unterscheiden sich der Formgebung nach in nichts von den buddhistischen. Andererseits legte er selbst schon ein Verzeichnis von authentischen Schriften an. Um zu vermeiden, daß man ihm später etwas andichtete, wie die Gnostiker dies mit Jesus getan hatten.

Der Manichäismus ist vom Christentum heftig bekämpft worden. Der Dualismus war, dieser Erkenntnis zufolge, zu pessimistisch und eine Übersimplifizierung. Der intelligenteste Gegner war Augustinus, der in seinen jungen Jahren „Hörer" in einer manichäistischen Gemeinde gewesen war.

RÜCKZUG DER MYSTIK IN WÜSTE UND KLOSTER

Als das byzantinische Reich das Erbe des Hellenismus übernahm, stand Mystik nicht mehr im Mittelpunkt der Kultur. Der Nachdruck lag jetzt auf einer Frömmigkeit, die auf Christus-Majestät gerichtet war, in Anpassung an die kaiserliche Macht, um die sich die Kultur kristallisierte. Hoftheologen, wie Eusebius, gaben ihr eine doktrinäre Basis, Künstler schufen dafür eine neue Ikonographie. Mystisch Inspirierte zogen aus dieser Gesellschaft aus und siedelten sich am Rand der Kulturgebiete als Eremiten an. Aus dieser Initiative der „Wüstenväter" erstanden am Rand der Städte „Klöster", besondere Räume, in denen man, ungestört von Kirche und Stadtleben, eine eigene Gesellschaft aufbauen konnte, dem Verlangen nach Mystik, gemäß den Prinzipien, die Jesus in seiner Bergpredigt angegeben hatte, Folge leistend. Mystik wurde von diesen Wüstenvätern noch immer als Höhepunkt des Menschseins betrachtet.

Auch die Städter sahen diese Menschen als besonders begabt an und suchten sie auf. Symeon Stylites, der auf einer Säule

Die ersten Einsiedler waren keine Abendländer, sondern Buddha und seine Jünger. Höhlenwohnungen von Einsiedlern in den Bergen nahe Bamyan in Afghanistan zu beiden Seiten eines riesenhaften Buddha.

Foto: Robert Harding Picture, Ltd., London.

Das Eremitentum entstand in der ägyptischen Wüste und breitete sich bis in die Türkei aus. In die Berge von Goremme in Kappadokien, Osttürkei, sind viele Höhlenwohnungen von Einsiedlern geschlagen worden. Sie sind heute noch zu sehen.

Foto: ABC-Press Service, Amsterdam.

nahe bei der Stadt Antiochia stand, wurde von Hunderten von Städtern um Rat gefragt, sogar in ärztlichen Angelegenheiten. „Gottes Narr" Andries zog bisweilen in der Stadt Konstantinopel umher und wurde als Narr ernst genommen. Der liturgische Kalender der russischen Kirche zählt noch immer 36 dieser Narren. Das Mönchtum wurde durch diese Einschätzung zu einer sozial akzeptablen Ablehnung der etablierten Gesellschaft.

Der Rückzug der Mystik aus der Gesellschaft begann in Ägypten, als Antonius (251–356) im Alter von zwanzig Jahren an den Rand seines Dorfes Keman übersiedelte und danach immer weiter in die Wüste zog. Er wurde von dem Appell Jesu an den Jüngling, der alles besaß und ihm folgen wollte, angetrieben: „Verkaufe alles, was du besitzt." Und durch die Tatsache, daß die ersten Christen dies auch wirklich getan hatten.

Aus dem von Athanasius verfaßten „Leben des Antonius" geht hervor, daß dieser ebenso stark von der Unzufriedenheit mit der verweichlichten Gesellschaft motiviert wurde. Er wollte das Martyrium auf eine neue Weise fortsetzen. Er kämpfte mit den Teufeln und entdeckte, daß diese auch ihre guten Seiten hatten und daß es ein Kampf mit sich selbst war. Antonius folgten viele Anhänger, Männer und Frauen. Sie wollten durch strenge Aszese ein vollkommenes Leben führen. Entweder in Ein-Mann-Klausen oder manchmal mit einigen Schülern, manchmal eingemauert, manchmal in Kolonien, in Grotten und Höhlen zusammen wohnend. Sie verbrachten ihre Zeit damit, Schrifttexte auswendig zu lernen, sich dem Gebet zu widmen und Körbe zu flechten, die dann in der Stadt verkauft wurden. Im Sommer verließen sie oft ihre Einsiedeleien, um als Lohnarbeiter bei der Ernte zu helfen. Sie hatten eine alternative Lebensweise im Auge, auch hinsichtlich dessen, was religiös gängig war. Zu den endlosen theologischen Disputen, zuerst bei den Gnostikern, später auch bei den Christen, schwiegen sie. Sie verzichteten auf alle Kontemplation, auch auf eine Lehre der Mystik. Statt einen Weg zu entwerfen und zu lehren, wie man eins mit Gott werden solle, übten sie sich und suchten so handelnd nach einem Weg. Sie strebten nach einer Lebensweise, in der die einzige Autorität die des Charismas war: Erfahrung, Liebe und Weisheit.

Das erste Kloster wurde 320 in Tabennisi am Nil von Pachomius (286–346) gegründet. Bei seinem Tod gab es in der Umgebung von Tabennisi etwa 9000 Mönche in acht Klöstern, außerdem noch zwei Frauenklöster. Ein gewaltiger Zulauf, der bestätigte, was Pachomius vermutete, nämlich daß das Einsiedlerleben nicht für jeden geeignet sei und daß es auch die Möglichkeit geben müsse, in Gemeinschaft zu leben wie die Apostel, aber dann doch weit weg von der Stadt. Später wurden durch Basilius von Cäsarea (330–379) in Kappadokien die Klöster näher bei der Stadt errichtet und stärker auf die Gesellschaft bezogen. Innerhalb der Klostermauern wurde Sozialarbeit geleistet, man nahm Kinder auf und kümmerte sich um Waisen und Kranke. Basilius wurde zu dieser karitativen Tätigkeit auch durch die Feststellung veranlaßt, daß in Palästina das Einsiedlerleben durch Egoismus, aszetische Kraftmeierei und die Vernachlässigung der Liebe zum Mitmenschen im Niedergang begriffen war.

Der erste Einsiedler, der Bücher schrieb, war Evagrius von Pontus (346–399). Aus seinen Schriften läßt sich ableiten, daß die Stille gepflegt wurde. Die Wahrer des Schweigens suchten Heiligkeit und vollkommenes Menschsein durch einen „Zustand der Ruhe" (hesychia) zu erreichen, in der Gottesanschauung möglich wird. Dieser Ruhezustand entsteht, wenn ein Mensch innerlich frei geworden ist von allen Leidenschaften, die „apatheia" erreicht hat, nach der schon die Stoiker strebten. In dieser Ruhe kann man sich ständig mit Gott beschäftigen, im tiefsten Grund der Seele, die als Bild Gottes geschaffen und deshalb von Natur aus geeignet ist, Gott zu schauen. Diese Lehre finden wir wieder bei den „Kappadokischen Vätern", vor allem bei Gregor von Nyssa. Seine Lehre liegt auf der Linie der hellenistischen: Gott ist unerkennbar. Über Ihn läßt sich nichts sagen, aber man kann Ihn im Grund der Seele schauen, dann, wenn der Geist völlig frei von allen Leidenschaften ist.

Symeon Stylites.

Der erste Säulenheilige sitzt auf einer Säule, um die sich eine Schlange, Symbol von Sünde und Versuchung, schlängelt.

Goldplatte von einem syrischen Schrein aus dem 5. Jahrhundert.
Paris, Louvre

Gregor legt, anders als seine Vorgänger, den Nachdruck auf ein Überschreiten des eigenen Wesens.

„Je mehr sich der Geist der Schau Gottes nähert, desto deutlicher wird die Unschaubarkeit Gottes (...) Erst als Mose zur Erfahrung gekommen war, erkannte er, daß er Gott im Dunkel gesehen hatte. Das heißt: Erst da hatte er erfahren, daß das Göttliche seinem Wesen nach das ist, was höher ist als alles Erfahren und Begreifen."[81]

Diese Mönchsmystik, die stoisch, neuplatonisch und christlich zugleich ist, mit einem starken Nachdruck auf der Unerkennbarkeit Gottes, der Unerreichbarkeit seines Wesens und der ständigen Unerfülltheit des Verlangens nach Einswerdung, diese Mystik erhielt Gestalt in den Schriften des Pseudo-Dionysius, der großen Einfluß auf die westliche Mystik gehabt hat und mit dem wir uns schon ausführlich im ersten Abschnitt befaßt haben.

Die Hesychia ist im östlichen Mönchtum ständig geübt worden. Vor allem auf dem Berg Athos in Griechenland. Sie zeigt Ähnlichkeit mit dem Yoga. Den Leib reglos halten, den Blick nach innen wenden, die Gedanken aus dem Gehirn in das Herz hinabsteigen lassen. Einen kleinen, starken Text immer wieder wiederholen, im Rhythmus des Atmens. Wie etwa: „Herr Jesus Christus, erbarme dich unser". Das „Jesusgebet" ging daraus hervor.

Das Mönchtum wurde durch Johannes Cassian (360–430) im Westen bekannt. Er lebte unter Mönchen in Palästina und Ägypten, beschrieb deren Lebensweise und sammelte viele „Gespräche" mit Wüstenvätern. Er starb in Marseille. Für das westliche Mönchtum ist danach vor allem Benedikt von Nursia (480–547) bedeutsam gewesen. Nach seiner Regel läßt sich heute noch leben. Sie regelt die Harmonie eines einfachen Lebens in einer Gemeinschaft, die als Familie gesehen wird, unabhängig von der Gesellschaft, ohne Interessen außerhalb der Mauern und sich selbst ernährend. Eine Schule für „Gottsucher" unter der Leitung eines Vaters (Abbas, Abt).

Auch Augustinus (354–430) schuf Stätten für Mystik. Er ist zu einer Gestalt geworden, die sowohl die Tradition der Vergangenheit zusammenfaßte als auch eine Grundlage für die Zukunft legte. Er wurde sowohl durch Mani als auch durch Plotin stark beeinflußt, er war Mystiker und Seelsorger, hatte eine hohe Stellung in der Kirche, blieb jedoch in seinem Herzen ein Mönch. Er schrieb eine Regel für Kleriker, die eine ideale Gesellschaft im Sinne der Bergpredigt Jesu realisieren wollen, was in der normalen Gesellschaft nicht möglich ist: eine neue Form des Zusammenlebens, außerhalb der Gesellschaft und konträr zur Gesellschaft. Hier müssen daher seiner Regel zufolge andere Verhältnisse geschaffen werden. Autorität darf nicht auf Macht gründen, sondern muß ein Liebesdienst sein, wodurch man „sich eher geliebt als gefürchtet macht". Hier müssen daher Menschen, die „Mönch" werden wollen, den passenden Platz finden. Augustinus erklärt:

„Diejenigen nennt man ‚Mönche', die durch ihr einträchtiges Zusammensein gleichsam ‚monos', zu einem einzigen einfachen Wesen werden und nur noch ein Herz und einen Geist in Gott besitzen."[82]

Was am Rande der Gesellschaft entstanden war, wurde in Westeuropa zum Mittelpunkt der Kultur, als das römische Reich
von den „Barbaren" überflutet wurde. In einer kulturlosen Bar-
barei blieb in den Klöstern Kultur erhalten. Allein die Klöster
boten Bibliotheken mit alten Schriften, Unterricht, Wissenschaft, Krankenpflege ein Obdach. Sie boten auch Reisenden
militärischen Schutz, machten Gegenden urbar und waren die
einzigen Stätten mit einer stabilen Wirtschaft. Die Klöster
wurden von Söhnen sowohl des Adels als auch der Barbaren bevölkert, von Armen und Reichen, von Dummen und Geschei-
ten. Das Zusammenleben so vieler verschiedener Individuen
war nur möglich durch „Gerechtigkeit", das heißt, daß jeder
nicht das gleiche erhält, sondern das Seine: „Nach dem Maß
der Bedürfnisse eines jeden", „ohne Ansehen der Person", „den
Schwächen Rechnung tragend". Das Maß ist das des Individu-
ums. Und des Mittelwegs, der einen Ausgleich zwischen Extre-
men schafft. Wie zwischen Beten und Arbeiten. Beide sind von
Wert für das Leben mit Gott. „Pax" (Frieden) stand über der
Pforte. Klöster waren ein gesichertes Stückchen Erde, das man
als ein umfriedetes irdisches Paradies erlebte.

Innerhalb der Mauern konnte der Mönch etwas von Gottes
Herrlichkeit im himmlischen Jerusalem verspüren. Dies wurde
denn auch als eine Sehnsucht kultiviert. „Voll Sehnsucht essen
sie unaufhörlich, und beim Essen hören sie nicht auf, sich zu
sehnen", sagt Petrus Damiani (1007–1072). Sehnsucht als ein
„Getroffensein von Liebesschmerz", was sich in „Seufzern"
und in der „Gabe der Tränen" äußerte.

Westeuropa

Der Durchbruch einer neuen Kultur im 11. Jahrhundert

UM DAS JAHR TAUSEND

Nachdem die jahrhundertelangen Raubzüge und Einfälle fremder Völker ein Ende gefunden hatten, entstand in Westeuropa

Abtei von Cluny.

Holzschnitt aus dem Jahr 1481 (aus: Werner Rolewinck, Fasciculum Temporum).

ziemlich abrupt eine neue Kultur. Sie explodierte sozusagen aus dem Boden. Um das Jahr Tausend. Fast jeder, das heißt 90 Prozent der Bevölkerung, lebte bis dahin irgendwie vom Grund und Boden. Wer Boden besaß, konnte auch Leute bekommen, um diesen Boden zu bearbeiten oder zu verteidigen. Diese letzteren, die Hörigen, erhielten das Anrecht auf Lebensunterhalt und Schutz im Tausch für ihren Dienst. Fast 70 Prozent der Menschen waren hörig. Es gab fast keinen Handel, wenig Verkehr und wenig Straßen. Auch wer Mönch wurde, gelobte „stabilitas loci" (an Ort und Stelle zu bleiben). Jeder war an den Boden gebunden.

Um das Jahr Tausend wurde dieses bewegungslose, zerstükkelte, barbarische Europa plötzlich zu einem unruhigen, sich schnell entwickelnden und initiativreichen Kulturgebiet. Dieser Durchbruch war die Folge von etwas, was schon lange zuvor entstanden war: eine neue Mentalität, gekennzeichnet durch ein starkes Bewußtsein der eigenen Verantwortlichkeit. Dieses Bewußtsein ist zu einem großen Teil irischen Missionaren zu verdanken, die es im 8. Jahrhundert verstanden hatten, die Bauern davon zu überzeugen, daß Bäume und Pflanzen keine eigene Seele haben und daß man daher, wenn man in die Natur eingreifen will, Geistern keine Rechenschaft schuldig ist. Dieses Verantwortungsgefühl wurde noch dadurch verstärkt, daß die Mönche die „Ohrenbeichte" einführten. Vergebung der Sünden nach einem Bekenntnis von Ohr zu Ohr an einen Mitmenschen. Etwas bis dahin Unerhörtes und Unstatthaftes. Die

Kirche kannte nur eine öffentliche Beichte, und zwar einmal im Leben.

Der Erfolg dieser Mönche aus Irland weist darauf hin, daß die Bauernbevölkerung bereit und in der Lage war, die Natur mit technischen Mitteln produktiv zu machen ohne Schuldgefühle, Schwierigkeiten als Probleme anzusehen, die man selbst lösen muß, und sich persönlich für sein Tun und Lassen verantwortlich zu wissen.

Aus dieser Einstellung heraus entstand die neue Kultur, die im 11. Jahrhundert zum Durchbruch kam. Eine der ersten Erfindungen war eine neue Art Pflug. Größere zusammenhängende Stücke Land waren notwendig, wenn man aus dieser Erfindung vollen Nutzen ziehen wollte. Aus diesem Grund begann man, Wälder und Ödland urbar zu machen und Sümpfe trockenzulegen. Die Ernte nahm gewaltig zu, und die Hungersnöte nahmen ab. Mit dem Überschuß an Landwirtschaftsprodukten wurde anderswo Handel getrieben. Märkte erforderten ein großes Wegenetz. Der Geburtenüberschuß der bäuerlichen Bevölkerung zog in die Städte und baute Industrien auf, um unabhängig vom Boden existieren zu können. Man verwendete dafür natürliche Energiequellen, die Wind- und Wassermühlen. Auch dadurch entstand ein neuer Handel. Dies alles ist im Detail beschrieben worden von Lynn Townsend White in seinen Untersuchungen über den Zusammenhang zwischen Religion und Technik im Mittelalter.[83] Aus seiner Untersuchung geht hervor, daß eine technische Einstellung, vor allem bei den nordeuropäischen Bauern, der neuen Kultur zugrunde liegt, die im 11. Jahrhundert entstand und bis zum 16. Jahrhundert dauerte. Die heutige „technische Kultur" ist nicht vom Himmel gefallen.

Von großer Bedeutung für die europäische Kultur war auch die Initiative einiger Mönche, sich in Cluny als „exemt", das heißt nicht Bischöfen oder weltlichen Herrn hörig, niederzulassen. Sie unterstellten sich unmittelbar der Gewalt des Papstes und erkannten keine Grenzen an. Das war im Jahr 909. Ein Jahrhundert später sind dann mehr als 1100 „exemte" Klöster über ganz

Europa verstreut, miteinander verbunden durch eine einzige Autorität. Auch durch Straßen. Es ist kein Zufall, daß alle großen Pilgerstraßen an Abteien von Cluny vorbeiführten. Von diesen Abteien erhielt die wachsende Anzahl von Laien, die durch ganz Europa Wallfahrten unternahmen, Schutz und Obdach.

Cluny sorgte dafür, daß in das statische Europa buchstäblich Bewegung kam, aber auch, daß sich eine zentrale Macht herausbildete, die innerhalb des europäischen Gebietes keine Grenzen kannte. Die politische Gewalt über Westeuropa wurde fast selbstverständlich dieser zentralen Macht aufgedrängt. Es ist daher nicht verwunderlich, daß der neuen Kultur auch Religion zugrunde liegt: eine gewaltige Leidenschaft, ein einziges gläubiges christliches Volk zu werden, ein irdisches Jerusalem zu erbauen.

BAUEN AN DER STADT GOTTES

Man hatte im 11. Jahrhundert noch eine Erinnerung an den Mann, der Westeuropa für kurze Zeit geeinigt hatte, an Karl den Großen. Seine Hauptresidenz war Aachen, er lebte von 742 bis 814 und war fast ständig in seinem Reich unterwegs. Karl wollte aus den vielen heidnisch-barbarischen Stämmen ein einziges christliches Volk schmieden und sah sich selbst als den von Gott gekrönten „König und Priester". Er hatte sich dabei von einem Buch leiten lassen, das Augustinus 410 anläßlich des Falles von Rom geschrieben hatte und das von der „Stadt Gottes" handelte. Im 11. Jahrhundert wollte man diese Stadt Gottes in der gleichen Weise realisieren, wie es Karl dem Großen vor Augen gestanden hatte, aber dann im umgekehrten Sinn. Nicht aufgrund der politischen Macht – der Herrscher, der auch Priester ist –, sondern aufgrund der religiösen Macht – der Hohepriester, der auch Herrscher ist.

Augustinus hatte das Bild zweier Städte gezeichnet. Die schlechte Stadt, Babylon, hatte mit Kain begonnen, und die gute Stadt, Jerusalem, mit Abel. Augustinus hatte erklärt, daß sich die Geschichte der Menschheit wie ein immer deutlicheres Auseinanderwachsen dieser Städte vollziehen werde. In sieben

Stadien, analog den sieben Schöpfungstagen. Wir sind, so Augustinus, jetzt am Abend der sechsten Periode angelangt und am Vorabend der siebten, in der alles vollendet und zur Ruhe gekommen sein wird. Gott ist dann alles in allen. Alle werden dann in dem einen Gott ruhen. Das Datum des Übergangs in die letzte Periode ist unbekannt, doch wissen wir, noch immer nach Ansicht des Augustinus, was wir jetzt zu tun haben und welches der Sinn unseres Daseins hier und heute auf Erden ist: die Gesellschaft zu einer Stadt auszubauen, in der Gott herrscht, der alles in allen sein will. Der tiefste Impuls aller menschlichen Geschichte ist somit, nach Augustinus, ein mystischer, der vielleicht am besten durch das wiedergegeben werden kann, was er von sich selbst sagt: „Unruhig ist mein Herz, bis es ruht in Dir."

Der Aufbau der mittelalterlichen Gesellschaft ist von Anfang an mystisch inspiriert gewesen. Bei den kirchlichen Leitern im 11. Jahrhundert ist das noch stark zu spüren. Sie strebten nicht nur den Gottesstaat an, sondern suchten auch nach Wegen, Mystik und Leitung miteinander zu verbinden. Schon von Anfang – etwa 1050 – an wurde lebhaft die Frage ventiliert, ob Mystik auch aktiv sein müsse. Ob Gottesanschauung sich mit aktiver Führung vertrage. Und wie das dann aussehen solle. Heiligenleben wurden daher in diesem Sinne umgeschrieben.

Das Streben nach einem Zusammenleben wie in einer Stadt Gottes begann in der Abtei Cluny und führte 1046 zu einer Reform der Kurie in Rom. Danach machten die Päpste sich selbst, die Klöster und die Kirchen von den Grundherren frei. Zugleich bauten sie eine zentrale Autorität innerhalb der Kirche selbst auf. Gebunden an ein Amt, das durch Handauflegung weitergegeben wurde und auf die Apostel zurückging. Dieses Amt mußte von Priestern ausgeübt werden, die nicht an Familie und Geld gebunden sein sollten, also von Zölibatären. Im 13. Jahrhundert war die Stadt Gottes verwirklicht. Papst Innozenz II. (1198–1216) hatte Mittelitalien zu einem päpstlichen Staat rund um Rom gemacht. Er ernannte Kaiser und überlistete politisch alle. Jeder Papst nach ihm hatte das Monopol

Die Stadt Gottes, die die Wiedertäufer in Münster unter Leitung des Haarlemer Bäckers Jan Matthijsz und des Schneiders Jan van Leiden, hier abgebildet als König, errichteten. Nach einem Jahr des Terrors drinnen und der Belagerung der Stadt von außen endete dieses Ideal in einem Blutbad (1535).

Holzschnitt auf einer Flugschrift aus der Zeit der Belagerung.

über das „Evangelium". Was und von wem gepredigt wurde, bestimmte er. Und Gottes Gnade konnte man ausschließlich über seine kirchlichen Kanäle empfangen. Diese Macht reichte bis ins Jenseits, nachdem das „Fegefeuer" entdeckt und zum Dogma erklärt worden war. Dort zu verbüßende Strafen konnten hier mit Hilfe von „Ablässen", die vom Papst festgesetzt wurden, abgekauft werden. Jeder Europäer, wo immer er war, fiel unter seine direkte Gewalt und wurde durch die zur Pflicht gemachte Ohrenbeichte an eine Pfarrei gebunden. Innozenz fand auch die Wege, Widersacher in den kirchlichen Rahmen einzufügen oder anderenfalls zu liquidieren.

Die Stadt Gottes war ein kolossales, absolutistisches, über Leib und Geist herrschendes Heilszeichen geworden, das Trost und Sicherheit bot, in dem jedoch der mystische Impuls verkümmerte. Doch ist dieser Impuls lebendig geblieben. Das Bedürfnis nach eigener Verantwortung war von Anfang an vorhanden. Man wollte die Offenbarung gläubig annehmen, aber dann doch, „um sie zu begreifen", wie Anselm von Canterbury (1033–1109) dies formulierte. Von ihm stammt ein revolutionärer Traktat mit einer Frage als Titel: „Warum wurde Gott

Mensch?" Auch wollte man die Offenbarung für sich selbst gefühlsmäßig wahrmachen. Nicht nur, um mehr von der Wirklichkeit begreifen zu können, sondern auch, um mehr erfahren zu können. Bernhard nannte das biblische „Hohelied" nicht umsonst „Buch der Erfahrung". Mystik hat vor allem an Boden gewonnen durch Gegenbewegungen, die als Experimente begannen und sich zu Häresien oder Klosterorden entwickelten.

DAS SUCHEN UND EXPERIMENTIEREN AUFGRUND VON ERFAHRUNG

Der Tendenz, mehr zu wissen und mehr zu erfahren, genügten im 11. Jahrhundert die alten, zur Stabilität zwingenden Rahmen nicht mehr. Man zog fort aus den Klöstern. In die wilde Natur oder auch vagabundierend durch Dörfer und Städte. Unabhängig von Klosterregeln, nachdenkend über das Evangelium. Um zu sich selbst zu kommen und zu einer passenden Antwort auf die Frage: Wie führe ich ein wahrhaft christliches Leben?

Diese Eremiten und Vagabunden erzwangen Respekt, wurden vielgefragte Ratgeber oder bekamen Jünger. Typisch für diese Situation des Suchens im 11. Jahrhundert ist Bruno „der Kartäuser", geboren 1032 in Köln. Er war dort Kanoniker, wurde in Reims Kanzler und später Erzbischof, legte dieses Amt jedoch nieder und trat in die Abtei von Molesme ein. Nach einem Jahr zog er weiter in die Berge, wo er mit sechs anderen eine Einsiedelei errichtete, die noch immer existiert: „La Grande Chartreuse".

Sechs Jahre später wurde er nach Rom gerufen. Auf einer seiner Reisen mit dem Papst blieb er in einer einsamen Gegend in Kalabrien zurück und gründete dort eine zweite Einsiedelei. Erst nach seinem Tod dort im Jahr 1101 bildete sich aus beiden Einsiedeleien etwas Festes: der Kartäuserorden. Dieser und andere Einsiedlerorden, die damals entstanden, legten den Nachdruck auf das Individuum, selbst wenn man in einem Verband zusammenlebte. Auch das war neu: das Gefühl für den Wert der Person, des konkreten Menschen, auch wenn man in einer religiösen Gemeinschaft leben will.

Die Gruppen, die sich um die Sucher nach Heiligkeit bildeten, stammten aus allen Schichten der Bevölkerung. Auch Frauen beteiligten sich an diesem Ausprobieren einer christlichen Lebensweise. Man lebte oft aszetisch, verzichtete auf Fleisch, Sex und Ehe. Man stand hinter dem kirchlichen Reformbestreben, eine heilige Kirche zu schaffen, die rein und frei von Luxus war. Robert von Molesme war einer von ihnen. Er lebte mit seinen Schülern vegetarisch, arbeitete auf dem Feld, bildete eine Gruppe ohne zentrale Leitung und ohne Privilegien. Er baute auch für Frauen ein Kloster. Aus dem von ihm gegründeten Kloster in Cîteaux entstand 1098 der Zisterzienserorden.

AGGRESSIVE RELIGIOSITÄT

Die abweichende Lebensweise der religiösen Sucher, die sich „reinigen" wollten, um den Geist für den Heiligen Geist empfänglich zu machen, rief Widerstand hervor. Sie galten als Neutöner, vergleichbar den „schlüpfrigen Schlangen", oder als „Abgesandte des Antichristen, die aus ihren Verstecken zum Vorschein kommen". Oft auch wurden sie mit den bekannten Etiketten „Arianer", „Manichäer" als Ketzer gebrandmarkt. Das waren sie im 11. Jahrhundert durchaus nicht. Es handelte sich immer um eine ursprüngliche Bewegung, lokal gebunden, mit einem Leiter, ohne eine klare Lehre, ohne einen anderen Zusammenhang mit ähnlichen Gruppen als ein allgemeines religiöses Verlangen, christlich zu leben. Doch wurden sie manchmal sogar als Ketzer getötet. Nicht durch kirchliche Leiter, sondern durch die verletzte Gesellschaft, die mit zu hohen moralischen Forderungen konfrontiert wurde. So wurde im Auftrag von Robert dem Frommen 1022 eine Anzahl gelehrter Kanoniker verbrannt. Und es waren Bürger von Monteforte, die 1028 gegen den Willen des Bischofs eine Gruppe von Adeligen und die Gräfin als Ketzer auf den Scheiterhaufen schleppten. Und es waren auch Stadtbewohner, die 1048 in Châlons ungebildete Bauern lynchten.

L. White führt die Aggression im 11. Jahrhundert auf etwas

Das 11. Jahrhundert war eine Zeit des Experimentierens. Sehr viele Menschen – auch aus den Abteien – zogen sich zurück, um, allein mit sich selbst, zur Klarheit zu kommen. Manche von ihnen entdeckten, daß diese Einsamkeit, noch dazu in einer eindrucksvollen Natur, sehr geeignet ist, zu mystischen Erfahrungen zu kommen. Ihr Experiment erhielt manchmal feste Form in einem Einsiedlerorden. Einer der bedeutendsten Gründer eines solchen Ordens war Bruno der Kartäuser. Sein Orden existiert noch heute.

„Sankt Bruno", Hinterglasmalerei von Marianne van der Heijden, 1956. Foto: Lambert van Gelder.

zurück, was durch Angst vor dem Chaos und dem Neuen erregt wurde. Die Kultur des flachen Landes, aber auch die der Stadt wurden auf den Kopf gestellt. Eine neue Situation schuf Probleme, die man nicht gewollt hatte und denen gegenüber man sich lange Zeit keinen Rat wußte. Die Angst reagierte man an einem Sündenbock ab: dem Neuen, dem Fremden, der besonderen Gruppe.

Das änderte sich im 12. Jahrhundert. Da tauchten plötzlich Armutsprediger anderer Art auf, so in Köln 1145. Diese, „Katharer" genannt, forderten einen öffentlichen Disput. Sie wollten sich eventuell von ihrem Unrecht überzeugen lassen, aber nur aufgrund echter Argumente. Der Klerus nahm die Herausforderung an, aber bevor es zu einem Disput kam, waren sie schon durch ein Volksgericht verurteilt und verbrannt worden. Zwanzig Jahre später wurden wieder Katharer verbrannt, aber diesmal, nachdem sie vom Klerus gehört und verurteilt worden waren. Vierzig Jahre später machte Innozenz II. kurzen Prozeß

Die dunkle Kehrseite des Strebens nach einer idealen Gesellschaft, der Stadt Gottes, war die Abwehr und Beseitigung alles dessen, was sich nicht darein fügen wollte, vor allem der Ketzer und Juden. Auf dieser Miniatur aus einer „moralisierenden Bibel" wird eine Stelle aus dem Alten Testament aktualisiert: Die Katharer und die Juden, in den Stereotypen von falschen Liebhabern und Geldwölfen, werden in die Hölle getrieben. In einer vorhergehenden Miniatur treibt der Papst beide aus der Stadt Gottes hinaus.

Oxford, Bodleian Libr., ms 270b, fol.78 ᵣ.

mit dieser Gruppe, indem er einen sehr grausamen Kreuzzug gegen ihr Bollwerk in Südfrankreich organisierte (1208–1229) und ein kirchliches Gericht, die Inquisition, einsetzte, die jedes Aufflackern irgendwo in Zukunft aufspüren und im Feuer ersticken sollte.

Diese Aggressivität hat sich nicht als etwas Vorübergehendes erwiesen. Sie wurde vom 12. Jahrhundert an zwar von der Kirche in Bahnen gelenkt, aber das bedeutete nicht, daß die Gewalt abnahm. Im Gegensatz zu der statischen, erhabenen Innerlichkeit des christlichen Ostens war das Christentum in Europa aggressiv, weltlich und leidenschaftlich. Man wollte einen eindringlichen Kontakt mit Gott als Bruder und Mitmensch. Man forderte eine Kirche, die dies hier und jetzt möglich machen sollte. Man war von einem Sendungstrieb erfaßt, der am liebsten die ganze Welt zu einer einzigen Stadt Gottes, der christlichen, machen wollte. Man probierte eine menschliche Mystik aus, glühend vor Emotionen. Extreme wurden erprobt. Was nicht paßte, wurde weggebrannt. Diese religiöse Leidenschaft hat in zunehmenden Maße zu Blutvergießen geführt. Es wurde buchstäblich auf Leben und Tod nach neuen mystischen Wegen gesucht.

Das Streben nach einer geistlichen Stadt Gottes

DIE ARME KIRCHE

Die mystisch orientierten Bewegungen im 11. Jahrhundert waren alle von der Bibel inspiriert. Durch Texte über eine besitzlose Haltung, wie „Selig die Armen im Geist, denn ihnen gehört das Himmelreich". Oder über die Reinheit: „Selig, die ein reines Herz haben; denn sie werden Gott schauen." Oder über den Heiligen Geist, den Jesus zu senden verhieß, wenn er nicht mehr da sein werde: „Er wird euch alles lehren." Man wollte dies selbst erleben und nahm sich die Freiheit, dies zu predigen.

Im 11. Jahrhundert ging es um Armut und Reinheit des einzelnen Priesters und Mönchs, nicht um die Institute selbst. Das änderte sich im 12. Jahrhundert. Der Reichtum hatte sich inzwischen in den Kathedralen und Abteien angesammelt. Das großartigste Bauwerk in Europa war nicht mehr ein kaiserlicher Palast, sondern die Abtei von Cluny.

Es waren neue Wohlstandsgebiete entstanden, mit neuen Reichen, aber auch mit einer neuen Art von Armen. Die Kirche hatte kein Herz für diese Armen. Und die Eiferer für Armut aus dem 11. Jahrhundert waren Mönche geworden, wohnten außerhalb der Städte in Klöstern, wo Arme von jeher nur hinkommen konnten, um hörig zu werden.

Vor allem in den reichen Gegenden von Südfrankreich und Norditalien entstanden neue Gruppen, die sich hartnäckig weigerten, im Klosterverband zu leben. Sie wollten arm mit den Armen werden, wie Jesus dies vorgelebt hatte. „Nackt dem nackten Jesus nachfolgen", nannte Robert von Arbissel dies. Sie wollten eine andere „apostolische Lebensweise" vorleben. Sie selbst stammten aus den Kreisen des Adels und der neuen Reichen, der Kaufleute. Sie wollten kein Fleckchen Boden, kein Vieh, kein festes Haus. Wie Jesus, der keinen Stein hatte, auf

Eine wichtige Inspirationsquelle für Mystik war das Leben Jesu von Nazaret. In seiner Nachfolge suchte man von der Begierde freizukommen. Dazu führte man, wie er, ein besitzloses Leben und predigte dieses Leben. Dieses Armutsideal stand in krassem Gegensatz zur Kirche, die sich auf Besitz und Macht stützte, und bedeutete daher oft einen erkennbaren Protest. Auf den oben wiedergegebenen beiden Seiten aus einem Manuskript, das 1450 in Böhmen entstand, steht Jesus mit Petrus dem auf einem Thron sitzenden Papst gegenüber und hebt warnend den Finger. Texte in Tschechisch verweisen auf Texte aus der Bibel, so in der Hand Jesu: „Steckt nicht Gold-, Silber- und Kupfermünzen in euren Gürtel" (Mt 10,9), und in der Hand des Petrus: „Siehe, wir haben alles verlassen und sind dir nachgefolgt" (Mt 19,27).

Göttingen, Niedersächsische Staats- und Universitätsbibliothek, cod. theol. 182, S. 140–141.

---

den er sein Haupt legen konnte. Sie zogen predigend umher. Barfuß und mit langen Haaren, wie Jesus und seine Jünger es getan hatten. Daß gegen sie agitiert wurde, daß sie verjagt und auch von der Kirche verfolgt wurden, manchmal auf dem Scheiterhaufen endeten, das berührte sie nicht, denn auch Jesus hatte seine künftigen Jünger schon davor gewarnt und sie darob seliggepriesen. Für sie war das Evangelium die einzige Norm. Sie lasen daraus, daß Jesus sich mit den Armen identifizierte, daß sie in die Welt ziehen mußten, um das Evangelium zu verkünden, daß dies für jeden Jünger Jesu gelte und daß sie Gott mehr gehorchen müßten als den Menschen. Aus dieser

Grundinspiration heraus entstanden verschiedene Gruppierungen mit verschiedenen Namen und Zielen. Bei den meisten ging es um die Armut als ein spirituelles Ideal. Arm mit den Armen werden – und nicht umgekehrt: Arme aus ihrer Armut befreien. Bei den meisten ging es auch darum, die Kirche als „das eine christliche Volk" aufzubauen. Die machtvollen Heilszeichen, die damals entstanden, die großen Kathedralen und Abteien, waren für sie Zeichen des Wohlstands und des Reichtums und somit Zeichen des Unheils. Sie wollten eine andere Kirche: Menschen, die Jesu Leben und Lehre ernst, wörtlich nahmen. Sie gaben selbst das gute Beispiel und predigten ihren Mitchristen darüber. Ein sozialer Aufstand oder eine politische Stellungnahme von seiten des Christenvolks gegen eine reiche Kirche mit einer absoluten Macht war damals noch unvorstellbar, jedenfalls zum Scheitern verurteilt.

Einer der wenigen, die vom Armutsideal aus auch zu politischem Eingreifen kamen, war Arnold von Brescia, ein Augustiner-Chorherr. Er war von der päpstlichen „gregorianischen Reform" erfaßt und auch von einer Volksbewegung in seiner eigenen Gegend, nach dem Lumpenmarkt in Mailand „Pataria" genannt, die diese Reform auch wirklich durchführen wollte. Ihr Ideal war eine von allen Bindungen an Geld und Macht gereinigte Kirche. Arnold prangerte, wo er konnte, die Geldanhäufung der Geistlichen und der Kirche an. „Ein gewaltiger Prediger der Weltentsagung." Er unterstützte auch das Freiheitsstreben der Städte gegen kirchliche Machthaber. Er wurde verbannt und zog gehetzt durch Europa, wurde aber von einem päpstlichen Legaten nach Rom zurückgeholt und rehabilitiert. Dort predigte er wieder gegen die reiche Geistlichkeit und wurde auch wieder in das Freiheitsstreben der Stadtbewohner, der Bürger Roms, verstrickt, die sich 1142 gegen die päpstliche Herrschsucht empörten. Acht Jahre später stand er an der Spitze dieser demokratischen Bewegung und wollte tatsächlich im Zentrum der Kirche einen Anfang mit einer idealen Stadt Gottes machen. Doch war er politisch nicht gerissen genug, um das Spiel zwischen Papst und Kaiser zu durchschauen. Schließlich wurde er von seinem Schutzherrn Friedrich Barbarossa an den Papst ausgeliefert, der ihn 1155 hängen ließ.

Große Armutsbewegungen, oft auch Arbeits- und Gebetsgemeinschaften, haben sich später über die Lombardei (die „Humiliaten", Niedrigen) und über Südfrankreich (die „Armen Christi", Anhänger des Petrus Waldes, eines reichen Kaufmanns aus Lyon, der 1170 alles verschenkt hatte) ausgebreitet. Diese Armutsbewegungen wurden 1184 exkommuniziert, weil sie das Recht, zu predigen, für sich selbst beanspruchten nebst gleichen Rechten für die Frauen, die mit ihnen ziehen und predigen durften. Waldes weigerte sich, diese Rechte aufzugeben. Wenn es nicht auf Rechte ankomme, sondern auf Lehrsätze, werde er sich mühelos in alles fügen, was Rom forderte. Er tat dies schon in einer Antwort auf eine Verurteilung im Jahr 1179, aber es nützte nichts.

DIE REINE KIRCHE

Der mystische Impuls im Aufbau der Kirche äußerte sich im 12. Jahrhundert auch in Strömungen, die eine wahre „geistliche" Kirche anstrebten. Eine der ersten und stärksten Strömungen war die der Katharer. Sie hatte deutlich alle Merkmale einer alternativen Kirche, die schon stark ausgebaut war. Sie nannten sich nicht nach einem Führer, sondern nach einer Lebenshaltung: katharos bedeutet „rein". Es waren Männer und Frauen, die in Gruppen zusammenlebten, sehr entsagungsvoll, rein, aber im Verbund miteinander operierten und auf eine gleiche Art predigten.

Diese Bewegung der Katharer stammte aus Bulgarien. Sie wurde dort 980 von dem Priester Cosmas als „die neuerschienene Häresie des Bogomil" beschrieben. Bogomil war ein Pope, welcher der Lehre des Mani eine christliche Form gab. Aus der Beschreibung des Cosmas erhalten wir folgendes Bild von diesen Sektierern:

„Sanft und demütig wie Lämmer, bescheiden und bleich vom Fasten. Kein ungebührliches Wort, kein Lachen um den Mund. Sie gehen von Haus zu Haus. Sie werden als gute Chri-

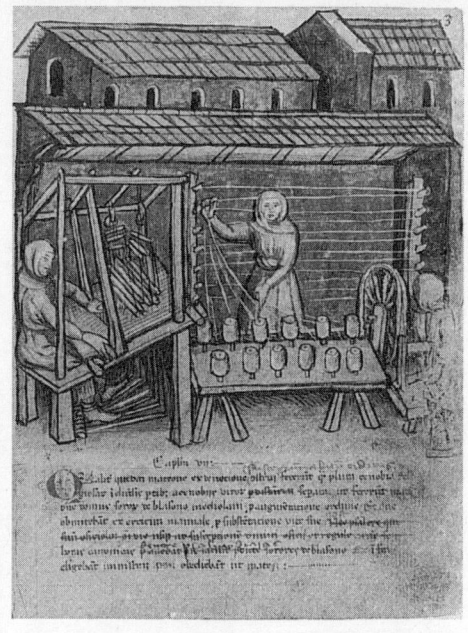

Eine der vielen Armuts-
bewegungen war die der
„Humiliaten". Sie woll-
ten in Gemeinschaft
wahrhaft „demütig" le-
ben und durch Handar-
beit den eigenen Bedarf
decken. Die Miniatur il-
lustriert, wie die Frauen
in dieser Gemeinschaft
leben und spinnen.

„Historia ordinis humi-
liatorum", um 1421.
Mailand, Pinacoteca Am-
brosiana, ms. G 301, fol.
3ʳ (= S. P.66).

sten angesehen und als vollkommene Heilige um Rat gebe-
ten." [84]

Sie bedienten sich dabei, Cosmas zufolge, eines Tricks: „Sie
seufzen und geben ihre Antwort in aller Bescheidenheit, als ob
sie wirklich wüßten, was in den Himmeln geschehen wird." In
Konstantinopel lautet im 12. Jahrhundert die Beschreibung des
Katharers:

> „... einfach und bedrückt in seiner Erscheinung, in seinem
> Gang und seiner Kleidung. Im übrigen scheinheilig, Wölfe in
> Schafspelzen. Sie halten sich an alle christlichen Vorschrif-
> ten und verkündigen indessen unauffällig eine andere Lehre,
> nämlich die des Mani." [85]

Diese Beschreibung und Anschuldigung finden wir zur gleichen Zeit in Deutschland wieder, in einer Predigt Hildegards
von Bingen. Sie beschreibt sie als „bleiche Leute" in billigen
Kleidern, mit merkwürdig gefärbten Hüten, ruhig und sanft-

mütig, ohne Geld und keusch lebend. Auch sie sieht sie als Wölfe in Schafpelzen, welche die Kirche zugrunde richten werden, wenn ihnen nicht gewehrt wird. Die Katharer haben in allem recht, aber der Kern ihrer Botschaft ist falsch. Außerdem sagen sie von sich selbt: „Wir übertreffen alle", während sie doch im trüben fischen. Dieser letzte Aspekt wird später von den Gegnern übertrieben. Im allgemeinen hat man gegen Ende des 12. Jahrhunderts von den Katharern folgende Vorstellung: Sie betreiben Pornographie und Promiskuität und begehen Kindermorde, um ihre sündige Brut verschwinden zu lassen.

Nicht alle „Reinen" hatten dieselbe Lehre und die gleiche Lebensweise. Katharer unterscheiden sich ziemlich stark von den Bogomilen und diese von den Manichäern. Doch haben sie vieles gemeinsam. Gott ist für sie Licht, Geist, Liebe, das Gute. Satan ist Finsternis, Stofflichkeit, das Böse. Die Welt wurde vom Satan erschaffen. Der Mensch war ursprünglich aus Gott geboren als Geist, wurde aber ein gefallener Engel und dadurch an einen Körper gebunden. In allen materiellen Dingen steckt noch etwas Licht. Diese Lichtfünkchen müssen gesammelt werden. Das ist der Zweck des Lebens: sich für das Gute, das Lichte, den Geist und gegen das Schlechte, die Finsternis und das Fleisch zu entscheiden.

Die Enderlösung der Welt ist ein Weltenbrand, der alles in Licht aufgehen läßt. Mit dem Tod beginnt erst das wahre Leben, wenn wir im Geist eins sind mit *dem* Geist. Und wer vor seinem Tod dieses Leben erleben will, muß versuchen, „vollkommen" zu werden. Die Katharer verstanden darunter: ohne begehrliche Liebe, ohne fleischliche Nahrung, ohne Besitzdrang, in einer Kirche ohne Macht, ohne sich auf weltliche Dinge einzulassen. Wer das nicht fertigbringen konnte und doch das Ideal teilte, gehörte als „Gläubiger" zur Kirche. Sie sahen das Leben als „Weben" an. So nannten sie sich oft : Weber. Denn auch als Glaubender, durch die Finsternis der Begierde an die Erde gebunden, konnte man doch die Lichtfünkchen in allen Dingen zu einem himmlischen Kleid zusammenweben. Eine künstlerische Tätigkeit, welche die Seele freier macht von dem schweren, niederdrückenden, finsteren Irdischen. Nicht umsonst fanden die Katharer viel Anklang in der Provence, dem Land der Troubadoure, wo auf kreativem Gebiet soviel geleistet wurde. Katharer waren auch eine Art Anarchisten; sie erkannten keine Institution ohne weiteres an, waren aber doch sozial engagiert. Sie waren gegen die etablierte Ehe, verachteten Reichtum und Luxus, waren gegen Machtmißbrauch und soziales Unrecht sowie auch gegen die Arbeit im Dienst eines Herrn. Sie wollten das Schicksal des irdischen Menschen verbessern; so gab es unter ihnen zum Beispiel viele Ärzte und viele, die ihren Reichtum mit anderen teilten.

Die Kultur der Katharer war außerdem durch eine Kultivierung der Sehnsucht gekennzeichnet. So konnte das Sterben als eine Sehnsucht nach höherem Leben erfahren werden. Auch Selbstmord war manchmal eine Äußerung dieses Verlangens. Meist ging es dann um eine bestimmte Situation im Zusammenhang mit der „Endura", einer Art Taufe durch Handauflegung. Durch diese Taufe gehörte man zu den „Vollkommenen", man durfte dann nicht mehr sündigen, und jede Sünde war dann unwiderruflich.

Die Kathararkirche wurde zu Beginn des 13. Jahrhunderts ausgerottet. Da hatten sich jedoch schon andere Bewegungen gebildet, die gleichsam „im Untergrund" die nach außen hin so mächtige Kirche untergruben. Zu ihnen gehörten vor allem die Anhänger Joachims von Fiore und Amalrichs von Bène.

DIE SPIRITUELLE KIRCHE, DIE ERBLÜHEN SOLL

Was Augustinus im Bild der Stadt Gottes sah, wurde auf originelle Weise in einer bestürzenden Vision von einem Mystiker in Südkalabrien, Joachim von Fiore (ca. 1130–1202), gesehen. Dieser Zisterzienser-Abt verließ die Abtei, gründete eine Einsiedelei in Fiore und befaßte sich sein ganzes Leben lang mit der Umsetzung seiner Vision. Von der Bibel, von der Theologie über die Heilige Dreifaltigkeit, von den wechselnden Jahreszeiten und von den Pflanzen und Sternen aus. Wie Augustinus, sieht er die Geschichte der Menschheit als ein allmähliches

Wachstum hin „zum siebten Tag ... dem Zeitalter, in dem die Gläubigen die geistige Trunkenheit kennenlernen werden, die der Heilige Geist dann über sie ausgießt".

Dieses Reich des Geistes wächst im verborgenen und wird bald anbrechen, nach einem apokalyptischen Tag, an dem das Zeitalter des Sohnes endet. Im Gegensatz zu Augustinus unterscheidet er drei Epochen: das Zeitalter Gottes des Vaters, in der Fleisch und Gesetz vorherrschen; das Zeitalter Gottes des Sohnes, in der priesterliche Herrschaft die Kirche aufbaut; und schließlich das des Geistes, in dem jeder aus sich selbst den Geist der Bergpredigt verstehen wird und in dem der Buchstabe des Evangeliums nicht mehr nötig sein wird, genauso wenig wie Sakramente und Priester. Es wird keinen Haß mehr geben, und alle Menschen, auch die Juden, werden zu dieser Kirche gehören in Freiheit unter Leitung eines „geistlichen Papstes" ohne Macht und Prunk. Der Ruf Joachims war groß und auch seine Bedeutung. Er zeigte, wie man sich eine Kirche vorstellen konnte, die anders war als die klerikale Kirche jener Zeit. Er ließ es außerdem gleichsam fühlen: Unter der Haut der klerikalen Kirche lebt diese mystische Kirche schon.

Joachim sagt, daß der Zeitpunkt der Apokalypse unbekannt sei, aber er hat doch versteckte Andeutungen gegeben, die man später als das Jahr 1260 auslegte. Die Angst des mittelalterlichen Menschen vor dem Ende der Zeiten hat sich unter anderem auf dieses Jahr fixiert und ziemliche Aufregung verursacht. Aber es gab auch Strömungen, die unabhängig von diesem Jahr die verborgene Kirche stärker machen und durch eine mystische Lebenshaltung vorbereiten wollten. Einige Gruppen von Franziskanern sahen sich später als den neuen Orden, den Joachim als Vorläufer der spirituellen Kirche vorhergesagt habe. Sie nannten sich die „Spiritualen". Auch gab es die „Amalrikaner", welche die Lehre Amalrichs von Bène mit der des Joachim von Fiore verbanden.

Amalrich von Bène, Professor an der Universität von Paris, war schon einige Jahre friedlich gestorben, als man 1210 die Schädlichkeit seiner Lehre entdeckte, sein Grab öffnete und

Das Armutsideal machte auch deutlich, daß sich Tatkraft mit Mystik, „Aktion" mit „Kontemplation" verbinden ließ. Auf dieser Miniatur aus einem Psalter von 1217 wird dargestellt, wie beide zu verbinden sind. Darüber steht geschrieben „contemplativa vita" und „activa vita" und was beide bedeuten.

Cividale, Museo Archeologico Nazionale, Elisabeth-Psalterium, fol. 173.

seine Gebeine zerstreute. Die Schädlichkeit bestand darin, daß er durch seine Lehre die Grundlage für einen neuen Menschen mit einer neuen Moral gelegt zu haben schien. Für einen Menschen, der kein Bewußtsein vom Sündigen hat, deshalb auch weder Reue noch Buße noch eine rächende Gerechtigkeit kennt. Amalrich griff zurück auf Platon, Johannes Scotus Eriugena und in einem gewissen Grad auch auf Augustinus, die alle das Böse als Nicht-Sein ansahen, als das Fehlen des Lichtes, als Finsternis. Amalrich zitiert auch Paulus, der sagt: „Gott ist alles in allen". Also alles. Wenn das Böse nicht in diesem „alles" inbegriffen ist, existiert es auch nicht. Was wir böse und Sünde nennen, ist nicht das Wesen der Dinge, mit denen Gott identisch ist. Es ist Un-Wesen. Alles, auch das, was wir Sünde nennen, geht auf Gott zurück. Das Sündige verschwindet, wenn wir die Finsternis aus unserem Bewußtsein durch das mystische Wissen, daß Gott alles in allen bewirkt, verbannen.

Diese Lehre wurde von der schnell anwachsenden Gruppe seiner Jünger in eine Lebenslehre umgesetzt. Das Paradies ist ja ein mystisches Bewußtsein, ein Wissen, daß alles in Gott ist. Hier und heute. Es gibt kein Jenseits, und wir stehen nicht durch eine Auferstehung von den Toten auf. Wir stehen aus der Finsternis auf durch eine zweite Geburt, aus dem Geist durch eine mystische „Erleuchtung". Das Reich dieses Geistes ist jetzt angebrochen. Die Gruppe, die sich zu dieser Lehre bekannte, sah sich als Stoßtrupp dieses kommenden Reiches des Geistes an, wie es Joachim von Fiore vorhergesagt hatte. Für sie waren kein Glaube und keine Hoffnung mehr nötig, weil das Reich Gottes jetzt schon in dem mystischen Bewußtsein existiert. Es bedarf nur der Liebe. Die Kraft dieser Liebe überwindet alles. Die sanften Kräfte geben den Ton an. Es war eine optimistische Lebenslehre. „Wer weiß, daß Gott in ihm ist, kann nicht traurig sein, sondern muß lachen."

Eine solche Lebenshaltung fand Anklang, auch weil man befreit war von der Frustration, in einer Kirche leben zu müssen, die behauptete, heilig zu sein, und nicht imstande zu sein schien, sich selbst von Korruption frei zu halten. Sie fand auch deshalb Anklang, weil sie etwas von dem paradiesischen Glück der „freien Kinder Gottes" kosten ließ.

Anders als die Geißelbrüder, die mit blaugeschwollenen Gliedern und blutiger Kleidung durch die Straßen zogen und das Ende des Zeitalters des Sohnes ankündigten, wurden diese Amalrikaner nicht von Angst, sondern von der optimistischen Erwartung eines mystischen Zeitalters getrieben: „In fünf Jahren kann jeder sagen: ‚Ich bin Heiliger Geist'." Aber innerhalb von fünf Jahren, zwischen 1210 und 1215, waren sie alle schon auf Scheiterhaufen in Paris und Rouen ausgerottet worden. Doch war durch sie etwas wachgerufen worden, was in anderer

Form immer wieder neu auftauchte: das Bewußtsein, daß die paradiesische Kirche schon Wirklichkeit ist, wenn wir sie im eigenen Innersten finden.

Die spirituellen Strömungen, die eine arme, mystische Bruderschaft anstrebten, hatten tiefe Wurzeln. Ihre Äußerungen zu unterdrücken erwies sich als eine nur vorübergehende Lösung, weil sie immer wieder andere Formen annahmen und als Sekten außerhalb der Kirche fortzuleben drohten, was das Ideal der einen Stadt Gottes untergrabe.

Zu Beginn des 13. Jahrhunderts befand man sich in einer Sackgasse. Der Hauptstrom des europäischen Christentums entfernte sich von der Mystik, so daß die spirituellen Strömungen in zunehmenden Maße Randerscheinungen zu werden drohten. Niemand wollte dies. Mystik wurde sogar hochgeschätzt. Doch leider wußte die Kirche keine andere Antwort darauf als Repression.

Es war nicht Rom, sondern einigen begnadeten Mystikern zu verdanken, daß sich die neuen geistigen Strömungen in diese Hauptströmung einfügen konnten und daß aus Sekten Klosterorden wurden: im wesentlichen Dominikus, Franz von Assisi und Jakob von Vitry. Vor allem der letztere hat es verstanden, der neuen weiblichen Religiosität einen Platz zu geben; doch darüber später mehr.

DOMINIKUS UND FRANZISKUS VON ASSISI

Der Spanier Dominikus de Guzman (1170–1221) kam auf einer Reise durch das französische Katharerland 1203 zu der Erkenntnis, daß vieles im Glauben der Katharer und vor allem in ihrem Lebenswandel wertvoll war und somit erhalten werden mußte. Er unterschied zwischen der Ursache – der Unzufriedenheit mit dem Wohlstandsstaat und mit der korrupten Kirche – und den Phänomenen, die daraus hervorgingen.

Dominikus kam dadurch zur Gründung eines Ordens, in dem das Suchen nach der Wahrheit an erster Stelle stehen und sodann arm gelebt werden sollte, so wie die Katharer dies taten.

Der bedeutendste Vertreter der Armutsbewegung war Franziskus von Assisi. Er verband dieses Ideal auch mit Demut und dem Verlangen nach einer Brüderschaft zwischen Menschen, die nicht nach Macht streben, und auch zwischen Mensch und Tier. Kein Geschöpf ist, vom Schöpfer aus gesehen, von geringerem Wert. Der Legende zufolge konnte Franziskus auch mit Tieren reden, und er hielt ihnen Predigten über den Schöpfer.

Zeichnung von Mattheus Paris, 1236–1250. Cambridge, Corpus Christi College, ms 16, fol. 66ᵛ.

Und er sorgte dafür, daß auch die Frauen für diese Lebensweise geeignete Stätten erhielten. Das erste Kloster, das Dominikus 1208 gründete, war für Frauen bestimmt.

Eine neue Art von Klosterorden entstand, der „Bettelorden". Dominikaner, Franziskaner und daneben noch zwei ältere Einsiedlerorden, die sich zu Bettelorden umbildeten: die Augustiner-Eremiten und die Karmeliten. Sie ließen sich in Städten nieder, erhielten das Recht, überall umherzuziehen und zu predigen, wollten keinen anderen Besitz als Einkünfte aus erwiesenen Diensten oder durch Betteln. Sie sahen Aktivität als einen Ausfluß und nicht als eine Behinderung mystischer Schauung an und stellten dieses „gemischte Leben" über das rein „kontemplative".

Der Mann, in dem der mystische Impuls der Armutsbewegung am deutlichsten sichtbar wurde, ist Franz von Assisi, geboren 1182, Sohn des reichen Kaufmanns Pietro Bernardone. Er entschied sich dafür, arm mit den Armen zu sein, nachdem er Aussätzigen die Hand gedrückt hatte.

„Und da ich fortging von ihnen, wurde mir das, was mir bitter vorkam, in Süßigkeit der Seele und des Leibes verwandelt." [86]

Später gefragt, was für ihn das höchste Glück sei, erwiderte er: „behandelt zu werden als ‚widerlich' und ‚Gesindel' und dann dieses Böse und Unrecht froh ertragen". Arme, mit denen er arm sein wollte, gehörten zu dem, was wir das „Lumpenproletariat" nennen. Abscheulich, stinkend, nicht zum Ansehen. Er selbst hat die aufsehenerregendsten Taten vollbracht, während er wie ein verlodderter Mensch aussah: in geflickter bäuerlicher Kleidung, erschöpft, ausgemergelt, fast blind. Doch wußte er sehr viele junge Leute gerade aus gutsituierten Kreisen zu bewegen, als „mindere Brüder" zu leben. Vor aller Öffentlichkeit kleidete er sich völlig nackt aus und gab alle Kleider, die er trug, seinem Vater zurück.

Gemeinsam mit Klara vermählte er sich mit „Frau Armut". Er restaurierte eine armselige Kirche, um etwas gegen den Zerfall der großen Kirche zu tun, baute eine Krippe, um die Geburt Gottes in aller Armut sichtbar zu machen, war so einfühlsam, daß er die Wundmale Jesu am eigenen Leib empfing, suchte mit Sorgfalt eine Stätte zum Sterben und ließ sich nackt auf dem Boden mit Asche bestreuen. Und dies alles mit eindrucksvoller Selbstverständlichkeit und Schlichtheit. Seine Freude äußerte er singend und tanzend, aber über seine mystischen Erfahrungen selbst sagte er wenig. Er zog sich in eine Höhle zurück und kam als ein anderer Mensch wieder heraus, das war alles.

Franziskus hatte ein besonderes Talent, zu tun, was getan werden mußte, und doch in der Kirche zu bleiben. Er war Laie und verschaffte anderen Laien Zugang zur Bibel, indem er auf Plätzen predigte, erzählend, ohne vom Dogma auszugehen. Er ging ein auf die Liebe Klaras. Er verschaffte Frauen sichere Aufenthaltsorte und zeigte, wie Laien in ihrer Familie und in ihrem Beruf doch nach dem Evangelium leben konnten.

Franziskus begründete dies nicht, er handelte einfach. Es waren also nie Thesen und Prinzipien, und nur anhand solcher konnten die Vertreter der Inquisition Häresien feststellen. Außerdem holte er die Armutsbewegung aus dem zu engen Rahmen der Kirchenreform heraus. Er wollte keinen Streit mit der Kirche, und die Sündhaftigkeit dieser Kirche interessierte ihn

Joachim von Fiore sah die Geschichte als einen Aufstieg zu einem immer spirituelleren Zusammenleben. Bald sollte seiner Aussage nach die Zeit des Geistes anbrechen, welche die äußere Kirche und den Buchstaben der Bibel überflüssig machen würde.

Auf dieser Illustration ist seine Lehre als ein Emporwachsen von zwei im Boden verwurzelten Bäumen dargestellt, die sich in Kreisen umeinanderschlingen. Jeder Kreis ist eine Epoche: Pater, Filius, Spiritus sanctus.

Miniatur aus dem 13. Jahrhundert.
Vatikan, Bibl. Apostolica.

nur wenig. „Ich will in ihnen keine Sünde sehen, denn ich erkenne den Sohn Gottes." Er blickte, mit anderen Worten, durch den korrupten Schein hindurch und ging nicht von dem Gedanken aus, daß andere so leben müßten wie er.

Er wollte nicht den Fehler der früheren Armutsbewegungen machen: daß sie, eingepaßt in die Kirche, wieder in Abteien alten Stils eingeschlossen würden. Doch schuf er die Rahmenbedingungen für seine Jüngerschaft: für Männer, für Frauen, aber auch für Verheiratete und für jene, die einen Beruf ausübten. Er verfaßte „Regeln" für sie und ging damit zum „Herrn Papst". Er wollte eine Bruderschaft, keinen festen großen „Orden".

Franziskus wollte ein Volk Gottes zusammenbringen aus allen Ständen und Ländern, das aus einem reinen Herzen und arm im Geiste leben sollte, wie es Jesus mit Worten gepredigt und in seinem Leben vorgelebt hatte. Dieses Gottesvolk fiel bei ihm nicht mit der Kirche zusammen. Auch die Moslime waren willkommen. Er schickte Brüder nach Syrien und Marokko und schloß sich unbewaffnet dem Kreuzzug von 1217 an, um mit dem Sultan Melek-el-Kamil reden zu können. Das geschah in der Tat während der Belagerung von Damiette. Er lernte daraus, daß theologische Dispute eine Beleidigung für Andersdenkende sind, und verbietet diese später denn auch. Er distanziert sich von jedem Martyrium, das aus einem Disput entsteht, auch von seinem eigenen Verlangen, Martyrer zu werden. Seine Brüder dürfen nichts tun, was beleidigend ist. Von den Kreuzzügen selbst lernt er, daß Gewalt schwer zu bannen ist, wenn religiöse Motive mit hineinspielen. Er weiß den Papst dazu zu bringen, daß der Ablaß, der den Kreuzrittern versprochen war, auch von Pilgern zu seiner Kirche in Portiuncula gewonnen werden kann. Gratis und genauso „vollkommen". Und statt der heiligen Stätten, die den Moslimen wieder abgenommen werden müssen, baut er selbst eine solche Stätte: eine Krippe in Greccio.

Eine Frucht seiner mystischen Erfahrungen, und für uns wohl die attraktivste, war, daß er in Einheit mit allem leben wollte, was existierte, mit Mitmenschen, aber auch mit Tieren, Pflanzen, der Sonne; mit Naturphänomenen, wie Feuer, Nacht und Tag, dem Tod. Das Besondere ist, daß er dies alles nicht nur von Gott aus sah, als „Fußspuren Gottes", „vestigia Dei", wie man damals sagte, sondern auch als etwas ganz Eigenes. Außerdem sah er das Harte und Grausame in der Natur, verbunden mit dem Sanften und Friedvollen. Aspekte, die auch im Leben jedes Menschen sichtbar sind. Er redete mit den Tieren, „als ob sie Verstand hätten", sagt die Legende. Er nannte alle Geschöpfe seine Brüder oder Schwestern und sah sie als eine einzige große Familie des einen Vaters.

Die demokratischen Machtverhältnisse, die in der Armutsbewegung als Ideal eingeführt wurden und die in den Bettelorden eine rechtliche Form erhalten hatten – alle sind gleich, und der Obere ist der Diener aller –, dehnte Franziskus auf die ganze Schöpfung aus. Damit ist Franziskus sehr originell gewesen, auch zu seiner Zeit. Er knüpft an die Armutsbewegung an, aber praktiziert darin genau das Gegenteil von den Katharern.

Die Schöpfung ist auch insgesamt gut, selbst dort, wo sie hart und grausam ist. Auch kann die sündigste Kreatur sich bekehren. So kanzelte er einen Wolf ab, der Schafe angriff, und der Wolf wurde zahm wie ein Lamm, erzählte man sich. Alles ist liebenswert, und man braucht mit Liebe nicht zu geizen. Vorausgesetzt, daß sie „arm im Geist" ist. Man muß frei von jeder Besitzgier oder Habsucht lieben.

Seine demokratische Haltung geht auch aus seiner Auffassung von der Armut hervor, die nicht auf dem Glauben gründet, daß materielle Dinge schlecht seien, sondern auf der Einsicht, daß jeder alles vom Schöpfer bekommen hat und daß wir darin alle gleich sind: „Wir begehen Diebstahl gegenüber dem großen Almosengeber, wenn wir nicht an die abgeben, die bedürftiger sind als wir selbst." Deshalb nennt er sich „Minder"-bruder. Er will lieber weniger (minder) haben als andere, denn mehr haben ist stehlen.

Selbst befand er sich oft in einer elenden Verfassung. Er litt zum Beispiel unter schweren Depressionen, sogar noch bei Klara, am Ende seines Lebens. Er schrieb danach seinen berühmten „Sonnengesang", in dem er auch die negativen Kräfte der Natur lobt. Alles preist Gott auf seine eigene Weise. Auch in dieser Sicht ist Franziskus originell. Früher wurden die Geschöpfe als Symbole angesehen, ausschließlich dazu bestimmt, den Menschen – den Mittelpunkt des Kosmos – zum Lob und zur Liebe Gottes zu bringen, zu seinem geistigen Nutzen. Bei Franziskus besteht alles auch um seiner selbst willen, alle Geschöpfe sind Brüder, in die Welt gesetzt aus irgendeinem Grund, aber wir wissen nicht, aus welchem. Gott ist unergründlich. Und wir können nicht sagen, das eine sei wesentlicher als das andere. Die Bedeutung jedes Geschöpfes geht auf den einen Gott zurück, von dem wir wissen, daß er in drei Personen das Sinnbild der Liebe ist, den wir aber in seiner Einheit nicht erkennen können. Gott ist der Unaussprechliche.

L. White weist darauf hin, daß diese neue Auffassung des Franziskus von der Natur eine bis dahin fehlende emotionale Basis bot für die objektive Erforschung der Natur, die Naturwissenschaften. Weshalb es auch nicht verwunderlich sei, daß es später in Oxford gerade Franziskaner waren, die eine neue Naturwissenschaft entwarfen. In der Sicht des Franziskus ist ja die Natur an sich interessant und aus sich selbst bedeutsam.

Franziskus baute eine Stadt Gottes ohne Macht, unter der Leitung von Gewählten, mit Mystik als tiefster Triebfeder, in die jeder eintreten konnte, Laie und Priester, Mann und Frau, unverheiratet und verheiratet, katholisch im breitesten Sinne des Wortes. Alles ist in den Mauern dieser Stadt willkommen: die Natur, die Triebe und die Geschehnisse, auch sogar die bösen Kräfte und die negativen Erfahrungen, wie Bruder Tod. Diese Stadt ist die Stadt der „Armen im Geist", weil aus dem Bewußtsein gelebt wird, daß alles geschenkt ist, geschenkt von einem Vater.

Gott, Liebender und Geliebter

„DIE LIEBE IST AUS GOTT, UND GOTT IST LIEBE"
In der Armutsbewegung ist wenig über Erfahrungen selbst reflektiert worden. Das geschah im 12. Jahrhundert hauptsächlich im Umkreis der Orden, die im Jahrhundert zuvor entstanden waren: Zisterzienser, Kartäuser und die Schule von Sankt Viktor. Vor allem in Mittel- und Nordfrankreich. Hier entstand auch eine ganz neue Mystik, in der „Liebe" zum Zentralbegriff wurde. Diese Mystik ist aus der Mystik der „Sehnsucht" erwachsen, wie sie in den Klöstern vor dem 11. Jahrhundert gepflegt wurde.

Diese Mystik der Sehnsucht ist am ausführlichsten von Johannes von Fécamp beschrieben worden, einem Italiener, der

Umarmung mit Augenkontakt in einem „Kommentar zum Hohenlied", einem Manuskript aus der Abtei von Clairvaux, das Bernhard gesehen haben muß. Die Braut ist hier eindeutig die Kirche.

Bibliothèque municipale Troyes, ms 1869, f.176ᵛ.

1078 als Abt in Fécamp bei Rouen gestorben ist. Seine Schriften wurden später viel gelesen, meist für „Betrachtungen" des Augustinus gehalten. Ein bezeichnender Text:

> „Man sucht in dem Maße zu essen, wie man Hunger hat, in dem Maße zu ruhen, wie man ermüdet ist; so auch sucht man Christus, vereinigt sich mit ihm und liebt ihn in dem Maße, wie man sehnsüchtig nach ihm verlangt."[87]

Schon früh wurde über Liebe nachgedacht. So zum Beispiel in einem kleinen Traktat aus der Zeit um 1005, „über die Früchte des Fleisches und des Geistes". Hier wird festgestellt, daß die Fähigkeit zum Lieben eine Quelle ist, aus der zwei Flüsse strömen. Der eine fließt in Richtung Erde, der andere in Richtung Gott. Aber erst im 12. Jahrhundert kommt man zu dem Bewußtsein, daß Gott Mensch geworden ist *und* daß Er Liebe ist. Mitmensch also *und* Liebender. Zwei Texte aus dem vierten Kapitel des Ersten Johannes-Briefs spielen dabei eine große Rolle: „Gott ist Liebe" und „Die Liebe ist aus Gott". Man las

---

Die ältesten Darstellungen einer innigen Umarmung und von Küssen sind im Mittelalter merkwürdig genug in religiösen Büchern zu finden, in den Kommentaren Bedas zum Hohenlied, hier als Schmuck im O von „Osculetur me". Im ältesten, vom Ende des 11. Jahrhunderts, ist die Braut eindeutig die Kirche: Sie hält ein Kirchengebäude im Arm, oder dieses Kirchengebäude steht im Hintergrund. Schon bald verschwindet diese Andeutung, daß es sich hier um die Liebe Christi zu seiner Kirche handelt. Wie auf nebenstehender Miniatur. Die Symbolik ist hier die Liebe Christi und der Seele geworden.

Cambridge, King's College, ms 19, fol 21ᵛ.

Die Liebe zu Gott als eine Liebe von Mensch zu Mensch wurde vor allem von Bernhard entdeckt. Er beschrieb diese Liebe als die Liebe von Mann und Frau in seinem Kommentar zum Hohenlied und erlebte diese in Visionen als Liebe zum gekreuzigten Jesus, den er umarmt und mit Küssen bedeckt.[87a]

Gemälde des Westfälischen Meisters Johann Koerbecke, um 1475. München, Alte Pinakothek.

daraus: „Gott *ist*, vom Menschen aus gesehen, dasselbe wie Liebe." Gott verlangt nach unserer Liebe als Antwort auf die seine.

Diese Antwort ist Liebe, die *aus* Gott ist, menschliche Liebe, die sich auf das Innerste der Seele richtet, den Existenzgrund, aus dem diese Liebe hervorgeht. Gott der Liebende wohnt im tiefsten Inneren, er erweckt dort Liebe und wartet dort auf den Menschen, der, in Liebe entflammt, mit ihm vereinigt werden will. Dort auch lernt der Mensch Gott kennen. Diese Liebe ist das „Auge der Seele".

Durch die Schule von Sankt Viktor wird im 12. Jahrhundert diese Tendenz zum Studienobjekt. Aus der Bibel tauchen dann viele Bilder auf, die diese neue Form der Mystik verstärken: der Mensch, nach Gottes Bild geschaffen, aus Gott geboren, Kind Gottes. Auch Gedanken des Augustinus und des Pseudo-Dionysius werden übernommen. Zum Beispiel, daß der Mensch zu Gott emporsteigt, indem er in die eigene Seele einkehrt. Daß der Weg empor über alles Erkennen hinausgeht.

Angewandt, bedeutet das nach Hugo von Sankt Viktor († 1141): Betrachtung ist eine Form des Denkens, die geübt werden muß, wenn man mit Gewinn beten können will, aber Schauung ist durch den Wegfall alles Denkens gekennzeichnet. Liebe und Erkennen fallen dann zusammen. Hugo beschreibt seine eigene Erfahrung denn auch als eine Umarmung: „Ich empfinde in meinem Innern gleichsam Umarmungen der Liebe." Anknüpfend an Plotin, glaubt Hugo, daß jeder Mensch, wenn er will, zur Mystik kommen kann. Liebe ist der Grund, wodurch alles besteht. Sie ist die tiefste Triebfeder alles dessen, was ist und lebt. In diesen Liebesgrund kann jeder Mensch sich hineinbegeben. Diese Liebe ist Gott.

Man erforschte in Sankt Viktor auch den mystischen Prozeß. Richard von Sankt Viktor († 1175) faßt diesen so zusammen: „Auf der ersten Stufe tritt Gott in die Seele ein, und die Seele kehrt zu sich selbst zurück. Auf der zweiten Stufe steigt sie über sich selbst hinaus und wird zu Gott erhoben. Auf der dritten Stufe tritt die zu Gott erhobene Seele ganz in Ihn ein.

Auf der vierten Stufe geht die Seele um Gottes willen hinaus und steigt unter sich selbst hinab."[88]

Endpunkt des Prozesses ist also nicht, daß man sich in Gott verliert, sondern daß man aufgrund dieses Verlorenseins in Gott anders lebt.

Ein bedeutender Mystiker war auch Wilhelm von Saint-Thierry (1085–1148), der aus Lüttich stammte. Er wurde Benediktiner in Reims, war befreundet mit Bernhard von Clairvaux (1090–1153), wurde nach langen Zweifeln Zisterzienser, besuchte 1144 die Einsiedelei Mont-Dieu (Gottesberg) der Kartäuser im Bistum Reims und schrieb für sie den „Brief an die Brüder vom Gottesberg". Dieses Werk ist zum Leitfaden für die spätere mittelalterliche Mystik geworden. Es wurde fälschlicherweise Bernhard zugeschrieben.

Wilhelm von Saint-Thierry geht davon aus, daß die Bewohner des Gottesberges Spezialisten der Mystik sein müssen.

„Dies ist eure Aufgabe: den Gott Jakobs zu suchen, nicht in der Weise, wie es gewöhnlich geschieht, sondern das Antlitz Gottes zu suchen, wie Jakob Ihn sah, als er sprach: ‚Ich sah den Herrn von Angesicht zu Angesicht, und meine Seele erfuhr das Heil.'"[89]

Auch bei ihm beginnt der Weg zur Mystik mit „Erkenne dich selbst".

„Die Seele ist das Bild Gottes, und weil sie sein Bild ist, lernt sie verstehen, daß sie sich mit ihm, dessen Bild sie ist, vereinigen kann und muß."[90]

Ohne die Gnade ist der Mensch zu einer gewissen mystischen Einheit fähig. Für die höhere Einheit, die der Liebe, ist jedoch Gnade nötig.

„Der Wille ist eine natürliche Geneigtheit der Seele. Bei manchen zu Gott und zum inneren Leben. Bei anderen zum Körper, dem Äußerlichen und dem Stofflichen. Wenn dieser Wille sich erhebt, ist er wie ein aufloderndes Feuer, das seinen Ursprung sucht. Das geschieht, wenn er mit der Wahrheit vereinigt und zum Höchsten bewegt wird. Dann ist er Minne. Wenn er aber durch die Gnade angetrieben und genährt wird, dann ist er Liebe. Wenn er diese Gnade empfängt, festhält und genießt, dann ist er eine geistige Einheit. Dann ist er Gott, denn Gott ist diese höchste Liebeseinheit."[91]

Was Wilhelm von Saint-Thierry formulierte, finden wir bei seinem Freund Bernhard von Clairvaux wieder, aber dann viel emotionaler. Er war kein Denker. Er hielt Wissenschaft von Gott, Theologie, für eine kalte Angelegenheit. Es ging ihm darum, aus Erfahrung zu wissen.

In der Mystik Wilhelms von Saint-Thierry ist die bloß geistige Erfahrung mit der Fleischwerdung Gottes verbunden oder, wie er es nennt, der „Kurzform" des Wortes: „Von Ewigkeit zu Ewigkeit bist du, Gott, und siehe, Er ist geworden zu einem Eintagskind." Diesem Kind, Jesus, und seiner Mutter sind 32 seiner Predigten gewidmet. Er erfährt seine Erkenntnis als einen Appell. Daß Gott uns gleich werden wollte, bedeutet, daß er uns einlädt, Ihm gleich zu werden. Es bedeutet auch, daß die mystische Liebe sich in menschlichen Ausdrücken wiedergeben läßt. Bernhard gebraucht hierfür das Hohelied aus der jüdischen Bibel. Er ist nicht der erste, der dies tut, aber bei ihm geschieht es zum erstenmal intensiv emotional, ausgiebig und aufgrund persönlicher Erfahrungen.

Bernhard fühlte sich wie eine Frau, die verliebt auf die Liebe eines Mannes eingeht. Diese Annäherung entwickelt sich dann zu einer Liebesgeschichte mit Höhepunkten, in denen beide ineinander aufgehen, und Tiefpunkten, wenn der Mann fort ist und nicht auf ihr Verlangen eingeht. Menschliche profane Liebessprache wird auf diese Weise zu mystischer Sprache. Das Typische in dieser Brautmystik ist, daß einerseits die mystische Erfahrung als Liebe gedeutet wird und nicht primär als Erleuchtung, und andererseits, daß ein starker Nachdruck auf den Unterschied zwischen Gott und Mensch gelegt wird. Sie sind und bleiben Partner mit einer eigenen Individualität.

Bernhard war ein emotionaler Mensch. Aber er war nicht uferlos in seinen Emotionen. Obwohl er sich in den höchsten Ekstasen keines Unterschieds zwischen seiner Liebe und der schöpferischen Liebe bewußt ist, bemerkt er doch, daß dies nur im Gefühl so ist, nicht in der Wirklichkeit. In Wirklichkeit bleibt das Geschöpf verschieden vom Schöpfer.

Vor allem in den letzten Jahren seines Lebens wußte Bernhard seine mystische Erfahrung mit einer unglaublichen Aktivität nach außen zu verbinden. Er wurde zu einer prominenten Gestalt, die entscheidend auf den Gang der Dinge in der Kirche einwirkte. Auch sein Einfluß auf die Frömmigkeitspraxis des einfachen Volkes ist nicht zu unterschätzen. Er selbst wird dargestellt als trinkend aus der Brust der heiligen Jungfrau oder auch als jemand, den der gekreuzigte Jesus umarmt. Dies letztere beschreibt er selbst als eine Art Vision. Bernhard versuchte, sich in das einzufühlen, was er hörte und sah. Wenn er liest, wie Maria vom Engel heimgesucht wird, stellt er sich vor, was er dem Engel selbst darauf sagen würde. So auch bei Jesus.

EIN WEIBLICHES WELTBILD: HILDEGARD VON BINGEN

Eine bemerkenswerte Tatsache ist der Auftritt von Frauen seit dem 11. Jahrhundert. Zu Anfang vor allem in den weiblichen Abteien. Sie befolgten die Regeln Benedikts, waren aber autonom, mit einer eigenen Äbtissin, die den Hirtenstab tragen durfte, wie Bischöfe. Sie waren meist sehr qualifiziert und manchmal auch originell, wie etwa Herrad von Landsberg, die einen „Hortus deliciarum" mit mindestens hundert Miniaturen verfaßte.

Unter diesen Frauen ragt vor allem die Äbtissin von Bingen, Hildegard, hervor. Sie schrieb mehr als dreihundert Briefe an den Papst, den Kaiser und andere Großen der Erde. Sie predigte im Dom von Köln und von Mainz. Schrieb Gedichte, 15 Bücher und etwa 80 Musikstücke. Sie entwarf eine Geheimsprache mit eigenen Buchstaben für den internen Gebrauch. Fertigte selbst Bauzeichnungen für ihr Kloster. Leitete ein Zentrum der Handschriftenproduktion und kümmerte sich persönlich um die Miniaturen, die dort hergestellt wurden.

Hildegard war voller Neugier auf alles und beschrieb alles genau: Kräuter, Naturprozesse, was mit dem Menschen während des Geschlechtsaktes und der Menstruation geschieht, was man für seine Gesundheit tun muß, welche Typen von Männern es gibt, wie man an dem bleichen Gesicht eines Mönches ablesen kann, daß er ohne Fleisch und Frau fertig werden muß. Sie selbst hatte eine Freundin, die sie sehr liebte, die man ihr abnehmen wollte und für die sie kämpfte, um sie bei sich zu behalten, die aber doch wegziehen mußte und nach einem Jahr dahingesiecht war.

Ein langes Leben (1098–1179), bewegt und voller Visionen. Sie ist vor allem wegen der letzteren interessant. „Als ich 42 Jahre und sechs Monate alt war, da fuhr ein heftig loderndes feuriges Licht aus offenem Himmel." So erzählt sie, wie es begann. Es war ein so überwältigendes und verwirrendes Licht gewesen, daß sie nicht wußte, wie sie darüber schreiben sollte. Dadurch war sie so frustriert, daß sie krank wurde, bis sie den Faden zu packen bekam und in dreiunddreißig Visionen die Geschichte des Alls beschrieb. Nicht als eine Stadt, die aufgebaut wird, sondern als einen Organismus, der geboren wird aus „Liebe".

Hildegard verwendet manchmal gewaltige Bilder, wie die Vergewaltigung einer Frau, die dann ein abscheuliches Monster gebiert: die Kirche. Aber das vorherrschende Bild ist das des Alls als einer Art Vagina, in deren Zentrum sich ein Ei befindet, aus dem alles hervorgeht. In der Vision, die sie 30 Jahre später empfing, nachdem sie die Katharer kennengelernt hatte, ist es eine symbolische Figur „Liebe", aus der alles geboren wird. Das Gegenbild von dem der Katharer, die eine Welt predigten, die von Satan geschaffen sei. In zehn Bildern zeigt sie, daß der Satan von Anfang an zerschmettert ist, wie aus dem Bauch der Liebe der Kosmos geboren wird mit dem Menschen als Mittelpunkt, wie der Mensch die Erde bearbeitet, wie ein göttliches Feuer durch die Menschheit geht und sie reinigt, wie eine Stadt Gottes erbaut wird, die Welt, in der die „Liebe" thront.

DIE FREIEN FRAUEN ODER DIE BEGINEN

Im Laufe des 11. Jahrhunderts hatte sich eine wachsende Zahl von Frauen den Armutspredigern angeschlossen. Sie zogen mit diesen umher, predigten selbst auch und hatten Einfluß und Ansehen. Sie wollten sich nicht in Abteien einschließen lassen. Die Kirche, später auch Bernhard, ging scharf dagegen vor. Frauen sollten sich nach Ansicht der Kirche in Frauenklöster zurückziehen. Die mit Männern umherziehenden Frauen hielten sich aber an das Argument, das Paulus geltend machte: „Haben wir nicht das Recht, eine gläubige Frau mitzunehmen, wie die übrigen Apostel und die Brüder des Herrn und wie Kephas?" (1 Kor 9,5).

Die Frauen, die auf die Forderungen der Kirche eingingen, aber, angeregt durch die neue Spiritualität Bernhards, nicht in die Abteien der Benediktinerinnen wollten, bauten Klöster in der Nähe von Zisterzienser-Abteien. Oft waren das „Doppelklöster": Frauen und Männer getrennt, aber unter einer Leitung. Das hat nur kurz gedauert. Schon bald wurde bestimmt, daß Zisterzienser keine Verantwortung für Frauen tragen dürften. Die Nonnen gingen danach ihre eigenen Wege und gründeten eigene Abteien. Am Ende des 13. Jahrhunderts gab es zweimal so viele Zisterzienserinnen wie Zisterzienser.

Vielen Frauen aber ging es um mehr. Sie wollten in keiner Weise einem Mann untergeordnet sein und suchten daher auch keinen Anschluß an einen Männerorden. Sie nahmen für sich das Recht in Anspruch, mit Gott allein zu sein, ganz für sich, in einem Häuschen an der Kirche, oft als „Reklusen" oder „Inklusen", wie man das nannte, „eingemauert". In großer Zahl ließen sich diese Frauen in unmittelbarer Nähe von Spitälern, Pesthäusern und Klöstern nieder. Aus ihren Häuschen sind später die „Beginenhöfe" entstanden. Viele Beginen wollten auch nicht an einen festen Ort gebunden sein. Sie schlossen sich den umherziehenden „Ordensmännern" an. Ebenso wie diese in Kutten gehüllt, arm, bettelnd, auch in den Kirchen predigend und singend, dichtend und von ihren Erfahrungen Zeugnis gebend. Sie lebten auf diese Weise faktisch in der Subkultur von damals, zusammen mit Vagabunden, Vaganten und anderen merkwürdigen Künstlertypen.

Im Laufe des 13. Jahrhunderts nahm der Schutz der Frauen

durch Rom festere Formen an. Vor allem als Jakob von Vitry (1170–1240), der ganz Europa durchquert hatte und überall einer neuen Form von Religiosität begegnet war, Kardinal wurde. Er sorgte 1216 dafür, daß Beginen gesetzlich geschützt wurden und eine Organisationsform erhielten, die von Klosterregeln unabhängig war. Dank seiner hartnäckigen Bemühungen blühte das Beginentum sehr schnell auf. Im Jahr 1250 gab es schätzungsweise 1200 Beginen in Lüttich, 1500 in Mecheln und 5000 in Paris.

Die Beginen-Bewegung war von Anfang an gekennzeichnet durch ein ekstatisches Erleben der „Minne", einer Liebe, die Verlangen bewirkt und den ganzen Menschen erfaßt. Jakob von Vitry berichtet darüber als der Zeuge eines neuen und besonderen Phänomens:

> „Man hat hier bestimmte Frauen gesehen, deren Gemüt so übervoll von Ergriffenheit und Liebe zu Gott war, daß sie krank wurden vor Verlangen und jahrelang kaum aus ihrem Bett aufstehen konnten. Ihre Krankheit hatte keine andere Ursache als den Geliebten, der ihre Seele vor Verlangen hinschmelzen ließ. (...) Ich habe eine Frau gekannt, die regelmäßig bis zu fünfundzwanzigmal am Tag eine Ekstase erlebte. In meiner Gegenwart überkam dieses Erlebnis sie mehr als siebenmal."[92]

Jakob von Vitry erzählt in solcher Art von allerhand Phänomenen dieser schmachtenden Liebe: zum Beispiel so heftiges Weinen, daß es Spuren auf der Wange hinterläßt; gefühllos werden; so starke seelische Trunkenheit, daß eine Frau tagelang ihre Stimme verloren hat; sinnliche Tröstung dadurch, daß sie (die Beginen) von der Hostie „einen äußerst süßen Geschmack" im Mund bekommen.

Diese Mystik paßt in die Kultur Nordeuropas und kam in Italien fast nicht vor. Dort ist denn auch kaum die Rede von Minne-Mystik. In den südlichen Niederlanden und in Deutschland war auch der Kontakt zwischen Männern und Frauen viel selbstverständlicher als im Süden. Bekannt ist die Freundschaft

Im war wie mir süß saite
spil sich lieplich zü mir zie

Du müst das bettlin rumen der
schläff wil sich inwrmen

Nach dem Vorbild Bern-
hards erlebten Zister-
zienserinnen und Begi-
nen, wie Hadewijch, die
mystische Vereinigung
als eine Einswerdung mit
dem Mann Jesus. Die Lie-
be zwischen Mann und
Frau in all ihren Aspek-
ten, verliebte Ekstase,
Läuterung, Verlangen,
Verlassenheit, Gemein-
schaft und Einswerdung,
war lange Zeit das wich-
tigste Symbol, in dem
sich das mystische Erle-
ben äußerte.

Miniatur, um 1430.
Karlsruhe, Badische Lan-
desbibliothek, mg St. Ge-
org 89 fol. 9ᵛ.

des Franziskus mit Klara und auch wie Dominikus Frauen
mochte. Aber daß Männer sich bei solchen Freundschaften unter die Leitung von Frauen stellten, ist nur im Norden zu finden. Zu den Beginen, die sich um die Hospitäler niederließen,
kamen schon bald Männer, die auf eine gleiche Art leben wollten: die „Begarden". Jakob von Vitry, aus Lüttich gebürtig, „bekehrte" sich, als er in Paris studierte. Er stellte sich unter die
Leitung einer begnadeten Begine, Maria von Oignies, so genannt, weil sie von Nijvel nach Oignies zog, um als Rekluse bei
dem Priorat zu wohnen, in das Jakob eingetreten war. Von 1207
bis zu ihrem Tod 1213 war Maria dort seine Leiterin und er ihr
Beichtvater. Jakob schrieb danach ihre Biographie und widmete
sie dem Bischof von Toulouse, der von den Katharern vertrieben worden war.

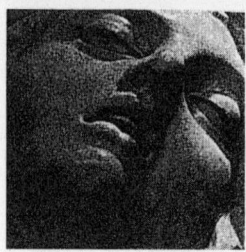

Das bekannteste Bild einer Ekstase, die zugleich sexuell und mystisch ist: die Darstellung der Verzückung Teresas von Avila durch Bernini. Was Teresa sah, war, was die Form betrifft, ein banales Etwas, das bei jedem Verliebten eintritt: von einem Pfeil ins Herz getroffen werden.

Rom, Santa Maria della Vittoria

Unter dem Einfluß Jakobs von Vitry bekehrte sich auch Thomas von Cantimpré (1201–1270). Beschrieben wird, wie er dann Leitung durch die Zisterzienser-Schwester Luitgard von Tongeren (1182–1246) suchte und schließlich Dominikaner wurde. Er schrieb ein „Leben der frommen Lutgardis" und auch einen Nachtrag zu dem Buch Jakobs von Vitry über Maria von Oignies, ferner Biographien von Christina der Wunderbaren und Margareta von Ypern.

Die Kontakte zwischen den Dominikanern und weiblichen Religiosen wurden später in Deutschland sehr intensiv. Sie haben dazu beigetragen, daß Eckhart, Tauler und vor allem Seuse eine so spezifische Mystik formulierten.

MINNEMYSTIK

Die meisten freien Frauen aus dem 12. und 13. Jahrhundert, die wir heute unter dem Namen „Beginen" – damals eines der vielen Schimpfwörter – zusammenfassen, stammten aus adligen Kreisen oder reichen Familien. Sie protestierten im allgemeinen nicht gegen den Reichtum, sondern zogen sich still zurück. Auch kannten sie keine Geringschätzung der Sexualität, aber sie wollten diese nur auf den allerhöchsten Mann richten. Die Form, die ihre Mystik erhielt, ist zu einem großen Teil unter dem Einfluß der „Ministerialen", der Adligen am Hof, entstanden.

Der „Minnesänger", ein Edelmann, der zugleich Dichter und Sänger war, pflegte ein neues Ritterideal: höfisches Wesen, gerichtet auf den Minnedienst. Es ist ein männlicher Kult um die unerreichbare Frau, die man nicht besitzen, wohl aber begehren kann. Dieser Minnekult entstand nicht nur aus einem Bedürfnis, sich als gesitteter Höfling über den barbarischen, dem Boden verhafteten Adel zu erheben, sondern auch aus der neuen Form, welche die Ehe im 12. Jahrhundert angenommen hatte. Zuvor war die Ehe immer öfter polygam als monogam und wurde weder von dem Mann noch von der Frau dominiert. Im 12. Jahrhundert aber wurde sie feudal organisiert: Mann und Frau haben fortan dieselben Pflichten, aber der Mann ist der Herr und gewährt der Frau Sicherheit im Tausch für ihre Dienstbarkeit und Untertänigkeit. Diese Ehe war auf eine gleiche Art von Vertrag gegründet, auf dem auch die Gesellschaft basierte: dem Vertrag zwischen Herr und Leibeigenem. Die Ehe war auf Fortpflanzung gerichtet. Sexualität war dem untergeordnet, und von Liebe war wenig die Rede. Diese suchte der Mann von Wohlstand außerhalb der Ehe.

Die Antwort der Frauen auf diesen männlichen Minnekult blieb nicht aus. Massen von Frauen aus höheren Kreisen, verheiratet, unverheiratet oder Witwen, trennten sich von Haus und Ehe, um ihrerseits der „Minne" zu dienen. Einer Minne, die nicht auf einen verheirateten Mann gerichtet war, nicht um männliche Minne zu erwidern, sondern auf den Mann Jesus, der Gott ist. Das Besondere dieser Frauenmystik: Sie zeigt, daß auch der Leib mit seinen Trieben in mystische Erfahrungen einbezogen ist. Und daß mystische Erfahrungen nicht nur mit kühlen Worten wie eine Schauung wiedergegeben werden können, sondern auch mit visionären Bildern.

HADEWIJCH, MECHTHILD UND ANDERE MINNEFRAUEN

Einen der Höhepunkte in dieser Mystik bildet das Werk Hadewijchs, einer Begine adliger Herkunft, die sehr belesen in der mystischen und höfischen Literatur war, wahrscheinlich aus der Umgebung von Antwerpen stammte und um die Mitte des 13. Jahrhunderts lebte. Sie übernahm an Thematik und an Stil viel von dem, was damals in aller Minneliteratur gängig war.

Aber sie ist darin doch originär, und das gilt vielleicht für den größten Teil der Frauen-Mystik. In der höfischen Minne geht es nicht um die Einswerdung mit dem Geliebten, sondern um das Erleben eines Verlangens, das unerfüllt bleibt. Minne hat nichts mit Sexualität zu tun, die auf die Zeugung von Kindern in einer Ehe gerichtet ist. In der Frauen-Mystik geht es um die *Begegnung* mit dem Geliebten und die Einswerdung. Und auch um die Betrübnis, wenn diese Einswerdung keine Aussicht auf Erfüllung hat. Bei Hadewijch kommen denn auch oft Klagegedichte vor über das Fernsein des Geliebten. Manchmal bringt sie das zur Verzweiflung: „Mich graut, daß ich lebe!" Das hat mit dem zu tun, was jeder Mystiker erlebt: dem Kontrast zwischen dem, was man in der Ekstase erfährt, und dem Alltagsleben. „Und ich kehrte zurück in mein Leid mit mancherlei großem Weh", sagt Hadewijch am Ende ihrer fünften Vision.

Bemerkenswert bei der weiblichen Mystik in jenen Tagen war auch ein stolzes Selbstbewußtsein. Dadurch kann der Mensch Gott auf gleicher Ebene lieben. Hadewijch zählt auf, wie man gute Einsichten doch falsch anwenden kann, und sagt unter anderem:

„Vernunft weiß wohl, daß man Gott fürchten muß und daß Gott groß ist und der Mensch klein. Wenn aber die Vernunft wegen ihrer Kleinheit die Größe Gottes fürchtet und es nicht mehr wagt, sich mit Gottes Größe zu messen, und daran zu zweifeln beginnt, daß sie jemals Gottes liebstes Kind werden kann,... so irrt die Vernunft."[93]

Gerade in der Seele des Menschen können Gott und Mensch einander gleich werden.

„Seele ist ein Weg, durch den Gott aus seiner Tiefe in seine Freiheit fährt. Und Gott ist ein Weg, durch den die Seele in ihre Freiheit fährt. Das ist: in seinen Grund, der nicht erreicht werden kann, sie erreiche ihn denn mit ihrer eigenen Tiefe. Und gehörte Gott ihr nicht ganz, es wäre ihr nicht genug."[94]

Ritterlichkeit bedeutet bei ihr auch, daß man negative Gefühle, der Einsamkeit, der Verzweiflung, des Grams, aushält. Tapfer bleiben und den ungewissen Weg über jedes Hindernis und jede

Grenze hinweg gehen. Die Liebe ist eine Schule und nicht ein Nachmachen dessen, was andere schon vorgemacht haben. Daran ist die Echtheit Hadewijchs zu erkennen.

Von Hadewijchs Leben wissen wir sehr wenig, von dem Leben von Beatrijs van Nazareth (1200–1268), einer Zisterzienserin aus Tienen in Belgien, um so mehr. Sie wurde von den Beginen in Nijvel erzogen. Bekannt wurde sie vor allem durch ihr Büchlein „Van seven manieren van heileger minnen" (Von sieben Arten heiliger Minne). Darin beschreibt sie den Prozeß gegenseitiger Zuneigung. Das Sich-Sehnen, das menschliche Bemühen, das Herz zu reinigen, und wie Gott dann doch unerwartet kommt „ohne jedes Zutun der menschlichen Tätigkeit". Dann spürt sie, „daß sie ganz tief versunken und verschlungen ist im Abgrund der Minne und daß sie selbst ganz und gar Minne geworden ist".

Der erste Schritt auf dem Weg zur mystischen Einswerdung ist auch bei Beatrijs der „Stolz", das Bewußtsein der eigenen Größe, wodurch der Mensch im Grunde seiner Seele Gott auf gleicher Ebene zu lieben vermag.

In Deutschland waren es vor allem Frauen in und um die Zisterzienser-Abtei von Helfta, die die Minnemystik auf außergewöhnliche Weise gelebt haben. Diese Abtei war 1258 gegründet worden, ohne übrigens von den Zisterziensern anerkannt zu werden.

Die imponierendste Mystikerin war die Begine Mechthild von Magdeburg (1210–1282), die erst im späteren Alter (1270) eintrat und in Helfta zwei Geistesverwandte vorfand: die 28jährige Mechthild von Hackeborn und deren Schülerin, die 14jährige Gertrud von Helfta. Sie haben alle drei ausgezeichnete mystische Werke hinterlassen.

Im Gegensatz zu Mechthild von Magdeburg waren die beiden jüngeren Frauen in einer Klosterschule erzogen worden und kannten Latein. Mechthild sprach nur ihre Muttersprache. Aus ihren Aufzeichnungen stellte der Dominikaner Heinrich von Halle einen Traktat zusammen: das älteste bekannte, in

Deutsch geschriebene mystische Werk. Der Titel „Das fließende Licht der Gottheit" weist auf ein Gottesbild hin, das wir
auch bei Wilhelm von Saint-Thierry und bei Hadewijch wiederfinden und das sich auf das Evangelium des Johannes stützt:
„Alles ist durch Ihn geworden. In ihm war das Leben, und das
Leben war das Licht der Menschen" (Joh 1,3 f). Das Bild von der
Schöpfung als einer Geburt allen Lebens. Diese „lebensleben-
dige" Quelle von allem ist bei Hadewijch „Minne", bei Mechthild „Licht".

Einen fernen Nachklang dieser Frauenmystik finden wir bei
„Suster Bertken", einer Rekluse, die 57 Jahre lang in einer
Klause an der Buurkerk zu Utrecht verbrachte. Sie starb 1514,
87 Jahre alt.

Die Frauen-Mystik ist oft ziemlich uferlos emotional gewesen.
Aber in ihren besten Vertreterinnen ist sie nicht etwas, wobei
man den Verstand verliert. Im Gegenteil, sie wissen, worum es
in der männlichen Mystik geht, die auf Pseudo-Dionysius gründet, aber sie glauben, daß sie selbt mehr erreichen. Hadewijch
hat dies einmal sehr klar als das „Sehvermögen der Seele" formuliert, das zwei Augen hat: die Vernunft und die Minne. Die
Vernunft kennt ihren Weg: mittels des Erkannten Gott erreichen, der über alles Erkennen hinausgeht. Die Minne fühlt ihre
Ohnmacht und kennt keine sicheren Wege:

> „Aber ihre Ohnmacht bringt sie weiter als Vernunft. Die Ver-
> nunft kommt weiter zu Gott durch das, was Gott nicht ist.
> Die Minne stellt hintan, was Gott nicht ist, und freut sich
> über ihre Ohnmacht gegenüber dem, was Gott ist. Die Ver-
> nunft ist eher zufriedengestellt als die Minne, aber die Minne
> hat mehr Wonne und Seligkeit als die Vernunft. Doch helfen
> die beiden einander sehr, denn die Vernunft lehrt die Minne,
> und die Minne erleuchtet die Vernunft. Wenn die Vernunft
> sich dann dem Verlangen der Minne hingibt und Minne sich
> zwingen und in den Rahmen der Vernunft binden läßt, so
> vermögen sie sehr große Dinge. Das kann aber niemand au-
> ßer duch Erfahrung."[95]

Verliebtheit, auch starke mystische Erfahrungen und Ekstasen, sind von vorübergehender Art. Mehr Wert messen Mystiker einer bleibenden Bewußtseinsveränderung bei. Dafür werden verschiedene Bilder gebraucht. Eines dieser Bilder entsteht merkwürdig genug fast gleichzeitig in Südindien und in Westeuropa: die mystische Vermählung. Katharina von Siena ist eine der ersten, die dies so erlebt. Teresa von Avila und Johannes vom Kreuz sind diejenigen, die dieses Bild am ausführlichsten und tiefgehendsten herausgearbeitet haben.

Die mystische Ehe Katharinas von Siena. Tafelbild gemalt von Barna da Siena, 14. Jahrhundert. Boston, Museum of Fine Arts.

Hadewijch nennt die Minne „orewoet": „den geheimnisvollen Trieb, dessen Grund niemand kennt: Den zu erkennen, der auf keine andere Weise erkennbar ist als allein im Genuß der Minne". Mechthild von Magdeburg nannte dies „ein sturm mines hertzen".

WEIBLICHE MYSTIKERINNEN UND MÄNNLICHE THEOLOGEN

Die Minne-Mystik verirrte sich zu einem Teil in die überemotionale Vorstellung von der Brautschaft mit Jesus. Vor allem auch, als Schwestern sich in die Mutterschaft Mariens hineindachten, wie Bernhard dies in bezug auf Jesus getan hatte. Sie erlebten das Gebären, Stillen und Betreuen Jesu in Visionen und machten danach eingehende Frömmigkeitsübungen daraus. Von franziskanischen Seelenführern, wie David von Augsburg, wurde vor einer Art emotionaler Inzucht gewarnt.

Dominikaner ärgerten sich über die Maßlosigkeit weiblicher

Frömmigkeit „in ihrer Sucht nach Umarmungen und Küssen" und der „Überschätzung jeder kleinen sogenannten Gnade". Eine ernsthafte Gefahr bestand ihrer Ansicht nach darin, daß diese Frauen den „Geist", ihren eigenen und den anderer Gleichgesinnten, kritiklos mit dem Geist Gottes identifizierten. Eine große Schwierigkeit für diese freien Frauen war es, ihren „Stolz" gegenüber der männlichen Kirche zu wahren, ohne mit ihr zu brechen. Männliche Theologen sahen in diesem Stolz schon bald Hochmut. So deutete Albertus Magnus 1270 die Haltung der Frauen in Ries, Bistum Augsburg, als eine ketzerische Mentalität. Sie weigerten sich nämlich, sich den Theologen zu unterwerfen, mit dem Argument, diese Männer hätten keine Ahnung, was mystische Erfahrung sei. Auch lehnten sie es ab, sich Klosterregeln zu unterwerfen. Denn durch Regeln werde der Geist geknechtet.

Wie schwer es für diese Beginen war, geht aus der Tatsache hervor, daß Mechthild von Magdeburg, bei der Suche nach Worten für ihre Erfahrungen, von Theologen zu hören bekam, daß sie Pantheistin, also eine Ketzerin sei. Sie paßte sich deren Lehre an, hielt aber zugleich an ihren eigenen Erfahrungen fest: „Ihr habt recht, ich habe recht." Wie dies miteinander zu vereinbaren sei, konnte sie nicht sagen. Sie suchte zunächst Leitung bei Dominikanern, aber um von ihrer Unsicherheit loszukommen, trat sie bei den Zisterzienserinnen von Helfta ein, krank und fast blind.

Frauen wollten nach Vereinigung mit Gott streben und in diesem Leben möglichst vollkommen werden. Der Aufruf aus früheren Zeiten: „Laßt Jesus von neuem in euch geboren werden", spielte bei ihnen eine besondere Rolle. Auch Formulierungen aus Bibel und Tradition wie: „Kind Gottes" sein, „aus Gott geboren werden", „Gott gleich werden". Sie erlebten dies und verspürten kein Bedürfnis, die Erfahrungen in allgemeingültige Thesen umzusetzen. Aber sie wurden doch damit konfrontiert.

Als Haupthäresie warf Albertus Magnus den Frauen in Ries vor, daß sie behaupteten, aus eigener Kraft Gott gleich werden zu können. „Aus eigener Kraft" bedeutete in der Theologie

„von Natur aus" und somit „ohne die Hilfe der Gnade", ohne die Kirche. Die dogmatisch festgelegte Trennung zwischen „Natur" und „Gnade" ist aber eine Denkkonstruktion, die notwendig ist, um die Macht der Kirche sicherzustellen, sie kann nicht erfahren werden. Frauen haben dieser Konstruktion offensichtlich kaum Beachtung schenken können, wenn sie ihren höchstpersönlichen Erfahrungen eine eigene Form geben wollten.

Diese nicht zu überbrückende Kluft zwischen Dogma und Erfahrung spielte auch eine Rolle bei der Verfolgung der „Brüder und Schwestern vom freien Geist", eine Sammelbezeichnung für bestimmte Gruppen von Beginen und Begarden, welche die Minnemystik auch als die Verwirklichung einer paradiesischen Kirche in ihrem eigenen Innersten erlebten. Bei diesen Verfolgungen wurden schwere Fehler gemacht. 1311 wurden alle, die Beginen oder Begarden genannt wurden, auf dem Konzil von Vienne insgesamt verurteilt. Papst Johannes XXII. veröffentlichte diesen Beschluß 1317, mußte die Verurteilung aber wieder schnellstens zurückziehen. Es zeigte sich nämlich, daß nur eine kleine vage Gruppe auch explizit behauptete, außerhalb der Kirche aus Gott leben und aus diesem Grund nicht sündigen zu können; und daß sie frei seien, zu tun, was sie tun zu müssen glaubten, denn die Liebe komme aus Gott, und wer liebt, sündige nicht. Als allgemeingültige These hingestellt, seien diese Aussagen unwahr, als Formulierung einer individuellen Erfahrung könnten sie jedoch wahr sein.

Der Verurteilung des Konzils in Vienne war in Paris die Verurteilung und Verbrennung der Begine Marguerite Porète vorausgegangen. Sie kam aus Valenciennes und hatte ein Buch geschrieben, das viel Aufsehen erregte: „Spiegel der einfachen Seelen". Pariser Theologen entdeckten zwei Häresien darin, die sie in zwei Thesen als solche erklärten. Es ging dabei um das, was Porète die „vernichtete" Seele nannte, worunter sie jemanden verstand, der ganz in Gott aufgeht. Sei dies der Fall, dann sei Tugendübung nicht mehr notwendig, sondern man sei

FREIE LIEBE

Sexualität ist in der Mystik als Symbol gebraucht oder in Visionen erlebt worden. Es ist davon kein nachweisbarer Einfluß auf das konkrete Erlebnis, wie in Indien, ausgegangen, es sei denn in Form der Freundschaft. Viele Mystiker pflegten eine Freundschaftsbeziehung mit einem Partner, und diese war nicht losgelöst von ihrer Mystik. Ein ausdrückliches Erlebnis der Sexualität als einer Form der Mystik ist nur am Rande von Kirche und Gesellschaft zu sehen. Gruppen, die dies taten, wurden oft „Adamiten" genannt, weil es ihnen um ein Erlebnis von Sexualität ging, wie sie vor der Sünde gewesen sei, der Sexualität Adams vor dem Sündenfall.

Der Kunsthistoriker Wilhelm Fraenger leitet aus dem „Garten der Lüste", einem Gemälde von Hieronymus Bosch, ab, daß dieser zu einer solchen Sekte gehörte.[95a] Zwar wird diese Folgerung bestritten, aber Tatsache bleibt doch, daß in dem „Garten" genau dargestellt ist, worum es jenen Gruppen ging. Was dies ist, wissen wir aus den Protokollen eines Verhörs, dem 1411 in Cambrai der Karmelit Wilhelm von Hildernisse unterzogen wurde, der die geistliche Leitung einer Gruppe in Brüssel hatte, die sich „Homines intelligentiae" (Menschen der Einsicht) nannten. Er hatte die Aufgabe, Menschen in das schwierigste „Geheimnis des Liebens" einzuführen: Sexualität ohne Triebbefriedigung zu erleben als „Weg nach oben" zur „Freude des Paradieses". Es handelte sich um „platonische Liebe", um Sexualität, die nicht auf Fortpflanzung, sondern auf das „Urbild" des Menschen gerichtet war, auf die Erfahrung der Einheit von Mann und Frau als „Bild Gottes", wie es im Schöpfungsbericht beschrieben ist. Diese Brüsseler Gruppe war kein isoliertes Phänomen. Ähnliche Ideen finden wir zum Bespiel auch bei den „Brüdern und Schwestern vom freien Geist" wieder. Diese wollten die Freiheit der Kinder Gottes fördern, indem sie auf alles verzichteten, was Liebe korrumpieren kann: Begierde, Habsucht, Freiheitsentzug in einer Zweck-Ehe. Indem sie frei von Begierde, Besitzstreben, Machtwollust und Trieben lebten, wollten sie auch die Ursache von Gewalt beheben.

Die Inquisition konnte überhaupt kein Verständnis für ein mögliches mystisches Erleben der Sexualität aufbringen. „Gut über Sexualität reden ist Heuchelei", war ihr Standpunkt. Mit Sprüchen wie „Im Dunkeln ist gut munkeln", reagierte „man" stets

Wie man über die Katharer dachte, die behaupteten, nach einer enthaltsamen Form des Liebens zu streben: Der schlaue Fuchs oben in der Abbildung sagt es: „Ihre ‚heilige Liebe' ist scheinheilige Schläue."

Oxford, Bodleian Libr. ms 270 b, fol. 123ᵛ.

darauf. Das war schon so bei den Adamiten im frühen Syrien oder bei den Katharern im 12. Jahrhundert und später auch bei den „Alumbrados" um Francesca Hernandez im 16. Jahrhundert in Toledo.

So ist es aber auch heute noch. Nach der „sexuellen Revolution" in den sechziger Jahren ist alles offen und frei, und jedermann ist tolerant geworden. Der Möglichkeit einer geistigen Dimension im Erleben der Sexualität mißtraut man jedoch, falls sie überhaupt zur Sprache kommen kann. Das traditionelle Symbol ist nicht nur verbraucht, es ist auch so stark in den Pornobereich gezogen, daß es unbrauchbar geworden zu sein scheint.

„Derartige Spiele verderben die guten Sitten der Römer", sagt Augustinus zu dem diskutierenden Rat der Weisen, indem er auf die Gruppe der „Adamiten" hinweist, die unter Anleitung eines hinaufzeigenden Lehrmeisters, Scipio, tanzt. So aktualisierte der Miniaturist um das Jahr 1400 eine Beschreibung im „Gottesstaat" des Augustinus.

„De civitate Dei", übersetzt von Paoul Pralles. Den Haag, Museum Meermanno-Westereenianum, ms 11, fol. 36ᵛ.

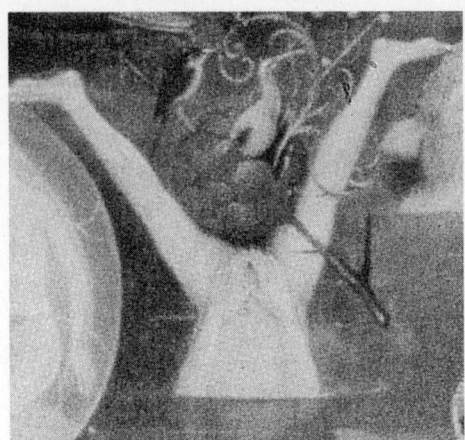

Die beherrschte Sexuali-
tät bringt paradiesische
Früchte hervor. Details
aus der mittleren Bildtafel
des „Gartens der Lüste".
Sich umsorgt fühlen in
der Natur. Vogel und me-
ditierender Mann.
Liebesgemeinschaft ohne
Unterschied des Ge-
schlechts und der Haut-
farbe.

Hieronymus Bosch, „Der
Garten der Lüste".
Madrid, Museo del Prado.

von selbst tugendhaft. Und Marguerite Porète kann sich nicht
mehr um Tröstungen bemühen, das Bedürfnis nach Tröstungen
würde nur hinderlich wirken. Sie wollte damit die „Freiheit der
Kinder Gottes" zum Ausdruck bringen, wie sie diese erfuhr. Sie
zitiert auch den Ausspruch des Augustinus: „Liebe, und dann
tue, was du willst", macht aber darauf aufmerksam, daß es sich
um eine besondere Liebe handeln muß.

Die Verbrennung Porètes ist ein tragisches Beispiel für die Entfremdung zwischen der Theologie, auf die sich die Kirche stützt, und der Mystik, die auf Erfahrung beruht.

Auf demselben Platz in Paris wurde 1372 die Begine Jeanne Dabenton verbrannt, festgebunden an die Leiche eines Begarden, der im Gefängnis gestorben war. Makabre Panikreaktionen einer vom Verfall bedrohten Kirche. Im übrigen steht fest, daß Porète von allen niederländischen Beginen den meisten Einfluß auf die spätmittelalterliche Mystik gehabt hat. Ihr Buch wurde anonym verbreitet, manchmal sogar Ruusbroec zugeschrieben.

In einem Buch über weibliche Schriftstellerinnen im Mittelalter faßt Peter Dronke die Periode, die mit Hildegard beginnt und mit Porète endete, so zusammen:

„Wo Hildegard ihre Visionen gebraucht hat, um ihre individuelle Karte des christlichen Kosmos zu zeigen, zeigen die Frauen aus dem 14. Jahrhundert die Karte ihrer Seele in Einsamkeit, wie sehr diese Seele auch durchdrungen ist vom Vorhandensein alles dessen, was christlich ist." [96]

Hildegard war umfassend gebildet und schrieb in Latein. Porète kannte ihre Seele und sprach von eigenen Erfahrungen, auf eigene Verantwortung, in ihrer Muttersprache.

Der Zug nach innen

DIE STADT GOTTES ZERFÄLLT

Im 14. Jahrhundert ist der Aufbau der Stadt Gottes vollendet. Gleichzeitig zerfällt sie.

Die päpstliche Macht war auf ihrem Höhepunkt angelangt, als Bonifaz VIII. 1303 in einer Bulle als katholische Lehre festlegte, daß der Papst die höchste Macht über alle in der ganzen Welt, auch über alle Herrscher, habe. Sechs Jahre später zog sein Nachfolger nach Avignon und wurde zur Marionette der französischen Könige. Als der Papst 70 Jahre später nach Rom zurückkehrte, fiel das Papsttum selbst auseinander. Es gab zwei rechtmäßig gewählte Päpste, zuletzt sogar drei. Diese Spaltung dauerte bis zum Jahr 1417 an.

Auch das friedliche Zusammenleben wurde schwieriger. Die Beziehungen wurden auf allen Gebieten aggressiver. Bürger kämpften gegen Bürger, Städte und Dörfer wurden mutwillig niedergebrannt, die Diskriminierung von Frauen, Juden und Mystikern nahm zu. Und dies alles in einer Zeit, in der Naturkatastrophen und Pestepidemien die europäische Bevölkerung dezimierten.

Am Ende des Jahrhunderts äußert Christine de Pisan (1364 bis ca. 1430)[97] in einem „Brief an den Gott der Liebe" ihren Ärger über die gehässige und erniedrigende Art, in der Männer über Frauen geschrieben und gesprochen hätten, während die Frau früher so geehrt und hoch geachtet worden sei. Danach schrieb sie ein stattliches Werk, in dem sie alle Frauen aus allen Zeiten und aus allen Schichten und Ständen aufrief, gemeinsam eine neue Gesellschaft aufzubauen. „Das Buch der Stadt der Frauen" lautet der vielsagende Titel.

Das Werk markiert den Übergang vom Mittelalter zur Neuzeit. Die Zeit, in der beim Aufbau der Stadt Gottes Männer wie Frauen gleichrangig als Ketzer verbrannt werden konnten, machte einer Männerkultur Platz, in der die Frau als solche suspekt war und als „Hexe" verbrannt werden konnte. Der Hexenwahn ist kein mittelalterliches, sondern ein neuzeitliches europäisches Phänomen. 1484 erschien der päpstliche „Hexenhammer". Bis ins 18. Jahrhundert hinein war er der Leitfaden für Hexenjäger, katholische wie auch protestantische.

Die Sicherheit, die das Leben in einer Stadt Gottes bot, wurde gründlich erschüttert, auch in der wissenschaftlichen Welt. Die Verbindung zwischen der göttlichen und der irdischen Welt wurde durchschnitten von englischen Franziskanern, Johannes Duns Scotus und Wilhelm von Ockham. Für sie war die Basisformel nicht mehr: „Ich glaube, um zu verstehen", sondern: „Ich glaube, weil es unverständlich ist". Es handelt sich beim Glauben um eine andere Wirklichkeit als diejenige, die wir mit unseren Sinnesorganen erreichen und mit unserem Verstand erforschen können.

Mit dieser Position war im Prinzip die Spaltung zwischen Glauben und Wissenschaft gegeben. Ockham bot außerdem wenig andere Sicherheit als die, daß Gott die Welt und die Kirche so gewollt habe, wie sie sind, und daß der Mensch sein eigenes Leben selbst in der Hoffnung auf Gnade gestalten müsse.

Mystiker haben in dieser Zeit der Spaltung nach Einheit gesucht. Aus dem zerfallenen Rom, das durch die Pest auf ein Städtchen von 20 000 Einwohnern reduziert war, agierte die mystisch begabte, visionäre Witwe Birgitta von Schweden (1303–1373) gegen die korrupte Kirche. Heftiger noch und mit mehr Autorität tat Katharina von Siena (1347–1380) dasselbe. Sie war davon überzeugt, daß ihr Wille mit dem Willen Gottes identisch sei. Sie schrieb an Fürsten und an den Papst: „Tue Gottes Willen und den meinen."

Viel konnte das alles nicht nützen. Ebenso wenig wie das Suchen nach Einheit zwischen Theologie und Mystik. Doch wurde daraus eine neue Mystik geboren, aber diese hat die Theologie nicht verjüngen können. Im Gegenteil. Die Theologen hatten die Macht und legten die neue mystische Sprache neben ihre erstarrten Formeln. Was dabei nicht paßte, mußte eben verschwinden.

Die Mystiker balancierten dadurch auf des Messers Schneide bei der erneuten Suche nach einem Weg nach innen. Über die Schriften Bloemardines, einer Begine aus Brüssel, sagt Pomerius, „daß niemand ein Körnchen Häresie darin entdecken kann, wenn er nicht Hilfe oder eine besondere Gabe von Gott empfängt, der die ganze Wahrheit lehrt". Doch glaubte Ruusbroec, darin Häresie nachweisen zu können. Ruusbroec selbst wurde später wiederum von dem Pariser Theologen Johannes Gerson der Häresie geziehen. Die Marge zwischen häretischer und orthodoxer mystischer Sprache war äußerst schmal geworden und für den einfachen Mann nicht mehr zu erkennen. Kein Wunder, daß Mystiker sich schließlich ganz zurückzogen.

IN DER „STILLEN WÜSTE": MEISTER ECKHART

Im „Herbst des Mittelalters" erblühte eine Mystik aus einer ähnlichen Entfremdung wie in der hellenistischen Zeit. Es bestand dazwischen auch eine gewisse Verwandtschaft. Ein Weg nach innen, der ein Weg empor ist. Es ist aber eine ursprüngliche Mystik geworden, die man im allgemeinen als einen Höhepunkt in der westlichen Mystik ansieht.

Die Grundlage dazu wurde von „Meister" Eckhart (ca. 1269 bis 1327) gelegt. Er war ein Dominikaner, der als Krönung seiner theologischen Studien in Köln und Paris den Magistertitel empfing, hatte leitende Funktionen im Orden in Erfurt und Straßburg und lehrte in Paris und Köln. Ein maßgeblicher, fundierter Mann, der großen Einfluß ausübte. Von entscheidender Bedeutung für seine mystische Lehre war sein Kontakt mit Frauen, insbesondere mit Dominikanerinnen, die sich nach religiöser Leitung sehnten. Zu Beginn des 14. Jahrhunderts gab es in Deutschland 74 Klöster mit durchschnittlich 80–100 Dominikanerinnen. Für diese Nonnen predigte Eckhart in der Volkssprache. Ihnen verdanken wir, daß die Predigten aufgezeichnet wurden.

Eckhart war vor allem ein Mystiker. Er konnte aufgrund eigener Erfahrung von seiner Muttersprache und auch von der Theologie aus nach einer neuen mystischen Sprache suchen. Und so die weibliche Mystik verdeutlichen und die theologische Sprache auffrischen. Oft sagt er: „Die Theologen sagen ..., aber ich verstehe es anders." Er greift auf die hellenistische Mystik zurück und beruft sich auf Origenes, Pseudo-Dionysius, Augustinus und Gregor von Nyssa. Aber er tut dies auf eine originale Weise. Bei ihm findet sich keine Spur von Dualismus, als ob die Schöpfung schlecht wäre. Er bejaht die Welt als Gottes gute Schöpfung. Auf die Frage, was er von solchen Menschen halte, die sich am liebsten in die Kirche oder in sich selbst zurückziehen, sagt er, daß dies nicht das „Beste" sei:

> „Wer aber recht daran ist, der hat Gott in Wahrheit bei sich; wer aber Gott recht in Wahrheit hat, der hat ihn an allen Stät-

ten und auf der Straße und bei allen Leuten ebensogut wie in
der Kirche oder in der Einöde oder in der Zelle."[98]

Eckhart will, wie jeder Mystiker, einen tieferen Zugang zum
menschlichen Dasein finden. Leben hat bei ihm Sinn schlecht-
hin, ohne ein „Warum", aber dann muß es doch im „lebendigen Leben" verankert sein, in dem Seelenfünklein, das „in Gott
hängt". Jeder besitzt diesen „Funken", er läßt sich nicht auslöschen, auch nicht in der Hölle. Durch ihn kann man mit Gott
in Kontakt treten. Er ist nach Gottes Bild geschaffen, ist als Urbild in Gott. Der mystische Weg ist für Eckhart daher ein Weg
zurück zum Urbild seiner selbst in Gott.

Er beschreibt die mystische Erfahrung als ein bild- und wort-
loses Einssein mit Gott und erklärt dieses aus der alten neuplatonischen Anschauung, daß der Geist in Gott ist und zu Gott
zurück will. Und auch, daß Gottes Wesen eins ist, bis Er seiner
selbst bewußt wird und sich in einem Wort ausspricht.

Dort, wo Gott eins ist, spricht Eckhart von „der stillen
Wüste, in die nie Unterschiedenheit hineinlugt". Andere Wörter dafür sind: „unbewegliche Ruhe", „wortlose Gottheit",
„nackte Gottheit", „namenloses Nichts". Erst wenn diese
Gottheit gebiert, spricht Eckhart von „Gott". Die stille Wüste
wird dann zu fruchtbarem Ackerboden, aus dem alles hervorgeht: das Bild, Wort/Sohn und der Geist. Auch der Mensch
wird aus dieser Wüste geboren, aber nicht als Bild, sondern *nach dem Bild von der* innergöttlichen Geburt. Ebenso ist im Menschen ein „Gipfel der Seele", wo alles eins ist
ohne Unterschiedenheit, eine stille Wüste, aus der Leben er-
blüht.

„Ich habe zuweilen von einem Licht gesprochen, das in der
Seele ist, das ist ungeschaffen und unerschaffbar ... (...) Und
dieses selbe Licht nimmt Gott unmittelbar, unbedeckt ent-
blößt auf, so wie er in sich selbst ist; und zwar ist das ein Aufnehmen im Vollzuge der Eingebärung."[99]

Der mystische Prozeß ist bei Eckhart eine zweifache Bewegung. Eine, die von der Gottheit, der stillen Wüste in uns
selbst, ausgeht. Dies ist eine Bewegung, in der man nach innen

gezogen wird. Dem muß dann ein Einsatz unsererseits entsprechen, der mit Selbsterkenntnis beginnt:

> „Die Leute sagen oft zu mir: ‚Bittet für mich!‘ Dann denke ich: ‚Warum geht ihr aus? Warum bleibt ihr nicht in euch selbst und greift in euer eigenes Gut? Ihr tragt doch alle Wahrheit wesenhaft in euch.‘
>
> Wo die Kreatur endet, da beginnt Gott zu sein. Nun begehrt Gott nichts mehr von dir, als daß du aus dir selbst ausgehest deiner kreatürlichen Seinsweise nach und Gott Gott in dir sein läßt." [100]

Dieses „In-sich-Selbst-Einkehren" geht immer weiter:

> „Es (das Licht) will wissen, woher dieses Sein kommt, es will in den einfältigen Grund, in die stille Wüste, in die nie Unterschiedenheit hineinlugte, weder Vater noch Sohn noch Heiliger Geist. In dem Innersten, wo niemand daheim ist, dort (erst) genügt es diesem Licht, und darin ist es innerlicher als in sich selbst. Denn dieser Grund ist eine einfältige Stille, die in sich selbst unbeweglich ist; von dieser Unbeweglichkeit aber werden alle Dinge bewegt und werden alle diejenigen ‚Leben‘ empfangen, die vernunftbegabt in sich selbst leben." [101]

Den schöpferischen Gott können wir in uns selbst mit Hilfe unseres Verstandes aus dem Erschaffenen kennenlernen, aber nach diesem Erkennen steigen wir hinab in einen Raum, wo nichts zu begreifen ist, wo keine Pfade mehr sind, in den Grund der Seele, die eins ist mit dem Grund der Gottheit. Der mystische Prozeß ist also eine allmähliche Einkehr in das Selbst, in das Ich, das über das Ego hinausgeht, das haben, kennen, begreifen will. Der „Grund der Seele" ist auch „das Fünklein der Seele", das vom Geist zu einem Liebessturm angefacht wird. Der Weg nach innen ist nicht nur ein verstandesmäßiger, sondern auch ein aszetischer, in dem der Wille durch Liebe gereinigt wird. Man muß sich selbst von aller Habsucht frei machen. „Armut im Geist" und „Reinheit des Herzens". Sich aller Bilder entledigen, die man sich von sich selbst, vom Jenseits, von Himmel und Hölle gemacht hat. Sich entledigen auch Gottes als des Objekts des Begehrens.

> „Solange ihr den Willen habt, den Willen Gottes zu erfüllen, und Verlangen habt nach der Ewigkeit und nach Gott, so lange seid ihr nicht richtig arm."[102]

Eckhart nennt dies „Abgeschiedenheit". Man hat Abschied genommen von allem, sogar von Gott. „Gott lieben wie niemanden" ist bei ihm die Kehrseite von „Gott lieben als den einen, der alles ist".

> „Wer Gott *ohne* Weise sucht, der erfaßt ihn, wie er in sich selbst ist … Wer das Leben fragte: ‚Warum lebst du?' – dem könnte es antworten: ‚Ich lebe darum, daß ich lebe'. Das kommt daher, weil das Leben aus seinem eigenen Grunde lebt und aus seinem Eigenen quillt. Die nicht nach Gut noch Ehre noch Gemach noch Lust noch Nutzen noch Innigkeit noch Heiligkeit noch Lohn noch Himmelreich trachten und sich alles dieses entäußert haben, alles Ihrigen – von diesen Leuten hat Gott Ehre, und die ehren Gott im eigentlichen Sinne und geben ihm, was sein ist."[103]

Für die Einkehr, wie Eckart sie lehrt, ist das Bewußtsein wichtig, daß der Mensch im Tiefsten seines „Ichs" von hohem Adel ist. Er ist aber insofern ein „Nichts", als sein Ego auf nichts zurückgeht. Denn „alle Kreaturen haben kein Sein, denn ihr Sein hängt an der Gegenwart Gottes. Kehrte sich Gott nur einen Augenblick von allen Kreaturen ab, so würden sie zunichte." Diese doppelte Wahrheit bringt den Menschen zur wahren Erkenntnis seiner selbst, seiner Selbständigkeit, seiner Autonomie und dessen, was sein Gewissen ist.

Die zuvor erwähnte „Nichtigkeit" des Menschen gilt auch für die Sünde. Das Böse ist nicht etwas neben Gott. Es ist nichts, ein Fehlen des Guten, nichts und allein etwas, soweit Gott darin mitspielt. In diesem Fall gilt:

> „Und darum, da Gott in gewisser Weise will, daß ich auch Sünde getan habe, so wollte ich nicht, daß ich sie nicht getan hätte, denn so geschieht Gottes Wille ‚auf Erden', das ist in Missetat, ‚wie im Himmel', das ist im Rechthandeln. In sol-

cher Weise will der Mensch Gott um Gottes willen entbehren und von Gott um Gottes willen geschieden sein, und das ist allein rechte Reue meiner Sünden." [104]

Schuldgefühle aus und wegen der Vergangenheit zu behalten hat wenig Sinn.

„Gott ist ein Gott der Gegenwart. Wie er dich findet, so nimmt und empfängt er dich, nicht als das, was du gewesen, sondern als das, was du jetzt bist." [105]

Die Bedeutung Eckharts liegt darin, daß er zum erstenmal formuliert:

– Daß wir zur Selbstentfaltung durch Selbsterkenntnis kommen müssen: durch das Wissen, daß wir nichts aus uns selbst und zugleich doch von hohem Adel sind, weil wir aus Gott sind.

– Daß die Mystik in ihrer höchsten Form zu Taten führt.

– Daß die letzte Norm unseres Handelns in uns selbst liegt: in dem „Grund", aus dem Gott in uns geboren werden will, unserem Gewissen.

– Daß wir Gott gegenüber wir selbst werden müssen. „Gott um Gottes willen verlassen." Ihm ade sagen, soweit er Objekt unseres Habens und Begehrens ist.

– Daß Lossagung vom Äußerlichen, die Aszese, Hand in Hand mit dem Offensein für jeden und alles im täglichen Leben geht.

– Daß Mystik ein zweifacher Prozeß ist: Je mehr wir alles in uns auf den „Grund" konzentrieren, in dem gleichen Maße wird Gott in uns kommen.

HINEIN- UND HINAUSGEHEN: RUUSBROEC

Am Ende seines Lebens bekam Eckhart es mit feindlichen Reaktionen zu tun. In der trüben Atmosphäre der Rivalitäten zwischen Klerus und Ordensleuten, Franziskanern und Dominikanern strengte der Erzbischof von Köln einen Prozeß gegen ihn an. Er wurde verurteilt, legte aber Berufung beim Papst in Avignon ein. Der Inquisitor der Katharer, Jacques Fournier, war auch sein Richter. Nach Eckharts Tod, wahrscheinlich in Avi-

Ruusbroec schreibt im Zonienwald bei Brüssel seine Bücher. Ein Mitbruder überträgt diese in Reinschrift. Die Inspiration ist noch zu sehen, fliegend aus dem Baum: eine Taube. Von Ruusbroec ist kein ausdrucksvolleres Bild bekannt als dieses.

Brüssel, Koninklijke Bibliotheek, ms 19, 295 bis 297, fol.2ᵛ.

gnon, wurde dem Erzbischof von Köln vom Papst eine Liste mit 29 Thesen zugesandt, die aus Eckharts Schriften entnommen waren und die nach seiner Meinung Irrlehren enthielten oder zumindest zu vage formuliert waren. Das Motiv der päpstlichen Verurteilung war: „Damit diese Formulierungen nicht weiter die Herzen der Einfachen besudeln, vor denen sie gepredigt wurden." Sie waren gepredigt vor Nonnen, aber gemeint waren vielleicht die „Schwestern vom freien Geist", die um diese Zeit auch von der Inquisition geprüft und oft verurteilt wurden.

Durch diese Verurteilung verschwand der Name Eckhart aus dem Blickfeld. Seine Schriften aber zirkulierten weiter, und seine Lehre wurde von Tauler und Seuse in etwas vorsichtigeren Formulierungen und weniger spekulativ weiterentwickelt.

Tauler sagt, daß sich über seine eigenen mystischen Erfahrungen kaum etwas sagen lasse. Er legt den vollen Nachdruck auf

Jan van Leeuwen in seiner Küche, Miniatur.

Brüssel, Koninklijke Bibliotheek Albert I, ms II 138, fol.1r.

die „Werke der Liebe". Eckhart hatte schon die Parabel von der tätigen Martha und ihrer Jesus zuhörenden Schwester Maria gegen den Strich ausgelegt: Maria hat noch nicht die höchste Form der Mystik erreicht, jene nämlich, die aus der Erfahrung zu Taten führt. Tauler achtet vor allem auf diese Taten. Und er glaubt auch, daß sich dann erst zeigen wird, was Liebe wert ist, wenn sie durch die Dürre des Geistes geht. Er gibt an, wie ein Weg zur vollen „Armut im Geist" verläuft: von der auf sich selbst gerichteten Aszese zu einem nicht mehr mit sich selbst beschäftigten Interesse für Gott.

Genauso wie Eckhart weist Tauler auf einen radikalen Weg: in der Selbstentfaltung alle Aufmerksamkeit auf die „Spitze" der Seele konzentrieren und sich dabei von aller egozentrischen Sorge abwenden. Und genauso wie Eckhart weist er auf den Zusammenhang zwischen diesen beiden Bewegungen:

„Gehst du nun gänzlich aus, so geht Gott gänzlich in dich

ein. Ebenso viel wie du ihm einräumst, soviel strömt seines
Wesens in dich ein, nicht mehr und nicht weniger."[106]
Seuse war ein sensibler Typ. Er schrieb Gedichte und malte Miniaturen. Es ist einer Frau, Elisabeth Stagel, zu verdanken, daß
uns soviel über sein Leben und seine Lehre erhalten geblieben
ist. Sein Leben ist gekennzeichnet durch Angriffe „wölfischer"
Menschen. Er verteidigte Eckhart und wurde als Lektor entlas-
sen. Er schätzte Frauen und wurde deshalb verspottet. Er trug
schwer daran. Seine Lehre gründet auf der Lehre Eckharts, ge-
glättet, einfacher formuliert und vor allem mit inniger Frömmigkeit durchlebt.

Tauler und Seuse gehörten zu den „Gottesfreunden" und hatten in diesem Kreis großen Einfluß. Die „Gottesfreunde" waren Ordensleute, männliche und vor allem weibliche, und
Laien aus allen Ständen. Sie waren über die Schweiz, Süd-
deutschland und längs des Rheins stromabwärts verstreut. Sie
bildeten ohne viel Organisation einen Kreis, in dem allerhand
Schriften zirkulierten. Neben den Werken Eckharts, Taulers
und Seuses auch Chroniken und Sterberegister von Frauenklö-
stern, Tagebücher und Lebensbeschreibungen. Die bekanntesten sind die Tagebücher von Christine Ebner († 1356) und
Adelheid Langmann († 1375) sowie der Briefwechsel Heinrichs
von Nördlingen mit Margarete Ebner († 1351). Bekannt war
auch das „Buch von den neun Felsen", geschrieben von Rulman Merswin († 1382), einem reichen Bankier aus Straßburg,
mit tiefgehenden mystischen Erfahrungen. Diesen Gottesfreunden in Straßburg schickte Ruusbroec sein Hauptwerk,
„Die geistliche Hochzeit".

Die Gedanken Eckharts, wie sie in diesem Kreis weitergegeben worden waren, wurden Anfang des 15. Jahrhunderts in dem
Buch „Theologia Deutsch" zusammengefaßt. Dieses Buch
wurde 1516 von Martin Luther übersetzt (darüber später mehr).
Auch suchte einer der interessantesten Mystiker der Schweiz
bei den Gottesfreunden in Straßburg Leitung, der Klausner Nikolaus von Flüe.

Die Gottesfreunde bekämpften die Kirche nicht. Sie wollten

auch keine neue Kirche bauen, sondern Freunde Gottes werden und einander dabei die Hand reichen. Merswin beschreibt, wie die einzelnen Christen über neun Stufen durch das Netz der korrupten Kirche hindurchbrechen sollten und daß Juden und Islamiten näher bei Gott ständen als viele Christen. Tauler zeugt von der hoffnungslosen Korruption in der Kirche. Seine Hoffnung auf das Überleben der Christenheit gründet auf den Gottesfreunden. Die weiblichen Gottesfreunde wollten vor allem durch das konkrete Leben selbst, das sie mit Gott führten, anderen einen Weg zeigen.

Die Frage, um die es vor allem ging, war: Welches ist der richtige Weg zur Mystik? Der einfache, radikale Weg Eckharts war durch die Verurteilung seiner Lehre und der der Brüder und Schwestern vom freien Geist zu einem Minenfeld geworden. Wir sehen denn auch, daß die Leiter im Kreis der Gottesfreunde vor allem aufzeigen wollen, wie die Gefahren vermieden werden können.

Die südlichen Niederlanden sind immer Brutstätten der Mystik gewesen. Vom Beginn des 11. bis zum 14. Jahrhundert war es vor allem das Bistum Lüttich und waren es Frauen, die in den Vordergrund traten: später wurde es Brabant und waren es vor allem Männer. Den Höhepunkt dieser letzteren Mystik bildet das umfangreiche Werk Ruusbroecs. Eines Mannes, der wenig Aufregendes erlebt hat, sein langes Leben in und um Brüssel verbrachte und in dessen Werk sich kaum etwas von der Grausamkeit und Turbulenz jener Zeit spüren läßt. Was in seinem Werk am meisten auffällt, ist das dahinplätschernde, breitgesponnene, unterhaltsame Schreiben, wodurch man fast wie von selbst über Stellen hinweggleitet, die allerdings grausig sind, vor allem wenn er das Liebesverhältnis zwischen Gott und Mystiker als ein gegenseitiges Verschlingen beschreibt.

„Christi Minne ist gierig und zugleich mild. (...) Sein Hunger ist über die Maßen groß. Er frißt uns ganz, denn er ist ein Nimmersatt, und er hat einen Heißhunger. (...) Könnten wir das leidenschaftliche Verlangen erkennen, das Christus für

unsere Seligkeit beseelt, wir würden uns selbst nicht zurück-
halten können und ihm an die Gurgel gehen."[107]
Das umfangreiche Werk Ruusbroecs wurde schon bald übersetzt, teilweise unter anderem von Geert Groote, vollständig
aber erst 1552. Dadurch war es, zusammen mit den Schriften
Seuses und Taulers, schon bald weit und breit bekannt. Ruusbroec beschreibt keine individuellen Erfahrungen, sondern ist
ein wahrer Lehrer: Er gibt Anleitungen, wie man mit Erfahrungen umgehen soll. Auch ist er nicht ursprünglich in seinen
Auslegungen dieser Erfahrungen. Er malt weiter am Bild Eckharts: der Gottheit, die bildlos eins ist, und dem im Sohn und
im Heiligen Geist ausströmenden Leben des gebärenden Gottes. Er wendet es auf das an, was Eckhart die höchste Form der
Mystik nennt: nach außen und nach innen gehen, tätig und
sich besinnend, engagiert, ohne daß die Einheit mit der Gottheit gestört wird.

Bilder von der See, von den Jahreszeiten und so weiter dienen
ihm dazu, dieses Aus- und Eingehen in Gott und im Mystiker
immer wieder anders zu beschreiben. Er spricht daher von dem
„ghemeynen Menschen", dem offenen Menschen, der alles mit
allen „gemein" hat, wie auch Gott „ghemeyn" ist.

Den gereiften Mystiker beschreibt er so:

„So besitzt er ein ‚ghemeynes Leben', denn Schauen und Tä-
tigsein liegen ihm gleich nah, und in beiden ist er vollkommen."[108]

Der Weg zu dieser Höhe ist bei Ruusbroec der der „geistlichen
Hochzeit". Das Buch, das diesen Titel trägt, beginnt mit dem
Bibeltext aus dem Gleichnis von den klugen und den törichten
Jungfrauen: „Siehe der Bräutigam kommt; geht hinaus, ihm
entgegen." Der Bräutigam kommt, die Braut geht ihm entgegen. Beide legen einen Weg zurück, sich aufeinander einspie-
lend. Im alttestamentlichen Hohenlied ist das beschrieben, in
Christus aufs vollkommenste verwirklicht. Im mystisch Begnadeten wiederholt sich dieses historische Geschehen auf
ganz individuelle Weise.

Mit Ruusbroec ist die mittelalterliche Mystik auf ihrem Hö-

Die Minnemystik führte bei Frauen oft zu einem geistigen Umgang mit dem Jesuskind. Hier decken „Meditatio" und „Oratio" (Gebet) das Kind zu.

Holzschnitt aus „Van die gheestelijker Kintsheyt Jesu", Antwerpen, 1488.

Im Herbst des Mittelalters war die Mystik etwas kleinkariert. Gefühlvoll mit Jesus und Maria mitempfinden. Dazu gehörten auch die Tränen. Die „Gabe der Tränen" wurde hochgeschätzt. Margery Kempe war ganz besonders damit gesegnet. Hier weinen zwei Nonnen. Der Text ist der Anfangsvers eines Liedes: „Och nu mach ic wel trueren".

Federzeichnung.
Leiden, Universitätsbibliothek, ms Ltk 2058, fol. 39^v.

Die Gabe der Tränen wurde auch bei Maria geschätzt.

Dieric Bouts, „Schmerzensmutter".
Paris, Louvre, 15. Jahrhundert.

Das Mitleid mit Jesus bedeutete auch, daß man an seinem Leiden teilnehmen wollte.
Das Leiden, das einem zustößt, mit ihm tragen, oder auch Leiden bei sich selbst hervorrufen, wie dieser Mönch, der sich unter dem Blick des segnenden Christus geißelt.

Miniatur von Venturino Mercati in Mailand, um 1470.
Sammlung und Foto: George Weidenfeld and Nicholson, Ltd., London.

hepunkt und zugleich an ihrem Ende angelangt. Er gibt den
Weg an, auf dem der Mensch im Leben des Alltags zur Ruhe
kommen kann und welcher Weg der sichere ist. Er schöpft dabei reichlich aus einer langen Tradition, durch alle Inquisiti-
onsprozesse klug geworden.

EINKEHR IN DAS EMPFINDSAME: DEVOTIO
MODERNA

Zu Ruusbroec kam 1378 ein merkwürdiger Mann zu Besuch. Er
kam aus Paris, wo er neue Bücher gekauft hatte, und war auf
der Rückreise in seine Geburtsstadt Deventer, wo er sein Haus
bis auf einige Zimmer frommen Frauen überlassen hatte. Eine
Folge der „Einkehr" nach einer tödlichen Krankheit. Dieser
Mann hieß Geert Groote. Er hatte Ruusbroecs Werk gelesen.
Der „ghemeyne Mensch" war auch das Endziel, nach dem er
innig verlangte.

Beide waren sich darin einig, daß man Gott nicht zwingen
kann, daß daher mystische Erfahrungen nicht methodisch angestrebt werden können. Und auch, daß man sich zwar „vorbereiten" kann, indem man alles Tun und Trachten auf „das
Licht, das von innen scheint" – wie Groote es nannte – konzentriert. Aber Groote war mit Ruusbroec nicht einer Meinung
über die Art der Vorbereitung. Beiden ging es um einen Halt in
einer Zeit, in der alle Sicherheit, die durch Strukturen geboten
wird, zerschlagen war. Ruusbroec hatte sich, auf der Linie Eckharts, für den Existenzgrund als einzigen Halt entschieden und
damit auch für den Weg der Selbsterkenntnis, des Wissens, daß
alles auf nichts beruht und somit keinen letzten Halt bietet,
wenn es nicht auf den Seelengrund gebaut ist.

Groote entschied sich aber für einen greifbareren Halt, den der
Tugendübung, der Selbstverleugnung und vor allem der metho-
dischen Meditation. Bei ihm war der letzte Halt nicht „die Liebe"
als Existenzgrund, sondern der „Wille Gottes", auf der Linie
Ockhams. Diesen durch nichts gebundenen Willen können wir
nicht „aus Liebe" oder „Gutheit" kennenlernen, sondern nur
aus dem, was er gewollt hat. Aus der nüchternen Faktizität. In

der Welt und in der Kirche, wie sie sind, müssen wir den Weg suchen. Und dieser Weg ist vor allem der des Ordnungschaffens.

Geert Groote starb 1384 an der Pest, 44 Jahre alt. Er hatte eine Bewegung in Gang gebracht, die sich bald über den ganzen Norden der Niederlande und Deutschlands, bis nach Skandinavien, ausbreitete und „Devotio moderna" genannt wurde. Ein eindeutiger Name. Man hatte sich für den Laien entschieden. Für einen Laien war die „devotio", die Frömmigkeit, das ganze Mittelalter hindurch das wichtigste Ergebnis der mystischen Erfahrungen gewesen. Die Verehrung des Herzens Jesu, seiner heiligen fünf Wunden, seiner heiligen Fußstapfen, seiner Mutter, der sieben Schmerzen Mariens und so fort war nicht durch die Kirche geschaffen, sondern von Mystikern „gesehen" und vom Volk praktiziert worden. Solche Frömmigkeitsübungen erfolgten nun aus innerem Antrieb, aus einem Mitempfinden und nicht von außen her angeregt, durch Anreize wie Wallfahrtsorte. Letztere könne man besser im Geist besuchen, wenn man den Kreuzweg bete und Abbildungen vor sich habe. Es war insofern eine „moderne Devotio", weil man all der Reflexionen überdrüssig war, die von den Theologen immer wieder ventiliert wurden. Auch weil der Weg für den Laien geeigneter war. Er brauchte sich nicht vor Vertretern der Inquisition zu fürchten. Er konnte den Weg in seinem Alltagsleben gehen, in der Welt, auf gleicher Ebene mit dem größten Teil der Menschheit. Die Übungen, durch die er die habsüchtige Welt in sich selbst zu verleugnen lernte, waren für jeden vollziehbar.

Die moderne Frömmigkeit bedeutete natürlich einen Verzicht auf das, was die meisten Menschen begehren: Reichtum, Ruhm, Sinnenfreuden, Macht. Es war auch eine nordische Frömmigkeit: Sie bedeutete Verzicht auf alles Übermaß an Gefühlen, größtmögliche Nüchternheit; es kommt auf das Tun an, das übrige ist Zugabe.

Der innere Weg der rheinischen und der Brabanter Mystiker, bei dem jeder Halt aufgegeben wurde, um das einzig Sichere zu erreichen, den Seelenfunken, wurde als zu schwierig und auch als zu gefährlich angesehen. Der Liebesimpuls („Liebe, und

dann tue, was du willst") als einziger Halt war nicht ohne weiteres verläßlich. Wann ist Liebe zu sich selbst Eigenliebe, und
wann ist sie auf den Seelenfunken gerichtet? Statt dessen suchten die „Devoten" den mystischen Weg in der inneren Gefühls-
welt und versuchten, aus allen vorhandenen Schriften zusam-
menzutragen, was an konkreten Übungen schon gefunden war:
Stoßgebete, Psalmen hersagen, die tägliche Gewissenserfor-
schung, in seinen Gedanken immer bei Jesus sein, fromme Gedanken bündeln, nach gewissen Techniken meditieren.

Die Schüler Grootes, die als „Brüder und Schwestern vom gemeinsamen Leben" zusammenlebten, gaben ihr Laie-Sein
nicht auf. Sie wollten keine besondere Kleidung und Behau-
sung, keine Regeln und Gelübde. Aber sie waren doch „gemein", offen, auch für die moderne Erfindung der Buchdrucker-
kunst. Sie unterrichteten an Schulen und maßen der Volkssprache, der Verbreitung von Bildern und allgemein zugänglichen
Veröffentlichungen großen Wert bei. Es war eine pietistische
Bewegung, wie deren später, vor allem in protestantischen Kirchen, so viele entstehen sollten. Innerlich, fromm, auf einen
vorstellbaren Jesus gerichtet. Bei den „modernen Devoten"
ging es um die Gestalt Jesu, der Christus und Gott ist. Der jede
Stunde seines Lebens gelitten hat. Und zwar für unsere Sünden.
Auf diesen Christus ist alle innere Zuwendung gerichtet. Der
Drei-eine Gott kommt kaum in Sicht. Eine kirchliche Liturgie
spielt keine Rolle. „Die Nachfolge Christi", geschrieben von
Thomas von Kempen im Agnetenkloster von Zwolle (ca. 1424
bis 1427), das gediegenste Werk dieser Devotio moderna, ist
auch das nach der Bibel am häufigsten wiederaufgelegte, übersetzte und verbreitete Buch. Es ist frei von allen schwierigen
Reflexionen, unabhängig von Theologie und Kirchlichkeit,
trostreich und sehr geeignet, zuinnerst mit sich selbst beschäf-
tigt zu sein. Ein Buch zu lesen ist fruchtbarer als mit jemandem
zu reden, von allzuviel Umgang mit Mitmenschen ist abzuraten, meint Thomas von Kempen. „Met een boekje in een
hoekje" (mit einem Buch in einem stillen Winkel), so lautet
auch seine Grabinschrift.

Sehr weit verbreitet und viel benutzt, bis auf den heutigen Tag, ist die Meditationstafel des Einsiedlers Nikolaus von Flüe († 1487). Sie ist nicht auf das Gericht, sondern auf die Frohe Botschaft gerichtet. Auch hier Kreise und im mittleren Kreis Christus. Nach dem ursprünglichen Gemälde sind viele Holzschnitte geschaffen worden. Der vorliegende war in einem Buch für Pilger abgedruckt, erschienen in Augsburg um das Jahr 1480.

Das Mitleid mit dem leidenden Jesus mündete im 17. Jahrhundert in die „Herz-Jesu-Verehrung", von der Millionen von Katholiken einige Jahrhunderte lang fasziniert waren. Den großen Impuls dazu gab die Visionärin Marguerite Marie Alacoque. Diese Darstellung wurde von ihr selbst 1685 in Turin gezeichnet.

Im 15. Jahrhundert finden wir überall in Nordeuropa eine neue Spiritualität, die auf den Laien gerichtet ist. In Frankreich greift der Kanzler der Pariser Universität, Johannes Gerson, Ruusbroec an, differenziert zwischen spekulativer und praktischer Mystik und betont die letztere. Er verteidigt daher Geert Groote. Die „modernen Devoten" und die „Gottesfreunde" stimmen in manchem Punkt überein. Neben der „Nachfolge" gewann auch „Das Leben Christi", 1377 von Ludolf von Sachsen geschrieben, großen Einfluß. Seuse war in den Kreisen der „Devoten" ebenfalls sehr beliebt. Groote hatte sich in ihm wiedererkannt und übersetzte sein „Horologium sapientiae", eine Art Brevier für Laien. In viele Stundenbücher von „Devoten" wurden die hundert Meditationspunkte Seuses übernommen. Meditation bestand zu jener Zeit nicht mehr darin, still und leer zu werden, um zu sich selbst zu kommen, sondern, im Gegenteil, darin, geistig aktiv zu werden mit einer Abbildung oder einem Text vor sich. Das Meditationsbild, das Nikolaus von Flüe gemalt hatte, wurde als Holzschnitt weit und breit bekannt. Es wurden allenthalben ähnliche Bilder geschaffen, unter anderem von Hieronymus Bosch. Damit bezweckte man, das Ende des Lebens in den Blick zu bekommen: Tod, Gericht, Himmel und Hölle. Und wie Christus uns den Weg zum Himmel durch den Tod hindurch vorgelebt hat. Der Mittelpunkt dieser Meditationsbilder war dann meist der Christus in seiner himmlischen Glorie, als Bild der Einswerdung mit Gott.

IN DER WOLKE DES NICHT-WISSENS: ENGLAND

Im 14. Jahrhundert entstand auch in England eine eigene Mystik. Es ist eine Einsiedlermystik, in der die Frau eine Hauptrolle spielt, entweder als Eremitin oder weil Männer, wie Richard Rolle und Walter Hilton, ihr Werk für bestimmte Eremitinnen schrieben. In dieser Mystik wird betont, daß Gott nicht durch Wissen erreicht werden kann, sondern durch Liebe. Auch der Laiencharakter ist stark betont. Die Frauen waren keine Ordensfrauen, sondern freie Frauen, die sich „einmauern" ließen: Reklusen. Sie hatten keine Ordensregeln, sondern eine Art Handbücher, die kaum kirchlich waren, bar jeder theologischen Reflexion und ganz auf das praktische Tun gerichtet. In ihnen ist kein Bedürfnis zu verspüren, ein Steinchen zum Aufbau der Stadt Gottes beizutragen. Man sucht das Heil in einem Winkel der Kirche, mit Gott allein.

Das bekannteste Handbuch, das die weiblichen Reklusen gebrauchten, war „Ancrene Riwle", geschrieben in der Volkssprache mit dem Nachdruck auf Übungen, die zum Ziel hatten, eine gefühlsmäßige „Inbrunst" zu erzeugen. Eine ältere „Regel für eingemauerte Frauen" stammte von Aelred van Rievaulx (1100–1167), dem ersten mystischen Schriftsteller, der die Bedeutung persönlicher Freundschaften erkannte. Auch die harten Seiten der menschlichen und der göttlichen Liebe scheint er zutiefst erlebt zu haben. Er berichtet darüber:

„Du hast gerufen, Herr, geschrien, mich aufgeschreckt und meine Taubheit durchbrochen. Du hast mich gestoßen, geschlagen und meinen Starrsinn besiegt. Du hast mich gezeichnet, verständig gemacht und meine Bitterkeit ans Licht gebracht." [109]

Auch bei den zwei bekanntesten Frauen, die mystische Schriften verfaßt haben, sehen wir eine auffällige Sensibilität für das Gewalttätige. Margery Kempe (ca. 1373–1440), Mutter von 14 Kindern, ist ein typisches Beispiel für eine Frau, die durch die Gewalt ihrer Zeit so sehr die Fassung verloren hatte, daß sie beim geringsten Kontakt mit Gewalt – wenn sie ein verletztes Tier fand oder Zeugin war, wie ein Kind geschlagen wurde, wenn sie ein Kruzifix sah – „Weinkrämpfe und Tobsuchtsanfälle" bekam. „Wenn sie so etwas sah oder hörte, glaubte sie zu sehen, wie der Heiland geschlagen oder verwundet wurde." Sie versuchte sich zu beherrschen, vor allem dadurch, daß sie sich die unendliche Güte aller Dinge in Gott vergegenwärtigte.

„Denn Du bist so gut, daß Du nicht besser sein könntest. Deshalb ist es ein Wunder, daß ein Mensch für ewig von Dir getrennt sein sollte." [110]

Margery Kempe suchte Leitung bei einer anderen Frau, Juliana von Norwich (1342–1422). Diese lebte als Rekluse in Norwich, einer reichen, blühenden Stadt, die Handel mit Holland und dem Rheinland trieb. Die vielen Reklusen dieser Stadt haben nicht zufällig vieles mit den Beginen gemeinsam. Wie zum Beispiel die Begine Mechthild von Magdeburg, ringt auch Juliana mit dem Problem, wie sie etwas über ihre eigenen Erfahrungen schreiben soll, ohne sich selbst untreu zu werden oder in Konflikt mit der Kirche zu geraten. Eigene Erfahrung und kirchliche Lehre, sie sind beide wahr, meinte Juliana, aber sie konnte die Kluft zwischen beiden nicht überbrücken. Sie sprach daher von „den zwei Geheimnissen Gottes".

Stärker als Margery hatte Juliana durch ihre mystischen Erfahrungen und Visionen ein harmonisches und ursprüngliches Gottesbild bekommen. Auch sie ist davon überzeugt, daß es theologisch eine Hölle geben wird, aber in Wirklichkeit nicht. Unheil als eine Äußerung von Gottes „Grimm" zu sehen ist für sie eine falsche Deutung des Übels. Die einzig richtige und gute Bezeichnung für Gott ist „Liebe". Das Böse ist zwar notwendig, „aber alles wird gut werden, und alle Menschen werden ein gutes Ende finden". Die dunklen Nächte des Bösen werden im Licht enden, auch wenn wir es jetzt noch nicht sehen: „Am Ende alles Unheils werden unsere Augen plötzlich geöffnet werden." Gott ist „uns Licht in unserer dunklen Nacht"[111].

Bei den männlichen Mystikern treffen wir jedoch Reflexionen an. Ihr Grundthema ist aber, daß das Verstandesmäßig-Beschauende Gott nicht in seinem Wesen erreicht, wohl aber Liebe. Richard Rolle († 1349) beschreibt diese Liebeserfahrung ganz persönlich:

„Meine Seele lechzt nach Dir. Mein Wesen dürstet nach Dir. Doch Du willst Dich mir nicht zeigen. Du übersiehst mich. Du verriegelst die Tür, meidest mich, Du gehst an mir vorbei. Du lachst sogar über mein unverschuldetes Leiden. Doch reißt Du Deine Liebhaber von allen Dingen fort. Du hebst sie empor über jedes Verlangen nach weltlichen Dingen. Du machst sie fähig, Dich zu lieben. Und sie lieben Dich."[112]

Rolle geht sogar so weit, daß er alle Liebe zu Mitmenschen als etwas ansieht, wovon Mystiker um Gottes willen weggezogen

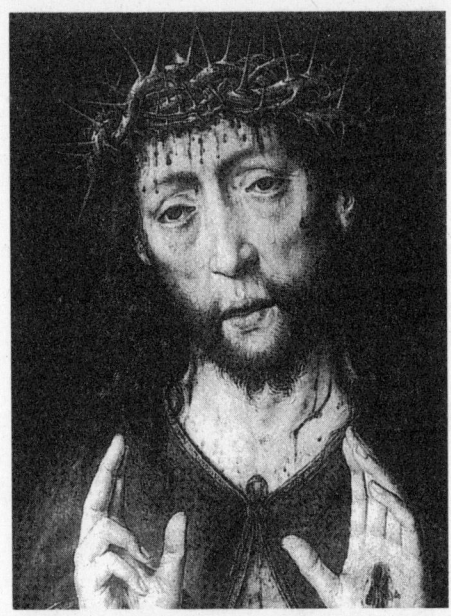

Der Unterschied zwischen der geistigen Einstellung der „modernen Devoten" und der des Renaissance-Menschen kommt sehr gut zum Ausdruck, wenn man diese beiden Abbildungen des „Schmerzensmannes" nebeneinanderlegt. Ein Mensch, der wirklich leidet, und ein Mensch, der wie ein Held gelitten hat: ein kräftiger athletischer Mann mit ersichtlich männlicher Potenz, der mit Bravour seine Wunden zeigt.

Aelbrecht Bouts, „Schmerzensmann".
Lyon, Musée des Beaux Arts.
Foto: Bernard Lontin.

M. van Heemskerk, „Schmerzensmann", 1532.
Gent, Museum voor Schone Kunsten.
Foto: ACL, Brüssel.

werden. Im wichtigsten Werk der englischen Mystik mit dem Titel: „Wolke des Nicht-Wissens" (ca. 1360) ist dieses Weggezogenwerden von allem, was nicht Gottesliebe ist, das Hauptthema. Aber dann ausgeführt unter dem starken Einfluß von Pseudo-Dionysius: Alle Gedanken, Begriffe, Bilder müssen unter der Wolke des Vergessens begraben werden, so daß unsere nackte Liebe (nackt, weil sie allen Denkens entkleidet ist) emporsteigen kann zu Gott, der in der Wolke des Nicht-Wissens verborgen ist.

Man muß nicht nur alle Gedanken an etwas, was außerhalb von uns ist, „unter die Wolke des Vergessens stoßen", sondern auch alle Gedanken an uns selbst.

> „Nachdem es dir schließlich gelungen ist, alle Geschöpfe und was sie betrifft zu vergessen, wird noch immer deutlich und unverhüllt die Erfahrung und Wahrnehmung deines eigenen Seins zwischen dir und Gott stehen. Glaube mir, deine Liebe wird nicht vollkommen sein, bis nicht auch das überwunden ist."[113]

Für so etwas ist eine ganz besondere Gnade notwendig und eine außerordentliche Bereitschaft, dieser Forderung zu entsprechen. Die Bereitschaft dazu äußert sich in „einer starken und tiefen geistigen Traurigkeit". Diese kann dazu führen, daß wir gegen uns selbst zu hart-aszetisch vorgehen, wovon abzuraten ist. „Sitze lieber ruhig, schweigend da, als schliefest du, ganz verschlungen und versunken in diese Traurigkeit."

Rolle empfindet eine Traurigkeit nicht nur darüber, was er ist, sondern daß er ist. Ein Bewußtsein, daß seine eigene Existenz auf nichts beruht. Wenn diese Traurigkeit „echt" ist, wird sie ein Verlangen nach dem wahren Grund des Daseins wachrufen. Es ist eine gefährliche Periode, wenn dieses Verlangen unerfüllt bleibt. Rolle wird dann „fast wahnsinnig vor Traurigkeit". Er wird so betrübt, daß er weint und wehklagt, sich selbst anklagt, beschuldigt und verflucht. Er stößt immer wieder auf sich selbst, „die schmierige, ekelhafte Masse seiner selbst, die immerfort gehaßt, verachtet und abgelehnt werden muß".

Auch bei Walter Hilton († 1396), der Rolle und die „Wolke des Nicht-Wissens" gelesen hatte, geht es um eine Liebe am Denken vorbei, die das „Selbst" auslöscht: „Ich bin nichts. Ich habe nichts. Ich begehre nichts als eines." Er ist aber milder in der Beschreibung des mystischen Prozesses, den er wie eine „Leiter" sieht. Er sagt ausdrücklich, daß mystische Erfahrung Teil der normalen Entwicklung eines guten Christen sei, wenn auch auf einer niedrigeren Stufe als die „vollkommene Kontemplation", wenn das Selbst in der Wolke des Nicht-Wissens vernichtet ist.

Die europäische Phase der Weltgeschichte

Eine neue Perspektive

ENTDECKUNG ALTER KULTUREN UND NEUER WELTEN

Während im Norden Europas das Mittelalter mit einer „Modernen Frömmigkeit" abgeschlossen wurde, entstand im Süden eine neue Kultur. Diese hat die Zeit eingeläutet, in der Europa zu einer weltbeherrschenden Macht heranwuchs. Ausgangspunkt war eine andere Art des Sehens. Nicht mehr mit „den Augen des Glaubens" oder dem „Geistesauge", das alles als Symbole und Bilder des Göttlichen sieht; auch nicht mit den Augen eines Vogels, wie es in China von jeher üblich war, sondern mit dem Auge des Menschen, der mit beiden Füßen auf der Erde steht. Für ihn verschwindet alles zum Horizont hin.

Diese Art des Sehens, die Perspektive, wurde 1415 in Florenz wissenschaftlich bestimmt. Eines der ersten Meisterwerke, die aus dieser Perspektive gemalt wurden, ist die Wandmalerei von Masaccio in der Karmelitenkirche zu Florenz (1426–1428). Er malte die Heilsfakten als ein normales menschliches Geschehen, wie ein Zuschauer sie seinerzeit gesehen haben könnte. Das Heilige ist irdisch, der vertikale Hinweis nach oben ist ver-

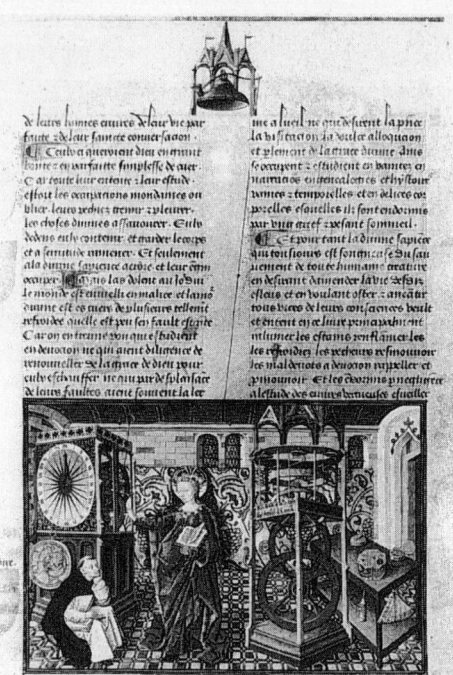

Anhand der vielen Miniaturen, die zu dem mystischen Werk von Seuses „Horologium Sapientiae"[113a] geschaffen wurden, läßt sich feststellen, wie die Auffassungen sich änderten und wie die Technik auch von „Frommen" nach 1450 geschätzt wurde. Als Bild für ein tugendhaftes Leben begann die Maschine zu gelten, und als Beispiel dafür die Uhr, die die Zeit mißt, unabhängig von menschlichem Empfinden. Im Dunkel, Tag und Nacht, Sommer wie Winter, immer zuverlässig. Danach müsse ein rechtschaffener Mensch sein Leben einrichten. Maß und Mäßigung galten mehr und mehr als die höchsten Tugenden. White dokumentiert diese Entwicklung ausführlich. Eine der ersten solcher Abbildungen zeigt die „Weisheit", wie sie auf den Mechanismus hinweist, von dem Seuse in seiner Einleitung sagt, daß er „den Lauen aus seinem sorglosen Schlaf aufweckt und zu bewußter Tugendübung anspornt".

Brüssel, Koninklijke Bibliotheek, ms IV, III, fol.13ᵛ. um 1450.

---

schwunden. In dieser Sehensweise steht der Mensch im Mittelpunkt. Auch in der Kultur, die daraus erblühte. Nicht die Stadt Gottes, sondern die Welt des Menschen wird erforscht. Man schaut dabei nicht in die Bibel, um besser zu verstehen, son-

Diese Wertschätzung der Maschine führte zu einem Gottesbild, das unerreichbar fern wirkte: Gott als Entwerfer der großen Weltmaschine.

William Blake, „Der Alte", Gemälde, 1892. Foto: The Whitworth Art Gallery, Manchester.

dern vertraut auf seine eigenen Augen und die Instrumente, die die Möglichkeiten des Auges vergrößern. Und es ist nicht mehr der Klerus, sondern der Laie, der diese Kultur trägt.

Die neue, horizontale Art des Sehens bedeutete auch, daß man die Wirklichkeit anders erforschte. Indem man auf die eigenen Sinnesorgane vertraute und nach einer wissenschaftlichen Methode vorging: gut beobachtete und dann analysierte. Eine rationale Methode, frei von kirchlicher Dogmatik.

Jede Zeit hat ihre eigene Art, das Geheimnis der Schöpfung zu lüften. In der Renaissance tat man es durch eine andere Auffassung von Geschichte. Man forschte nach unbekannten alten Kulturen, die verlorengegangen waren, in der Hoffnung, dadurch auf die Spur einer höheren Kultur zu kommen. Je weiter man zurückging, um so mehr Aussicht hatte man, die Quelle der Weisheit zu finden. So glaubte man damals.

Die neue Kultur kann auch als „Emanzipation" bezeichnet

werden: Man befreite sich von der Abhängigkeit von oben, vor allem von der Kirche. Von der Kirche aus gesehen, wird dieses Phänomen „Säkularisation" (Verweltlichung) genannt. Immer mehr Bereiche des Lebens wurden im Verlauf der modernen Kulturepoche der Gewalt der Kirche entzogen. Die Kirche selbst zog sich jeweils in den Elfenbeinturm der Bannflüche zurück und beschränkte sich immer mehr auf das individuelle Heil im Jenseits.

Die Renaissance war humanistisch. Der Mensch wurde in seiner vollen Würde erkannt. Als ein Mikrokosmos, das All im kleinen. Nicht abhängig von Sternen, kann er aus sich selbst das All kennenlernen, es beherrschen und beeinflussen. Die neue Welt erwartet er nicht durch ein Eingreifen von außen durch Gott. Diese schafft er selbst. Und Gott ist ganz Mensch geworden. Wenn Jesus seine Wunden zeigt, ist er schön an Leib und Gliedern, die er halbnackt zeigt, mit einem potenten Penis, der unter dem Lendentuch versteckt ist. Seine Keuschheit ist eine unter Kontrolle gehaltene Potenz. Er ist auch ein schönes Baby.[114]

Diese humanistische Kultur entstand in Florenz und war um das Jahr 1450 so stark geworden, daß sie sich über Europa ausbreitete. Nachdem anderthalb Jahrhunderte später Spanien zum Mittelpunkt der Kultur geworden war, verbreitete sie sich über die ganze Welt. Auch hier war eine andere Blickrichtung der Beginn. Kolumbus sah nicht nach Osten, wo man über Land und den Küsten entlang Indien erreichen konnte. Er schaute nach der anderen Seite, wo nur Wasser war. Kolumbus fiel nicht von der Erde herab. Er gelangte nicht an die Rückseite Indiens, sondern entdeckte einen unbekannten Weltteil.

Damit begann eine europäische Phase in der Weltgeschichte, die jetzt zu Ende geht. Wie auch das rationale Erforschen, Entdecken und Beherrschen der Natur an definitive Grenzen stößt und man sich auch jetzt anderswo in der Welt und in der Geschichte auf die Suche nach neuen religiösen Quellen macht.

Die Wiedergeburt der hermetischen Mystik

EINE VERBOTENE STRÖMUNG UND EIN VERGESSENES BUCH WERDEN NEU ENTDECKT

Einer der merkwürdigsten Männer, die die neue Zeit eingeläutet haben, war Nikolaus von Kues (1401–1464): ein genialer Gelehrter, Diplomat und Mystiker. Er war der Sohn eines Schiffers in Kues an der Mosel und wurde in der Hansestadt Deventer bei den „Brüdern vom gemeinsamen Leben" erzogen. Daher war er mit der Devotio Moderna vertraut, als er zum Studium an die Universitäten von Heidelberg, Padua und Köln ging. Nikolaus wurde Bischof, Kardinal und schließlich Mitglied der römischen Kurie. Er hatte einen klaren Plan für die Reform der Kirche, bereiste die Niederlande und Deutschland, um hier einen Anfang damit zu machen, und bereitete ein Konzil vor, auf dem Ost und West sich aussöhnen sollten. Auch zeichnete er die erste Karte von Deutschland und befaßte sich mit der Reform des Kalenders und mit der Infinitesimalrechnung.

Man sieht ihn meist als den spätmittelalterlichen Menschen an. Aus der gängigen mittelalterlichen Theologie übernahm er tatsächlich vieles. Aber er war ein moderner Mann, weil er sich durch diese Theologie in seinem Suchen nach einem neuen Weltbild, das mit seinen Erfahrungen übereinstimmte, nicht binden ließ. Nicht Kopernikus, sondern Nikolaus von Kues, ein Jahrhundert früher, hat als erster die These aufgestellt, daß sich die Erde um die Sonne dreht. Nikolaus war seiner Zeit auch insofern noch weiter voraus, als er erklärte, daß das All nicht auf ein einziges Sonnensystem beschränkt, sondern unendlich sei.

Auch suchte er nach einer neuen Mystik auf verbotenen Wegen: Scotus Eriugena, Eckhart, Ramón Llull. Der Ire Johannes Scotus Eriugena aus dem 9. Jahrhundert war 1210 verurteilt worden, weil sich die Schüler Amalrichs auf ihn beriefen. 45 Jahre später ließ der Papst alle Exemplare der Werke des Eriugena in Frankreich vernichten, weil die Katharer darauf zurückgriffen. Trotzdem knüpfte Ramón Llull an die Auffassung

Daß alles aus dem einen guten Gott hervorgeht, entspricht mehr der Erfahrung der Mystiker, als daß Gott etwas außerhalb seiner selbst aus nichts erschafft. Letzteres suggeriert eine Kluft. Gerade davon aber fühlten sich die Kirchentheologen angesprochen. In einer solchen Vorstellung konnte der Mensch sich nicht für einen Gott halten. Die „Geburt aus Gott" ist dann eindeutig eine Gnade, die allein von der Kirche vermittelt werden kann. Die erstere Vorstellung, wie die des Johannes Scotus Eriugena, war für sie verdächtig und wurde tatsächlich auch verurteilt.

Die Lehre des Scotus Eriugena ins Bild gebracht: Die Eigenschaften des unsichtbaren Gottes, mit der Gutheit in der Mitte, erschaffen in und aus der chaotischen Materie, die der Zeit und dem Raum unterworfen ist, die vier Elemente Feuer, Luft, Wasser und Erde mit allem, was darin haust. Diese Natur ist „non creans", erschafft nicht mehr. Christus schließt den Kreis.

Honorius von Autun, „Clavis physica", 12. Jahrhundert.
Paris, Bibliothèque Nationale, ms lat. 6734, fol. 3ᵛ·

---

des Eriugena über die Schöpfung an, und Eckhart gebrauchte sein Bild von der Schöpfung als einer Geburt aus Gott. Beide fanden anfangs Gehör bei Bonifaz VIII., wurden aber dann verurteilt. Nikolaus schrieb alle diese Verurteilungen „schwachen Augen" und „Mangel an Einsicht" zu. Sie hinderten ihn nicht

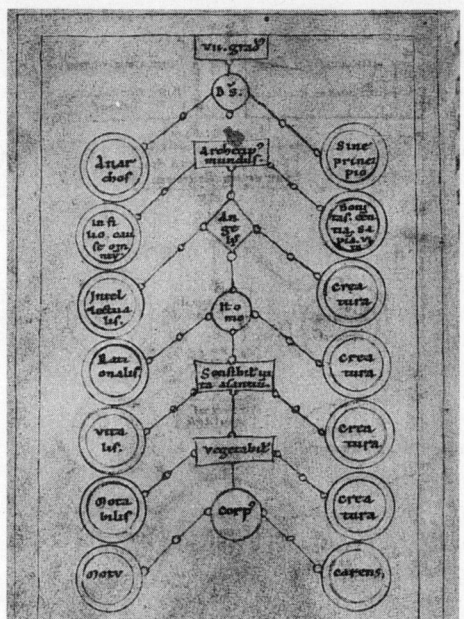

Dasselbe Weltbild, auf eine andere Weise ins Bild gebracht. Als ein stilisierter Strom, der aus den sieben Eigenschaften und „Bonitas" (Gutheit) nach unten fließt und im „corpus" (Leib) endet. Die Darstellung kann auch als „Stufenleiter des Seins" gelesen werden. Die niedrigste Form ist der Leib, die höchste Form ist die göttliche Güte. Jeder Mensch kann diese Treppe zu Gott ersteigen.

Honorius von Autun, „Clavis physica", 12. Jahrhundert. Paris, Bibliothèque Nationale, ms lat. 6734, fol.3ᵛ.

daran, diesen abgeschnittenen Strom wieder zu neuem Leben und in einer neuen Lehre wieder zur Geltung zu bringen. Er suchte nach den Werken der drei (Eriugena, Eckhart, Llull) und sammelte sie in seiner Bibliothek in Kues, wo sie heute noch zu sehen sind.

Eriugena hatte Pseudo-Dionysius übersetzt. Auch von diesem syrischen Buch aus dem 5. Jahrhundert, das auf die helle-

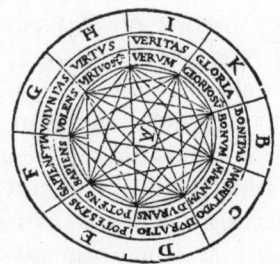

Diese Abbildung kann als Beispiel dafür dienen, wie Ramón Llull den Inhalt seiner mystischen Erfahrung in eine wissenschaftliche Bildsprache umsetzen wollte.

Holzschnitt in Llulls „Ars brevis", in: „Opera Omnia", Mainz 1721–1742.

nistische Mystik zurückgeht, sagte Nikolaus von Kues, daß es nicht für schwache Augen geeignet sei. Aber er selbst ließ sich davon inspirieren.

Im Florenz jener Zeit suchte man auch nach vergessenen Quellen, vor allem des klassischen Altertums. Und auch hier stieß man auf die hellenistische Mystik, und zwar auf direktem Weg mittels einer Handschrift. Diese wurde 1460 von einem Mönch aus Makedonien mitgebracht. Darin kam der Schriftsteller „Hermes Trismegistos" vor. Diesen Namen kannte man vage als den eines sehr alten Weisen. Der Herrscher von Florenz, Cosimo de Medici, ließ die Handschrift sofort von Marsilio Ficino übersetzen. Zwei Jahre später war die Übersetzung fertig. Neun Jahre danach, 1471, erschien der erste Druck unter dem Titel „Corpus Hermeticum". Die alexandrinische Schrift gewann von Anfang an großes Ansehen, weil man sie älter als die Bibel schätzte. Die platonischen und christlichen Gedanken in dieser Schrift wurden als eine Art „Vorwissen" interpretiert. Durch diese Einbindung in die kirchliche Tradition konnte die Gnosis aus Alexandria ohne Konflikte in die neue Zeit eindringen. Dadurch gewann auch die scotistische Linie, vertreten durch Ramón Llull, an Einfluß. Ebenso die jüdische Kabbala. Dies alles paßte gut in die hohen Erwartungen hinsichtlich „des neuen Menschen". Die alte Gnosis rief die Vorstellung von einem Menschen wach, der seine Einswerdung mit Gott selbst in die Hand nimmt. Von einer Art Halbgott, der den ganzen Kosmos in sich umfaßt und diesen daher kennenzulernen und zu beherrschen vermag. Und zwar durch Mathematik, Naturkunde, Heilkunde und Astronomie, vermischt mit dem, was heute nicht mehr als Wissenschaft gilt: Zahlenmystik, geometrische Kontemplation, Astrologie und weiße Magie. Wir bezeichnen diese letzteren als „okkulte Wissenschaften". Damals waren sie aber nicht „okkult" (verborgen, geheim), sondern Teil der Wissenschaft und der Kunst, in der Nachfolge des Pythagoras, der auch Erkenntnis aus Ekstase mit Wissen aus Wahrnehmung und mit Wiedergabe all dieses Wissens in Zahlen verbunden hatte. Pythagoras genoß ebenfalls großes Ansehen in der europäischen Hermetik. Diese Hermetik ist vor allem durch Frances Yates tiefgehend erforscht worden, vom Anfang – Eriugena und Llull – und vom Ende – Giordano Bruno – her.[115] Wir stützen uns für das, was jetzt folgt, auf deren Forschungen.

EINE NEUE SPRACHE: DIE GEOMETRISCHE
Charakteristisch für die Eriugena-Tradition war das Bild, das schon in hellenistischer Zeit aus mystischer Erfahrung erwachsen war: Die eine, in sich selbst ruhende „Gottheit" ist deutlich verschieden von der ersten Entfaltung dieser Gottheit im Wort. Dieses Wort enthält nach Eriugena die „Namen Gottes", die auch „erste Ursachen" sind, das „Ausströmen" des Göttlichen in die Schöpfung, in Zeit, Raum und Materie. Vielfältig und greifbar.

Das ist ein Bild der mystischen Erfahrung in ihrer Doppeldeutigkeit: einerseits die Einheit erfahren als unbenennbar und unerkennbar, andererseits als eine greifbare Vielheit, wechselnd in Zeit und Raum, in denen man täglich lebt. Es ist *ein* Bild, das beide Pole versöhnt: die Vielfalt als ein Ausfluß und eine Wiederkehr, ein Ein- und Ausatmen des Einen, auch zu vergleichen mit der Jakobsleiter: Der Weg, auf dem alles Erschaffene aus der Gottheit herniedersteigt, wird zurückgegangen, wieder hinauf. Aus der Vielfalt ersteigt man Stufe um Stufe die „mystische Leiter" zu dem Einen über Zeit und Raum Erhabenen.

Scotus Eriugena hat diesen Weg so wiedergegeben:
„Schaffend-nichtgeschaffen: die göttlichen Namen.
Geschaffen-schaffend: die Primordialursachen.
Geschaffen-nichtschaffend: alles in Zeit und Raum.
Nichtschaffend-nichtgeschaffen: die Gottheit, in die alles zurückkehrt."[116]
Anders als Eckhart, der dies theologisch als eine Geburt aus der Gottheit ausführte, griff Ramón Llull auf die Lehre des Eriugena zurück, um eine andere Sprache als die theologische zu entwerfen. Das Ersteigen der mystischen Leiter ist für Llull ein

Die nebenstehenden Miniaturen wurden in Florenz geschaffen genau zu der Zeit, da der Hermes Trismegistos entdeckt und übersetzt wurde.
In dem alchemistischen Werk, das Ramón Llull zugeschrieben wurde, stellte man ihn als einen bejahrten Mönch dar, der seine neugeborene Seele auf einem Tuch zeigt. Er pflügt den Acker, und auf diesem Pflug steht tatsächlich Hermes Trismegistos und spielt die Flöte. Er kocht zwei „Tataren". Der schwarze Rauch ist mit Monstern aus dem Ofen abgezogen. Ein Bild des reinigenden Werkes, nach dem die Alchemisten streben. Übrigens ist Ramón Llull selbst nie in dieser Weise tätig gewesen.

„Opera Chemica", 1470 bis 1475.
Florenz, Bibl. Nazionale Centrale, ms BR 52, bzw. fol.211,21ᵛ, 214.

Einswerden mit der Schöpfung in all ihren Schichten. Primär durch Liebe. Er gebraucht denn auch die Sprache der Liebe. In dem „Buch vom Freund und vom Geliebten" (um 1285 geschrieben) ist sein Geliebter „so sehr alles, daß du jedem ganz in Fülle gehören kannst, der sich dir gänzlich gibt". Auch die Natur ist ein mystisches Liebeslied:

„Die Vögel verkündeten das Morgenlicht, und der Freund, der das Morgenlicht ist, erwachte. Das Lied der Vögel verstummte, und der Freund starb für den Geliebten im Morgenlicht."[117]

Für die mystische Einswerdung gebraucht Llull Bilder aus der für ihn lebendigen „toten" Materie: „Ihre Liebe ist ununterscheidbar, so wie sich Wasser und Wein vermischen; man kann sie so wenig trennen wie Wärme vom Licht." Llull war nicht zufällig ein Nachfolger des Franziskus. Aber anders als die anderen Liebenden gebrauchte er eine abstrakte wissenschaftliche Sprache, um den Gegenstand seiner Liebe näher zu umschreiben. Eine in geometrische Formen wiedergegebene Antwort auf die Frage, wie die mystische Leiter aussieht. Ausgehend von dem Schöpfungsbild des Scotus Eriugena und von dessen Hinweis, daß im theologischen Denken der Kreis zentral stehen müsse: Die „Namen" Gottes hängen miteinander zusammen, in einem Kreis: „Gerechtigkeit" ist „Gutheit". „Gutheit" ist „Wahrheit". „Wahrheit" ist „Gerechtigkeit" und so weiter. Mit Hilfe nicht nur von Kreisen, sondern auch von Dreiecken, Vierecken, Linien und Buchstabenchiffren baute Llull ein weites geometrisches System auf.

Der 1232 auf Mallorca geborene Ramón Llull verbrachte seine Jugend an Höfen, die in Kontakt mit den Katharern standen, und er empfing seine mystische Vision auf dem Berg Randa in demselben Spanien und in demselben Jahr (1272), in dem das jüdisch-kabbalistische Buch „Sohar" entstand.

Es besteht nicht nur eine Übereinstimmung zwischen den Katharern und Llull in der Wertschätzung Eriugenas, sondern auch zwischen „Sohar" und Llulls Visionen, weil beide mit Buchstaben, geometrischen Formen und Bildern, wie Bäumen und Stufen, gefüllt sind. Wie im „Sohar" aus dem namenlosen „En-soph" die Namen der „Sephiroth" hervorgehen, so entsteht auch in Llulls Lehre aus dem namenlosen Göttlichen der Neun-Namen-Kreis, der mit der Buchstabenreihe BCDEFHIK bezeichnet werden kann. Diesen Kreis läßt Llull sich auf den anderen Kreis einspielen, wiedergegeben mit der Buchstabenreihe ABCD, dem Code der vier Elemente (Wasser, Luft, Feuer und Erde), die durch den Geist aus dem „Chaos" erweckt sind. Man kann allerhand Linien von dem einen Kreis zum anderen ziehen, auch zwischen den Teilen untereinander, um schöpferische Einflüsse und damit die Charakteristika eines Dinges zu bestimmen. Mit dieser geometrischen Sprache könne die Schöpfung in ihrer Vielfalt und ihren Strukturen und Zusammenhängen wiedergegeben und erhellt werden, meint Llull. Er sieht dies als die Grundlage für alle Wissenschaften an und nennt es eine „ars" (Kunst), mit Hilfe der Codezahl Einsicht zu erlangen, die sich sowohl auf den mystischen Weg als auch auf praktische Wissenschaften, wie die Medizin, die Llull auch selbst ausübte, anwenden läßt.

Llull war davon überzeugt, daß er damit eine universale Wissenschaft geschaffen habe, die von allen Christen und auch von Juden und Moslems verstanden und bejaht werden könne. Er ging damit zu Papst Bonifaz VIII., lehrte seine „Ars" in Montpellier, Paris und Neapel und reiste in der islamischen Welt umher, um die Annahme dieser Wissenschaft zu erreichen. Aber alle Bemühungen waren vergeblich. Wahrscheinlich wurde er in Tunesien gesteinigt. Posthum wurde er von dem spanischen Inquisitor Eymericus 1357 verurteilt. Später wurde er aber rehabilitiert, und sein Einfluß auf das, was heute als „okkulte" Mystik bezeichnet wird, gewann entscheidende Bedeutung.

Die „Ars" Llulls war auch eine Kunst, Einflüsse aus dem Kosmos zu berechnen. Um dieser Kunst einen allgemeingültigen Wert zu geben, bezog Llull auch die arabische Astrologie in sein System ein. Er brachte sie als „neue Astronomie". Das Neue bestand darin, daß er die Himmelskörper durch „die Namen" im Kreis BCDEFHIK ersetzte. Das aus Alexandrien stammende und von den Arabern verfeinerte System wurde auf diese Weise in seiner Ganzheit eingefügt. Dies im Gegensatz zu der Alchemie, die ebenfalls alexandrinischen Ursprungs und von den Arabern verfeinert sowie aus dem eroberten Toledo im 12. Jahrhundert in Europa eingedrungen war. Diese Alchemie

Miniatur des Hofmalers von Margaretha von Österreich, Jehan Perréal, 1516. Paris: Musée Marmottan. Foto: Routhier, Paris.

Alchemie wurde als eine ernste Angelegenheit gesehen. Hier gibt die „Natur" (eine nackte Frau, die mit Flügeln versehen und mit den sieben Metallen gekrönt ist) dem Alchemisten einen guten Rat: Er soll sich nicht auf das „mechanische Werk", den Ofen mit Retorten, beschränken, er soll sich eher in ihr Werk vertiefen. Aus der brennenden „ersten Materie" wächst ein Baum empor mit zwei Stämmen, die sich ineinander verflechten. Die Wörter auf den verschiedenen Verzweigungen geben an, was und wie dieses „Flechtwerk der Natur" gedeutet werden muß.

Die Natur sagt zu dem Alchemisten in dem Text der Handschrift:

„Und nie sollst du etwas sehen
Wenn du nicht in meine Schmiede kommst ...
Wenn du nicht erst suchst
Den Keim aller Metalle, Tiere und Pflanzen
Die ich in meiner Gewalt habe
Und die in der Erde stecken."

lehnte Llull ab. Aber der Nachdruck, den er auf die vier Elemente und die Berechnung ihrer Einflüsse legte, bot so viele
Anknüpfungspunkte, daß schon bald viele alchemistische
Traktate ihm zugeschrieben wurden und später ihre Wirkung
nicht verfehlten. Den Zusammenhang zwischen der Metall
veredelnden Alchemie und der Mystik hat Llull nicht gesehen.
Dieser Zusammenhang wurde in Europa zum erstenmal in
franziskanischen Kreisen hergestellt: von der Armutsbewegung der Fraticelli, dem damit verbundenen Verfasser des
„Buches von der Heiligen Dreifaltigkeit" und Johannes von
Rupescissa. Gegen die geldgierige Goldmacherei eingestellt,
vertraten sie eine Alchemie, die als ein Forschen nach „mysti-
schem Gold" erlebt wurde. Diese Bewegung wurde jedoch verurteilt und starb aus. Ein Jahrhundert später wurde in Florenz
Alchemie mit der alexandrinischen Hermetik verbunden, die
beschauliche Alchemie konnte sich dadurch zunehmend profi-
lieren. Das hatte als Reaktion eine immer mehr auf die Praxis
gerichtete Alchemie zur Folge, die sich schließlich zur Chemie
entwickelte. Der Alchemist Paracelsus (1493–1541) war der erste, der auf die chemischen Substanzen und ihre Reaktionen
achtete und dieses Wissen auf die Medizin anwandte. Das war
der Beginn der Chemie. Durch diese Chemie wurde die praktische Alchemie zu einem ungeeigneten Mittel, um die Materie
zu beherrschen. Die beschauliche Alchemie lebte jedoch weiter.

EIN NEUER MENSCH: DER KOSMOS IM KLEINEN
Typisch für die Tradition auf der Linie des Scotus Eriugena ist
die Betonung der Würde des Menschen. Der Mensch steht zentral in der Schöpfung. Im Raum ist er gleichsam der Kosmos im
kleinen. In der Zeit ist er das Scharnier, um das sich die Schöpfung, die aus Gott hervorging, wieder zu ihm zurückdreht.
Letzteres, weil der Mensch nach Gottes Bild geschaffen ist, und
vor allem, weil das Wort, das alles schuf, Mensch geworden
war.

Diese Tradition interessiert sich wenig für die Kluft zwischen Gott und Mensch, wie sie in der gängigen Theologie seit Anselm von Canterbury artikuliert wurde: Der Mensch hat gesündigt und kann nicht anders gerettet werden als durch den Tod des Sohnes Gottes. Deshalb wurde Gott Mensch. Der Mensch hat also nichts, auf das er stolz sein könnte. In der gängigen Auffassung ist das Bild von der Geburt aus Gott für die „Gnade" reserviert. Die Schöpfung fließt nicht aus Gott hervor, sondern wird von ihm geschaffen, aus dem Nichts. Leben, das aus Gott geboren wird, ist nur durch die kirchlichen Sakramente zu erlangen. Ohne die Kirche ist der Mensch ein Verworfener.

Eckhart spricht auch vom Menschen als „nichts" aus sich selbst, aber er betont gleichermaßen die Würde des Menschen, wie und weil er erschaffen, das heißt aus Gott geboren, ist. Bei Llull ist die Astrologie nur ein Einfluß zum Guten. Die Materie ist kein Prinzip des Bösen, im Gegenteil. Der Mensch ist von Natur aus gut. Auch Nikolaus von Kues betont die Würde des Menschen, allein aufgrund der Tatsache, daß er da ist. Er weist dabei jedoch auf Grenzen hin.

Der Mensch ist der Mittelpunkt der Schöpfung, insofern er ein Mikrokosmos ist. Das bedeutet nach Nikolaus von Kues allerdings noch nicht, daß seine Wohnstätte, die Erde, dies auch sei. Die Erde dreht sich um einen anderen Mittelpunkt, die Sonne. Und unser Sonnensystem ist eines der vielen Systeme in einem unendlichen All. Der Mensch ist nur insofern ein Mittelpunkt, als er auf besondere Weise in dem Mittelpunkt von allem wurzelt: „Die Mitte der Welt findet man nicht auf Erden, sondern in Gott." Und dieser Gott ist in jedem Teil des Universums, bis ins kleinste Atom, die Mitte.

Der Mensch kann alles, auch Gott selbst, kennenlernen, aber auch hier gibt es nach Nikolaus Grenzen. Der Verstand stößt auf Widersprüche. Er kann diese nicht umfassen. Der Mensch kann nur ahnen, daß diese Gegensätze in Gott „zusammenfallen". Das „Wie" läßt sich nicht begreifen. Gott ist „unermeßlicher Abgrund", „Verlassenheit", „Schweigen". Die höchste Weisheit besteht nach Nikolaus deshalb darin, daß der Mensch letztlich erfaßt, wie unerkennbar Gott für ihn ist. Seinem wichtigsten Traktat, 1440 geschrieben, gab er daher den Titel „De docta ignorantia" (Über das gelehrte Nicht-Wissen). Jedes Wissen ist für den weisen Menschen ein Bewußtwerden dessen, was er nicht weiß.

Passend in die Renaissance-Kultur, die damals schon feste Form angenommen hatte, entstand in Florenz aus all diesen Quellen eine neue Mystik um den Menschen als das vollkommenste Geschöpf Gottes. Den Grund dazu legten Marsilio Ficino, der den Hermes Trismegistos übersetzte, und sein Schüler Pico della Mirandola. Diese neue Mystik wurde am klarsten von Pico in einer Einleitung zu den neunhundert Thesen artikuliert, die er 1486 in Rom verteidigen wollte. Er wurde verurteilt, floh nach Frankreich, kam auf Drängen Savonarolas nach Florenz zurück, wurde Dominikaner und starb ein Jahr später. Seine Einleitung ist jedoch erhalten geblieben und wurde unter dem Titel „Über die Würde des Menschen" veröffentlicht. Diese Würde besteht darin, daß der Mensch den Kosmos in sich zusammenfaßt und zugleich auch alles werden kann:

> „Pflegt er nur die sinnlichen Keime, wird er gleich dem Tier
> stumpf werden. Bei der Pflege der rationalen wird er als ein
> himmlisches Wesen hervorgehen. Bei der Pflege der intellek-
> tuellen wird er ein Engel und Gottes Sohn sein. Und wenn er,
> mit dem Lose keines Geschöpfes zufrieden, sich in den Mit-
> telpunkt seiner Ganzheit zurückziehen wird, dann wird er zu
> einem Geist mit Gott gebildet werden, in der einsamen Dun-
> kelheit des Vaters, der über alles erhaben ist, wird er auch vor
> allen den Vorrang haben." [118]

Wissen ist auch bei ihm begrenzt, wenn es um Mystik geht. Liebe ist dann wichtiger. „Wir können Gott leichter lieben als ihn begreifen oder über ihn reden", meint Pico. Wie der Mikrokosmos ein beseelter Körper ist, so ist auch der Makrokosmos durch eine „Weltseele" beseelt. Auch diese Seele treibt zurück zu dem Einen, aus dem alles hervorging. Dieses kosmische Treiben ist genauso wie beim Menschen ein Liebestrieb. „Die Liebe ist der ewige Knoten und das Band des Kosmos", sagt

Ficino. Er versteht dann unter Liebe den Trieb in all seinen Erscheinungsformen: Wollust, Sinnlichkeit, geistige und mystische Liebe. Auch in ihren Widersprüchen: sterben als von Gott
geliebt werden.

Diese Liebe ist für ihn auch die Grundlage der Alchemie.
Sein Kernspruch lautet: „Zerlege und füge zusammen". Das ist
nicht nur die Grundhaltung, um die es geht, wenn man die Materie veredeln will (die spätere Chemie), es ist auch die Grundhaltung, die zum Ersteigen der mystischen Leiter erforderlich
ist: Mache dich selbst los, verliere deine Identität, um zu einer
neuen Einheit zu kommen. Alchemie ist für Ficino eine Art
brennendes Feuer, das in drei Etappen sein Werk vollendet: das
„schwarze Werk" des Loslösens, das „weiße Werk" der aszetischen Läuterung, das „rote Werk" der Ekstase, in der Leib und
Geist eins werden.

Das alchemistische Werk ist auf jeder Ebene des Seins möglich. Der Grundgedanke ist dann: Alles ist voneinander verschieden, steht miteinander in Widerspruch, ist anders. Zugleich ist alles dasselbe, im Grunde eins. Damit ist die
Möglichkeit der alchemistischen „Transmutation" gegeben,
des Übergangs von der einen Materie in die andere. Für den
Menschen bedeutet dies, daß auch seine Seele losgelöst, gereinigt und wieder kristallisiert werden kann. Und daß er eins
werden kann mit allen Stoffen, Pflanzen, Tieren, himmlischen
Wesen. Es sind Seinsschichten in ihm selbst vorhanden. Die
mystische Leiter zu ersteigen bedeutet auch, sich in die Natur
einzuleben, zu dem Bewußtsein zu kommen, daß alles zusammenhängt und daß „tote" Materie eine geistige Kraft in sich
birgt. Salz und Steine können heilkräftig wirken. Die Weltseele
bändigt in allem das Böse.

Durch die geometrische Sprache Ramón Llulls, durch die Integration der Kabbala und der Hermetik, durch die Beschäftigung mit Alchemie und durch die Zahlenmystik pythagorei-
scher Herkunft, durch all dies entstand eine Symbolsprache,
die für Außenstehende „okkult" ist: die schwer zu verste-
hende, komplexe Methode, auf eine andere Art als die theolo-

gische die Geheimnisse Gottes, Schöpfung und Mensch zu erschließen; die Zusammenhänge kennenzulernen; die mystische Leiter zu erklimmen; und vor allem auch die universale Wahrheit zu finden, durch die alle Religionskonflikte gelöst werden könnten.

Dies letztere war nicht nur das ausdrückliche Bestreben Llulls. Pico della Mirandola hatte eine ähnliche Einstellung und übernahm daher auch die jüdische Kabbala in sein System.

Alchemie war im 15. und im 16. Jahrhundert mehr als die Suche nach Gold. Sie bot auch die Möglichkeit, eine nicht-kirchliche Sprache zu verwenden, um das Erlebnis der tieferen Dimensionen im Kosmos wiederzugeben. Die Arbeit mit Materie war auch ein Wirken mit der eigenen Seele. Ein zusammenfassendes Bild von der Einsicht, nach der Alchemisten strebten, dem „Stein der Weisen", ist das „Emblem" aus „Atlanta fugiens" von 1617, ein Werk, das die alchemistische Zeit abschloß. Der äußerste Kreis steht für das All, das aus drei Dingen: Leib, Seele, Geist (Dreieck), und aus vier Elementen: Wasser, Feuer, Luft und Erde, aufgebaut ist. Dieses Viereck umschließt den innersten Kreis des Mikrokosmos: Mann und Frau.
Der Alchemist kann auf diese Weise erfahren, daß auch seine Seele losgelöst, gereinigt und wieder kristallisiert werden kann. Und auch, daß er in jedem Teil und im Ganzen des Kosmos auf die Suche nach der göttlichen Weltseele, im „Stein der Weisen", gehen kann. So kann er sich mit Hilfe der materiellen Welt zu dem Einen erheben, das in jedem Teil vorhanden ist. Und durch den Ausgleich der Gegensätze eine neue Einheit erreichen. Was meistens symbolisch als ein Mann-Frau-Mensch oder manchmal auch als der auferstandene Christus wiedergegeben wurde.
Der „Stein der Weisen" muß durch Arbeit gefunden werden. Das Prinzip ist: „Nimm auseinander und vereinige wieder".

Zur Illustration zwei Ab-
bildungen aus einem
Buch; zwei von vielen:
Der Tod mit einem Ra-
ben, stehend auf einer
schwarzen Sonne zwi-
schen den himmlischen
Einflüssen von Sonne
und Mond. Bild der sen-
genden Reinigung und
der Melancholie, die da-
mit gepaart ist. Zugleich
auch „weckt der Geist
das Leben wieder auf",
sagt der Text. – Das Ende
dieses Weges ist die
Wiedervereinigung der
Gegenteile: Sonne und
Mond, Mann und Frau in
der Luft schwebend über
dem Wasser in der Erde.

Holzschnitte aus „De Al-
chimia Opuscula" Bd. II,
in: „Rosarium Philospho-
rum", Frankfurt 1550.
Die moderne Kunst ist zu
einem Teil ein solches al-
chemistisches Werk: aus-
einandernehmen und
wieder zusammenfügen.
Als Beispiel eine Lein-
wand von Paul Klee
(† 1940), geschaffen, als er
wußte, daß er sterben
werde. Er lebte sich in
dieses Sterben ein: Wie
alles in ihm auseinander-
fallen und was nach die-
sem Prozeß dann noch
sein werde. Er kam über
dem Malen zu einem
neuen Zusammenhang
von Zeichen, Spuren sei-
nes Lebens, wie auch zer-
störte Kulturen Spuren
hinterlassen, aus denen
man sich später ein Bild
machen kann.

Paul Klee, „Nach dem
Brand", 1938.
Hannover, Sprengel Mu-
seum.

Ein komplizierteres Bild vom „Stein der Weisen". Die Weltallkugel mit Flügeln, beschrieben mit Zahlen und Figuren, trägt den „giftigen Drachen" des Chaos, der durch die „MannFrau" besiegt wird. Dieser androgyne Mensch mit Winkelhaken und Zirkel ist mit Planeten und Sternen verbunden. Das Ganze ist in das kosmische Ei gefaßt, aus dem alles geboren wird.

Gravüre in B. Valentinus, „Azoth", Frankfurt 1613.

Die alchemistische Idee von dem Menschen, der in Mann und Frau auseinanderfällt und wieder vereinigt werden muß, ist in der modernen Kunst oft auf eigenartige Weise wieder aufgenommen worden. Ein bekanntes Beispiel dafür ist die „Hommage à Apollinaire", von Chagall 1911 gemalt. Es sind viele Vorstudien erhalten geblieben, die zeigen, wie er mit dieser Idee vom androgynen Menschen rang.

Eindhoven, Stedelijk van Abbe-Museum.

Er war äußerst tolerant. Wie die meisten anderen Vertreter dessen, was heute „okkulte magische Philosophie" genannt wird. Sie versuchten auch, mit Hilfe magischer Poesie und Musik die Harmonie im Inneren des Menschen wiederherzustellen, so vor allem im Frankreich des 16. Jahrhunderts.

Den Gelehrtentyp, der zu dieser Strömung gerechnet werden kann, nennt Frances Yates einen „Renaissance-Magier". Frances Yates wollte mit der Charakteristik „Magier" aufzeigen, welches der Unterschied zwischen diesen Renaissance-Wissenschaftlern und den Wissenschaftlern des 17. Jahrhunderts war. Der Magier will den Kosmos dadurch erforschen, daß er ihn eins werden läßt mit seinem eigenen Geist. Er will die Welt in sich aufnehmen und so imstande sein, mit Verstand und Seele in ihn einzudringen. Wissen von innen her. Dem steht der moderne Wissenschaftler gegenüber, der ein inniges Band zwischen der eigenen Seele und der Außenwelt gerade vermeiden, mit Distanz kennenlernen, kühl analysieren will, um dadurch ein Wissen zu erlangen, das ihm die Macht über die Natur gibt.

DER EUROPÄISCHE MAGIER

Die Epoche der „Magier" wurde abgeschlossen von zwei großen Gestalten: dem protestantischen Mathematiker am Hof der Königin von England John Dee und dem Exdominikaner aus Neapel Giordano Bruno. Beide durchquerten Europa bei einem Versuch, die Grundlage für einen Religionsfrieden zu legen. John Dee kehrte 1589 zurück, fiel bei dem Nachfolger Elisabeths I. in Ungnade und starb 1608 in bitterer Armut. Bruno ging auf Einladung des Patriziers Mocenigo 1591 nach Venedig, wurde an Rom ausgeliefert, eingekerkert und auf Anweisung des Papstes 1600 verbrannt.

Giordano Bruno hatte eine moderne Auffassung vom Kosmos. In seinem Werk finden wir: das System des Kopernikus, das unendliche All des Nikolaus von Kues, die Idee, daß es viele Welten gibt, die von Menschen bewohnt sind, den Begriff „Monade", der von Leibniz weiter entfaltet werden sollte, was

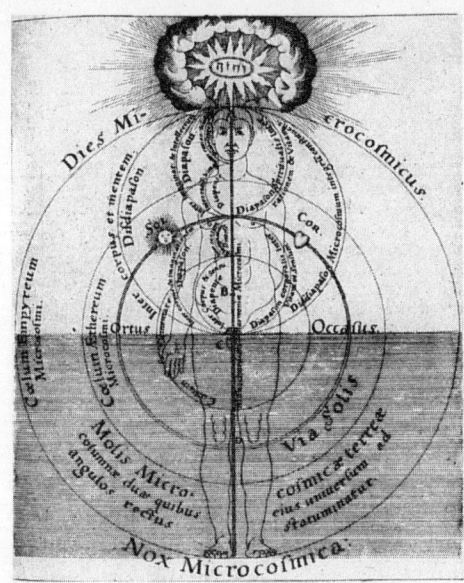

Robert Fludd versuchte, das alchemistische (hermetische) Wissen in Bildern abzurunden. Eines dieser Bilder zeigt, wie er den Menschen als einen Kosmos im kleinen zeichnet, in dem Gut und Böse miteinander verbunden sind, und auch Tag und Nacht, Leib und Geist, Schöpfung und Schöpfer. Und all diese Bewegungen und Zusammenhänge fallen mit denen des großen Kosmos zusammen.

Fludd, Utriusqe Cosmi Maioris ... Historia, Oppenheim 1619, tom. II, p. 275.

so viel heißt wie: daß die kleinste der Einheiten, in die die Welt aufzuteilen ist, zugleich die Welt insgesamt ist. Doch fehlte Bruno die Grundhaltung des modernen Wissenschaftlers. Seine Wissenschaft war das Gegenteil von distanzierter Forschung. Er war ein Mystiker mit tiefen Erfahrungen. Außerdem ein Italiener, der bei englischen Protestanten das „mystische Feuer" vermißte. Das Bild, das er sich vom Kosmos bildete, war für ihn selbst nur Symbol einer mystischen Erfahrung, die er auch poetisch und bildhaft ausdrücken wollte. Seine Einstellung formulierte er so:

> „Warum, sage ich, gibt es so wenige Menschen, welche die innere Kraft begreifen und empfinden? Wer in sich selbst alle Dinge sieht, ist alle Dinge." [119]

Was Bruno als Beginn der Einswerdung Europas sah, war in Wirklichkeit der Endpunkt dessen, was in Florenz begonnen und sich vor allem in Deutschland ausgebreitet hatte. Dort hatten der Benediktinerabt Johannes Trithemius (1462–1516) und

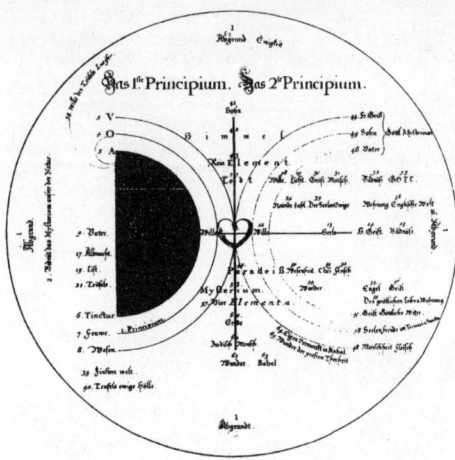

Ein Zeitgenosse von Fludd, Jakob Böhme, geht von Gott aus und wollte auch in Zeichnungen zeigen, wie in Ihm Gut und Böse nicht dasselbe sind, aber doch zusammenhängen. Diese Zeichung nannte er „Das wunderbare Auge der Ewigkeit". Er erklärt: „Das eine Auge (der äußerste Kreis) ist das Auge Gottes. Man schneide dieses Auge mitten durch und klebe die Hälften umgekehrt gegeneinander, dann sieht man links das Auge Gottes des Vaters, der zürnt und verdammt, und rechts das leuchtende Auge des Geistes, der erwärmt und erleuchtet. Auf den Berührungspunkten verbindet das Herz des Sohnes beide Teile des Auges." Eine ziemlich komplizierte Zeichnung, die deutlich machen will, was Joachim von Fiore sah: Gott offenbart sich sehr unterschiedlich in der Geschichte. Oder auch Nikolaus von Kues: Auf Gott geht Gut und Böse zurück, sie fallen in Ihm zusammen. Charakteristisch für Böhme sind Sätze wie dieser: „Es existiert nichts in der Natur, in dem nicht Gut und Böse vorhanden sind. Alles wogt und lebt in dieser zweifachen Trift, was auch immer es ist."

---

vor allem Agrippa von Nettesheim (1486–1535) die Idee, daß der Mensch in seinem Geist alles umfassen könne, mit Hilfe der Magie in einem strengeren Sinn.

Magie bedeutet für Agrippa, „Geheimnisse" in den drei Welten zu ergründen: der irdischen, der Sternenwelt und der Welt der Geister und der Engel. Diese geheimen Kräfte zu erkennen bezeichnete er als „okkulte Philosophie". Das wurde auch der Titel seines Hauptwerkes, die vollständigste Zusammenfassung der westlichen Magie. Selbst glaubte er, dieser Okkultismus sei eine Form christlicher Frömmigkeit. Auch John Dee und Giordano Bruno glaubten dies. Sie wurden auch nicht des-

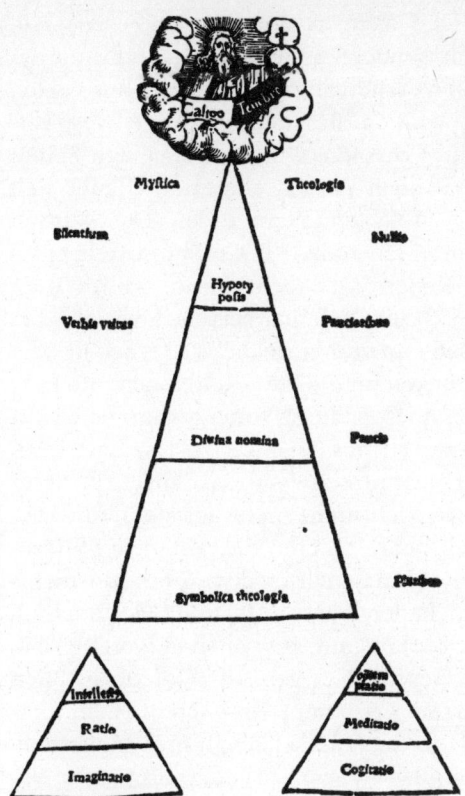

Die mystische Leiter des Nikolaus von Kues. Aus der Phantasie (imaginatio) mit Hilfe des Verstandes und des Intellekts, denkend (cogitatio), meditierend und kontemplierend, steigt man zu der Gottheit empor über „theologische Symbole" und „göttliche Namen" hinaus, durch die „Kraft der Worte" zum „Schweigen". Die Gottheit in den Wolken ist hier deutlich Licht (Caligo) und Dunkel (Tenebre) zugleich: der Schöpfer (mit Weltkugel), in dem alle Gegensätze zusammenfallen.

Aus der Ausgabe des Pseudo-Dionysius durch Johann Eck, 1519. Entnommen aus einer Ausgabe des Nikolaus von Kues.

halb verurteilt. Dee wurde einer teuflischen „schwarzen" Magie beschuldigt, sicher zu Unrecht. Es ging ihm um die weiße Magie, die er mit Mathematik verband. Bei Bruno handelte es sich um die häretische Auslegung der Ansicht des Kopernikus. Die Tatsache, daß sich die Erde dreht, war seiner Ansicht nach ein Zeichen des Lebens, göttlichen Lebens, wie dies auch die Eucharistie ist. Der eigentliche Grund für seine Verbrennung war ein politischer, so glaubt es jedenfalls Frances Yates. Rom wollte ein Zeichen setzen, das im damaligen Europa verlangt wurde: Versöhnungsgesinnung soll nicht länger geduldet wer-

den! Die „protestantische" Reformation der Kirche war von
Rom nicht übernommen, sondern mit einer Gegenreformation
beantwortet worden. Der Verhärtungsprozeß hatte auf beiden
Seiten die Oberhand gewonnen. Brücken, ein Mittelweg, ver-
mittelnde Gestalten und Lehrsätze wurden auf beiden Seiten
nicht mehr geduldet. Wie auch Wissenschaft und Glaube sich
voneinander lösten und zu Gegenpolen wurden. Der Wunsch
dazu war auf beiden Seiten lebendig. Als Galilei mittels eines
Teleskops zeigte, daß Kopernikus recht hatte, wollte Rom
durch einen Prozeß (1632) ein Zeichen setzen: Entweder be-
jahte Galilei den Glauben und verneinte die Wissenschaft oder
umgekehrt. Eine der Brücken zu anderen Religionen, die Hermetik, wurde außerdem noch dadurch untergraben, daß 1614
erwiesen wurde, daß der „Hermes Trismegistos" späteren Da-
tums als die Bibel war. Damit schwand das Ansehen dieser
Schrift. Christen konnten sich nicht mehr auf sie berufen. In
dieser verhärteten Atmosphäre tauchte die „okkulte Philosophie" unter und wurde okkult auch in dem Sinn von nicht-
mehr-öffentlich, geheim. In den Jahren 1604 und 1615 tauchten
Manifeste von „Rosenkreuzern" auf, aus denen hervorging, daß
es eine solche geheime Gesellschaft gab. 1616 folgte das Buch
„Die Chymische Hochzeit Christiani Rosencreutz". In aller
Wahrscheinlichkeit existierte die Gesellschaft nicht außerhalb
dieser Schriften und war dies alles ein Produkt des Johann Valentin Andreae und seines Kreises. Aber es verfehlte seine Wirkung nicht. Bis auf den heutigen Tag gibt es viele Arten von Ro-
senkreuzer-Gesellschaften. Die Freimaurerei ist eine von
ihnen.

EINE „ALLGEMEINE REFORMATION DER GANZEN WELT"

Daß Rosenkreuzer-Schriften im Druck erscheinen konnten,
war in der kurzen Regierungszeit des liberalen Winterkönigs
Friedrich und seiner englischen Frau Elisabeth möglich. Nach
der Ermordung Heinrichs III. von Frankreich war dieser Friedrich für die Magier, die eine versöhnende Reform anstrebten,

der letzte Strohhalm. Die Rosenkreuzer hatten ihren Manifesten zufolge „eine allgemeine Reformation der ganzen weiten Welt" im Auge.

Als Friedrich starb, wollte doch ein Engländer in Deutschland dieser Strömung einen kräftigen Halt geben. Sein Name war Robert Fludd (1574–1637). Fludd wollte die Renaissancemystik in einem einzigen großen „Museum" (in Buchform) zusammenfassen. Was er schrieb, ist kompliziert, aber er hatte die Begabung, seine Ideen auf einfache Weise bildhaft wiederzugeben. Er machte zahllose Skizzen, diese wurden von dem Deutschen Johann de Bye und seinem Schweizer Schwiegersohn Matthäus Merian d.Ä. in Kupfer graviert und in Oppenheim und Frankfurt gedruckt und herausgegeben. Sehr eindrucksvoll. Aber es hat auch etwas von einer Ohnmachtsgebärde an sich. Fludd ist das Ende einer Epoche, in der man es für möglich hielt, daß ein Mensch alles, was es zu wissen gibt, umfassen kann. Und in der man eine klare Anschauung von Mensch und All und von der Beziehung zwischen beiden hatte. Fludd gründet ganz auf dem alten Weltbild, nach dem der Erdball im Mittelpunkt steht, der Mensch ein Ganzes und mit dem großen Kosmos verbunden ist, der selbst auch ein Organismus, keine Maschine ist. Zu seiner Zeit war dies schon überholt. Und doch ist Fludd in unserer Zeit wieder attraktiv geworden, man stößt des öfteren auf seine Abbildungen. Das weist auf ein Heimweh nach einer neuen Wissensintegration, nach einer neuen Einsicht in Zusammenhang hin.

ALLUMFASSENDE WEISHEIT

Die Renaissancemystik hat sich vom Anfang des 17. Jahrhunderts an bis heute als „Sophia", als Weisheit, fortgesetzt. Erst war es Pansophia, allumfassende Weisheit, dann Theosophia, die Weisheit in bezug auf Gott, schließlich Anthroposophia, Weisheit hinsichtlich des Menschen.

Am Beginn dieser Entwicklung steht ein Schuster, Jakob Böhme (1575–1624). Er hat vieles mit Fludd gemein. Nicht nur seine hermetischen Ideen, sondern auch, daß er das Mühsame und Komplizierte dadurch erhellte, daß er Zeichnungen anfertigen ließ. Er unterscheidet sich aber von Fludd insofern, als er nicht mehr von dem Gedanken beherrscht wird, alles wissen zu können. Bei Böhme geht es nicht um Wissen, sondern um Weisheit, um Einblick in den geheimnisvollen Grund aller Dinge. „Mysterium pansophicum" nennt er dies. Es geht um Einblick in die „geistige Welt, die in der sichtbaren verborgen ist wie die Seele im Leib." „Wir sehen dann, daß der verborgene Gott allem nahe und durch alles ist und dem sichtbaren Wesen doch ganz." Einblick in dieses Geheimnis gewann Böhme in einer überwältigenden Erfahrung, die er erst viel später und allmählich in Worte fassen konnte, wie er selbst sagt:

> „Ich sah und erkannte das Wesen aller Wesen, den Grund und Ungrund. Item, die Geburt der Hl. Dreifaltigkeit, das Herkommen und den Urstand dieser Welt und aller Creaturen durch die göttliche Weisheit. Ich erkannte und sah in mir selber alle drei Welten ... Im Innern sah ich es (das Wesen) wohl als in einer großen Tiefe, denn ich sahe hindurch als in ein Chaos, da alles inne lieget, aber seine Auswickelung war mir unmöglich. Es eröffnete sich aber von Zeit zu Zeit in mir, als in einem Gewächse, wiewohl ich zwölf Jahre damit umging und dessen in mir schwanger war ... ehe ich es konnte in das Äußere bringen." [120]

Als er den Mund auftat und von seiner Erfahrung berichtete, wurde ihm von dem Prediger seines Wohnortes, der Stadt Görlitz, ein Schuh an den Kopf geworfen. Er hob den Schuh auf und schob in wieder an den Fuß des Pastors. Als die Stadtverwaltung ihm zu schreiben verbot, schwieg er sechs Jahre lang. Erst ein Jahr vor seinem Tod erschien etwas aus seiner Feder im Druck. Er war still seinen eigenen Weg gegangen, außerhalb der Kirche, und davon nicht populärer geworden. Doch nach seinem Tod wuchs sein Einfluß.

Das heitere Denken und das Bedürfnis, über die Religionskonflikte hinauszukommen, äußerten sich sowohl bei Fludd als auch bei Böhme in einem ganz bestimmten Gottesbild: Alle Gegensätze, die so viele Konflikte hervorrufen können, fallen in Gott zusammen. Eine Entfaltung des Gottesbildes des Nikolaus von Kues. Böhme sieht Erschaffen als ein Gebären an. Gott, der sich in Wehen zusammenkrümmt, gebiert die Welt. Die schmerzliche Spaltung zwischen Gott und seinem Neugeborenen setzt sich fort. Was in Gott eines und Fülle ist, spaltet sich immer mehr auf in seiner Schöpfung. Licht und Finsternis, Gut und Böse, Liebe und Zorn, alle Gegensätze fallen in Gott zusammen. Wer blind ist für die Tatsache, daß Gott auch „Zorn" ist, begreift den Grund unseres Daseins nicht, meint Böhme. Liebe und Zorn gehören zusammen. Die Spannung zwischen beiden muß jedoch fruchtbar sein, in Anbetracht ihres Ursprungs.

Die Kraft der Mystik Böhmes ist, daß er die Wirklichkeit so zu sehen wünschte, wie sie ist, auch mit ihren dunklen Seiten, und daß er doch hindurchzublicken verstand auf den einen Grund, aus dem alles hervorgeht.

Der praktische Aspekt der Pansophie wurde vor allem von Johann Amos Comenius (1592–1670) herausgearbeitet. Er war der letzte Bischof der Böhmischen Brüder, wurde verfolgt, fand 1656 Zuflucht in Amsterdam und liegt in Naarden begraben. Sein tschechischer Name war Komensky. Er wollte die Pansophie in einer Enzyklopädie zusammenfassen und in weltumfassende Strukturen umsetzen: ein Gerichtshof für die ganze Welt, ein weltumfassendes Gelehrtenkollegium, ein Unterrichtssystem, das für jeden zugänglich und auf Selbsttätigkeit und Allgemeinbildung gegründet ist. Er legte großen Wert auf Abbildungen.

Böhme verwendet schon den Begriff „Theosophie". Dieser wurde später für eine Gruppe von Protestanten gebraucht, die auf der Linie Böhmes Weisheit an die erste Stelle setzten, aber weniger den Nachdruck auf das „alles" legten, sondern mehr auf den Grund von allem als Quelle der Weisheit. Für sie war die Wirklichkeit gleichsam durchscheinend, Symbol des Göttlichen, auch in dem Sinn, daß die materielle Welt und die Welt der Geister kaum voneinander zu trennen sind. Zu diesen „christlichen Theosophen" werden unter anderen Friedrich

C. Oetinger, Franz von Baader, Johann Georg Hamann und vor allem Emanuel Swedenborg (1688–1772) gerechnet.

Die Theosophie erhielt gegen Ende des 19. Jahrhunderts einen neuen Impuls vor allem durch zwei Frauen: die gebürtige Russin Helena P. Blavatsky und ihre Nachfolgerin Annie Besant, eine Anglikanerin, die Atheistin und danach Theosophin wurde. Charakteristisch für diese „moderne Theosophie" ist die Integration östlicher Elemente:

des Gedankens Zoroasters, von Zeit zu Zeit werde ein Weltlehrer gesandt werden, um religiöse Impulse zu geben,

des „buddhistischen Bewußtseins", in dem man die Einheit von allem erlebt,

der Reinkarnation als Seelenwanderung.

Blavatsky gründete 1875 die Theosophische Vereinigung in New York. Zu den Zielen der Vereinigung gehören:

die Bildung eines Kerns der allgemeinen Brüderschaft der Menschheit ohne Unterschied von Rasse, Glaube, Geschlecht, Kaste und Farbe,

die Ermunterung zu vergleichender Religionswissenschaft,

die Erforschung unerklärbarer Naturgesetze und der latenten Kräfte des Menschen.

Die Theosophische Vereinigung hat das Zustandekommen der Theosophischen Gesellschaft (1895), The Rosicrucian Fellowship (1909), die Gemischte Freimaurerei und die anthroposophische Bewegung beeinflußt. Letztere wurde von Rudolf Steiner (1861–1925) gegründet, nachdem er 1913 mit der Theosophischen Vereinigung gebrochen hatte, als Annie Besant Krishnamurti als Weltlehrer anpries.

Steiner fügte der Theosophie ein christliches Element hinzu, durch das der Mensch in den Mittelpunkt rückt: Der Mensch ist durch die Sünde in Zerfall geraten. Er hat mit Luzifer und Ahriman zu tun, dem Hochmut und der Materie (1906 hatte er Zoroaster studiert), widrigen teuflischen Kräften. Er rennt sich fest in der Materie, aber durch Christus sind neue Kräfte in die Welt gekommen, mit deren Hilfe die Verbindung mit dem Ursprung wiedergefunden werden kann. Dadurch entsteht die

„wahre Menschheit". Die Reinkarnation ist nicht auf eine Loslösung von der Erde gerichtet, sondern auf eine andere Bindung
an die Erde. Allein auf Erden sind Christuskräfte zu finden.

Das größte Verdienst Steiners liegt darin, daß er in der Zersplitterung unserer modernen Kultur die Einheit von Leben,
Mensch und Welt durch Rückkehr zum Quell alles Gewordenen
nen wiederherstellen wollte. Er hatte unter anderem dadurch
große Anziehungskraft auf Künstler, wie Kandinsky, Mondrian, Beuys.

Den meisten Erfolg erzielte Steiner auf dem Gebiet der Päd-
agogik. Hier gründete er auf dem Gedanken, daß eine Schule
auch für das Leben erziehen müsse, daß Wissen erst nach Gefühl kommt, daß Kinder nicht „vollgestopft" werden dürfen,
sondern daß das zur Entwicklung gebracht werden muß, was
schon im Kind vorhanden ist. Künstlerische Bildung ist notwendig, um verstehen zu lernen.

Auf der Linie der mittelalterlichen Mystik

ENGAGIERTE MYSTIK
BEI RADIKALEN PROTESTANTEN

Gegenüber der humanistischen Mystik, die vor allem den Zusammenhang zwischen Mensch und Kosmos im Auge hatte,
seine grundlegende Gutheit und alles, was Menschen verbindet, entstand im 16. Jahrhundert eine soziale Mystik. Diese
war auf die ungerechten Strukturen in der menschlichen Gesellschaft, auf die Sündhaftigkeit des Menschen und auf die
Scheidung der Geister in Mensch und Gesellschaft gerichtet.
Was das ganze Mittelalter hindurch bekämpft worden war und
jeweils in einer anderen Form wieder auflebte, kam in diesem
Jahrhundert endgültig zum Durchbruch: das Bewußtsein, daß
die Kirche als Institution vergänglicher Art ist, daß die „geistliche" Kirche sich jetzt Bahn brechen wird und daß der Geist,
der diese neue Kirche im Tiefsten unserer Existenz schaffen
wird, ein „Seelenfunke" ist. Man hörte den Geist im eigenen

Innersten und wollte seinem „An-trieb" folgen. Der Akzent fällt nicht mehr auf eine beglückende Erfahrung, sondern auf die Tatkraft, wie sie in der „Theologia Deutsch" wiedergegeben ist, die von Luther übersetzt und 1516 verbreitet wurde:

„Wo erleuchtete Menschen sind, mit dem wahren Licht, die erkennen es, daß alles, was sie begehren und erwählen mögen, nichts ist gegen das, was von allen Kreaturen, eben als Kreaturen, je begehrt oder erwählt oder erkannt worden. Darum lassen sie alle Begehrung und Wählung und befehlen und überlassen sich und alle Dinge dem ewigen Gut. Dennoch bleibt in ihnen ein Begehren, ihnen selbst nutze zu Fortgang und Näherung zum ewigen Gut, nämlich nach näherer Erkenntnis, heißerer Liebe, reiner Erbötigkeit, ganzem Gehorsam und Untertänigkeit, so daß ein jeglicher erleuchtete Mensch sprechen könnte: ‚Ich wär gern dem ewigen Gut, was dem Menschen seine eigene Hand ist.'" [121]

In der Schweiz, in Deutschland und den Niederlanden stehen zu Beginn des 16. Jahrhunderts Reformer auf, die sich von dieser Mystik zu radikalen Taten inspirieren lassen. Die markanteste Gestalt in dieser explosiven Bewegung war Thomas Müntzer (1490–1525). Er vertrat zu Beginn eine gleiche Reform wie Luther. Beide hatten auch einen gleichen mystischen Impuls, den sie allerdings verschieden erlebten.

Der zentrale Gedanke dieser Mystik war die Geburt Christi im Gläubigen. Eine Geburt, die auch als die Ankunft des Bräutigams erfahren werden kann, aber dann doch eine Ankunft ohne Wonne, eine bittere Umarmung. Dieses Bittere ist ein Aspekt des mystischen Prozesses, insofern der Gläubige, entgegen seinen eigenen Sehnsüchten und Erwartungen, umgestaltet wird. Während Luther diesen Umgestaltungsprozeß als die Struktur alles christlichen Lebens sah (Bitterkeit, Erlösung, Dankbarkeit), war er für Müntzer die Phase des Durchgangs zum Reich Gottes aus der Gefangenschaft in der sündhaften Ungerechtigkeit. Nach Müntzer beginnt dieser mystische Prozeß mit Angst vor Gott, der Gute und Schlechte trennen wird. Durch diese Existenzangst wird der Seelengrund gereinigt werden, bis er wüst und leer ist, wie einst zu Beginn der Schöpfung die Erde war, über die der schöpferische Geist wehte.

Auch jetzt wird der Geist in den ledigen Seelengrund hinabsteigen und wird Christus geboren werden, in Schmerz und Leiden, in Verzückungen, in Blut, Schweiß und Tränen. Wenn viele Auserwählte auf diese Art aus ihrem Seelengrund heraus neu geboren sind, kann auch die größere Gemeinschaft gereinigt werden und die Ankunft des Geistes erfahren.

Nach 1520 laufen die Wege Luthers und Müntzers endgültig auseinander. Luther schwört dann Pseudo-Dionysius und damit der ganzen neu-platonischen mystischen Tradition ab. Er begreift dann auch, daß er den Schutz des Adels braucht, um gegenüber Rom politischen Spielraum für seine Reform zu behalten. Müntzer dagegen fühlte sich gerade mit den Opfern des Adels und des gutsituierten Bürgertums, den Bauern und Handwerkern, solidarisch, die konstant unter dem Existenzminimum lebten. Zu dieser notleidenden Unterschicht, diesem „Abschaum", gehörte im damaligen Deutschland fast die Hälfte der Bevölkerung. Luther wurde von Müntzer als „das geistlose, sanftlebende Fleisch zu Wittenberg" bezeichnet. Er fand, daß die Reformer „Büchermenschen mit Gott in ihrem Kopf" seien, die sich nicht für Gott und seine Auserwählten bis zum Schluß entschieden. Wenn es schmerzhaft wird, machen sie sich davon, stellte Müntzer fest.

1525 vereinigen sich die Bauern und formulieren ihr Elend in zwölf Forderungen. Luther stellt sich hinter sie und erklärt, daß Gott selbst sich in diesen Thesen wider die Ungerechtigkeit erhebe. Als die Bauern aber kein Gehör finden und Banden bilden, die Schlösser und Abteien plündern und brandschatzen, ruft Luther den Adel auf, dieses Gesindel auszurotten.

„Darum soll hier zuschlagen, würgen und stechen, heimlich oder öffentlich, wer nur kann … Hier steche, schlage, würge, wer nur kann. Findest du dabei den Tod – wohl dir, ein seligerer Tod kann dir niemals zuteil werden."[122]

Als Luther diesen Aufruf erließ, stellte sich Müntzer an die Spitze der Bauern und verstärkte ihren Widerstand. Er hatte das

Gären unter dem einfachen Volk am eigenen Leib erfahren. Er hatte Joachim von Fiore studiert und die „Geisttreiber" in Zwickau und Prag kennengelernt. Er war immer wieder verbannt worden, weil er Partei ergriff. Schließlich konnte er im thüringischen Mühlhausen festen Fuß fassen und hatte mit dem Aufbau einer christlichen, demokratischen Gemeinschaft ohne Standesunterschiede begonnen. Er sah in dem Aufstand des Volkes ein Vorzeichen des tausendjährigen Reiches des Geistes und hatte sich davon überzeugt, daß der „Abschaum" die Auserwählten waren, die zuerst in dieses Reich eingehen würden. Vergeblich versuchte er, den Adel davon zu überzeugen, daß Gott einen Einsatz von Macht „zum Wohl des Volkes" wolle. Der Adel forderte ihn mit einem Heer heraus.

Diese Herausforderung nahm Müntzer an. Er sammelte die Bauern und zog mit ihnen gegen das Heer. Am Tag vor der entscheidenden Konfrontation in Frankenhausen machte er noch ein letztes Angebot. Er suche keine Gewalt, außer um etwas zu verteidigen. Es gehe ihm nicht um eine Klasse, sondern um Gerechtigkeit für jeden. „Wenn das auch euer Wunsch ist, dann tun wir euch nichts. An diese Gerechtigkeit sollte sich jeder halten." Diese Botschaft erzielte keine Wirkung, Müntzer wurde vernichtend geschlagen, gefangengenommen, gedemütigt und umgebracht.

Ähnliche Bewegungen, die meist in der Besetzung einer Stadt kulminierten, fanden zu Beginn der „neuen Zeit" öfter statt. In Florenz war es Savonarola, der der Stadt eine neue Regierungs- und Lebensform geben wollte aus der Idee heraus, Gottes Gerechtigkeit verlange jetzt, daß die Karriere des einen nicht die Verarmung des anderen zur Folge haben dürfe. Er wurde von Papst Alexander VI. 1498 auf listige Weise aus dem Verkehr gezogen, gehängt und verbrannt. „Wiedertäufer", Gruppen in Zürich, die die Reform Ulrich Zwinglis nicht radikal genug fanden, zogen 1532 nach Straßburg, als Melchior Hoffmann hier arrestiert wurde. Hoffman hatte nämlich vorhergesagt, ein halbes Jahr nach seiner Verhaftung werde das tausendjährige Reich in dieser Stadt anbrechen. Als dies nicht geschah, übernahm Jan Matthijsz, ein Bäcker aus Haarlem, die Leitung, zog nach Münster, wo er 1534 die Macht ergriff und noch im selben Jahr umkam. Jan Breukelsz, ein Schneider aus Leiden, folgte ihm. Er führte in Münster ein wahres Schreckensregiment. Die Stadt wurde umzingelt. Holländische und friesische Wiedertäufer versuchten vergeblich, das „neue Jerusalem" zu befreien. Eine Gruppe unter Leitung von Jan van Geelen versuchte noch, Amsterdam zu besetzen. Sie hielten dies nicht länger als eine Nacht durch. 1535 wurde Münster eingenommen. Der „König von Sion" wurde samt seinem Anhang erniedrigt, sie wurden gefoltert und in Käfigen an einem Kirchturm aufgehängt.

Von allen Versuchen, eine Stadt zu einer „Stadt Gottes" umzugestalten, führte allein der Versuch Johann Calvins (1541) in Genf zu einem bleibenden Ergebnis.

MYSTIK UND POLITIK

Im Westen haben Mystiker öfter versucht, sich mit den Schwächeren zu solidarisieren. Meist gewaltlos, wie es Franziskus tat. Aber ziemlich viele Mystiker hörten immer wieder „Stimmen", die zu hartem Widerstand gegen kirchliche und nationale Politik zwangen. Hildegard von Bingen zum Beispiel und Katharina von Siena, die mit „Ich will" sagen wollten: „Gott will", oder umgekehrt. Und was geschehen mußte, war dann manchmal ein gewalttätiges Eingreifen. So wollte Katharina, daß der Papst einen Krieg gegen die Türken organisiere, um den Fehden des christlichen Adels untereinander ein Ende zu machen. Bekannt sind die Stimmen von Jeanne d'Arc, die ein siegreiches Heer anführte, aber schließlich selbst Opfer religiös-politischer Gewalt wurde. Jeanne d'Arc wurde heiliggesprochen. Savonarola wäre auch heiliggesprochen worden, wenn er sich nicht gegen den korrupten Papst gewandt hätte. Die Einschätzung Müntzers erfährt zur Zeit eine Umwertung. Er erlebte auf ursprüngliche Weise den mystischen Umbildungsprozeß und blieb ihm treu, auch als er das Schwert zog, um diese Erfahrungserkenntnis hinsichtlich der Unterdrückten zu verteidi-

Während der Verhand-
lung im Jahr 1481 holten
sich der Pfarrer und ein
Reisegefährte beim
Klausner Nikolaus von
Flüe Rat. Den erhaltenen
Rat teilten sie der Ver-
sammlung mit. Er über-
zeugte alle. Der böse Ge-
nius wurde daran gehin-
dert, zu fliehen. Dieses
Geschehen ist in Wort
und Schrift in der Bild-
chronik des Diebold
Schilling beschrieben.
Ohne diesen Rat des Ni-
kolaus sähe die Schweiz
heute anders aus.

Aus der Faksimile-Aus-
gabe von 1981.

gen. Es ist aber grausam, zu sehen, welch eine enorm aggressive
Reaktion ihre Gewalt auslöste.

Diese Mystik hat sich als ein zweischneidiges Schwert erwiesen. Es sind viel politisches Talent und eine starke Psyche
erforderlich, wenn man eine Gruppe von Analphabeten, Ge-
scheiterten, Randfiguren zusammenhalten und ihnen eine
Stimme und ein Gefühl von Eigenwert geben will. Vor allem
wenn diese Stimme nicht von anderen gehört wird, ist die Gefahr eines kollektiven Wahnsinns nicht ausgeschlossen. Und
das Gefühl des Eigenwerts kann sich dann zu dem sektiereri-
schen Bewußtsein entwickeln, daß nur „wir" gut sind und der
Rest Verdammte, die abgeschnitten werden müssen.

Die Mystik, die die radikalen Reformer inspirierte, hat übrigens auch auf längere Sicht gewaltlose politische Folgen gehabt: nämlich die Freiheit, nach seinem Gewissen zu handeln, als ein Menschenrecht oder die demokratischen Regierungsformen. Auch wird zu dieser Zeit zum erstenmal „Außerkirchlichkeit" möglich. Sebastian Franck (1499–1542) ist ein Beispiel dafür. Ein katholischer Priester, der protestantisch wurde und sich später sein Brot als Seifensieder, Buchdrucker und Schriftsteller verdiente, umherziehend von einem Ort zum anderen und von Luther abgekanzelt.

Franck machte den Wiedertäufern, denen er sich verwandt fühlte, ihre Sektiererei und ihre Verbeugung vor der Bibel zum Vorwurf. Er war selbst sehr tolerant, glaubte an die Gemeinschaft aller, auch nicht-christlicher Gläubigen und fand, daß die einzig wahre Kirche eine spirituelle sei und das einzige bindende Wort das „innere Wort". Der Geist, der die Bibel inspirierte, sei ja derselbe Geist, der im Menschen wohne und der einem jeden von Christus gegeben sei. Franck sah die Geschichte und den Menschen „von Gott her". Dann bleibe nicht viel Heiliges und Edles übrig. Ein Schweinestall, ein Tanz wie von einem Trunkenbold, ein Puppenspiel mit störrischen Menschen, während Gott die Fäden ziehe. Im übrigen sei Gott selbst über alle Sprache erhaben. Franck hat durch diese Auffassung von der Geschichte die Bahn freigemacht für eine kritische Geschichtsschreibung. Franck war literarisch begabt und hatte Einfluß auf Künstler, vor allem auf eine Malergruppe in Nürnberg, zu der Schüler Dürers gehörten, die „gottlose Maler" genannt wurden.

Ein anderer Protestant, der sich den Wiedertäufern und vor allem Melchior Hoffman engverwandt fühlte und ebenso wie Franck allein die spirituelle Kirche als die wahre anerkannte, war Kaspar von Schwenckfeld (1489–1561). Seine Schüler wichen später aus nach Amerika, und es gibt dort immer noch Anhänger. In diesen Protestanten kommt ein neuer Typ von Christen zum Vorschein: unkirchlich, außerkirchlich oder sich zwar noch zu einer Kirche zählend, aber nicht mehr an ihr beteiligt, und doch Christen; ohne Gottesbild und doch gläubig.

Ein Beispiel aus der späteren Entwicklung dieses radikalen Protestantismus ist der Schuster George Fox (1624–1691). Nach einer tiefen mystischen Erfahrung im Jahr 1646 brach er mit aller äußeren Religion. Er war davon überzeugt, daß jeder Mensch die Wahrheit in sich selbst finden könne durch das „innere Licht", einen Teil des Geistes Gottes. Jesus sei „ohne Hilfe von Mensch, Buch, Schrift" zu erfahren. Christliches Leben sei etwas Alltägliches und könne ohne bezahlte Priester und Riten geführt werden. Er zog umher, um Menschen zu dieser inneren Kirche zu bringen. Er war eine auffallende Erscheinung, mit einem breitkrempigen Hut, den er vor niemandem abnahm. Stets im Freien predigend, redete er jeden mit „Du" an. Die vielen Jünger, die er anzog, waren auf eine nüchterne Weise fanatisch und oft gegen die etablierte Ordnung eingestellt. Einmal saßen zur selben Zeit zwölftausend von ihnen im Gefängnis. Die Zusammenkünfte begannen mit einer stillen Meditation, wonach soziale und politische Probleme besprochen wurden. Diese Diskussion war ein Gedankenaustausch, ohne daß man einander überreden wollte.

Fox selbst reiste nach Irland, Westindien, nach Amerika und den Niederlanden. Seine internationale Gemeinschaft nannte sich nach 1669 „Society of Friends". Man gab ihnen aber den Namen „Quäker", weil sie vor Erregung zitterten, wenn sie von ihren Erfahrungen sprachen. Bei ihnen wird deutlich, wie sich Mystik und Politik miteinander in Einklang befinden können: zitternd von mystischen Erfahrungen zeugen, aber nüchtern offen sein für alle anderen Einsichten, wenn es um das Alltagsleben geht.

Ein Freund von Fox, William Penn, wurde Gouverneur eines Gebiets in Amerika, das nach ihm benannt ist, Pennsylvania. Er gab diesem Staat eine demokratische Struktur mit gleichen Rechten für Indianer und Quäker. Weil der Staat jedem offenstand, wurden die Quäker mit der Zeit von allerhand andersgearteten Gruppen überschwemmt. Als diese zur Mehrheit wurden, richteten sich die Quäker nach ihnen.

Penn formulierte auch die Menschenrechte. Schon bevor das

Thema andernorts erörtert wurde, traten die Quäker für die Befreiung von Negersklaven, für die Humanisierung des Gefängniswesens und der Fabrikarbeit, für Gleichberechtigung der Frauen ein. Sie waren gegen Diktatur und Krieg und verweigerten den Militärdienst. Glaube jemand, daß er seinem Gewissen folgen und zu Waffen greifen müsse, dann solle er sich gut besinnen. „Freunde, seid nicht hastig, denn jeder, der an das innere Licht glaubt, hat keine Eile nötig", sagte schon Fox. Das Gewissen wurzele nicht nur im „Licht", sondern sei auch kulturgebunden. Der Quäker soll versuchen, diese beiden Aspekte zu trennen und dann zu entscheiden, welche politische Haltung er einnehmen soll.

MYSTIK DER TAT: IGNATIUS VON LOYOLA

Zu der Zeit, da man in Nordeuropa auf eine so vielfältige und dadurch auch chaotische Weise eine Reform der Christenheit anstrebt, verschiebt sich im Süden das Machtzentrum nach Spanien; Spanien wird nach 1500 zu einer Weltmacht; die Gewalt ist streng zentralisiert und wird vom König ausgeübt. Die Mauren sind dann schon aus Spanien vertrieben. Ebenso die Juden. Im Jahr 1481 wurde in Sevilla die Inquisition eingesetzt, die bekehrte Juden auf anonyme Anklage hin verurteilen konnte, wenn sie an ihren früheren Praktiken festhielten. Nachdem auf diese Weise an die zehntausend bekehrte Juden verbrannt worden waren – aber damit war dieses unerwünschte Element noch nicht aus der Kultur entfernt –, wurden alle Juden aus Spanien (1492) und aus Portugal (1496) vertrieben. Als einziger Fremdkörper im katholischen Spanien blieb alles das übrig, was nach Reform roch, wie sie im Norden angestrebt wurde.

Alle, die die Kirche vergeistigen wollten und sich auf innere Erleuchtungen beriefen, wurden von da ab von der Inquisition als „alumbrados" (Erleuchtete) bekämpft. Alle Mystik wurde verdächtigt. Und doch erblühte in dieser feindseligen Atmosphäre eine Mystik von besonders hohem Gehalt. Ignatius von Loyola, Teresa von Avila und Johannes vom Kreuz sind die Gipfel dieser Mystik.

Zeitgenosse und in gewissem Sinn auch Gegenpol Luthers war Ignatius Lopez, ein 1491 in Loyola geborener Baske. Er stammte aus dem niederen Adel und war nach dem Ideal des ritterlichen Kampfes und der Eroberung von Frauen erzogen. Gefangengenommen und verwundet nach einer Niederlage, fiel er in eine schwere Depression, nicht nur wegen der Desillusionierung und Demütigung, sondern auch weil der Sinn des Lebens und jeder Halt ihm zu entgleiten drohten. Er geriet an den Rand des Selbstmords. In Manresa, in einer Grotte am Ufer des Flusses Cardoner, empfing er eine rettende Erleuchtung. In Visionen sah er danach die Welt als ein Schlachtfeld, auf dem um das Reich Christi gekämpft wurde.

Anders als Müntzer zu derselben Zeit, sah er diesen Kampf aber nicht als einen Endkampf. Als auserwählte Kämpfer sah er ebensowenig den Abschaum; im Gegenteil, die Auserwählten sind für ihn eine Elite. Doch ging er, genauso wie Müntzer, von dem eigenen Gewissen aus. Aber anders als Müntzer, suchte er die Quelle der schlechten und der guten Impulse nicht außerhalb seiner selbst, als ein Gericht Gottes hier und jetzt über die Menschheit, sondern in sich selbst: Welche Norm gibt es, mit der ich die guten und die schlechten Geister in meinem Inneren unterscheiden kann?

Ignatius kehrte aus der Abgeschiedenheit mit Aufzeichnungen über „geistliche Übungen" (Exerzitien) zurück. Eine methodisch angelegte Meditation, mit der jemand zur Klarheit über sich selbst kommen kann, und eine Technik, um zu klaren Entscheidungen aus eigener Erfahrung zu gelangen. Der ganze Mensch ist daran beteiligt, auch die Phantasie.

Genauso wie Luther, war auch Ignatius ein Mann mit einer starken Phantasie, welche die Welt als eine Bühne sah, auf der Christus und Satan ihren Kampf ausfochten. Eine männliche Vorstellung von den Dingen, die später auch die Kultur beherrschte und bei der die Frau als Hexe eine große Rolle spielen sollte. Denn sie konnte erzählen, wie Satans Strategie aussah.

Die „geistlichen Übungen" wurden die Jahrhunderte danach nicht nur dazu gebraucht, um ein Elitekorps, die Jesuiten, zu formen, sondern auch um Christen zu klaren Entscheidungen zu bringen, und zwar mittels der „Exerzitien". Es handelt sich dann kaum mehr um Mystik.

Ignatius selbst war ein ausgesprochener Mystiker. Er berichtet von seinen mystischen Erfahrungen, aber es geht ihm um eine Mystik, die zu Taten führt. Der erste Schritt des Ignatius aus seiner Lebenskrise war, daß er aus sich selbst, „unabhängig von Bibel und Kirche", einen festen Punkt in seinen verwirrenden Emotionen entdeckte. Und zwar indem er positive, befreiende Kräfte von negativen, entfremdenden unterschied. Er sah deutlich, daß die Freiheit des einzelnen in der höheren Freiheit wurzelt, die der eine, über allen Begriff hinausgehende Grund von allem ist. Was unfrei macht, mag es auch noch so fromm sein, gehört zu den „bösen Geistern".

Zurückgekehrt von einer Wallfahrt ins Heilige Land, stand er vor der Frage: Was nun? Er kam zu einem radikalen Entschluß. Die Einheit aller Menschen, die er so deutlich erfahren hatte, wollte er unter „dem Banner" Jesu und in „seiner Gesellschaft" (der „Gesellschaft Jesu" oder der Jesuiten) verwirklichen. Er vertraute darauf, daß der Papst eine zentrale Gestalt sei, die einen Überblick über die Weltsituation habe. Darum unterstellte er seine Gesellschaft unmittelbar der päpstlichen Leitung, unabhängig von der Ortskirche. Der Gehorsam gegenüber eigenen Erfahrungen müsse in die Gemeinschaft der Genossen Jesu eingefügt werden, weil ein gleiches Fühlen und Wollen hier zusammenkomme. Die mystische Ader dieses Gehorsams ist wenig verstanden worden, auch nicht von den Päpsten. Ignatius selbst geriet in Konflikt mit der Inquisition zu Alcalá, Salamanca, Paris, Venedig und Rom. Wochenlang wurde er in spanische kirchliche Gefängnisse eingesperrt. Er erhielt Sprechverbote. Papst Paul IV. hatte sein Zimmer von der Polizei durchsuchen lassen und verweigerte ihm seinen Segen, als er im Sterben lag. Ignatius starb ohne die Sterbesakramente, im Jahr 1556.

Auch von den Jesuiten selbst wurde danach Erfahrungsmystik in den eigenen Reihen bekämpft. Schon 1575 verbot der

„General" Werke der nördlichen Mystiker, die bei den Jesuiten in Umlauf waren. Doch hat Ignatius auf die weitere Entwicklung der Mystik insofern Einfluß gehabt, als diese für Laien zugänglicher und der Nachdruck mehr auf das Tun als auf die Erfahrung selbst gelegt wurde.

Eine große Gestalt in dieser Entwicklung wurde der von Jesuiten erzogene Bischof von Genf, Franz von Sales (1567–1622). Ignatius hatte schon jede Erinnerung an das Mönchtum vermeiden wollen. Seine „Gesellschaft" sollte ohne klösterliche Gebäude, Kleidung, Tageseinteilung und so weiter auskommen. Franz von Sales ging in dieser Hinsicht noch einen Schritt weiter: Man lasse den Laien Laie bleiben in seiner gewohnten täglichen Umgebung, ohne eine andere „Gesellschaft" als die vorhandenen Freunde:

> „Für solche aber, die mitten unter Weltmenschen die wahre Tugend anstreben, ist es notwendig, sich untereinander durch eine heilige Freundschaft zu verbinden; dadurch ermuntern sie sich gegenseitig, helfen einander und tragen sich gleichsam gegenseitig zum guten Ziel. Die auf ebenem Weg gehen, brauchen einander nicht an der Hand zu halten; die aber steinige und abschüssige Wege betreten, müssen sich gegenseitig stützen, um sicherer zu gehen." [123]

Er entwarf eine Meditationsmethode, die er selbst als eine Vereinfachung der „geistlichen Übungen" ansah. Einer der auffallenden Züge daran ist, daß Meditation dazu dient, eine Christusrolle zu erlernen. Durch die tägliche Meditation „werden eure Taten nach dem Modell der seinen geformt werden". In einem scharfen Kontrast zu seinen Zeitgenossen war Franz von Sales selbst sehr offen und konstruktiv. Ein erfahrener Seelenführer, der praktisch und psychologisch Menschen zu der für jeden von ihnen erreichbaren Vollkommenheit führte.

DER PSYCHOLOGISCHE WEG:
DER SPANISCHE KARMEL

Die erste Frau, die nach Marguerite Porète einem breiteren Publikum wieder eine Landkarte ihrer Seele zeigt, ist Teresa von

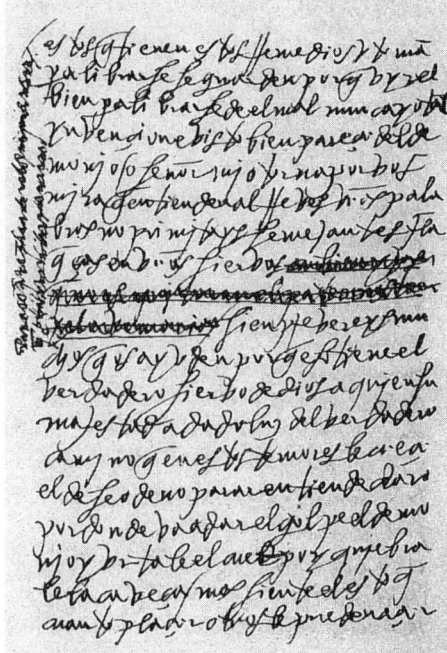

Teresa von Avila. Dieses
zeitgenössische Porträt
war von jeher im Besitz
der Familie Ahumada.

Foto: NCI, Boxmeer.

Die Handschrift Teresas, mit „Korrekturen" ihres Beichtvaters, der unterstrich:
„Töchter, denn sie werden euch nicht das ‚Vaterunser' und das ‚Gegrüßet seist du
Maria' nehmen" und am Rand notierte: „Es scheint, daß sie hier den Inquisitoren auf
die Finger klopft, weil sie Bücher über das Gebet verbieten." Schnüffler der Inquisition haben dies alles danach unleserlich machen wollen.

Seite aus „Der Weg der Vollkommenheit".
Madrid, ms Escorial, fol.72ᵛ.

Avila. Auch sie tat dies in einer äußerst feindlichen Umgebung:
einer frauenfeindlichen, anti-jüdischen, antimystischen männlichen Kultur, die von Theologen gehütet wurde. „Zwanzig
Kleriker der Inquisition wachen über den Frieden in meinem
Reich besser als ein ganzes Heer", meinte König Philipp II.,
nicht zu Unrecht.

Aus einer Familie „bekehrter Juden" stammend – ihr Groß-
vater war aus diesem Grund von der Inquisition verurteilt wor-

den –, eine Frau, die über sich selbst schreibt, und dazu noch in der Volkssprache, und die eine neue Innerlichkeit propagiert: eine solche Frau war schon von vornherein sehr verdächtig. Teresa wurde dadurch frustriert: „Wenn ich daran denke, daß ich als Frau geboren bin, fühle ich mich wie gelähmt." Von der Kanzel herab wurde verkündet, „Frauen sollten sich mit dem Spinnrad und dem Rosenkranz beschäftigen und sich um andere Formen der Frömmigkeit nicht kümmern". Teresa weiß es aber besser: „Was für ein Glück, wenn Gott einer Frau die Tyrannei eines Gatten erspart. Sehr oft ruiniert dieser ihren Leib, oft auch die Seele."

Aber im Kloster fühlt sie sich genauso frustriert. Ihre Brüder suchen das Abenteuer in Amerika, die gesamte christliche Welt steht in Flammen, und sie tut einfach nichts! Sie weiß nicht mehr ein noch aus, und ihr Unfrieden offenbart sich in einer schweren Neurose und in psychosomatischen Störungen. Sie kann kein Latein lesen, und als 1559 der Großinquisitor alle spirituellen Werke in der Volkssprache, einschließlich der Heiligen Schrift, verbietet, bleibt ihr allein ihre Phantasie.

Sie bekommt prompt spektakuläre Visionen. Aber auch hier wird von ihren Beichtvätern mit dem Hackmesser gearbeitet. Sie befehlen ihr, „den Erscheinungen eine Faust zu machen". „Es ist zum Verrücktwerden", stöhnt Teresa. Ihre Krise währt 18 Jahre. Sie erkennt, daß Gott im tiefsten Zentrum ihrer Seele wohnt. Von dort aus sieht sie die Menschen und die Dinge völlig neu, und sie kann ruhelos tätig sein, ohne sich selbst zu verlieren.

„Wo war ich, als ich Dich suchte? Du warst mir gegenwärtig, aber ich war mir selbst entfremdet. Du warst in meinem Innersten, und ich war draußen, und dort draußen suchte ich Dich."[124]

Diese Charakterisierung einer neurotisierenden Lebenskrise stammt von Augustinus. Teresa erkannte sich darin wieder. Sie war danach ihrer selbst sicher und der Inquisition gewachsen. Sie dreht die Sache um: Statt einem männlichen Reformer zu folgen, reformiert sie einen Männerorden. Sie tritt den Inquisi-

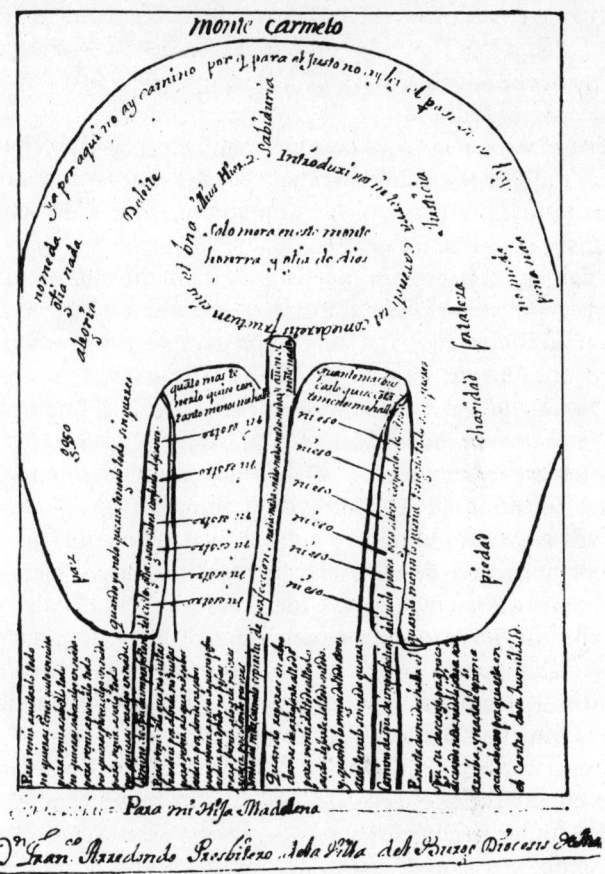

Johannes vom Kreuz machte für Nonnen aus Beas in den Jahren 1578/1579 eine Skizze von der Besteigung des Berges Karmel. Er machte die Skizze so, daß die Nonnen sie in ihr Brevier legen konnten. Charakteristisch ist die Sicht von oben. Der große Kreis ist der Umkreis des Berges, der kleine Kreis darinnen, durch Wörter markiert, ist der Gipfel des Berges, ein Plateau. Von unten nach oben sind die Wege gezeichnet, zwei breite und in ihrer Mitte ein schmaler, der einzige, der bis zum Gipfel führt. Tatsächlich ist die Sicht des Johannes vom Kreuz in seinen Gedichten und Kommentaren auch von oben herab: von Gott aus die Geschöpfe und nicht von den Geschöpfen aus Gott sehen. Auf dem Plateau selbst gibt es keinen Weg mehr. Von diesem Punkt aus gesehen wird klar, welches der kürzeste Weg ist.

Gemacht für „meine Tochter Madalena".
Madrid, Bibl. Nat., ms 6926.

toren entgegen, neutralisiert deren Bedenken und macht sie
nicht selten zu ihren Freunden. Sie schreibt weiter in der
Volkssprache. Gewarnt, daß die Inquisition sie erwischen
werde, sagte sie lachend:

> „Es müßte um meine Seele sehr schlecht bestellt sein, wenn
> sich in ihr etwas fände, weshalb ich die Inquisition zu fürch-
> ten hätte. Könnte ich das annehmen, so würde ich mich
> selbst der Untersuchung stellen." [125]

Aus der Frustration, ohnmächtig dasitzen zu müssen und zugleich glauben zu können, zu etwas Großem berufen zu sein,
befreit sie sich selbst, indem sie von dem ausgeht, was sie konkret kann und ist:

> „Das Bewußtsein, nur eine Frau und belanglos und nicht im-
> stande zu sein, etwas von dem zu tun, was ich im Dienst des
> Herrn gern getan hätte ... Daher entschloß ich mich, das We-
> nige zu tun, das ich zu tun vermochte." [126]

Sie läßt sich mit Hilfe ihrer Freundin in Avila ein Haus bauen
und beginnt hier eine Reform kleineren Umfangs: mit einer
Gruppe von Frauen, die das Ideal des alten Einsiedlerordens,
das vom Berg Karmel (in Israel) stammt, so rein wie möglich
verwirklichen will. Sechs Jahre später gewinnt sie den neuge-
weihten Karmeliten Johannes vom Kreuz dafür, dasselbe mit
einer Gruppe von Männern zu tun.

Teresa war besonders begabt. Klug und zugleich sanft, impul-
siv und sachlich, ekstatisch und nüchtern beobachtend. Als
Schriftstellerin gehört sie zum Gipfel der spanischen Literatur.
Sie schreibt spontan, ohne Streichungen und ohne den Text
noch einmal zu lesen. Sehr direkt, mit Humor und mit großer
Aufmerksamkeit für das Normale, die Details, den Menschentyp, die praktischen Seiten einer Sache. Sie ist nicht doktrinär,
schreibt aus Erfahrung und für ein Gegenüber, kommt aber
doch zu neuen Darstellungen des mystischen Prozesses und
sucht stets nach dem, was sie „neue Wörter" nennt.

Sie findet neue Wörter für eine neue Art von Beten: „Das Gebet der Ruhe". Beten kann etwas sein, was man mit Worten tut.
Teresa ist nicht dagegen, findet aber, daß ein Gebet zu nichts

dient, wenn es ohne Inhalt ist, und verteidigt gegenüber den Inquisitoren die Bedeutung des „inneren Betens". Beten als einen
Prozeß, der das Leben umgestaltet, Beten als ein Ergriffenwer-
den, als Lebensform und Quell von Tätigkeiten, die überall
möglich sind. „Bedenkt, daß der Herr auch in der Küche inmitten der Töpfe euch nahe ist und euch ... beisteht", sagt Teresa
zu ihren Mitschwestern. Es ist der Ruhepunkt in einem Leben,
der sehr aktiv sein kann.

„Diese Liebe bleibt ständig aktiv und sucht, was sie tun
kann. Sie kann nicht in sich selbst verschlossen bleiben, genauso wie das Wasser nicht in der Erde eingeschlossen bleiben zu können scheint, sondern nach einem Ausweg
sucht." [127]

Um deutlich zu machen, wie der Mensch zu diesem ruhestif-
tenden Zentrum vordringen kann, verwendet sie ein neues Bild
für das, was traditionell der „Grund", der „Gipfel" oder der
„Seelenfunke" genannt wird. Sie nennt das die „innerste Wohnung" der „Seelenburg". Der Weg ist für sie kein Ersteigen einer mystischen Leiter. Der Kosmos spielt kaum eine Rolle. Das
frühere Bild vom Kosmos wird bei ihr zu einem Bild der
menschlichen Seele: Im Zentrum des göttlichen Lichts, drumherum in Kreisen die vielen Schichten der Seele, und außerhalb
derselben herrscht dann Dunkelheit. Der Mensch muß also aus
dem Dunkel durch alle Schichten (in der Burg bleibend) hin-
durchdringen bis in die innerste Wohnung, „wo dann die ge-
heimsten Dinge zwischen Gott und der Seele stattfinden". In
diesem Mittelpunkt entdeckt der Mensch das, was über ihn
hinausgeht und was zugleich der Grund seines Daseins ist. Diesen „Weg zur Vollkommenheit" beschreibt sie auch in der
Form einer Autobiographie und ausgehend von dem, was sie
um sich herum sah. Sie beschreibt ebenfalls sehr genau die Begleiterscheinungen der Mystik und tut ihre Meinung dazu
kund.

Bei Teresa beginnt die moderne psychologische Annäherung
an das Phänomen Mystik. Ein Weg durch die Seele hindurch
zum Kern der Person, wobei sie fast selbstverständlich Seele

und Leib, irdische Leidenschaft und geistige Liebe als eine Einheit sieht.

„Wir sind keine Engel, sondern haben einen Leib. Es wäre töricht, uns selbst zu Engeln machen zu wollen, solange wir noch auf Erden und so an die Erde gebunden sind, wie ich es war." [128]

Er war nicht der Herzensfreund Teresas – das war Jeronimo Gracian –, wohl aber „der Vater ihrer Seele": der Karmelit Johannes vom Kreuz, der ebenso wenig wie sie mit dem üblichen Klosterleben zufrieden war, deshalb Kartäuser werden wollte, aber bei einer Begegnung mit Teresa 1568 seinen Entschluß änderte und ihr bei ihrer Reform des Karmelitenordens half. Sie war 52, er kaum 25 Jahre alt. Sie war extrovertiert, er introvertiert. Sie schreibt übermäßig detailliert über ihr Leben, er faßt seine Erfahrungen in Gedichten zusammen, neunhundert Versen insgesamt. Ihm fehlt die Selbstsicherheit und Wendigkeit Teresas. Er wird eingekerkert, in den Klosterkerker von Toledo, behandelt wie ein „Rebell" und nach dem Tod Teresas fast buchstäblich von seinen eigenen Mitbrüdern entkleidet. Noch keine fünfzig Jahre alt, dem Tod nahe, bittet er um den Ordenshabit als „Almosen": „Ich habe nichts, um mich darin begraben zu lassen." Er war aus allen Ämtern entfernt worden, und wenn er noch ein paar Tage länger gelebt hätte, wäre er aus dem Orden ausgestoßen worden, den er selbst ins Leben gerufen hatte. Seine Schriften wurden von der Inquisition lange Zeit untersucht. Sie konnten erst 1618 veröffentlicht werden, vier Jahre bevor Teresa heiliggesprochen wurde. Auf seine Heiligsprechung mußte er noch ein ganzes Jahrhundert warten. Heute gehören seine Gedichte zur Weltliteratur, und er ist zum „Kirchenlehrer" erhoben worden.

Seine Gedichte sind spontan entstanden als erste Formwerdung dessen, was er in der Gefängniszelle zu Toledo erfuhr. Er arbeitete sie danach aus, schrieb Kommentare dazu, als man ihn darum bat, und fertigte schließlich ein neues Gedicht für die Witwe Ana de Penalosa in Granada. Auf ihre Bitte schrieb er in vierzehn Tagen auch dazu einen Kommentar. Sein ganzes

Werk schuf er innerhalb von acht Jahren. Johannes vom Kreuz ist nicht ein Mystiker, der auch noch dichtet, wie Teresa von Avila und Therese von Lisieux mit ihren frommen Reimereien. Er war ein Dichter, der seinen mystischen Erfahrungen poetische Form gab. Wenn er eine Auslegung geben muß, ringt er spürbar mit der gängigen Sprache, die ihm zuwenig suggestive Möglichkeiten bietet.

Die Bilder, in denen Johannes vom Kreuz seine Erfahrungen wiedergibt, sind seltsam genug extrovertiert. Er geht nicht in die Burg seiner Seele, sondern zieht durch die Wüste und die dunkle Nacht zum Gipfel eines Berges. Er verwendet uralte jüdische Bilder, die er aus der Bibel schöpft: das Liebesspiel, wie es im Hohenlied beschrieben ist, den „Auszug" aus Ägypten, die „dunkle Wolke", die vor dem Volk einherzieht, und den Berg „Karmel". Dieses letztere Bild gebraucht er auch, um alles, was er den Karmelitinnen in Beas erklärt hatte, kernhaft zusammenzufassen.

Er zeichnete dreizehnmal den „Berg Karmel" auf ein Papier, das sie in das Gebetbuch legen konnten. Der Gipfel ist nicht mit einer Linie, sondern mit einem Text markiert. Dieser lautet übersetzt: „Ich habe euch in das Land des Karmels geführt, auf daß ihr essen sollt von seinen Früchten, von den besten derselben." Ein Text aus der Bibel über das Symbol der fruchtbaren Fülle und der Sinnenfreude, aus dem auch der Karmelitenorden von jeher seine Inspiration bezieht.

Bemerkenswert ist, daß Johannes vom Kreuz den Berg von oben betrachtet. Die Wege zum Gipfel liegen flach nebeneinander, wie in Vogelperspektive gesehen. Dieses Betrachten von oben herab ist auffallend auch in einer Zeichnung des Gekreuzigten, und es ist typisch für sein Schreiben. Er hat das Ganze schon „gesehen" und kann es nur nach und nach erklären. In seinen Gedichten sagt er alles.

Die prosaische Auslegung kommt nur fragmentarisch zustande. Er arbeitet an verschiedenen Kommentaren zugleich, manchmal diktierend, manchmal schreibend. Der Gipfel des Karmels ist für ihn das Bild der reifen Mystik. „Die Seele wird

Von Johannes vom Kreuz ist noch eine andere kleine Zeichnung erhalten geblieben. Ein
gekreuzigter Jesus, auch von oben gesehen.

Die Sicht des Johannes
vom Kreuz ist für uns
normal geworden. Wir
schauen mit Hilfe von
Satelliten von oben herab
auf die Wolken. Damals
aber mußte man sich die-
se horizontale Sicht er-
obern. Dazu bediente
man sich der „scorsi",
Verkürzungen. Andrea
del Castagno hat sein
ganzes Können ge-
braucht, um den Gekreu-
zigten in dieser Perspek-
tive einzufangen, als eine
horizontale Wirklichkeit
über der unseren schwe-
bend.

A. del Castagno, „Dreiei-
nigkeit mit Sankt Hiero-
nymus".
Florenz, Kirche SS. An-
nunziata.

Die ungelenke, aber originelle kleine Zeichnung des Johannes vom Kreuz regte Dali 1951 zu einem Gemälde an, auf dem er dieses Schauen von oben nach unten mit dem horizontalen Sehen verbindet. In diesem Jahr schrieb Dali auch ein „mystisches Manifest".

Salvador Dali, „Der Christus des Johannes vom Kreuz".
Glasgow Art Gallery and Museum.

vergöttlicht und ist Gottes teilhaftig." Sie „atmet in Gott, wie Gott in ihr atmet". Das bloße Wesen des Menschen und Gottes berühren einander. Diese Berührung ist bleibend. Der Mensch ist anders geworden. Er sieht anders. Er kann jetzt sagen: „Mein sind die Himmel und mein ist die Erde."

„Dabei ist es der Seele, das ganze Weltall sei ein Liebesmeer und sie in ihm untergetaucht, im Liebesbranden ohne Grenzen, ohne Ende." [129]

Auf diesem Gipfel gibt es keinen vorgezeichneten Weg mehr, weil der Mensch dann spontan Gottes Wege wandelt. Es gibt kein Gesetz mehr, weil der Mensch aus Gottes leitendem Geist weiß, was zu tun ist. Der Gipfel ist eine andere Art von Bewußtsein. Nicht, daß wir uns dann Gottes stets bewußt wären: „Gewöhnlich ruht er dann im Wesen der Seele, schlafend." Aber wenn wir uns der Dinge und unserer selbst bewußt werden, ist das anders. Anders aufgrund einer anderen Sicht und aus einer anderen Motivation. Dieser Gipfel wird von Johannes vom Kreuz auch als Endpunkt einer Verliebtheit wiedergegeben: als geistliche Hochzeit. Man verliebt sich, man wird ein anderer Mensch. Aber man kommt nicht ungeschoren davon. In diesem Bild spielt das Verletztwerden des Menschen als Liebender eine Rolle, die „Liebeswunden". Man wird von Liebe getroffen. Die verwundete Seele folgt dem Geliebten, an den Geschöpfen und der Natur, den Spuren Gottes, entlang, die aber auch Zeichen seiner Abwesenheit sind. Sie sucht ängstlich nach dem Geliebten selbst. Er scheint unfaßbar zu sein, wenn sie sich nach ihm ausstreckt. Sie wird so jeweils wieder neu von ihm herausgefordert, bis sie ganz leer geworden ist von Begierde und durch diese Leere dem Bräutigam Raum bietet.

Was Johannes vom Kreuz als reife Mystik beschreibt, ist auch von anderen geschrieben worden. Zum Beispiel von den „Brüdern und Schwestern von der freien Liebe" und den „Alumbrados". Die Stärke des Johannes vom Kreuz besteht aber darin, daß er sich nicht auf einem Gipfel erhaben über die Menschen in der Tiefebene fühlt und auch nicht eine ausgereifte Mystik als für jeden unmittelbar erreichbar propagiert. Vom Gipfel aus blickt er herab und sieht, auf welch steilem Weg er gekommen ist. Wobei er die Möglichkeit eines leichteren Weges offenläßt, der jedoch nicht so schnell zum Gipfel selbst führt.

Zwar gebraucht Johannes vom Kreuz extravertierte Bilder für den Weg zum Gipfel, aber dieser Weg ist nicht eine mystische Leiter durch die Schöpfung empor, sondern ein psychischer Weg innerer Läuterung. Ein immer tieferes Eindringen in den Existenzgrund unseres Ichs. Der radikale Weg ist der des „Nada" (Nichts). Denn losgelöst vom schöpferischen Grund, ist unser Existenzgrund „nichts", aber im Grund ist das Ich „alles". Sich dieses „Nichts" als der Kehrseite des „alles" bewußt zu werden, kann geübt werden, indem man fortzieht aus dem „Ich", soweit dieses auf sich selbst gerichtet ist.

Johannes vom Kreuz ist vor allem bekannt geworden durch seine Beschreibung dieses mystischen Prozesses als einer „dunklen Nacht". Er kannte Pseudo-Dionysius, der Gott als Dunkel beschrieb, schon aus seiner Studentenzeit. Er kannte auch das biblische Bild von der dunklen Wolke. Er gebrauchte diese Bilder auf eine originelle Weise: eine stockdunkle Nacht, die Gott selbst ist, aber auch ein psychisches Geschehen. Wir sehen nichts, erfahren nichts als Dunkelheit, wir verlieren, wonach wir verlangten, Frömmigkeit und Gottesbilder werden nichtssagend, der Sinn des Lebens entgleitet uns, wir haben keine „Lust" mehr am Beten. Und in diesem völligen Dunkel werden wir doch von einem dunklen Licht von innen her geleitet. Durch diesen unbestimmten inneren Kompaß verfallen wir nicht der Verzweiflung, halten wir es aus, kommen wir hindurch.

Diese Nacht ist etwas, was wir hervorrufen, wenn wir uns aktiv von aller Begierde befreien und bereit sind, alles aufzugeben, auch das Religiöse. Alles, was wir uns von Gott vorstellen, was wir als beglückende Erfahrungen, auch mystische, erlebten. Wenn wir mit den Bildern von früher ringen müssen, um die Leere offenzuhalten in einem Land ohne Weg und Licht, „wo der Mensch sich als ohne Gott erfährt". Diese Nacht ist aber auch Gott selbst, sofern sie uns überkommt, nicht von uns geplant, und auch insofern wir hindurchgeleitet werden. Dieser Gott gleicht aber in nichts mehr dem bekannten „Gott".

VON DER SALONMYSTIK ZUR ANTI-MYSTIK

Um das Jahr 1600 nimmt die anti-mystische Haltung des spanischen Machtapparates ab. Die Werke sowohl spanischer als auch nordischer Mystiker können gedruckt und in Spanien und Europa verbreitet werden. Vor allem in Frankreich regen sie zu einer neuen Mystik an. „Eine mystische Invasion" nannte Henri Bremond dies in seinem berühmten Standardwerk über

die französische Mystik, das er ab 1915 in elf Bänden erscheinen ließ. Es war überhaupt das erste Werk, das die Geschichte
der Mystik in einer neuen Weise beschreibt, „wie gesehen von
einem Reporter".[130]

Diese französische Mystik blieb zu einem großen Teil eine
Elite-Angelegenheit, eine Salonmystik in den Zirkeln (cercles)
um eine „Madame". Sie begann in dem Kreis um „Madame
Acarie" im Haus des Pierre de Bérulle. Madame Acarie führte
die Mystik Teresas von Avila ein, gründete Karmelitinnenklö-
ster und wurde später, nach dem Tod ihres Mannes, selbst Karmelitin, zusammen mit ihren drei Töchtern. In ihrem Salon
trafen sich viele Pariser. Der einflußreichste war der Prior der
Kartäuser, Dom Beaucousin. Er führte die nördliche Mystik
ein. Sowohl der englische Kapuziner Benedikt von Canfield als
auch Pierre de Bérulle beschrieben neue Wege.

Benedikt von Canfield (1562–1610) wollte die vielen Wege
und Übungen „verkürzen und sie alle auf einen Punkt zurück-
führen, nämlich den Willen Gottes". Er sah einen Weg zu voll-
endeter Mystik in drei Phasen: Gottes Geboten von außen,
Gottes Stimme von innen und schließlich „dem wesentlichen
Willen des unwesentlichen Lebens" folgen, ein passives, spon-
tanes Befolgen des göttlichen Willens, weil unser Wesen dann
mit ihm eins ist. Sein Werk wurde in alle europäischen Sprachen übersetzt und erlebte fünfzig Auflagen.

Bei Pierre de Bérulle (1575–1629) ist dieser kurze Weg aber
schon fromme Moral geworden, ausschließlich geeignet für
den zölibatären Klerus und bei diesem daher besonders einfluß-
reich. Aber nicht auf den einfachen Menschen abgestimmt.
Das zentrale Bild in seiner Spiritualität war: „Sklave Gottes
werden". Nicht gerade ein reizvolles Bild für einfache Menschen. Zu einem brennenden Problem wurde später denn auch
die Frage: Wenn Gott meine Verdammung will, muß ich das
denn auch froh bejahen? Antwort: ja. Nach diesem stürmi-
schen Beginn entartete diese Mystik langsam, aber sicher zu einem unentwirrbaren Knäuel aus echter Erfahrung und patholo-
gischer Überspanntheit, aus Mißverständnis und Fanatismus,

aus kirchlichen und weltlichen Intrigen und Politik. Die barocke Atmosphäre jener Tage und die Pracht des absolutistischen Monarchen Ludwig XIV. machten das Drama komplett.

Johanna von den Engeln mit ihren Nonnen von Loudon ist noch immer ein anregendes Sujet für Cineasten, Opernschreiber und Romanciers: eine Frau, die wie eine Besessene ihre Teufelsaustreiber auf den Scheiterhaufen oder ins Irrenhaus trieb und dann eine gleiche öffentliche Show abzog als Heilige und Mystikerin.

Ein großes Spektakel wurde auch um die mystisch begabte Madame Guyon (1648–1717) veranstaltet. Bischof Bossuet griff sie an, Erzbischof Fénelon verteidigte sie. Mit großer Eloquenz trieb Bossuet den sanften Fénelon in die Enge, und er wußte schließlich über die Gattin König Ludwigs XIV., Madame de Maintenon, eine römische Verurteilung des Erzbischofs zu erreichen. Fénelon kapitulierte. Madame Guyon verkümmerte in der Bastille, in einsamer Kerkerhaft bis zum Tode Bossuets (1704).

Ein Hexenkessel entstand auch um das Frauenkloster in Port Royal, wo bestimmte Intellektuelle, die in Häuschen um das Kloster wohnten, eine strenge Spiritualität mit den Nonnen praktizierten. Blaise Pascal gehörte diesem Kreis an. Aber auch Cornelius Jansen (Jansenius), Bischof von Ypern, und seine Gegner, die Jesuiten. Der Kampf wurde über die Köpfe der Frauen hinweg ausgefochten. Diese wurden nach der Verurteilung des „Jansenismus" auf Anweisung des Königs anderswo interniert, ihr Kloster wurde 1709 zerstört.

In dieser gespannten Atmosphäre suchte ein gewisser Pierre Nicole Antwort auf die Frage, wie jemand ein Mystiker werden kann. Er hatte eine Tante in Port Royal und holte sich bei allen Parteien Rat. Nach und nach bekam er einen heftigen Widerwillen gegen Mystik. Er gewann die Überzeugung, daß die Mystik, die er kennenlernte, viele zu Opfern machte, und bekämpfte sie daher. Seines Erachtens läuft das Streben nach mystischer Einswerdung darauf hinaus, Gott auf die Probe zu stellen, und ist die Sicherheit, mit Gott in einer „reinen Liebe" eins zu sein, oft falsch; wer kenne schon die tiefsten Regungen seines Herzens? Die „dunkle Nacht" des Johannes vom Kreuz hielt er für ein überflüssiges und sinnloses Bild: Nur der Sünder lebe in göttlicher Dunkelheit. Das gleiche galt seiner Meinung nach für „Wesenskontakt". Auch im Wesen des Teufels sei Gott. Nicole ging gegen die Mystik nicht aus Erfahrung an, sondern von der Theologie und der Moral aus. Er wird von Bremond als der Anstifter dessen angesehen, was er „die Anti-Mystik" nennt, das Geistesklima, das Europa seitdem beherrschte. In Wirklichkeit war das ganze Klima um Mystik gründlich verdorben, die spanische Mystik war auf Moral reduziert, und es wurde der Fehler gemacht, daß man elitäre Mystik als geeignet für das einfache Volk ansah, mit dem man keinen Kontakt hatte.

Auch in Italien wurde der Geschmack an Mystik gründlich verdorben, weil die Jesuiten in ihrem Eifer, eine volkstümliche, barocke Frömmigkeit zu schaffen, Miguel Molinos (1628 bis 1696) angriffen, als wäre er ein abscheuliches Individuum. Dieser Spanier war als Spiritual von Nonnen sehr gesucht. Er vertrat eine abstrakte Mystik mit dem Ideal einer vollkommenen Ruhe des Willenslebens, so daß wir „in dem unermeßlichen Meer der Unendlichkeit Gottes versinken und uns selbst verlieren". Diese Ruhe könne ein stabiler Zustand werden. Ganz eins mit dem Willen Gottes geworden, könne man nicht mehr sündigen. In starren Thesen zusammengefaßt, wurde seine Lehre als „Quietismus" verurteilt. Noch vor dieser Verurteilung kam Madame Guyon mit der Lehre des Molinos in Kontakt. Sie erkannte darin ihre eigenen Erfahrungen wieder und verarbeitete diese in Schriften und Gedichten. Ihre Mystik hätte das rechte Gegengewicht in der barocken, triumphalen, tatkräftigen und frommen Gegenreformation bilden können. Sie wurde aber plattgewalzt. Doch hat sie später noch als Gegenpol Einfluß bei den Protestanten gehabt, die einen antimystischen Protestantismus in einer antimystischen Kultur nicht ertragen konnten: die Pietisten und Menschen wie Jean de Labadie, Gerhard Tersteegen und Pierre Poiret.

Ohne großes Aufsehen entwickelte sich in diesem Frankreich aber auch eine Mystik, die länger Bestand gehabt hat. Ganz bescheiden. Es war die Mystik der Tat, erreichbar für den Laien in seinem normalen Alltagsleben, vor allem verbalisiert und vorgelebt von Franz von Sales und Vinzenz von Paul. Diese beiden hatten auch versucht, Frauen, die ein religiöses Leben führen wollten, von klösterlichen und klerikalen Bindungen freizuhalten. Vinzenz allein gelang dies, und zwar weil er sich weigerte, um die päpstliche Approbation zu ersuchen.

Neben dieser Form der Mystik gibt es auch Karmelmystik. Nicht jene, die von Karmeliten einstudiert wurde, sondern die Mystik, die ganz bescheiden von zwei Behinderten gelebt wurde, dem blinden Bruder in Rouen Jean de Saint-Samson und der Flämin Maria Petyt, die wegen Leseschwierigkeiten in Klöstern unerwünscht war und sich als eine Art Begine in einem Häuschen an der Karmelitenkirche in Mecheln einmauern ließ.

Jean de Saint-Samson (1571–1636) diktierte seine Gedanken. Seine Schriften sind dadurch etwas chaotisch, aber sie sind doch direkte Zeugnisse der Erfahrung selbst. Maria Petyt schrieb ihre Erfahrungen in Briefen nieder, die sie regelmäßig an ihren Seelenführer, den Karmeliten Michael a Sancto Augustino, schrieb. Ihre Erfahrungen, die eine lange Zeit umfassen, sind daher sozusagen brandaktuell zu verfolgen. Aus den Schriften beider geht hervor, daß der mystische Weg kein vertikaler Weg hinauf oder in die Tiefe ist und sich in drei aufeinanderfolgenden Phasen vollzieht. Das ist zu abstrakt. In Wirklichkeit ist der Weg eine Art Spirale, auf und ab gehend, sich langsam emporwindend, aber doch immer wieder mit Durchbrechungen des Kreises, der sich um das Ich zu schließen droht. Bei Jean de Saint-Samson ist deutlich die Rede von einer doppelten Bewegung von Tod, Abbruch und Selbstvernichtung auf der einen Seite und einer leidenschaftlichen, fast ekstatischen Liebesbewegung auf der anderen Seite. Tod und Liebe in einer endlosen Spiralbewegung, ohne definitiven Endpunkt. Für Tod und Liebe verwendet er die damals üblichen Ausdrücke: reine Liebe, Wesenskontakt, Ruhen in Gott, Geisteshingabe, Loslösung von allem, sogar von Gott.

Jean de Saint-Samson.

Stich von R. Collin in Brüssel.
NCI, Boxmeer.

Maria Petyt, zeitgenössischer Stich von Martin Bouche in Antwerpen.

NCI, Boxmeer.

Auch Maria Petyt (1623–1677) kennt alle damals gebräuchlichen Termini. Was bei ihr besonders auffällt, ist, daß sie diese Ausdrücke aufbraucht. Und daß sie zuletzt nicht mehr weiß, ob für ihre neuen Erfahrungen diese Sprache wohl paßt. „Aber ich gebe dies alles so groß wieder. Vielleicht begreife ich mich selbst nicht." Sie wollte auf dem Weg zur Vollkommenheit Fortschritte machen. Vermochte warme Empfindungen und reiche Vorstellungen zu erwecken, kannte auch die Sprache der Mystiker sehr gut und erkannte sich darin wieder, aber zugleich wußte sie, daß alles zum Schweigen kommen und jeder Versuch letztlich aufgegeben werden müsse, wie auch jeder selbstgewählte Weg. Wenn sie dann erreicht zu haben glaubt, „bloß dem Willen und dem ausdruckslosen Wesen Gottes anzuhängen", merkt sie später, daß dies noch nicht der Fall ist. Unter der gängigen mystischen Sprache verborgen und zwischen den Zeilen hören wir doch oft etwas, was sehr echt anmutet. Zum Beispiel ihre Beschreibung einer tiefen Krise:

„Es schien, daß zwischen Gott und meiner Seele eine Wand war ... Ich fühlte mich manchmal so aufs äußerste in Mißgeschick, Beengtheit, Leiden, Geistesqualen versetzt, daß die Welt mir zu eng zu sein schien, so, als wäre meine Seele zwischen zwei Mühlsteinen eingeklemmt gewesen oder als würde sie mit zwei Schwertern durchbohrt, hängend zwischen Himmel und Erde, ohne eine Hilfe von oben oder von unten zu haben, das heißt weder von Gott noch von den Menschen."[131]

In der antimystischen Atmosphäre, die nach dem 17. Jahrhundert herrschte, besteht ein Bedürfnis nach einer passenden Sprache. Diese entsteht ganz bescheiden vor allem aus der Einsamkeit heraus, in welche die Mystiker geraten sind. Wie bei Therese von Lisieux.

„Suche ich Ruhe für mein durch all die Finsternis ringsum ermattetes Herz in der Erinnerung an das lichtvolle Land, nach dem ich mich sehne, so verdoppelt sich meine Qual; die Stimme der Sünder annehmend, scheint die Finsternis mich zu verhöhnen und mir zuzurufen: ,Du träumst von Licht, von einer mit lieblichsten Wohlgerüchen durchströmten Heimat, du träumst von dem *ewigen* Besitz des Schöpfers all dieser Wunderwerke, du wähnst eines Tages den Nebeln, die dich umfangen, zu entrinnen! Nur zu, nur zu, freu dich über den Tod, der dir geben wird nicht was du erhoffst, sondern eine noch tiefere Nacht, die Nacht des Nichts.'" [132]

Die Mystik der Tat, die nicht mehr über die Erfahrung selbst spricht und deshalb in der Neuzeit gedeihen kann, wird ihren mystischen Impuls verlieren, weil sie neben der tatkräftigen Liebe nicht auch die „Liebeswunde" und die „dunkle Nacht" durchmacht.

III.

Der mystische Weg

Die neue Herausforderung

Die technische Kultur ist am Ende ihres Wachstums angelangt. Die Grenzpfähle sind deutlich sichtbar: Atomwaffen, Vergiftung der Umwelt, Erschöpfung der Lebensquellen, eine Art kollektiver Neurose der Selbstentfremdung, ein Wirtschaftssystem, in dem Reiche immer reicher und Arme immer ärmer werden. Die menschliche Gesellschaft wird anders werden müssen. Getragen von Menschen, welche die Zersplitterung zu überwinden wissen. *„Eine* Welt oder keine Welt."

Schon 1932 erklärte der damalige Rector magnificus der Universität Nijmegen, Titus Brandsma, daß Mystik zur Lösung der Weltkrise nötig sei. Eine Mystik, die für normal gehalten wird, erreichbar für jeden, führend zu einem „neuen und fruchtbaren Kommunismus, indem sie die Menschen zusammenbringt". Ähnliche Plädoyers hört man jetzt öfters, wie etwa in dem Buch „Die Wende" von Fritjof Capra („Die heutige Weltkrise ist eine Bewußtseinskrise"), oder auch aus dem Mund des Erneuerungstheologen Karl Rahner, der am Ende seines Lebens seine Erfahrungen mit der Kirchenerneuerung in der These zusammenfaßt: ein *mystischer* Christ oder keiner.

Wir sind heute so weit, daß man Mystik ziemlich normal findet. Mystik ist in Mode gekommen. Aber ob wir darüber nun glücklich sein sollen, ist die Frage. Ist Mystik nicht oft ein Luxus für Wohlstandsmenschen, die noch eine Wunde in ihrer Seele haben, die schmerzt? Ein makabrer Tanz von Glücksuchern auf einem Vulkan, der kurz vor dem Ausbruch steht? Ist Mystik nicht eine üble Sache, wenn sie zu Egotripperei geworden ist, losgelöst von der täglichen Realität und deren absurden und harten Seiten? Die Antwort ist: Ja, so ist sie eine üble Sache.

Es ist aber auch eine Mystik im Wachsen begriffen, die sich durch die westliche Kultur von heute herausfordern läßt und diese ihrerseits selbst herausfordert. Wir denken dann bei Kultur vor allem an die wissenschaftliche, rationale und technische Kultur, die säkularisierte und atheistische Gesellschaft, die demokratische Konsumgesellschaft, die „Ich-Kultur" und den „harten Bereich", die Konfrontation zwischen Ost und West. Unseres Erachtens ist das der Rahmen, in dem sich eine neue Mystik herausbilden kann, wenn sie auf diese Herausforderung eingeht.

DIE RATIONALE, TECHNISCHE KULTUR

Die andere Art des Schauens, die, wie wir sahen, in der Renaissance entstand, hat schließlich dazu geführt, daß wir unseren Erdball von außen betrachten und das Unermeßliche des Alls in unser Bewußtsein dringen lassen können. In der Erde sehen wir die verschiedenen Schichten, den Niederschlag sehr langer Perioden, in denen die Erde zu dem wurde, was sie ist. Und in diesen Erdschichten Fossilien, die uns auf die Spur einer Evolution setzen. Der Mensch ist offensichtlich nicht vom Himmel gefallen oder von Gott persönlich eigens geschaffen worden. Und in dem unendlichen Raum mit den nicht zu zählenden Himmelskörpern, Sonnensystemen, Milchstraßen sehen wir nirgends einen Platz für ihn in einem Himmel oder einer Hölle. Auf der Erde ist der Mensch ein Tüpfelchen, und im All ist unser Sonnensystem ein Stäubchen.

Der Mann, der diese Art zu sehen endgültig möglich gemacht hat, ist René Descartes (1596–1650). Im Alter von 23 Jahren bekam er eine visionäre Erleuchtung, die sein ganzes weitere Leben bestimmte. Blitzartig sah er „die Grundlagen einer wunderbaren Wissenschaft", aus der *ein* allumfassendes Wissen erwachsen könnte. Er sah sich selbst als einen mystisch Berufenen auf der Linie der Magier, jedoch mit einem

großen Unterschied: Er wollte die Welt nicht dadurch kennenlernen, daß er diese in sich aufnahm, indem er den eigenen
Geist mit dem All eins werden ließ, sondern – im Gegenteil –
indem er jedes innige Band der Innenwelt mit der Welt draußen
vermied. Ohne Vorurteile, ohne Glauben, kühl rational in die
Welt außerhalb des Geistes eindringen. Um zu erfahren, wie
absolute Sicherheit erlangt werden kann, hatte Descartes alles
in Zweifel gezogen, und er ging von diesem Zweifel aus auf die
Suche, wie ein Mann, der allein im Dunkel einhergeht. Bei allem Zweifel wurde für ihn eines sicher: die Tatsache, daß er
zweifelte.

Seine Folgerung war: „Ich denke, also bin ich." Die „ratio"
(Denken, Verstand) als Maßstab für menschliche Kultur, die daher „rationalistisch" genannt wurde. In dieser Kultur besteht
eine tiefe Kluft zwischen dem Verstand und allem anderen, einschließlich des Leibes. Und all dieses andere ist mit einer Maschine zu vergleichen. „Ich kann keinen Unterschied sehen
zwischen von Handwerkern gefertigten Maschinen und den
verschiedenen Körpern, die die Natur selbst zusammensetzt",
bemerkte Descartes. Diese Maschinerie hat keine Seele, kein
Leben, kein Ziel und kein Gefühl, sondern sie besteht aus Be-
standteilen, die gesetzmäßig ineinandergreifen. Die mechani-
schen Gesetze erkennen zu lernen ist der Auftrag des Menschen. Und das Ziel ist, die Welt-um-den-Geist-herum beherrschen zu lernen, „um uns selbst zu Herren und Eigentümern
der Natur zu machen".

„Wissen ist Macht." Diese Devise ist zum Schlüssel für das
technische Zeitalter geworden, in dem Wissen, umgesetzt in
Technik, den Menschen befähigt hat, die Natur zu beherrschen
und sie sich selbst nutzbar zu machen. Die Devise stammt von
dem Engländer Francis Bacon (1561–1626). Er vergleicht diese
technische Einstellung mit dem Hang des Mannes, seine Emotionen dadurch zu zähmen, daß er sich die Frau unterwirft. Es
ist der Auftrag des Wissenschaftlers, „der Natur ihre Geheimnisse mittels Folter zu entreißen". Nach Ansicht Bacons muß
„die Natur aufgescheucht", „zur Dienstbarkeit geknechtet",

„zur Sklavin gemacht werden". Die Natur darf man ohne Gewissensbisse ausbeuten.

Es besteht also überhaupt keine emotionale Bindung mehr zwischen Geist und Kosmos. Nur das Meßbare (Form, Zahl, Bewegung) zählt, alles andere ist „subjektiv": Farbe, Klang, Geschmack und so weiter. Was nicht gesehen und gemessen werden kann, kann nicht von der Ratio beherrscht werden. Deshalb die Absicht der Hexenverfolger, durch Prozesse und Folterungen aus den „Hexen" Bekenntnisse herauszupressen, mit denen das Reich Satans gemessen und so unterworfen werden könne. Und Gott ist nur denkbar als Maschinenbauer. Die Weltallmaschinerie geht, einmal geschaffen, ihren eigenen Gang ohne Eingriff Gottes. Er ist daher nicht über den Kosmos zu erreichen. Wohl aber durch den Geist im Geist selbst.

Es war vor allem Blaise Pascal (1623–1662), der hier einen neuen Platz für die Mystik aufzeigte: Gott läßt sich nicht aus der Natur erkennen. Er ist allein zu erkennen und erreichbar gerade in dem Nicht-Meßbaren, dem Menschlichen, dem Geistigen. Glaube, Mystik, Frömmigkeit müssen sich daher auch auf dieses Menschliche richten, auf Herz und Seele, auf den verschlossenen Hof des Geistes.

Damit wurden das Terrain der Mystik und das der Wissenschaft gegeneinander abgegrenzt. Die Wissenschaft konnte, frei von Kirche, Glauben und Frömmigkeit, mit ihren eigenen Methoden und gemäß ihren eigenen Zielsetzungen eine exakte und weitumfassende Erkenntnis der Dinge erlangen. Mystik war eine geistige, übernatürliche Angelegenheit.

Dieser Rationalismus und diese technische Haltung haben die Kultur des Westens endgültig bestimmt. Mit spektakulärem Erfolg. Alchemie entwickelte sich auf nicht-mystische Weise und wurde zur Chemie: eindringen in die Natur nach dem Prinzip „Trenne und verbinde", ohne daß diese „Arbeit", wie es in der Alchemie üblich war, auf den Forscher selbst bezogen wird. Die westliche Kultur wurde eine analysierende, auf die Wirklichkeit draußen gerichtete, in immer mehr Gliederungen aufgefächerte, in detailliertes Wissen und in Spezialismen aufgeteilte, mit dem Endprodukt: eine Maschine, die ein neues Zeitalter einläutet, der Computer. Diese Maschine gründet auf der Formulierung von Fragen, die ausschließlich mit ja oder nein beantwortet werden können. Sie kann die menschliche Ratio ersetzen und vielleicht die gewaltige Menge an Wissen umfassen, das sich mittlerweile angesammelt hat; etwas, was kein einzelner Mensch mehr vermag.

Schon 1717 verteidigte Julien Offray de la Mettrie den Gedanken, daß Vernunft und Leib nicht so verschieden sind: Beide gehören zu dieser einen Maschine, die Mensch heißt. Keine Maschine kommt aber auf die Frage eines Mystikers: Warum kann die Welt nicht das werden, was sie eigentlich in Anbetracht ihres einen Ursprungs sein müßte?

Es hat immer ein Bedürfnis nach „Verbinden" auf einer tieferen Ebene als der materiellen gegeben, nach einer Erkenntnis, die den Zusammenhang von allem aufdeckt. Diesem Bedürfnis wird momentan reichlich Genüge getan. Oft auf der Ebene des Aberglaubens oder der Leichtgläubigkeit, indem man leicht geneigt ist, alles, was anders klingt, als besser anzusehen und als Fakten zu akzeptieren, was bestenfalls Möglichkeiten sind. Dieser Aspekt der postindustriellen Kultur hat auch schon Namen erhalten: das „Wassermann-Zeitalter", das „New Age". Ein neues Zeitalter, das morgen mit einer Harmonie zwischen Mensch und Natur, ohne Streß und ohne Lärm, anbricht.

Der mystische Kern in diesen Bewegungen ist das Bewußtsein, daß jeder an der kosmischen Liebe teilhat. Der aggressive Mensch muß zur Ruhe kommen. Durch Musik, Meditation, Tanz, körperliche Bewegung und die Atmung. Wodurch auch „eine geistige Reise durch die sich öffnenden Räume der göttlichen Liebe und Herrlichkeit" bewirkt werden kann. Viele tragen sich mit solchen Gefühlen und Ideen. Marilyn Ferguson hat in ihrem Buch „Die sanfte Verschwörung" diese verstreut lebenden Menschen in einen Zusammenhang gestellt.

Durch dieses Buch (1980) und auch indem sie große nationale Treffen organisierte, will sie einen Durchbruch dieser neuen

An einem Wendepunkt

DER FESTE PUNKT BEGANN ZU KREISEN.
Mystische Erfahrung ruft Gedanken wach wie „empor", „übersteigen", über das Alltägliche hinaus. Eine Vorstellung, die, so formuliert, sehr vage ist, aber in Wirklichkeit konkretere Bilder wachruft. Früher bedeutete dies, daß man sich eins fühlen
wollte mit einem Gott, der hoch über den von ihm erschaffenen Kosmos hinaus eine
eigene Welt bewohnte. Diesen Himmel konnte man von der Erde aus lokalisieren:
dort oben über den Sternen. Man konnte deshalb vom Irdischen aus, durch die Schöpfung hindurch, Stufe um Stufe emporsteigen zu Gott. Diese „mystische Leiter" ist
ein vielgebrauchtes Bild für den mystischen Weg gewesen, auf vielerlei Weisen ausgeführt. Die Schamanen kannten sie schon.
Nachdem Gott „tot" und diese Gottesvorstellung überholt ist, reicht auch die mystische Leiter in das Nichts. Wir stehen an einem Wendepunkt. Der Weg empor ist verschlossen, wir kehren um nach innen.
Es handelt sich dabei um Vorstellungen. Diese sind relativ, aber nicht unwichtig. Bewußt oder unbewußt, wir stellen uns immer „etwas dabei vor". Wir wollen daher den
oben beschriebenen Wendepunkt mit Abbildungen verdeutlichen.

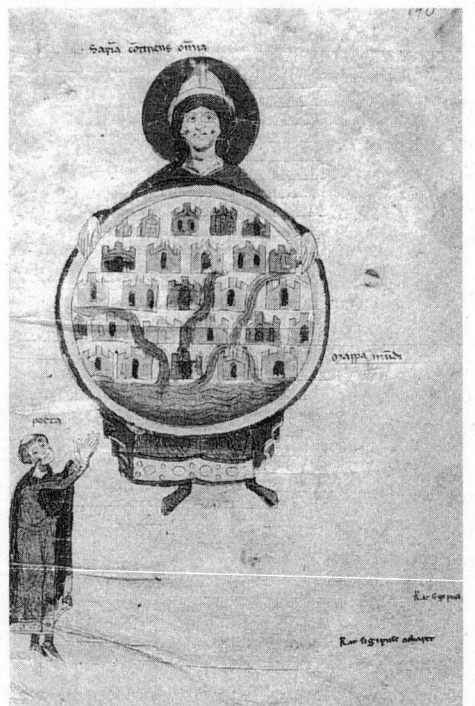

Die mystische Schau:
Der Kosmos als All, gebo-
ren aus der Weisheit.
Diese „Weisheit, die alles
umfaßt", wird im Kos-
mos besungen vom „poe-
ta".
Die Blickrichtung des
mittelalterlichen Men-
schen war: durch den
Kosmos hindurch auf
Gott. Er konnte es kaum
anders sehen. Der Kos-
mos war ein einziges gro-
ßes Symbol, und alles
hatte im Detail einen
symbolischen Wert. Die-
ses Sehen bestimmte
auch sein Leben mit.

Miniatur zu einem Ge-
dicht von Petrus de Ebu-
lo, 1194.
Bern, Bürger-Bibliothek,
ms 120, fol.140ᵃ.

Im alten Weltbild war die Erde der Mittelpunkt kosmischer Bewegungen. Das All war nicht leer. Gruppen von Sternen liefen als gut vorstellbare „Sternbilder" durch den Raum, der von einem „Tier"kreis umschlossen wurde.

Paris, Bibliothèque Nationale, ms fr.9140, fol.169.

Die mystische Vision Hildegards von Bingen: Aus der Gottheit entsteht die „Liebe". Aus dieser Liebe wird alles geboren. Im All, das durch die gebärende Liebe umarmt wird, sind der Mensch und seine Erde der Mittelpunkt.

Zweite Vision aus ihrem Werk „Divinorum Operum", um 1230. Lucca, Bibl. governativa.

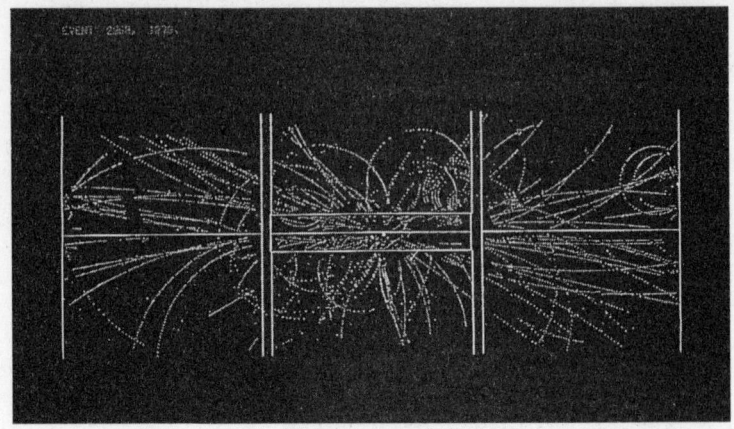

Das forschende Auge reicht auch bis tief in die Urenergie, aus der alles zu bestehen scheint. Erstes Foto, mit dem das naturkundliche Forschungszentrum CERN in Genf 1973 die Existenz einer neuen Art von Elementarteilchen aufzeigte.

Foto: CERN, Genf.

Das All ist unermeßlich geworden und doch leer. Der Mensch kann sich darin nicht mehr heimisch fühlen. Mit Science-fiction und Glaube an Götterastronauten will man die Furcht vor der Leere überwinden. Und auch mit der Erwartung, irgendwie doch Kontakte herstellen zu können. An Bord der Pionier-10, die nach Fotoaufnahmen von Jupiter in den Raum außerhalb unseres Sonnensystems fliegt, war eine codierte Botschaft deponiert, für eventuelle intelligente Wesen weit im Raum. Acht Jahre später setzte „Bild der Wissenschaft" die hier reproduzierte Zeichnung auf den Umschlag: „Warum melden sich die Außerirdischen nicht?"

DIE MYSTISCHE LEITER ENDET NIRGENDS

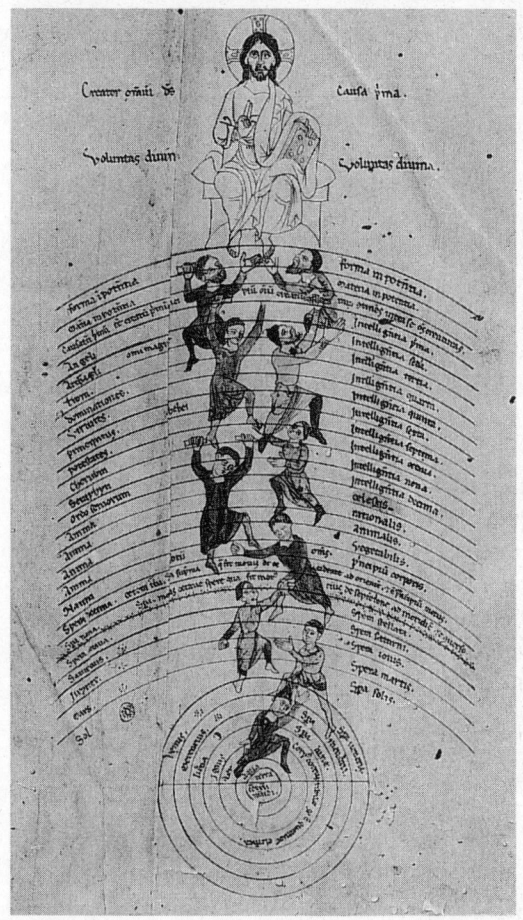

Die traditionelle „Scala mystica" (mystische Leiter): Die Erde ist rund, steht still, nur die obere Hälfte wird bewohnt. Von da aus strebt der Mensch nach oben, zu dem Ort hin, von dem er kommt. Durch die Elementarbahnen, die Sternensphären, die Sphären der „anima" (Seele), der intelligentia (Verstand), der Engelchöre, durch die Urmaterie, die Urform, zum Schöpfer und Herrn von allem, der „causa prima" (Ersten Ursache).

Zeichnung aus dem 12. Jahrhundert.
Paris, Bibliothèque Nationale, ms latin 3236 A., fol.90.

mystischen Kultur, vom Rand zum Herzen der zukünftigen
Weltkultur, forcieren. Yoga, östliche Meditation, westlicher
Humanismus, Naturheilweisen, makrobiotische Nahrung,
Sorge für das Gleichgewicht in der Natur, Pazifismus, Astrologie, Magie, Zauberei, mythisches Denken, Schamanismus, Mystik – dies alles und noch viel mehr gehört zu einer Art globaler
Verschwörung:

> „Ein führerloses, aber dennoch kraftvolles Netzwerk arbeitet, um in dieser Welt eine radikale Veränderung herbeizuführen. Seine Mitglieder haben sich von gewissen Grundkonzeptionen westlichen Denkens losgesagt und dabei möglicherweise sogar die Kontinuität der Geschichte unterbrochen. Dieses Netzwerk ist die Sanfte Verschwörung im Zeichen des Wassermanns." [133]

Ob sich dieses neue Zeitalter in Wirklichkeit so realisieren
läßt, bleibt abzuwarten. Tatsache ist jedoch, daß sich eine andere Haltung bildet und daß sich diese auch in wissenschaftlichen Kreisen finden läßt. Das ist schon im 18. Jahrhundert bei
dem Physiker Emanuel Swedenborg nachweisbar. Er beherrschte alle Wissenschaften seiner Zeit und wollte die ganze
Welt, auch die des Geistes, verstehen. Er führte Gespräche mit
Hunderten von Menschen und verarbeitete diese wissenschaftlich. Die Suche eines Wissenschaftlers nach Gott? Nachträglich können wir ihn eher als einen Vorläufer Freuds ansehen. Er
erforschte in Wirklichkeit seine eigene Psyche und reduzierte
das leere unendliche All auf menschliches Maß, etwas, wonach
die Psyche großes Bedürfnis zu haben scheint.

Von der Paläontologie her kamen Solovjov (1853–1900) und
vor allem Teilhard de Chardin [134] (1881–1955) zu einer mystischen Sicht. Auch sie betrachteten das sich evolvierende
All sozusagen von außen. Sie sahen eine kompakte Materie,
die sich immer mehr fächerförmig entfaltet. Sie sahen den
menschlichen Geist als etwas, was von innen nach außen kam.
Von Anfang an in die Materie selbst eingeschlossen, wird der
Geist, im „Bewußtsein" der Individuen entfaltet, jetzt zu einem „kollektiven Bewußtsein" zusammengeballt werden, das

immer mehr die Seele des Alls sein wird. In diese Bewußtwerdung ist Gott inkarniert. Die Materie, der Geist, das Weltall, es ist ein „göttlicher Bereich". Hier kann der Mensch Gott finden. Mit dem Sehen, Fühlen, Erfahren, Mitdenken, „in dem vitalen Strom von Materie, Leben und Energie", wächst die Gotteserfahrung. Dadurch treten wir in Kontakt mit dem Urquell universalen Lebens (Solovjov).

> „Ich berühre Ihn sogar, diesen Gott, durch die ganze Oberfläche und die ganze Tiefe der Welt, der Materie, in die ich hineingenommen bin." [135]

Die Anschauung Teilhard de Chardins ist letztlich die eines gläubigen Menschen. Christus steht im Mittelpunkt der Evolution. Die Menschheit wird sein „mystischer Leib".

> „Das Wesen des Christentums ist nicht mehr und nicht weniger als der Glaube an die Einigung der Welt in Gott durch die Inkarnation. Alles übrige ist nur Verdeutlichung." [136]

Die Wissenschaft ist jetzt an einem Punkt angelangt, da man in dem zersplitterten Wissen nach Einheit sucht. Vor allem die Naturwissenschaftler suchen auf vielen Gebieten nach dem Anfang: den Urkräften, die sowohl das All als auch den Kern des Atoms und die Gase der Planeten zusammenhalten, der Urenergie. Mit Fragen nach der Entstehung des Lebens, des Bewußtseins, des Alls umzugehen bedeutet offensichtlich auch für Wissenschaftler, daß man eine mystische Haltung annimmt. Einstein sagte schon:

> „Die schönste Erfahrung ist unser Erleben des Geheimnisses. Jede wahre Kunst und jede Wissenschaft hat ihren Ursprung in ihm. Der Mensch, dem diese Empfindung fremd ist, der die Fähigkeit verloren hat, sich zu wundern und in Ehrfurcht aufzugehen, ist so gut wie tot." [137]

In den letzten Jahren erscheinen immer mehr Untersuchungen, die Antwort auf diese Fragen geben. Suggestive Bilder entstehen: das schwarze Loch, der Urknall, das kosmische Urchaos. Auch der Laie kann auf dem Bildschirm eine Reise zum Beginn des Alls machen, tief in das Atom eindringen, elementare Teilchen sehen, die Teilchen und Nichtteilchen (Wellen) sind. Wis-

Die mystische Leiter (scala) des Ramón Llull. Dargestellt als Treppe, deren Tritte jeweils eine höhere Seinsform andeuten; daneben gezeichnet: Steine, Feuer, Pflanzen, Baum, Tier, und so weiter. Der Lehrer hält eine andere „scala" in der Hand, deren Stufen sich in Kreisen umeinander drehen. Eine „Leiter des Denkens", die deutlich macht, wie man mit dem Geist zur Gottheit hinaufsteigen kann.

Holzschnitt. Aus: Ramón Llull, Liber de ascensu et descensu intellectus, p. 41, Valencia 1512.

Fludd gibt die traditionelle mystische Leiter auf eine vereinfachte Weise wieder, wobei der Nachdruck mehr auf das Wahrnehmungsvermögen des Menschen selbst fällt: Sinnesorgane, Phantasie, Verstand, Intellekt, Intelligenz, Wort, sind die Stufen.

Stich von J. de Bye, 1619; nach einem Entwurf von Fludd.

senschaftler verweisen vor allem auf die östliche Mystik, um ihre Erfahrungen bei dieser Forschung zu erklären.

Mystische Texte sagen überraschend gut, was sie neu entdekken. Zum Beispiel: „es ist, und es ist nicht", „alles ist in einem Teilchen, und in jedem Teilchen ist alles". In der Tiefe ist alles eine einzige Energie, an der Oberfläche ist alles eine verschiedene Gestalt. Ein dynamischer Blick auf das All, wie ihn auch die östliche Mystik artikuliert.

Die mystische Kultur, die sich jetzt Bahn bricht, erwächst aus dem Bewußtsein eines organischen Zusammenhangs von allem, was ist. Das „Ich" besteht aus derselben Urenergie wie das „All". Die am meisten versteinerte Materie besteht aus elementaren Teilchen, die fließende Wellen sind, Beziehungen, Energie. Geist und Materie sind zwei verschiedene Formen ein und derselben Energie. Der Kernphysiker Jean E. Charon schlug vor, von „dem schwarzen Loch" zu sprechen, um zu erklären, daß Bewußtsein nicht von außen erzeugt ist, sondern von dem elementaren, unsterblichen Elektron. „Mein Denken ist das Denken meiner Elektronen." David Bohm nennt die ewige Basis des Alls einen „Holostrom": In jedes Teilchen ist sozusagen das Ganze „eingefaltet". Der dänische Physiker Niels Bohr war der erste, der Zusammenhänge zwischen Naturkunde und östlicher Mystik herstellte. Der Österreicher Fritjof Capra machte diesen Zusammenhang zugänglich durch Bücher, die er von 1976 an in San Francisco schrieb und die Bestseller wurden. Genauso wie Teilhard schreibt er aus einer visionären Erfahrung:

„Ich ‚sah' förmlich, wie aus dem Weltenraum Energie in Kaskaden herabkam und ihre Teilchen rhythmisch erzeugt und zerstört wurden. Ich ‚sah' die Atome der Elemente und die meines Körpers als Teil dieses kosmischen Energie-Tanzes; ich fühlte seinen Rhythmus und ‚hörte' seinen Klang, und in diesem Augenblick wußte ich, daß dies der Tanz Schivas war, des Gottes der Tänzer, den die Hindus verehren."[138]

Ein gleiches Erleben des wissenschaftlichen Wissens über die

Eine mehr vergeistigte Vorstellung vom Aufsteigen zum göttlichen Licht durch die Himmelssphären hindurch.

Hieronymus Bosch, „Das Paradies".
Venedig, Dogenpalast.

Natur finden wir auch bei den anderen. Der deutsche Physiker
Carl F. von Weizsäcker sagt:

„Wir beschreiben die materielle Welt, Sterne und Atome.
Wir betrachten sie, aber im selben Augenblick überfällt uns
ein tiefes Bewußtsein der alten Wahrheit, die auch Buddha
schon verstand, nämlich daß das, was wir erzählen, unsere
eigene Erzählung ist. Wir selbst, unser Körper, sind aufgebaut
aus Atomen. Unser eigenes Leben bildet einen Bestandteil
der Natur, die wir analysieren. Wir können das nicht trennen. Wir können nicht über die Natur sprechen, als ob wir
selbst nicht dazugehörten." [139]

Vor allem Capra wird von seinen Kollegen als „Verräter" bezeichnet. Teilhard zählt schon gar nicht mehr. Beide verkör-
pern einen Bruch und ein Zurückgreifen auf einen anderen Typ
von Forscher: den Magier. Es fragt sich in der Tat, ob wissenschaftliche Forschung noch die Exaktheit erreichen kann,
wenn sie aus subjektivem Erleben betrieben wird. Ein Weltbild
muß doch immer durch Forschung bestätigt, relativiert, verneint und ersetzt werden können.

Anders wird es, wenn wissenschaftliche Forschung, die in
der üblichen Weise betrieben wurde, dann innerlich erlebt und
popularisiert wird. Momentan tritt an die Stelle des mechani-
schen Weltbildes das Bild von der Welt als einem Organismus,
das sich besser dazu eignet, auch die neuesten Forschungser-
gebnisse zu erklären. Ein solches Weltbild ist zudem besser geeignet, eine mystische Haltung zu kultivieren, die die Gefahren
einer rational-technischen Haltung vermeiden kann.

DIE ATHEISTISCHE KULTUR

Um 1965 kam es plötzlich breiten Schichten der Gesellschaft
zum Bewußtsein, daß Gott „tot" war. Der Gott, an den man
glaubte, war kein lebendiger Gott mehr. Das wurde eine welt-
weite Nachricht. Vor einem schwarzen Hintergrund prangte
die Todesnachricht auf dem Umschlag von „Time", der größten Wochenzeitung der Welt (8. 4. 1966). Der Schock war hervorgerufen worden durch eine Broschüre, geschrieben von ei-

In unserer Zeit ist die Selbstverständlichkeit einer mystischen Leiter verschwunden. Sie endet nirgends mehr. Maurits Cornelius Escher (1898–1972) schuf ein ausdrucksstarkes Bild dafür: Die Treppe empor ist ein unübersichtliches Treppenhaus geworden, in dem Phantasie-Tiere („wentelteefjes" nennt sie der Künstler) auf und ab steigen. Was für das eine Tier die Decke ist, das ist für das andere ein Boden oder eine Wand.

„Trappenhuis", Lithographie, 1951.
Foto: Cordon Art, Baarn.

DER WEG NACH INNEN, ABER WAS IST DIESES „ICH"?
Welche Vorstellungen spielen mit, wenn wir über den Weg nach innen, zum Innersten des „Ich", sprechen? Ist dieses „Ich" der Punkt, von dem aus ich die Welt um mich herum ordnen und beherrschen will? Der Mensch als Kosmos im kleinen Rahmen und als Maßstab aller Dinge ist ein Grundgedanke der westlichen Kultur geworden. Die schlechte Seite dieser Vorstellung ist, daß er sich für den Herrn der Natur hält, die er nach Willkür ausbeuten darf. Das wird behoben, wenn er sich nicht als Herrscher, sondern als Partner der Natur versteht.

Im vorigen Jahrhundert sehnten sich viele danach, sich selbst in der Natur wiederzuerkennen. Diese romantische Sehnsucht vertieft sich heute in einem „Umweltbewußtsein", in dem Bewußtsein, daß wir für diese Schwester und Mutter auch verantwortlich sind.

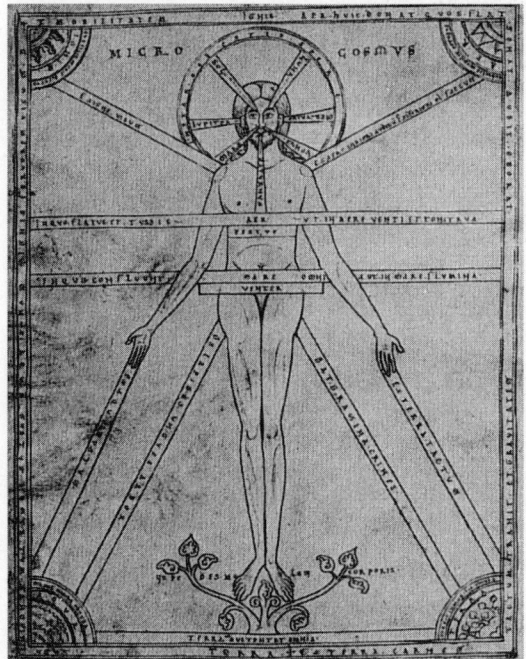

Im Mittelalter fühlte sich der gebildete Mensch mit dem Kosmos verbunden. Auf dieser Zeichnung aus dem Jahr 1165 wird ein Bild von diesem „Mikrokosmos" gegeben. Sonne, Mond und Planeten kommen aus seinen Augen beziehungsweise aus seinem Mund, seiner Nase und seinen Ohren, und dies alles wird vom Kreis der „himmlischen Sphären" umschlossen. Er atmet „Saturn" aus, und das wird die Luft mit ihren Wolken und Vögeln. Sein Bauch ist das Meer, in das die Flüsse münden, und so weiter.

München, Bayerische Staatsbibliothek, Clm. 13002.

nem anglikanischen Bischof, John A. T. Robinson. Aber es
dauerte keine vier Jahre, und dasselbe Blatt stellte auf einem
farbigen Umschlag die Frage, ob Gott nicht wieder zum Leben
zu kommen beginne (26. 12. 1969). Als Reaktion auf eine rationale Kultur, auf die Vernachlässigung religiöser Erfahrung und
auf die Abschaffung devotionaler Reste in den Kirchen sprühte
das religiöse Gefühl auf wie ein Feuerwerk. Das alte Gottesbild
und die kirchlichen Dogmen waren offensichtlich verschlis-
sen, aber das bedeutete nicht, daß das religiöse Gefühl eine
überholte Angelegenheit war. Im Gegenteil. Alles, was die
Menschheit je an religiösen Formen hervorgebracht hatte,
wurde auf den westlichen Markt gebracht und fand reißenden
Absatz. Während die Kirchen immer leerer wurden, erhielten
Gurus mehr Anhang und fanden sektiererische, aber auch
nichtsektiererische Gruppen großen Auftrieb. Verfall? Sinken
die Gläubigen nicht in einen Sumpf des Aberglaubens, rich-
tungslosen Gefühls, irrationaler Erfahrung? Man kann es auch
als einen Fingerzeig ansehen, daß Religion ein triebhaftes Etwas ist. Wie jeder Trieb muß auch dieser erlebt und in Bahnen
gelenkt werden. Aber ohne Unterdrückung. Die atheistische
Religion ist dann eine Herausforderung. Wir sprechen von einem Atheismus, der insofern „religiös" genannt werden kann,
als er nicht aus Skepsis und Gleichgültigkeit entsteht, sondern
aus dem Wegfall alter Bilder und dem Unvermögen, in neuen
Bildern zu sprechen. Ein solcher „Atheismus" kann ein guter
Rahmen für eine neue Mystik sein.

Das Bewußtsein, daß Gott „tot" ist, war der Durchbruch von
etwas, dessen sich einige wenige schon längere Zeit bewußt geworden waren. Deutsche Denker hatten deutlich gemacht, daß
Religion und Dogma zeitgebunden seien und auf religiösem
Gefühl beruhten (Friedrich E. D. Schleiermacher, 1768–1834),
daß das Gottesbild eine Projektion eigener Wünsche und Ängste sei (Anselm Feuerbach, 1808–1872), daß der Sohn Gottes
ein Mythos sei (David Friedrich Strauss, 1808–1874), daß Jesus
von Nazaret hinter dem Mythos entdeckt werden müsse (Albert Schweitzer, 1875–1965), daß der Himmel und das verhei-

ßene Paradies auf Erden gesucht werden müßten und daß Religion ein Opium sei, das das Volk daran hindere, dies zu tun (Karl Marx, 1818–1883), daß Gott tot sei und daß der Mensch lernen müsse, damit zu leben, eine neue Art von Mensch (Friedrich Nietzsche, 1844–1900).

Die Leere, die nach dem Tod Gottes bleibt, wurde von wachen Zeitgenossen schon als eine Herausforderung erfahren, danach zu suchen, wie man in einer völlig neuen Situation Mensch sein kann: wie zu leben, wenn es keine höhere Autorität gibt? Welches sind die neuen Werte, wenn sich die alten als zerfallen erweisen? Der Humanismus kam in dieser Leere zur Blüte. Die Leere wurde auch als eine Art schmerzlichen Suchens nach dem Sinn des Lebens erfahren. Von einer besonderen Anziehungskraft ist hier der Buddhismus, der jede religiöse Projektion ablehnt und den Weg aus dem Leiden ohne göttlichen Erlöser und ohne Jenseits aufzeigt. Übrigens wird auch ziemlich allgemein anerkannt, daß die Entwicklung der christlichen Kultur zum Atheismus, von ihren Wurzeln her gesehen, kein Mißwuchs ist. Das Judentum kennt nämlich auch ein Verbot von Gottesbildern. Der lebendige Gott hat keinen Namen und keine Gestalt.

Der religiöse Atheismus, in dem Gott und Götter entthront sind, ist eine Herausforderung für die Mystik: es in dieser Leere auszuhalten und darin nach dem Geheimnis zu suchen. Die „transzendente Dimension" braucht nicht unbedingt mit „Gott" bezeichnet oder als etwas „Heiliges" erlebt zu werden. Was früher selbstverständlich war – Gott, Religion –, ist heute kein zwingender Rahmen mehr. Von Gott zu schweigen fällt nicht mehr auf. Und dadurch ziehen auch die Mystiker nicht mehr soviel Aufmerksamkeit auf sich, die von „Gott" lieber schweigen und von einem religiösen Rahmen absehen. Andererseits wird es auch solche geben, die sich gerade auf religiösem Gebiet äußern wollen. Von jeher stammen die meisten Religionen und Frömmigkeitsformen von Mystikern. Mystik wird dann oft innerhalb einer Religion eine kritische Position einnehmen, die aggressive, auf Gott projizierte Macht demas-

In der Renaissance fällt der Nachdruck nicht mehr auf den Kosmos, von dem der Mensch eine Zusammenfassung ist, sondern auf den Menschen, der das „Maß der Dinge" ist.

Holzschnitt aus dem 16. Jahrhundert.

Nach der Renaissance tritt das Individuum in den Mittelpunkt. Ein ausdrucksvolles Bild dafür wurde von Parmigianino geschaffen, der eigentlich Francesco Mazzalo (1503–1540) hieß. Es ist ein Selbstporträt, in einem Hohlspiegel gesehen. Durch die dadurch erzielte Wirkung wurde die Hand, mit der er das Selbstporträt malte, zum Mittelpunkt, um den sich der Raum biegt. Sein Gesicht wird in den Hintergrund gedrängt, steht im Gemälde jedoch zentral. Er widmete es 1523 dem Papst.

Parmigianino, „Selbstbildnis".
Wien, Kunsthistorisches Institut.

kiert. Auch heute sehen wir, daß Klosterorden, die ihre Existenz damit allerdings aufs Spiel setzen, eine tatkräftige Mystik in ihren früheren „Missionsgebieten" entwickeln. Mit offenen Augen für das Elend, das durch die Macht von Kirche und Staat geschaffen wurde.

Carlos Mesters, ein niederländischer Karmelit in Brasilien, verdeutlicht diese mystische Haltung durch ein Gleichnis: Was im zerrissenen Südamerika alles geschieht, sind für ihn die unzähligen Stücke eines demolierten Gemäldes, auf dem ein Antlitz abgebildet war. Viele Menschen sind dabei, das Gemälde zu restaurieren. Auch er beschloß, sich daran zu beteiligen.

„Ich will dieses Antlitz sehen, das mich so anzieht ... Bis jetzt ist es mir nicht gelungen. Aber etwas sagt mir, daß es einmal geschehen wird. Und das wird – so versichere ich Dir – der glücklichste Tag meines Lebens sein. Denn in diesem Antlitz steckt der Schlüssel des Lebens, der Sinn unseres Daseins und unseres Kampfes für eine bessere Welt. Ich will dieses Antlitz sehen, das mich aus den Bruchstücken des Lebens so anstarrt und anzieht." [140]

DIE DEMOKRATISCHE KONSUMGESELLSCHAFT

Am Ende seines Lebens äußerte Aldous Huxley (1894–1963) seinen Unmut über die Haltung von Mystikern: Warum zeigen Mystiker nicht, wie der gewöhnliche Mensch in alltäglichen Verhältnissen zu mystischen Erfahrungen kommen kann? Warum müssen die Wörter, die sie benutzen, so vage bleiben? Mit diesen Fragen kennzeichnete er die Situation, in der sich Mystik in unserer Zeit wahrmachen muß: Wir leben in einer demokratischen Konsumgesellschaft, in der nichts mehr einer elitären Gruppe vorbehalten ist, jeder in der Lage sein muß, seine Bedürfnisse zu befriedigen und es für alle diese Bedürfnisse einen Markt gibt.

Auch mystische Erfahrungen gehören zu diesen Bedürfnissen. Huxley hat sein ganzes Leben nach einem „kürzeren Weg" gesucht, um dieses Bedürfnis zu befriedigen. Er glaubte diesen Weg in den „bewußtseinserweiternden" Drogen zu finden.

MICH SELBST ÜBERSTEIGEN IN MEINER „TIEFSTEN STILLE"

Oder ist es ein Bewußtsein, das sich selbst als geglückt erfährt: Das „wahre Ich" liegt unter unterbewußten und unbewußten Schichten verborgen. Dies ist sicher der meistgegangene mystische Weg.
Die Schwierigkeit ist: Wie übersteigen wir das Ego? In der Tradition von Ost und West wird von einem Aufgehen in eine transzendente Wirklichkeit gesprochen. Der Ort, wo dies geschieht, ist der „Grund der Seele", beschrieben als Leere, Stille, Wüste usw. Der Weg zu diesem Ort kann Meditieren sein, aber es ist meistens etwas nötig, was wachrüttelt, was uns überkommt.

Ein Zitat aus einer der Predigten Eckharts: „Mitten im Schweigen ward mir eingesprochen ein verborgenes Wort. Es ist im Lautersten, das die Seele zu bieten hat, im Edelsten, im Grunde, ja im Sein der Seele. Dort schweigt das ,Mittel', denn dahinein kam nie eine Kreatur noch ein Bild ...
Die Kräfte, mit denen die Seele wirkt, fließen aus dem Grunde des Seins; in diesem Grunde aber schweigt das ,Mittel'. ... Gott geht hier ein in den Grund der Seele. Niemand berührt den Grund in der Seele als Gott allein."[142a]

Aber schließlich zeigte sich, daß diese nicht nur himmlische, sondern auch höllische Erfahrungen hervorriefen und eine vernichtende Versklavung bedeuten konnten. Die Demokratisierung der Mystik ist nicht ohne Gefahren.

Doch wird diese Demokratisierung weitergehen. Der Markt ist sehr groß. Und es gibt keine Instanz, die etwas aufhalten könnte, wie früher die Kirchen. Es werden nicht nur alle Mystiken und mystischen Strömungen erforscht sowie die mystischen Texte, aus welcher Kultur sie auch stammen, publiziert, sie werden auch im Druck oder über das Fernsehen popularisiert. Zudem gibt es Vorträge, Übungen, Gruppentherapien und sogar Gemeinschaften, die sich um eine mystische Idee oder um einen Guru gebildet haben.

Was für eine Mystik kann demokratisiert werden? Nicht die kurze mystische Erfahrung selbst, die überkommt einen, wird einem geschenkt. Dagegen alles, was damit zusammenhängt: die mystische Haltung, das mystische Leben, die mystische Kultur oder Frömmigkeit. Das Suchen, der Ausdruck desselben in Sprache und Tat, die Früchte. Nicht jeder ist mit dem Talent begabt, Erfahrungen zu artikulieren. Doch kann man die Erfahrungen anderer erkennen, das Bewußtsein haben, daß man auf eine bestimmte Art aus einem Erfahrungskern lebt, auch wenn

Ein herrliches, gut nachfühlbares Bild des in sich gekehrten Menschen, der in einer stillen, schönen Natur sinnend meditiert.

Geertgen tot Sint Jans, „Johannes der Täufer in Einsamkeit".
Berlin, Gemäldegalerie, Staatl. Museen Preußischer Kulturbesitz.

man sich an die Erfahrung selbst kaum mehr zu erinnern vermag. Für dieses Wiedererkennen ist es wichtig, daß Mystik sich in zeitgemäßen Bildern, in einer zeitgemäßen Sprache und zeitgemäßen Wegmarkierungen ausdrückt.

Äußerungen der Mystik haben immer etwas mit dem Zeitgeist zu tun. In Kulturen, in denen Wert auf große Emotionen gelegt oder diesen im Gegenteil mißtraut wird, wird Mystik entweder überbetont oder außer Betracht gelassen werden, sehr gesucht oder am liebsten vergessen sein. In den letzten Jahrhunderten war Mystik im Westen nicht populär. Die Elite hielt sie für Unsinn, für obskur und für verschwommenen Aberglauben, für rückständig. In der katholischen Welt wurde Mystik zwar anerkannt, aber dann als etwas für Ordensleute. Und in den Klöstern erlebte man Mystik als etwas Außergewöhnliches, als eine besondere Gabe, die jemanden zum Heiligen macht. Der normale Weg für den normalen Christen war der der Aszese; er verspürte keine Motivation für Mystik. Demgegenüber wird die Mystik jetzt vom Glanz der Heiligkeit, des Anomalen und des Klösterlichen befreit werden müssen. Der Akzent muß auf der „mystischen Haltung", dem „mystischen Leben" oder der „mystischen Kultur" liegen; und vor allem darauf, daß man aus einer Inspirationsquelle im eigenen Innersten motiviert ist. Es geht um Offenheit im Alltag für das Ungewöhnliche, um Leben nahe bei der eigenen Erfahrung und um eine Vorliebe für eine intuitive, nicht für eine logische Einsicht in die Dinge des Lebens. Der Rahmen dieser Mystik kann profan sein, wie Teresa von Avila schon sagte: „auch in der Küche inmitten der Töpfe und Pfannen". Und geeignet für den „Laien", wie es Franz von Sales lehrte und Dag Hammarskjöld realisierte.

Bei Mystik wird mancher an Heiligkeit, „den Osten" oder an außergewöhnliche Ekstasen, Visionen und Erlebnisse denken. Aber unter Mystikern findet man heute auch Manager und Wissenschaftler, Philosophen und Künstler: Dichter, bildende Künstler, Roman- und Bühnenschriftsteller, Komponisten. Ihre Geschichte muß noch geschrieben werden. Eine mystische

Haltung zeigt sich auch oft bei Eiferern für den Frieden, für eine qualitätvolle Umwelt, für Befreiung von Unterdrückten. Und dann gibt es noch die vielen, die keine mystische Erfahrung kennen, aber doch Bücher über Mystik lesen. Der große Markt dafür weist darauf hin, daß viele nach einer Verbalisierung dessen suchen, was sie oft beseelt. Allerdings kann auch modische Neugier dabei eine Rolle spielen. Die „mystische Not" kann konkret alles mögliche bedeuten: Bedürfnis nach Ruhe in einem gehetzten Leben oder nach heftigen Impulsen und ekstatischen Erfahrungen. Das Bedürfnis, etwas zu erleben, von sich selbst loszukommen, Grenzen zu durchbrechen. Oder auch Widerstand gegen eine technische, rationale Kultur, die den Bürger total in Beschlag nehmen will, oder eine Kultivierung des Geistes auf Kosten des Körpers und des Triebhaften.

Man sucht Mystik auch, um vollkommen und lauter zu werden, um heilig zu sein; um glücklich, gesund und rein zu leben; um Antwort zu finden auf Lebensfragen, wie den Sinn der Freizeit oder der Arbeit; um Fühlung mit dem eigenen Usprung zu bekommen. Wie die Geschichte lehrt, wurzelt Mystik oft in einer krisenhaften Kultur, in der das Individuum sich selbst entfremdet ist.

Auch heute gibt es eine solche entfremdende Kultur. Eine technische Wüste, in der Kreativität dem Konsum untergeordnet ist, die Umwelt abgegrast wird und Erde, Wasser und Luft mit dem Abfall dessen, was konsumiert wird, vergiftet werden. Eine geistige Wüste innerhalb einer Fülle von Wohlstand: Sinnlosigkeit, Leere, Langeweile, weil nichts mehr etwas besagt, nachdem alles schnell konsumiert wurde, eine Aussichtslosigkeit, weil es keinen Himmel und keinen Gott mehr gibt, die man sich vorstellen kann. Eine solche Wüste ruft existentielle Ängste und Neurosen hervor. Nicht alles, was an „Mystik" in dieser Wüste zu finden ist, verdient diesen Namen. Es wird ziemlich viel „Mystik" angeboten, die die Wüste mit künstlichen Blumen bedeckt. Statt daß die Augen geöffnet bleiben, die Situation so gesehen wird, wie sie ist, und man es in dieser Wüste aushalten will in der Hoffnung, hindurchzukommen, wird

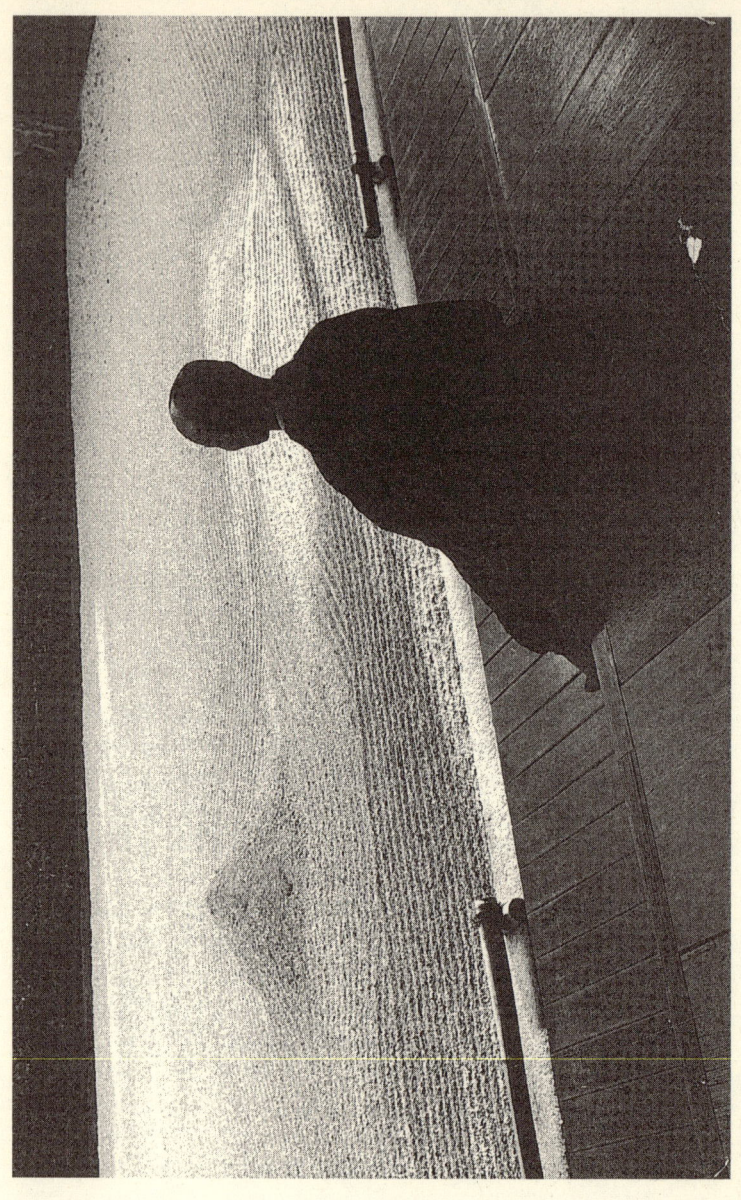

Östliche Einkehr in einer westlichen Form

Ein Zen-Mönch im Garten von Daisen in Kyoto, Japan. Die „Natur" ist völlig beseitigt in dem sorgfältig geharkten weißen Sand. Die Absicht dieser Art zu meditieren ist es ja, alle Bewußtseinsinhalte zu beseitigen, in der Hoffnung, daß in einem zeitlosen Moment einmal die Erleuchtung in diese Leere fällt.

Foto: ABC-Press-Service, Amsterdam.

eine Mystik angeboten, die euphorisch macht, Illusionen weckt und Fata Morganas hervorzaubert. Diese befriedigt zu schnell, wodurch das wirkliche Bedürfnis so sehr in den Hintergrund rückt, daß man das Suchen einstellt. Ein östlicher Spruch ist hier lehrreich: *„Wenn du den Buddha gefunden hast, dann töte ihn."*

Der mystische Weg kann glückliche und heftige Erfahrungen bringen, er kann hilfreich sein und zu einer Oase in der Wüste führen. Aber er ist lang und wird auf die Dauer auch zu einem Trott, alltäglich und fade. Mit der Mystik geht es oft wie mit der Verliebtheit. Wenn die Begierde sich ausgetobt und die Geliebten sich aneinander satt gesehen haben, wird es eine Frage des Durchhaltens, eine schmerzliche Phase, durch die wir hindurch müssen, um einander anders sehen zu lernen, um sehen zu lernen, wie der andere ist: eben anders. In der Wüste können wir unsere Eigenliebe verlieren.

DIE ICH-KULTUR

In einem Buch mit dem Titel „Die Kultur des Narzißmus" beschrieb Christopher Lash, wie die westliche Kultur, insbesondere die amerikanische, von der narzißtischen Persönlichkeit beherrscht wird, die auf das eigene Lebensgeschick konzentriert und nicht zu längerer Gemeinschaft mit anderen fähig ist. Seitdem spricht man vom „Ich-Zeitalter".

Das Individuum nimmt im Westen eine zentrale Stellung ein. Es geht um seine Rechte, sein Gewissen, seine Freiheit, seine Entfaltung, seine Erfahrungen. Dieser Aspekt unserer Kultur ist auf den ersten Blick ein günstiges Klima für Mystik. Denn auch Mystik ist etwas Individuelles. Die Erfahrungen eines Mystikers sind persönlich. Er kann sich nicht auf einen Führer, eine Lehre, eine Autorität außerhalb seiner selbst verlassen. Andererseits ist ein „Ich-Zeitalter" eine Herausforderung für Mystik, denn wie kann Mystik einem Prozeß, der sich letztlich im „Ich" festfährt, dem Narzißmus, der Ego-Tripperei, entrinnen?

Die „Einkehr in sich selbst" ist nicht dem Osten vorbehal-

WACHGERÜTTELT

Eine bestimmte, aus China stammende und in Japan ausgeübte Form der Meditation verwendet harte Methoden und oft auch physische Gewalt, um das Bewußtsein mit einem Schlag aufzuwecken. Auch im Westen werden diese Methoden von Zen-Anhängern angewandt, in der Psychotherapie und auch von Künstlern.

Der grausame Tod Jesu ist in der christlichen Liturgie und Frömmigkeit verschwiegen, versüßt und verschönert worden. Künstler wollten diesen Schleier wegreißen.

Der Spanier Antonio Saura rückt der vielreproduzierten Abbildung des schönen Gekreuzigten zu Leibe und entstellt sie.

„Schweißtücher", sechs übermalte Ansichtskarten.

Neue Galerie, Aachen.

ten. Der Westen kennt auch eine reiche Tradition in diesem Punkt. Aber anders als im Osten, ist dieser Weg zum „Selbst" hier auch von Wissenschaftlern gegangen worden. Sie begannen, die Seele (Psyche) zu erforschen. Man erkannte Träume, Symbole, Mythen und seelische Krankheiten als eine Sprache des „Unbewußten" an. Man analysierte das Unbewußte; Siegmund Freud entdeckt darin als die tiefste Triebfeder den Sexualtrieb; sein Schüler C. G. Jung dagegen glaubte, daß der religiöse Trieb der tiefste sei. Weil Psychoanalyse für das Ziel, Menschen zu heilen, oft unzureichende Erfolge zeitigt, suchte Fritz Perls [141] nach einer wirksameren Methode. Er sah nicht nur Traum und Mythos, sondern auch das Verhalten als Sprache der Seele an.

Dieser „psychotherapeutische" Weg ist seitdem auf mannigfache Art von Gruppen mit ihren Leitern eingeschlagen worden. Oft geht es nicht so sehr um eine Heilung psychischer Krankheiten als vielmehr um die Entfaltung des „wahren Ichs" in einer mystischen Atmosphäre: Mystik als „Bewußtseinserweiterung". Das Ich-Bewußtsein wird dadurch erweitert, daß das verborgene Ich in es eindringt oder in es eingelassen wird.

Ist damit der mystische Weg endgültig ein psychotherapeutischer geworden? Wir wissen heute, daß vieles in unserem Verhalten vom Unbewußten motiviert wird, also ohne daß wir uns dessen bewußt sind. Diese Entlarvung unseres „Ichs" wird ziemlich viele mystische Literatur überflüssig machen. Viele Wegweiser sind dadurch überholt. Aber das ist nicht der ganze Weg.

Mystiker sprechen deutlich von einer anderen Wirklichkeit im tiefsten Punkt unserer Seele. Von einem „Grund", der wichtiger ist als alle Projektionen, in dem kein einziges Bild, kein Begriff und keine Emotion eine Rolle spielen, kein Bild davon, was wir sind, kein Bild davon, was Gott ist. Genauso wenig, wie bei der Naturmystik Urenergie die göttliche Wirklichkeit ist, die der Mystiker erfährt, ist auch das wahre Ich, wie wir es mittels der Psychologie erreichen können, dem tiefsten Daseinsgrund gleich. In der westlichen Tradition wurde

Ein blutiges Ritual, als „Performance" vollzogen, von dem Künstler Herman Nitsch aus Wien, 1979.

Foto: Kurt Will

Ein gewecktes oder geschocktes Bewußtsein kann das Leben total verändern und zu Konsequenzen führen. Nicht immer gleich friedlich. Lynette Phillips aus Australien, die Millionen erbte, schloß sich der indischen Guru-Sekte „Ananda Marga" an und steckte sich selbst vor dem Palast des Völkerbunds in Genf 1978 in Brand. Bevor sie Benzin über sich goß, sagte sie: „Ich habe den feurigen Wunsch, gegen den Luxus und den Egoismus dieser Welt zu kämpfen."

Foto: ANP

dieser Aspekt deutlicher herausgearbeitet als in der östlichen. Er ist für den Westen auch notwendiger, weil hier das Individuum so stark betont wird, daß die Gefahr der Egotripperei groß ist.

Ausschlaggebend ist natürlich nicht, mit welcher Theorie man seine Erfahrungen etikettiert, sondern ob sich die Erfahrung selbst und der mystische Weg in Wirklichkeit im Ego festfahren oder nicht. Große Mystiker wie Buddha und Jesus gaben als Leitfaden an: das egozentrische, habgierige „Ich" preisgeben, von Begierde frei und arm im Geist werden.

Andere östliche Wege betonen methodisch, daß Mystik stets ein Suchen bleiben muß und sich nicht im Ich festfahren darf. Man untergrabe systematisch jede Errungenschaft, die Sicherheit bieten kann.

Zur Herausforderung des Ich-Zeitalters scheint vor allem Johannes vom Kreuz ein ausgezeichneter Lehrer zu sein. Auch bei ihm ist der kürzeste Weg der der Preisgabe des begehrenden Ichs, aber er präzisiert näher, wie dies geschieht. Nicht nur durch Denken, sondern durch Liebe, die begehrt, forttreibt, uns von uns selbst fort zum Begehrten hin holt. Er weist auch auf die Gefahr eines „konsumtiven" Musters von Religion hin: Erfahrungen, Visionen, Glücksgefühle haben wollen. Den Wunsch hegen, gut beten zu können, heilig zu werden, ein Mystiker zu sein. Man kommt nicht von sich selbst los, wenn man sich nicht auch im Streben nach Mystik selbst losläßt.

Dieses Loskommen wird für manchen nicht möglich sein ohne eine „dunkle Nacht"; etwas, was man selbst nicht in der Hand hat, etwas, was mit einem geschieht. Eine Leere, die oft eine tiefgehende Depression ist: nichts mehr empfinden, nirgends mehr Licht sehen. Wer das aushält, so daß die Depression nicht zur Selbstvernichtung, aber doch zum Verlust des begehrlichen Selbst führt, wird nach Johannes vom Kreuz zu einem „neuen Begreifen Gottes *in Gott*" kommen. Das Ich erlebt dann seinen tiefsten Grund nicht aus dem Ich selbst, sondern aus der anderen Seite dieses Grundes: aus Gott.

Die dunkelste Nacht ist noch nicht der Schmerz der Abwe-

Das Bild eines Tief-
punkts in einem mensch-
lichen Leben. In den
Flammen ruft der Mönch
„Erbarmt euch meiner,
wenigstens ihr, meine
Freunde, denn Gottes
Hand hat mich getrof-
fen". Illustration in ei-
nem „Liber pro infirmis"
(Buch für Kranke), der im
Kartäuserkloster in
Waard bei Utrecht in Ge-
brauch war.

15. Jahrhundert.
Amsterdam, Universi-
tätsbibliothek, ms XII,
A 16, fol. 66^v.

Der Schrei ist eine Art
Ikone geworden, ein Bild
dessen, was unsere Zeit
erfährt.

Edward Munch, „Der
Schrei", Lithographie,
1895.

senheit des Geliebten, die Kehrseite des Verlangens. Am dun-
kelsten ist die Nacht, in der kein Verlangen mehr verspürt
wird, auch wenn sich nachträglich zeigt, daß ein tiefversteckter
Lebenswille alles mit Lieben zu tun hat.

EIN SCHMELZTIEGEL DER STRÖMUNGEN

Wie einst in der hellenistischen Welt die Stadt Alexandria, so
sind heute in der modernen Welt Kalifornien und Nordeuropa
Schmelztiegel vieler Strömungen. Auch heute hat es den Anschein, als erwüchse aus der Konfrontation verschiedener religiöser Bewegungen etwas Neues. Die Erwartung einer solchen
„universalen Religion" ist schon von vielen geäußert worden.
Zum Beispiel von Teilhard de Chardin oder von neuen religiösen Bewegungen.

Die „Mazdaznan"-Bewegung, die auf Zoroaster basiert, sieht
sich selbst als die „Religion hinter allen Religionen". Die Sufi-
Bewegung, angeregt durch die mystischen Sufis im Islam, aber
gegründet von dem indischen Mystiker Hazrat Inayat Khan
(1882–1927), will nachdrücklich das Universelle in allen Religionen als allgemeine Menschenbruderschaft erleben. Wie
auch der Bahai, gegründet von zwei iranischen Mystikern im
19. Jahrhundert und jüngst im Iran selbst von Khomeini heftig
verfolgt. Auch Ramakrishna (1834–1886), ein Brahmane aus
Bengalen, versuchte aus der Einsicht in die Einheit der Dinge,
die vielen Religionen in einer Synthese zusammenzufassen.
Sein Schüler Vivekananda (1862–1902) war der erste, der eine
Synthese zwischen dem technischen Westen und der Vedanta-
Mystik vorstellte, und zwar auf dem „Weltparlament der Religionen", das 1893 in Chicago abgehalten wurde.

Der Deutsche Arthur Schopenhauer (1788–1860) war der erste westliche Philosoph, der sich dem Osten öffnete. Diese Offenheit wuchs dann unter elitären Kreisen vor allem Deutschlands, der Niederlande und Englands. Nach den Kriegen
Amerikas gegen Japan und in Vietnam wurde Kalifornien zu einem Schmelztiegel der Erkenntnisse, nicht nur weil Amerika-
ner östliche Mystik aufsuchten, sondern auch weil Gurus nach

DURCH LEIDEN ERPROBT

In der Mystik spielt das Leiden, das jemand zustößt, oft eine große, manchmal eine entscheidende Rolle. Seuse wurde von Mitbrüdern und Dämonen gequält und fühlte sich wie ein Lumpen, mit dem ein Hund spielt. Er erlebte dies als eine Teilnahme an dem Leiden, das Gott selbst durchlitt. Das wurde festgehalten von seiner Freundin Elisabeth Stagel, die ihm auf diesem Gemälde zum Trost den Schwamm auf einem Ysopstengel reicht, wie man das auch bei Jesus getan hatte.

Einsiedeln, Stiftsbibliothek, hs nr. 710, fol.57.

Amerika kamen, oft mit einer maßgeschneiderten Form östlicher Mystik.[142]

In diesem Schmelztiegel wird das uralte Schisma zwischen Ost und West vielleicht endgültig verschwinden. Obwohl … man wird auch eine Entscheidung fällen müssen. Der Westen wird eine andere Haltung gegenüber der Natur einnehmen müssen, während der Osten eine Lösung für das Problem der Unterprivilegierten und Parias aufgrund der „Menschenrechte" wird finden müssen, der Gleichheit aller, wie sie im Westen formuliert wurde. Eine Entscheidung zwischen einer Heldenmystik, die wenig Verständnis für das Scheiternde, Kranke, Schwächere hat, und der Mystik, die sich aus dem Unterdrückten herausbildet.

Entscheidet man sich für eine Heldenmystik, in welcher der Kosmos zentral steht, der Mensch allen anderen Dingen gleichwertig ist und der mystische Weg als Herstellung der Ordnung im eigenen Innersten gesehen wird? Oder, im Gegenteil, für eine Mystik, in der der schwächere Mensch auch durch das Negative hindurch Gott als Bundesgenossen und Geliebten erreichen kann; wo jeder „von Adel ist" (Meister Eckhart) und man im Streben nach dem Einen von Gerechtigkeit gegen den einzelnen weiß?

Die östliche Mystik, vor allem die chinesische, sucht nach Harmonie, Ruhe, Sich-Einpassen in das Tao (Weg), Ergebung und „Versenkung". Die westliche ist, von Zoroaster an, aggressiver, weil man mit Gott gegen das Böse und das Unrecht kämpft. Der Osten kennt eine sehr starke Naturmystik, durch die man sich in das große kosmische Ganze aufgenommen fühlt. Der Westen mißtraut einer solchen Naturmystik, weil sie die Gefahr in sich birgt, daß der Kosmos leicht zu bald vergöttlicht wird. Nicht der Kosmos, sondern der Mensch ist „nach Gottes Bild" erschaffen.

Es fragt sich, ob diese Entscheidung in Wirklichkeit so klar gesehen wird. Franziskus von Assisi nannte schon alles Geschaffene Bruder und Schwester, Buddha kam zu seiner Lehre aus Mitleid mit dem leidenden Menschen. In Krishna und im

Bhakti-Yoga wird östliche Mystik menschlich warm, im Neuplatonismus wird die Wirklichkeit zu einem Schatten des wahrhaft Wirklichen.

Die technische Haltung zeigt heute ihre verhängnisvolle Kehrseite, weil der Mensch sich hochmütig als Mittelpunkt des Kosmos verwirklichen will. Ohne die nötige Ehrfurcht. Aber einzig und allein Harmonie, allein Achtung vor der Natur, allein Ruhe, allein Ordnung in sich selbst, allein sich einfügen in den großen kosmischen Weg, dies alles würde den Wohlstand unmöglich machen, aber genauso den Einsatz, Armut und Unrecht zu beheben.

Viele Wege

MYSTIK IST EIN PROZESS

Die Geschichte zeigt, daß der Mensch sich nicht nur um die Verbesserung der materiellen Verhältnisse und die Befriedigung seiner Bedürfnisse gekümmert hat, sondern auch um seine Seele und seine tiefsten Sehnsüchte. Er versucht immerfort, über das Alltägliche hinauszusteigen. In der Sehnsucht nach einem Paradies, nach einem Ewigkeitsmoment, einem Ausstieg aus dem ruhelosen, unbefriedigenden Dasein, auf der Suche nach einem Flecken in der Seele, wo er sich geliebt und in das „All" aufgenommen weiß.

Es handelt sich hier nicht mehr um eine kurze heftige Erfahrung, sondern um das, was daraus folgt: das Erleben, das an Tiefe zunimmt. Ein Prozeß: Aus dem Erfahrungskern erwächst ein neues Leben. Ein Wachstumsprozeß mit all den Kennzeichen, die mit dem Wachstum verbunden sind: Aus einem kleinen Ei entwickelt sich ein Mensch jahrelang immer weiter fort, nach einem bestimmten „Code": Immer kommt eine gleiche Art von Mensch heraus mit Armen, Beinen, Gehirn, und doch gleicht er nie genau einem anderen. Das Wachstum ist auch begrenzt, von einem bestimmten Moment an wird er nicht mehr größer; doch verändert sich dann seine

In einem Psalterium aus der Zeit um das Jahr 825 steht eine Abbildung der „Anima"
(Seele). Sie sitzt auf einem Berg, denkt schwermütig nach und lauscht einem Zither-
spieler. Es ist eine Illustration des Psalmverses: „Herr, mein Herr, warum ist meine
Seele betrübt, und warum bringst du mich in Verwirrung?" Dies könnte ein Bild von
der „dunklen Nacht" sein, ein Erleben der dunklen Aussichtslosigkeit, die eine wichtige Endphase vor einer bleibenden mystischen Erfahrung sein kann, als solche in einem Gedicht von Johannes vom Kreuz artikuliert.

Stuttgarter Psalter, aus Saint-Germain des Prés.
Württembergische Landesbibliothek.
Foto Marburg

„Die dunkle Nacht"

Holzschnitt von 1964 für
die Zeitschrift „Karmel",
von Marianne van der
Heijden.
Foto: Lambert van
Gelder.

Menschen, die schwer unter dem Leben zu leiden haben, schwermütig veranlagt sind, seien – vielleicht als Typ – besonders geeignet für Mystik, glaubt man in Kreisen um Ficino und die „Magier" nach ihm. Es handelt sich dann um einen Typ, der damit zu leben weiß. „Melencolia I", der erste Typ von Melancholiker, war ein Saturn-Kind und dazu geboren, ein Genie, ein Dichter oder ein Mystiker zu werden. Dieser Typ von Mystiker wurde von Dürer in einem berühmten Stich, 1514 geschaffen, dargestellt. Die Melancholie ist eine Frau, die Flügel hat, gekrönt ist und, in sich selbst gekehrt, nachdenkt. Die mystische Leiter reicht bis zum Himmel. Der Hund – Symbol der scharfen Wahrnehmung – schläft, denn der Melancholiker braucht diese nicht: Er hat eine innere Vision. Die Sanduhr weist auf die Zeit = Saturn hin. Der Komet schießt vorbei, der Regenbogen erscheint, der Raum ist gefüllt mit hermetischen Symbolen, wie der Kugel, die auf den androgynen Menschen hinweist.

Foto: Koninklijke Bibliotheek, Brüssel.

Physiognomie, sie ist immer mehr gezeichnet vom Leben, und mit den Jahren verschleißt er und schrumpft wieder etwas zusammen.

Auch der mystische Prozeß kennt eine derartige Gesetzmäßigkeit. Es gibt einen Anfang, und man muß beim Anfang beginnen. Dieser Anfang wird oft sein: ein Bedürfnis nach Liebe, Leidenschaft, Trost, ein Verlangen, in höheren Sphären zu weilen, und so weiter. Es wird aber auch eine Periode anbrechen, in der die Heftigkeit des Verlangens erschlafft und dieses durch Gewöhnung vielleicht ganz verblaßt und aus der Erinnerung verschwindet. Es ist nicht so schlimm, eine Weile in diesem Tief zu verbleiben, auch wenn man gern heraus möchte. Johannes vom Kreuz greift ziemlich heftig geistliche Führer an, die ihre Schüler, bei denen eine solche Stagnation eingetreten ist, dazu bringen wollen, doch einfach wieder nach der alten Art zu beten, statt diese Leere auszuhalten, die auf etwas Neues gerichtet ist.

Molinos, Madam Guyon und die Quietisten machten den entgegengesetzten Fehler. In ihren theoretischen Darlegungen vernachlässigten sie gerade das Prozeßmäßige. Was zu einer gereiften Haltung in diesem Reifungsprozeß werden muß, setzten sie als Voraussetzung an den Anfang: nämlich eine reine Liebe, die sich läutern läßt, ohne selbst aktiv zu sein.

Der Prozeß hat eine Anfangs-, eine Wachstums- und eine Endphase. Diese Phasen sind in der Geschichte auf viele Arten wiedergegeben. Als eine siebenfache Leiter nach oben (Schamanismus und Mithras-Kult), als ein achtfacher Pfad zum Nirwana (Buddha), als ein dreifacher Weg (der Westen).

Alle diese Einteilungen sind nachträgliche Schematisierungen. Auch das Ziel, von dem aus man hinterher den Weg betrachtet, ist vielfältig. Ziel kann sein: das verlorene Paradies wiederzugewinnen (Schamanen), in das All aufgenommen zu werden (Hindus), Gottes dunkle Weisheit kennenzulernen (Pseudo-Dionysius), mit dem Geliebten eins zu werden (der Westen), frei zu sein als ein erwachsener Mensch (Maslow). Von diesem Ziel aus stellt man sich den Weg auch auf verschiedene Weise vor. Die Schematisierungen können eine Hilfe für den sein, der den Weg sucht. Viele mystische Strömungen sind aber deshalb versandet, weil die Schematisierungen ein eigenes Leben zu führen begannen.

Wer zu Beginn das Ziel scharf im Auge hat und sich immerfort daran festklammert, läuft große Gefahr, sich am Ende getäuscht zu fühlen. Das Ziel wird dann von außen einem Lebensprozeß angepaßt, der gerade von innen wachsen muß. Das Leben ist keine logische gerade Linie, sondern eine Reise mit ups and downs, mit heftigen Sehnsüchten und tiefen Depressionen, die einander abwechseln, mit klaren Erkenntnissen, die später wieder nichts mehr besagen. Die Schemata sagen nur etwas über die Aspekte dieser launischen Lebensreise aus: Es ist immer wieder die Rede von Läuterung, Verzicht auf Begierde, von etwas, was man durchstehen muß. Und um helles Licht, ein beglückendes Liebesgefühl, aber auch um Dunkelheit und einen Gefühlszustand so trocken wie eine Wüste.

MYSTIK GEHÖRT NICHT NUR ZUM „SANFTEN SEKTOR"

Mystik ist gekennzeichnet durch die persönliche Erfahrung und das Leben aus diesem Ursprung, aber nicht jeder Mystiker geht denselben Weg. Persönlicher Geschmack und Charakter spielen bei Wahl oder Ablehnung eines bestimmten Weges und bei der Achtung vor einer bestimmten mystischen Richtung oder einem bestimmten Mystiker eine Rolle. Im 16. Jahrhundert herrschte in Deutschland die Meinung vor, daß der „Melancholiker" der geeignetste Typ für Mystik sei. Aber in Spanien fand man damals, gerade dieser Typ sei am wenigsten geeignet. Dort glaubte man, daß die Frau eine besondere Veranlagung für Mystik habe, mehr als der Mann.

Heute wird Mystik vor allem in Zusammenhang gebracht mit dem „sanften Sektor" und mit einem Sinn für Grün, Natur, Tiere und für die drohende Erschöpfung der Lebensquellen. Eine solche Kennzeichnung der Mystik ist ziemlich einseitig. Der Geschichte widerfährt mehr Gerechtigkeit, wenn man

DURCH FORSCHUNG ERPROBT

Erfahrungen, Gefühle, Ideale, Wege – man kann sich darin verrennen. Es ist gut, sie einer Prüfung durch den Verstand zu unterziehen. Abstempelungen wie „übernatürlich" und „geheimnisvoll" verhinderten dies. Zu Unrecht: Mystik kennt zwar ein „Geheimnis", aber das hat Bezug darauf, was erfahren wird, nicht auf das Wie.

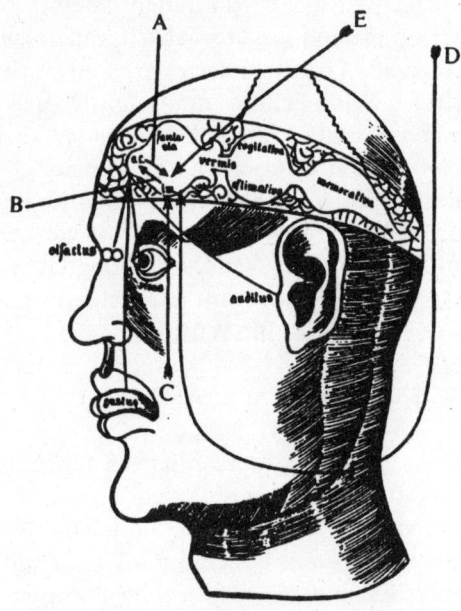

Eine Darstellung, die auf der Auffassung des Aristoteles gründet, daß Träume eine physiologische Grundlage haben. Mit Großbuchstaben ist die Richtung des Traumprozesses angegeben.

Holzschnitt aus Straßburg, 1504.

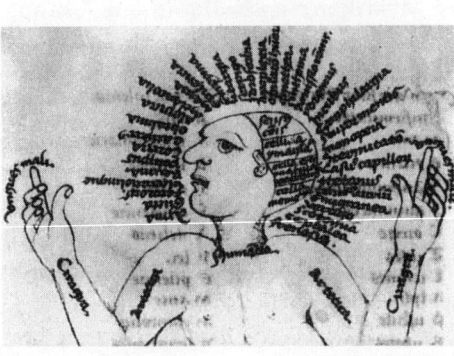

Man kann sich fragen, ob die Erfahrungen nicht irgendwie im Gehirn wurzeln, ob dies nicht erforscht werden kann. Schon im 14. Jahrhundert versuchte man, Wahrnehmungen zu lokalisieren. Auf dieser Zeichnung ist auf der Gehirnschale lokalisert, wo die Phantasie, das Werten und Schätzen, das Gedächtnis und der Verstand hausen, und in einem Kreis drumherum, welche psychischen Krankheitsbilder dem entsprechen. Eines davon ist „melancholia".

Zeichnung in einer medizinischen Schrift aus dem 14. Jahrhundert.
Paris, Bibliothèque Nationale, ms lat. 11229, fol. 37^v.

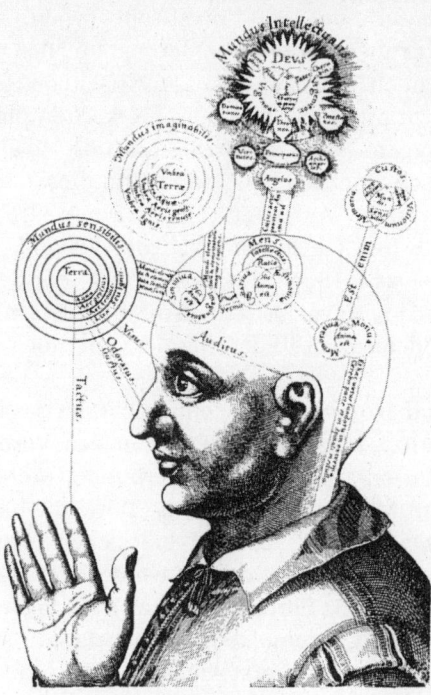

Fludd lokaliserte im Gehirn auch mystische Erfahrungen; dort wohnt der „Gipfel der Seele", dort kann der Geist in Kontakt mit Gott kommen.

Nach einem Entwurf von Robert Fludd graviert von Johann de Bye und herausgegeben von Maier in Oppenheim, 1619.

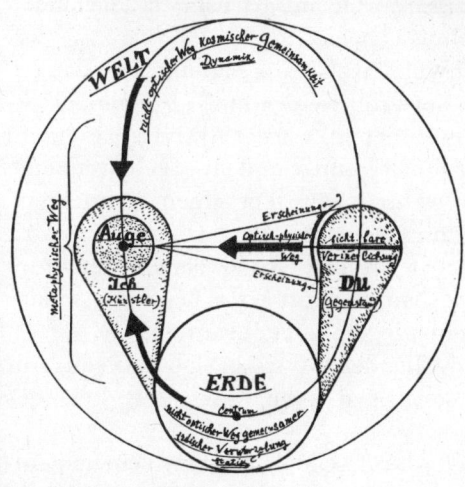

Eine Zeichnung von Paul Klee, mit der er Ordnung in den vielen Arbeiten des Wahrnehmens schaffen wollte. Das „Auge" des „Ichs", des Künstlers, empfängt auf „optisch-physischem Weg" die Erscheinung des „Du", eines sichtbaren Objekts. Dabei spielt aber auch ein „nicht-optischer Weg" eine Rolle, aufgrund der gemeinsamen Verwurzelung in der Erde und aufgrund der Einheit mit dem Kosmos. Alles zusammen eröffnet einen „metaphysischen Weg".

nachträglich, global genommen, zwei „mystische Typen" unterscheidet: den in Gott ruhenden Kontemplativen und den unruhig nach Gott Strebenden. Leben aus einer mystischen Erfahrung wird am wenigsten problematisch sein bei kontemplativen, optimistischen Typen. Denn in ihrer Erfahrung ist alles
paradiesisch, harmonisch, eins. Schlüsselwörter für diesen mystischen Typ sind: meditativ, versinkend in den einen Grund,
kosmisch bewußt, Leib und Geist beherrschend, heilend, gesund und beglückend. Das Böse wird nichtig: ein Nicht-Sein,
ein Schatten, eine Illusion, Maya. Östlich also, wenn dies auch
nicht ganz richtig ist, denn man findet diese Mystik auch im
Westen.

Was im Westen aber die Oberhand gewonnen hat, ist das un-
ruhige Suchen. Immerfort trat hier die Frage in den Vordergrund, wie „Kontemplation" mit „Aktion" verbunden werden
kann. In zunehmendem Maße spielte auch das Böse, die harte
Realität eine Rolle. Daß Mystik zu aktivem Leben führen
kann, ist im Westen von vielen verwirklicht worden: Bernhard
von Clairvaux reiste durch ganz Europa, Teresa von Avila durch
ganz Spanien, beide waren kontemplativ, beide befaßten sich
mit der Politik, beide konnten äußerst sachlich sein und ver-
fügten über ein hervorragendes Organisationstalent. Sie fanden
Ruhe im Mittelpunkt ihres Lebens.

Eckhart spricht unumwunden als seine Meinung aus, daß ein
aktiver Mystiker höher bewertet werden muß als ein nicht-ak-
tiver. Er spricht von dem Ruhepunkt in der Aktivität als einem
„Hängen in Gott", mit ihm vereinigt in dem „Seelenfunken".
Ruusbroec nennt den wahren Mystiker einen „gemeinen"
Menschen, jemand, der für jeden verfügbar ist:

> „Er besitzt einen reichen, milden Grund, der im Reichtum
> Gottes fundiert ist. Deshalb verspürt er das Bedürfnis, unauf-
> hörlich auszufließen in alle, die seiner bedürfen." [143]

Den Grund, warum der vollendete Mystiker sich ungestört mit
weltlichen Dingen beschäftigen kann, formuliert Johannes
vom Kreuz so:

> „So erfaßt sie (die Seele) die Geschöpfe besser in seinem (Got-

tes) Wesen als in ihnen selber. Und das ist das Entflammende solchen Wachwerdens, durch Gott die Geschöpfe zu erkennen und nicht durch die Geschöpfe Gott."[144]

Sein moderner, immerfort aktiver Ordensgenosse Titus Brandsma sah das Auseinandergewachsensein von Mystik und Tat als ein Übel unserer Zeit an. Er erklärt daher:

> „Gott ist erkennbar in unserem Wesen, wir können Ihn sehen und in seiner Anschauung leben. Und diese Anschauung wird ihren Einfluß auf unser Verhalten nicht verfehlen. Sie wird sich denn auch in unseren Werken offenbaren... Die Tat allein genügt nicht. Sie muß bewußt aus der inneren Einwohnung Gottes abgeleitet werden als von Ihm im Inneren unseres Wesens befohlen oder angeraten."[145]

Mystik ist in der westlichen Tradition ausgereift, wenn sie tatkräftig geworden ist und zugleich „ursprünglich" in dem Sinne von: verwurzelt im tiefsten Grund unseres Wesens. Es geht hier nicht nur um das „Gewissen", sondern auch um die Quelle der Kreativität, die politisches und soziales Handeln oder auch Wissenschaft und alle Formen der Kunst nährt.

Zu denen, die diese Mystik vertreten, gehören sowohl depressive (Simone Weil) als auch optimistische Typen, wie Titus Brandsma, der das Problem des Atheismus mit Respekt anging, aber es nicht begreifen konnte; der wußte, was Leiden war, aber sich die Nacht des Johannes vom Kreuz nicht als „Erdendunkel" vorstellen konnte; der den Konflikt immer im Licht einer möglichen Harmonie sah und das Böse als ein Gutes, dem noch nicht Recht widerfahren sei.

Ganz anders stand ein Jakob Böhme dem Bösen gegenüber. Seines Erachtens dürfen wir Gott nicht „gut" nennen. Denn dann hätte er nichts mehr mit dem Bösen zu tun. Gott ist Liebe, aber zugleich auch „Zorn". Güte wird zu allzu sanfter Frömmigkeit, wenn wir nicht auch zornig werden können über alles, was an Unrecht geschieht.

Es hat Mystiker gegeben, wie Nikolaus von Kues, die vermutet haben, daß Gut und Böse in Gott zusammenfallen. Und auch, daß das Böse etwas mit dem Guten und das Gute etwas

Seinen Verstand gebrauchen bleibt wichtig, auch für Mystik, die sich auf Erfahrung, Erleben, das gefühlsmäßige Erfassen einer Wirklichkeit voller Geheimnisse stützt. „Das Schlafen des Verstandes gebiert Monster" ist der Titel dieser Aquatinta-Radierung von Francisco de Goya, 1799. Und er konnte es wissen.

Philadelphia, Museum of Art, Smith Kline Beckman Corporation Fund.
Foto: Joan Broderick

mit dem Bösen zu tun hat. Alles hat seine Kehrseite, und wir können nicht das Gute aus allem herauslösen und so ein Paradies frei von allem Bösen schaffen.

ES GIBT VIELE WEGE

Im Verlauf der Geschichte ist schon sehr vieles ausprobiert worden. Viele Arten von Wegen und Methoden liegen vor uns offen, aber nicht alle sind interessant, attraktiv oder brauchbar. Auch kann man nicht davon ausgehen, daß jeder Mystiker, mag er noch so „klassisch" sein, jedem liegt. In dem klassischen Werk des Pseudo-Dionysius sprechen die endlosen Beschreibungen der Engelchöre auf dem Weg empor den neuzeitlichen Leser kaum an, es sei denn, dieser mag byzantinische Liturgien sowie Pracht und Prunk. Um östliche mystische Wege zu verstehen, muß der Laie sich durch einen Reisbrei fremder Begriffe und Vorstellungen hindurchessen, bevor er etwas entdecken kann, was verständlich und somit wertvoll für ihn ist. Dasselbe gilt unter der Hand auch für westliche Mystiker, die sich zu stark an die dogmatische Theologie anlehnen. Warum sollte man sich die Mühe machen, sie zu verstehen.

Huxleys Vorwurf, daß Mystik zu schwierig verpackt sei, ist zum Teil richtig. Wenn aber Mystik Mode wird und präsentiert wird mit dem, was an ihr unmittelbar ansprechend und auf den ersten Blick attraktiv ist, kann sie fatal werden. Wie dies der Fall war mit Huxleys „kurzem Weg" der Drogen. Er überging etwas Schwieriges. Schamanen benutzten diesen Weg, aber erst nachdem sich der Schamane durch die psychische Desintegration, die das Mittel verursachte, als geeignet erwiesen hatte, starke Erfahrungen zum Nutzen des Stammes zu gebrauchen. Jetzt ist es genau umgekehrt: zuerst die Ekstase, dann die Zerrüttung, die damit endet, daß man der Gemeinschaft zur Last fällt.

Es erwiesen sich viele Wege als möglich, auch gegensätzliche. Manche Wege beruhen auf der Einheit zwischen Geist und Leib; die Atmung im Osten und das Jesusgebet, der Tanz bei den Derwischen, Körperbeherrschung beim Yogi. Es gibt aber auch den Weg der Befreiung des Geistes aus dem Körper, wie bei Mani und den Katharern. Es gibt einen Weg, bei dem Nachdruck auf das „Licht" und auf Verstand, Bewußtseinserweiterung und Konzentration gelegt wird. Aber es gibt auch einen Weg der Emotion, bei dem die Leidenschaft, der Liebesschmerz, Läuterung und Reinheit betont werden. Und es gibt den Weg des Genießens – Tantra – sowie der Verweigerung jedes Genusses bei vielen anderen in Ost und West; wie es auch sowohl im Osten als auch im Westen einen Weg des Nicht-Tuns, der Schaffung einer Höhle, einer Leere gibt. „Je mehr ich es haben wollte, um so weniger fand ich es; je mehr ich für mich selbst danach suchte, um so weniger konnte ich es entdecken", sagt Johannes vom Kreuz. Und Lao-Tse: „Man formt den Ton und macht Gefäße: auf dem Nichts (der Höhle) beruht die Brauchbarkeit der Gefäße." Es gibt aber auch einen Weg des Tuns, der „Tugendübung", der „Selbstvernichtung", der Tat, die im Seelenfunken wurzeln muß. Es gibt den Weg der Meditation, der im Westen auf aktiven Einsatz gerichtet ist, im Osten darauf, zur Ruhe zu kommen, leer zu werden von innen, mit Hilfe von Mantra oder Mandala, in einem Mittelpunkt zur Konzentration zu gelangen. Man kann den Weg suchen, abgesondert von der Gesellschaft, als Einsiedler oder in einem Kloster; oder eben im Zentrum der Kultur selbst. Man kann hier angewiesen sein auf ein Buch, eine Gemeinschaft um Buch oder Liturgie, auf einen „Meister" oder einen Guru, auf Kurse, Sekten, Kommunen, Basisgemeinden.

Der Weg ist ebenfalls abhängig von der Umgebung, ihrer Kultur und ihrem Zeitgeist, der persönlichen Veranlagung und dem persönlichen Geschmack wie auch dem persönlichen Glauben. Nicht jeder braucht Leere. Es gibt südliche oder „römische" Typen, die mit Taten zeigen müssen, was sie bewegt, und es auch so leben. Wie ein Franziskus von Assisi. Oder auch fromme Typen, die gleichsam ein warmes Nest um sich herum schaffen. Was Franziskus radikal ablehnte, schuf Seuse ganz ausdrücklich für sich selbst: eine Klosterzelle als die sicherste Stätte, drumherum das Kloster. Außerhalb der Klostermauern fühlte er sich wie ein wildes Tier, von Jägern umzingelt.

Dies alles macht es natürlich nicht leichter, zu wissen, ob ein bestimmter Weg geeignet ist und ein Lehrer kein Scharlatan, denn daß es solche gibt, läßt sich nicht leugnen. Es wird etwas einfacher, wenn man sich fragt, wofür man einen mystischen Weg sucht. Denn es kann sein, daß man kaum an der mystischen Erfahrung selbst interessiert ist und auch nicht die Absicht hat, aus einer solchen Erfahrung heraus zu leben, sondern daß es ein Teilwert ist, der anspricht. Wenn man Ruhe in einem gehetzten Leben oder Gesundheit im Auge hat, dann ist die Frage einfach: Welcher Weg ist der wirksamere? Man wird bei der Transzendentalen Meditation, beim Yoga, beim Za-Zen landen oder als Gast in ein Kloster gehen – oder etwas in dieser Richtung tun.

Sucht man ekstatische, starke Erlebnisse, dann gibt es die „Mittel", die Techniken des Fastens und der Isolierung, die Räume mit besonderer Atmosphäre, eine Disco oder eine katholische Messe, Wallfahrten oder große Kundgebungen. An der Grenze dieser Mittel wartet oft der Kater oder die Versklavung, womit man also rechnen muß.

Anders wird es, wenn man lernen will, aus eigenem Grund, eigenem Gewissen, aus dem tiefstem Ursprung zu leben. Erst das hat mit einer mystischen Haltung zu tun.

Es gibt Hunderte von Büchern, die alle möglichen alten und auch neue Wege zugänglich machen. Wie auch Tausende, die im Hinblick auf Sexualität, Ehe, kurzum auf das Liebesleben in all seinen Aspekten, geschrieben worden sind. Sie dienen als Leitfaden, aber jeder weiß, daß man nicht mit einem Buch in der Hand Liebe üben kann. Doch können sie helfen, einen eigenen Weg zu finden. Jeder Prozeß hat seine eigene Richtung, seine Grenzen und Möglichkeiten. Die Kunst besteht darin, diese Richtung zu entdecken und ihr zu folgen.

Auch der mystische Prozeß hat seinen inneren Kompaß. Dieser gibt die Richtung an. Den konkreten Weg muß man suchen, indem man in der Konkretheit des Lebens, das oft ein Labyrinth ist, die Richtung des Kompasses beibehält.

IV.

Anmerkungen

[1] W. James, Die Vielfalt religiöser Erfahrung. Eine Studie über die menschliche Natur. Übersetzt, herausgegeben und mit einem Nachwort versehen von E. Herms, Olten-Freiburg/Brsg. 1979.

[2] C. G. Jung (Hrsg.), Der Mensch und seine Symbole, Olten-Freiburg/Brsg. [11]1988.

[3] Ders., Flying Saucers: A Modern Myth of Things Seen in the Skies, New York/London 1959.

[4] E. Ionesco, Tagebuch. Journal en niettes, Neuwied 1967, S. 97. Ionescos Beschreibung seiner mystischen Erfahrung und die Reaktion darauf sind auch aufgenommen in: C. Chabanis, Dieu existe-t-il? Non, Paris 1973, S. 333 f. und 336.

[5] A. Deblaere, De mystieke schrijfster Maria Petyt 1623–1677, Gent 1962, S. 49–51.

[6] A. Maslow, Values and Peak-Experiences, New York 1964.

[7] H. C. Rümke, Karakter en aanleg in verband met het ongeloof, Amsterdam [3]1963.

[8] M. Gijselen, Mijn patient was meer dan ziek, in: M. Gijselen – P. Mommaers – J. J. C. Marlet, Hoe menselijk is mystiek? Baarn 1979, S. 42.

[9] Bezüglich des Textes, des Kontextes und der Gestalt Surins siehe M. de Certeau, Jean-Joseph Surin, interprète de Saint Jean de la Croix, in: Rev. Sc. Myst. 46 (1970) 63 bis 65. Ders., Histoire et Mystique, in: Rev. Hist. Spir. 48 (1972) 76–79.

[10] Johannes vom Kreuz, Das Lied der Liebe. Bd. 3 der Werke. Übertragen von Irene Behn, Einsiedeln 1963, Vorrede 1, S. 9.

[11] Gregor von Nazianz, Migne, PG 37–38.

[12] Tao-teh-king. So spricht Lao-tse. Übersetzt von W. Jerven, München 1952, 56, 1–2.

[13] Leben und Legende der Religionsstifter. Texte, ausgewählt und erklärt von G. Mensching, Darmstadt o. J., S. 239.

[14] M. Laski, Ecstasy: A Study of Some Secular and Religious Experiences, New-York 1968.

[15] De visioenen van Hadewijch. Vertaald en van een kommentaar voorzien door P. Mommaers, Nijmegen-Brugge 1979, 7, 66–69.

[16] M. Lutyens, Krishnamurti. Jaren van vervulling, Deventer 1983, S. 20.

[17] Jakob Böhme, in: W. E. Peukert, Das Leben Jacob Böhmes. Zweite verbesserte Auflage 1961, S. 44: Bd. 10 von J. Böhme, Sämtliche Schriften. Faksimile-Neudruck der Ausgabe von 1730 in 11 Bänden, Stuttgart [2]1961.

[18] Hildegard von Bingen, Der Mensch in der Verantwortung. Das Buch der Lebensverdienste (Liber vitae meritorum). Nach den Quellen übersetzt und erläutert von H. Schipperges, Salzburg [2]1985, S. 133.

[19] Pierre Teilhard de Chardin, Lobgesang des Alls, Olten-Freiburg 1964, S. 48.

[20] Jacques de Vitry, Vita beatae Mariae Oigniacensis. Analecta Sanctorum, Paris 1863 ff., Junii, p. 542–581, 547 f.

[21] K. Esser, Das Testament des heiligen Franziskus von Assisi, Münster 1940.

[22] M. Buber, Ich und Du, Heidelberg [10]1979.

[23] Aurelius Augustinus, Dreizehn Bücher Bekenntnisse. Übertragen von J. Perl, Paderborn 1948, X. 8, S. 244.

[24] Johannes vom Kreuz, Das Lied der Liebe, a. a. O. (Anm. 10), 25, 5. S. 158.

[25] Siehe R. Barthes, Fragmente einer Sprache der Liebe. Aus dem Französischen übersetzt von H.-H. Henschen, Frankfurt am Main 1988.

[26] R. Barthes, Fragmente einer Sprache der Liebe, a. a. O. S. 13.

[27] Bernhard von Clairvaux, Das Hohelied. 86 Ansprachen über die beiden ersten Kapitel des Hohenliedes Salomons. Bd. 5 der Schriften des Honigfließenden Lehrers. Nach der Übertragung von M. A. Wolters, hrsg. von der Abtei Mehrerau durch P. E. Friedrich, Wittlich 1937, S. 273.

[28] Hadewijch, Brieven. Oorspronkelijke Tekst en nieuw-Nederlandse Overzetting met inleidingen en aantekeningen, bezorgd door F. van Bladel en B. Spaapen, Tielt 1954, 9. Brief, S. 113.

[29] Philon von Alexandria, De Opificio Mundi, 70. Über diese Trunkenheit siehe: Philo of Alexandria: The Contemplative Life. The Giants and Selections. Übersetzt und eingeleitet von D. Winston, London 1981, S. 34 und 173. Winston weist darauf hin, daß das Bild von der „geistigen Trunkenheit" vor Philon schon bei weiblichen Bacchanten und auf dem Ring der Kleopatra vorkam, siehe S. 358, Anm. 341.

[30] Aurelius Augustinus, De vera religione 39, 72.

[31] Aurelius Augustinus, Selbstgespräche. Die echten Soliloquien. Ins Deutsche übertragen von L. Schopp, München 1938, S. 21.

[32] Gregorius Magnus, Dialogus de vita et miraculis patrum Italicorum. Migne PL 77, 127–432, 150 f.

[33] Franz von Sales, Anleitung zum frommen Leben: Philothea. Bd. 1 der deutschen Ausgabe der Werke, hrsg. von den Oblaten des hl. Franz von Sales. Aus dem Französischen übertragen und erläutert von F. Reisinger, Eichstätt 1948, S. 38.

[34] Dag Hammarskjöld, Zeichen am Weg. Übertragen und eingeleitet von A. Graf Knyphausen, München ⁶1965, S. 108 u. 136.

[35] A. a. O. 110.

[36] Beatrijs van Nazareth, Van seuen manieren van heileger Minnen. Ingeleid en van aantekeningen voorzien door H. W. J. Vekeman en J. J. Th. M. Tersteeg, Zutphen 1970, S. 206–217.

[37] Jan van Ruusbroec, Een spieghel der eeuwigher salicheit. Oorspronkelijke tekst met juxta-hertaling in modern Nederlands door L. Moereels, Bd. 4 der Reihe „Ruusbroec hertaald", Tielt 1976, S. 125.

[38] Johannes vom Kreuz, Das Lied der Liebe XIV/XV, 18. A. o. O. (Anm. 10), S. 100 f.

[39] Santa Caterina Fieschi Adorno. Bd. 1. Teologia Mistica di Santa Caterina da Genova. Bd. 2: Edizione Critica dei Manoscriti Cateriniani, Turin, Kap. 19, S. 207–208.

[40] Ebd. Kap. 9, S. 133.

[41] De visioenen van Hadewijch, a. a. O. (Anm. 15), XIV, 1–5.

[42] Jan van Ruusbroec, Een spieghel, a. a. O. (Anm. 37), S. 129.

[43] Teresa von Avila, Die innere Burg. Hrsg. und übersetzt von F. Vogelgsang, Stuttgart 1966, de-te-be Zürich 1979, IV, 3, S. 79.

[44] Hildegard von Bingen, Wisse die Wege. Nach dem Originaltext des illuminierten Rupertsberger Kodex der Wiesbadener Landesbibliothek ins Deutsche übertragen von M. Böckeler, Salzburg ⁵1963, S. 329 f.

[45] De visioenen van Hadewijch, a. a. O. (Anm. 15) VII., 66.

[46] Mechthild von Magdeburg, Das fließende Licht der Gottheit. Übersetzt und eingeführt von M. Schmidt, Einsiedeln 1955, I, 44.

[47] H. W. J. Vekeman, Beatrijs van Nazareth. Die Mystik einer Zisterzienserin, in: Frauenmystik (1985) 78–98.

[48] Teresa von Avila, Leben, von ihr selbst beschrieben. Bd. 1 der Sämtlichen Schriften, München 1933, XX, 12.

[49] Teresa von Avila, Leben, a.a.O. XX, 4.

[50] Vgl. T. Brandsma, Mystiek leven. Een bloemlezing, samengesteld en ingeleid door B. Borchert, Nijmegen 1984, Kap. V: Mystieke en pseudo-mystieke verschijnselen. Brandsma hat Theresia Neumann und Elisabeth Kolbe besucht und ihre „Phänomene" miteinander verglichen.

[51] M. Eliade, Schamanismus und archaische Ekstasetechnik, Zürich 1957; ders., Le chamanisme; expériences mystiques chez les primitifs, in: Encyclopédie des mystiques. Bd. 1, Paris 1977, S. 1–92.

[52] M. Eliade, Ewige Bilder und Sinnbilder. Vom unvergänglichen menschlichen Seelenraum. Aus dem Französischen von Th. Sapper, Olten-Freiburg/Brsg. 1958, S. 210.

[52a] E. Anati, Felskunst im Negev und auf Sinai, Bergisch Gladbach 1981.

[53] 60 Upanishaden des Veda. Aus dem Sanskrit übersetzt und mit Einleitung und Anmerkungen versehen von P. Deussen, Leipzig 1897 (Nachdruck Bielefeld 1980), Rig-Veda 10, 129.

[54] A.a.O. Chandogya Upanishad 7, 25.

[55] A.a.O. Chandogya Upanishad 5, 10.

[56] A.a.O. Chandogya Upanishad 6, 3.

[57] A.a.O. Brihadaranyaka Upanishad 1, 4.

[58] A.a.O. Chandogya Upanishad 3, 14.

[59] M. Eliade, Ewige Bilder und Sinnbilder, a.a.O. (Anm. 52), 111, s.auch ders., Yoga. Unsterblichkeit und Freiheit. Aus dem Französischen von I. Köck, Zürich-Stuttgart 1960.

[60] Bhagavadgita. Der vollständige Text mit dem Kommentar Shankaras. Unter Heranziehung der Sanskritquellen ins Deutsche übersetzt von J. Dünnebier, München 1989, XVIII, 64–65.

[61] A.a.O. VI, 30.

[62] M. Boyce, A history of Zoroastrianism. Bd. 1: The early period. Leiden 1975; Bd. 2: Under the Achaemenians, Leiden 1982.

[63] Awesta, Gatha 50,1 Vgl. H. Humbach, Die Gathas des Zarathustra. Bd. 1, Heidelberg 1959, Yasna 50, S. 146. Siehe auch: F. Zöllner, Leben und Lehre Zarathustras nach den Gathas, Würzburg, 1979.

[64] H. Humbach, a.a.O., Yasna 28,2. S. 76.

[65] I. P. Culianu, Psychanodia I: A survey of the evidence concerning the ascension of the soul and its relevance, Leiden 1983.

[66] Des Kaisers Marcus Aurelius Antonius Selbstbetrachtungen. Übersetzung, Einleitung und Anmerkungen von A. Wittstock, U-B 1241, Stuttgart 1949, XII, 14.

[67] Näheres über die Auffassung des Klemens von Alexandria über „Gnosis" siehe Dict. Spirit. VI, p. 514f.

[68] Hermetica. The ancient Greek and Latin Writings which contain religious or philosophic Teachings ascribed to Hermes Trismegistos. Edited with english translation and notes by W. Scott, Bd. 1, Libellus I: The Poimandres 3, S. 117.

[69] A.a.O. Lib. XIII, 7a.b, S. 243.

[70] A.a.O. Lib. XIII, 11, S. 247.

[71] Philon von Alexandria, De migratione Abrahami, 34f.

[72] Matthäus 5, 45.

[73] 2. Brief an die Korinther 3, 18.

[74] 1. Brief des Johannes 4, 16b. 7–8.

[75] Johannesevangelium 14, 23.9–11.

[76] J. Frickel, Hellenistische Erlösung in christlicher Deutung. Die gnostische Naasenerschrift, Leiden 1984.

[77] Origenes, Erste Homilie über das Hohelied, 2. Ein solcher persönlicher Erfah-

rungstext kommt bei den frühchristlichen Vätern selten oder nie vor, siehe: P. Bertrand, Mystique de Jésus chez Origène, Paris 1951, S. 126.

[78] Plotins Schriften. Übersetzt von R. Harder, 7 Bde., Hamburg 1956–1971; hier Bd. 1, IV, 8,1: Der Abstieg der Seele in die Leibwelt.

[79] A. Henrichs – L. Koenen, Ein griechischer Mani-Codex. Edition der Seiten 72,8 bis 99,4: ZPE 32 (1979) 87–200, hier 84, 9–16.

[80] H.-J. Klimkeit, Manichaean Art and Calligraphy (Iconography of Religions XX), Leiden 1982, S. 5.

[81] H. Musurillo, Gregorii Nysseni De Vita Moysis. Leiden 1964, S. 87, 16f.

[82] Augustinus, Enarrationes in Ps. 132, PL 37, c. 1732f.

[83] L. T. White, Medieval Religion and Technology. Berkeley 1978. Zur Kritik an diesem Standpunkt siehe: A. Verhulst, De zogenaamde agrarische revolutie van de middeleeuwen, in: Spiegel Historiael 5 (1988) 239–245.

[84] Der bulgarische Priester, der sich Cosmas nennt, nahm um das Jahr 972 Aussagen Bogomils und einen eigenen Augenzeugenbericht in seine Kampfschrift „Gegen die neuerschienene Häresie des Bogomil" auf. Diese Schrift wurde in Französisch herausgegeben von Ch. Puch und A. Vaillant: Le Traité contre les Bogomiles de Cosmas le Prêtre, Paris 1945.

[85] Eusebius Zigabenus in seiner Panoplia Dogmatica. Siehe R. Kutzli, Die Bogomilen. Geschichte, Kunst, Kultur, Stuttgart 1977.

[86] K. Eßer, Das Testament des heiligen Franziskus von Assisi, Münster 1949.

[87] J. Leclercq, Un maître de la vie spirituelle au XI. siècle, Jean de Fécamp. Paris, S. 193, Anm. 220.

[87a] Siehe P. Dinzelbacher, Über die Entdeckung der Liebe im Hochmittelalter, in: Saeculum Heft 2 (1981) 185–208.

[88] Richard von Sankt Victor, De quatuor gradibus violentae caritatis, PL 196, 29. Mehr über Richard von S. Victor bei K. Ruh, Geschichte der abendländischen Mystik, a.a.O., 381–406.

[89] Guillaume de Saint-Thierry, Lettre aux frères du Mont-Dieu. Introduction, texte critique, Traduction et Notes par J. Dechanet, Paris 1976, 25.

[90] A.a.O. 209.

[91] A.a.O. 234, 235.

[92] Jacques de Vitry, Vita beatae Mariae Oigniacensis, a.a.O. (Anm. 20).

[93] Hadewijch, Brieven, a.a.O. (Anm. 28) 14. Brief, S. 73.

[94] A.a.O. 18. Brief, S. 177.

[95] A.a.O. 18. Brief, S. 177.

[95a] W. Fraenger, Hieronymus Bosch, Leipzig 1975. Eine gleiche Auffassung vom „Garten der Lüste" findet sich bei N. O. Brown, Love's Body, New York 1966.

[96] P. Dronke, Women writers of the middle ages. A critical study of texts from Perpetua († 203) to Marguerite Porete (†1310), Cambridge 1984, S. 203.

[97] Christine de Pisan war eine gelehrte Dichterin und gilt als die erste berufsmäßige Schriftstellerin Frankreichs. Sie lebte am Hof in Paris und trat vor allem für die Ehre der Frauen ein.

[98] Meister Eckehart, Reden der Unterweisung 6, 7–11, in : Deutsche Predigten und Traktate. Herausgegeben und übersetzt von J. Quint, München ³1969, S. 58 f.

[99] Meister Eckehart, Predigt 34, 53–57, in: Quint, a.a.O. 315.

[100] Meister Eckehart, Predigt 6, 123–126, in: Quint, a.a.O. 181; 180.

[101] Meister Eckehart, Predigt 34, 82–90, in: Quint, a.a.O. 316.

[102] Meister Eckehart, Predigt 32, 64–66, in: Quint, a.a.O. 304.

[103] Meister Eckehart, Predigt 6, 91–97, in: Quint, a.a.O. 180; Predigt 7, 14–18, in: Quint, a.a.O. 182.

368

[104] Meister Eckehart, Das Buch der göttlichen Tröstung 2, in: Quint, a.a.O. 110f.

[105] Meister Eckehart, Reden der Unterweisung 12, 29–31, in: Quint, a.a.O. 72.

[106] Johannes Tauler, Predigten. Übertragen und herausgegeben von G. Hofmann. Freiburg 1961, Predigt 41.

[107] Jan van Ruusbroec, Een spieghel der eeuwigher salicheit, a.a.O. (Anm. 37,) S. 91.

[108] Jan van Ruusbroec, Van den Blinkenden Steen of Het mystieke Zoonschap. Bd. 1 der Reihe „Ruusbroec hertaald", Tielt ³1981, S. 109.

[109] Aelred von Rievaulx, Spiegel der Liebe. Übertragen und eingeleitet von M. H. Brem, Einsiedeln 1989, S. 69.

[110] The Book of Margery Kempe, 1436. A modern version by W. Butler-Bowdon, London 1936, S. 295.

[111] M. Collier-Bendelow, Gott ist unsere Mutter. Die Offenbarung der Juliana von Norwich. Aus dem Englischen von M.-S. Bienentreu, Freiburg/Brsg. 1989, S. 72.

[112] Richard Rolle, The Fire of Love. In Neu-Englisch herausgegeben von C. Wolters (Penguin Book). Middlesex 1972, S. 45.

[113] W. Massa (Hrsg.), Kontemplative Meditation. Die Wolke des Nichtwissens. Einführung und Anleitung. Mainz 1974, S. 101.

[113a] Heinrich Seuse, Horologium Sapientiae. Herausgegeben von P. Künzle, Fribourg 1977. Siehe vor allem P. R. Monks, The Brussels Horloge de Sapience: Iconography and text of Brussels Bibliothèque royale MS IV III, with an edition of the Declaration des hystoires; and a translation by K. V. Sinclair, Leiden 1990. Der zitierte Text steht auf der abgebildeten Pagina (fol. 13ᵛ). Das Buch von Monks bringt den Text, alle Miniaturen und eine ikonographische Auslegung anhand einer alten Auslegung (Declaration des hystoires).
Siehe auch: L. T. White, The iconography of Temperantia and the Virtuousness of Technology, in: Action and Conviction in Early Modern Europe. Essays in Memory of E. Harbison, Princeton 1969, S. 197–219.

[114] L. Steinberg, The Sexuality of Christ in Renaissance Art and in Modern Oblivion, London 1984.

[115] F. A. Yates, Lull & Bruno. Collected Essays. Bd. 1, London 1982; ders., Giordano Bruno and the hermetic tradition, Chicago 1964.

[116] Johannes Scotus Eriugena, Über die Einteilung der Natur. Übersetzt von L. Noack, Hamburg 1983, I, 36, 21–24.

[117] Ramon Llull, Das Buch vom Freunde und vom Geliebten. Übersetzt und herausgegeben von E. Lorenz. Die geistliche Metapher Nr. 26, Freiburg/Br. 1992, S. 44.

[118] Giovanni Pico della Mirandola, Die Würde des Menschen. Nebst einigen Briefen und der Lebensbeschreibung Pico della Mirandolas, Fribourg-Frankfurt-Wien o. J., S. 53.

[119] F. A. Yates, Giordano Bruno. a.a.O. (Anm. 115) 337.

[120] Jakob Böhme, a.a.O. (Anm. 17) 39 u. 48.

[121] J. Bernhart, Der Frankfurter. Eine deutsche Theologie. Übertragen und eingeleitet von J. Bernhart, Leipzig 1920, 10, 1–9.

[122] Martin Luther, Wider die räuberischen und mörderischen Rotten der Bauern, in Hauptschriften, Berlin 1951, S. 299–333.

[123] Franz von Sales, Philothea, a.a.O. (Anm. 33) 155.

[124] Augustinus, Bekenntnisse X, 38.

[125] Teresa von Avila, Leben, a.a.O. (Anm. 48) 33, 6.

[126] Teresa von Avila, Weg der Vollkommenheit. Bd. 6 der Sämtlichen Schriften der heiligen Teresa von Jesus, München ³1963, 1, 2.

[127] Dies., Leben, a.a.O. (Anm. 48) 30, 17.

[128] Dies., Leben, a.a.O. (Anm. 48) 22, 10 .

[129] Johannes vom Kreuz, Die lebendige Flamme. Bd. 4 der Werke. Übertragen von Irene Behn, Einsiedeln [2]1981, 2, 10.

[130] H. Bremond, Histoire littéraire du sentiment religieux en France. 11 Bände, Paris 1916–1933.

[131] Het leven van Maria Petyt (1623–1677) (haar autobiografie). Bewerkt en van annotaties voorzien door J. R. A. Merlier, Zutphen 1976, XC, 17 u. XCII, 1–8.

[132] Therese vom Kinde Jesus. Selbstbiographische Schriften. Nach der von F. de Sainte-Marie besorgten und kommentierten Ausgabe. Ins Deutsche übertragen von O. Iserland und C. Capol, Einsiedeln 1953, S. 221.

[133] M. Ferguson, Die sanfte Verschwörung. Persönliche und gesellschaftliche Transformation im Zeitalter des Wassermanns. Mit einem Vorwort von Fritjof Capra. Aus dem Amerikanischen von Th. Reichau, Basel 1982, S. 25.

[134] Siehe: The desire to be human. A global reconaissance of human perspectives in the age of transformation. Written in homage of Pierre Teilhard de Chardin, Wassenaar 1983.

[135] P. Teilhard de Chardin, Lobgesang des Alls, a.a. O. (Anm. 19) 25.

[136] C. Cuénot, Pierre Teilhard de Chardin. Leben und Werk, Olten-Freiburg/Brsg. 1966.

[137] Ph. Frank, Albert Einstein. Sein Leben und seine Zeit. Mit einem Vorwort von Albert Einstein. Braunschweig/Wiesbaden 1979, S. 442.

[138] F. Capra, Der kosmische Reigen. Physik und östliche Mystik – ein zeitgemäßes Weltbild. Einzig berechtigte Übertragung aus dem Amerikanischen von F. Luhmann, Bern/München/Wien 1977, S. 7; ders., Das Tao der Physik, Bern 1987; ders., Wendezeit. Bausteine für ein neues Weltbild. Bern [14]1987 (dtv Sachbuch 30029). Siehe auch: Ders., Das neue Denken. Ein ganzheitliches Weltbild im Spannungsfeld zwischen Naturwissenschaft und Mystik. Begegnungen und Reflexionen. Aus dem Amerikanischen von E. Schumacher, Bern 1988 (dtv Sachbuch 30301, München 1992, S. 33).

[139] Text aus einer Fernsehsendung der niederländischen Anstalt IKON: „Naturwetenschap en mystiek", veröffentlicht in: VU-Magazine, März 1986.

[140] C. Mesters: Brief aus Brasilien, in: Speling 3 (1981) 76.

[141] F. S. Perls, Gestalt-Therapie in Aktion. Konzepte der Humanwissenschaften. Aus dem Amerikanischen von J. Wimmer, Stuttgart [5]1988.

[142] Wie modernes Management und östliche und westliche Mystik miteinander verbunden werden können, siehe: A. Stikker, Östliche Weisheit und die ganzheitliche Weltanschauung des Teilhard de Chardin als Leitlinie des Wertewandels. Aus dem Niederländischen von F. W. Hellegers, Bern 1988.

[142a] M. Eckhart, Deutsche Predigten und Traktate. Predigt 57, in Quint, a.a. O. 416.

[143] Jan van Ruusbroec, Van den Blinkenden Steen, a.a. O. (Anm. 108) 109.

[144] Johannes vom Kreuz, Die lebendige Flamme, a.a. O. (Anm. 129) 4, 5, S. 116.

[145] T. Brandsma, Mystiek leven, a.a. O. (Anm. 50).

V.

Anhang

Dieses Buch geht zurück auf die von Karmeliten herausgegebene niederländische Zeitschrift „Speling", deren Beiträge sich im 33. Jahrgang (1981) ausschließlich mit Mystik befaßten. Wir haben die zugrundeliegende Konzeption dann erweitert und sind von dem ausgegangen, was an Konsens über Mystik besteht. Dieser Konsens geht aus Monographien, Sammelbänden, Lexika und Enzyklopädien hervor. Wo wir im Text von diesem Konsens abgewichen sind, haben wir die Untersuchung, auf die wir uns stützten, in einer Anmerkung angegeben.

Der größte Teil der „Speling"-Beiträge wurde von Hugo Zulauf übersetzt und im Patmos Verlag, Düsseldorf, von O. Stegging unter dem Titel „Mystik" in zwei Bänden 1983/4 herausgegeben: Bd. 1: „Ihre Struktur und ihre Dynamik", Bd. 2: „Ihre Aktualität". Hugo Zulauf hat auch das vorliegende Werk übersetzt und sich darüber hinaus der mühsamen Arbeit unterzogen, Quellen und Fundorte der vielen Mystiker-Zitate ausfindig zu machen, die in der niederländischen Ausgabe fehlen und durch ein Mißgeschick verlorengegangen sind, und die deutsche Ausgabe mit einem entsprechenden Anmerkungsapparat zu versehen. Ferner wurde die in der niederländischen Ausgabe angegebene Literatur von ihm durch wichtige neuere deutsche Literatur von beziehungsweise über Mystiker ersetzt oder ergänzt.

Neu in der deutschen Ausgabe ist auch die folgende Auflistung von grundlegenden älteren und neueren Werken, die sich über verschiedene Bereiche der Mystik erstrecken und zu einer tieferen und umfassenderen Erkenntnis dieses Phänomens beitragen können:

Weiterführende Literatur

Der BERG der Liebe. Europäische Frauenmystik. Hrsg. und eingeleitet von H. Unger, Freiburg 1991, 280 Seiten. (Enthält Beiträge über Hadewijch – Mechthild – Porete – Birgitta – Katharina).

E. BOCK: Meine Augen haben dich geschaut. Mystik in den Religionen der Welt, Zürich 1991, 492 Seiten.

BYZANTINISCHE MYSTIK. Ein Textbuch aus der „Philokalia". Bd. 1: Das Erbe der Mönchsväter. Ausgewählt und übersetzt von K. Dahme, Salzburg 1989, 198 Seiten.

P. DINZELBACHER: Christliche Mystik im Abendland. Ihre Geschichte von den Anfängen bis zum Ende des Mittelalters. Paderborn 1994.

GROSSE MYSTIKER. Leben und Wirken. Hrsg. von G. Ruhbach und J. Sudbrack, München 1984. 400 Seiten. (Enthält Beiträge über: Gregor von Nyssa – Euagrios Pontikos – Augustinus – Pseudo-Dionysios – Symeon – Bernhard – Hildegard – Gregor Palamas – Meister Eckhart – Martin Luther – Ignatius von Loyola – Teresa von Avila – Franz von Sales – Tersteegen – Oetinger – Theophan – Charles de Foucauld – Dag Hammarskjöld – Henri le Saux.)

MYSTIK IN GESCHICHTE UND GEGENWART: Texte und Untersuchungen. Abteilung I: Christliche Mystik. Herausgegeben von M. Schmidt und H. Riedlinger. Bisher erschienen 11 Bände, Stuttgart-Bad Canstatt.

K. RUH: Geschichte der abendländischen Mystik. 4 Bände. Bisher sind erschienen: Bd. I: Die Grundlegung durch die Kirchenväter und die Mönchstheologie des 12. Jahrhunderts, München 1990, 414 Seiten. Bd. II: Frauenmystik und Franziskanische Mystik der Frühzeit, München 1993, 578 Seiten. Bd. III: Die Mystik des deutschen Predigerordens und ihre Grundlegung durch die Hochscholastik, München 1996.

G. SCHMIDT: Die Mystik der Weltreligionen. Eine Einführung. Stuttgart 1990. 236 Seiten.

J. SUDBRACK: Mystik. Selbsterfahrung – Kosmische Erfahrung – Gotteserfahrung, Mainz/Stuttgart 1988, 168 Seiten.

G. WEHR: Die deutsche Mystik. Mystische Erfahrung und theosophische Weltsicht – eine Einführung in Leben und Werk der großen deutschen Sucher nach Gott, Bern/München/Wien 1988, 352 Seiten.
(Enthält Beiträge über: Meister Eckhart – Seuse – Tauler – Franziskanische Mystik – Mystik der Frauen – Ruusbroec – Devotio moderna – Gottesfreunde – Martin Luther – Weigel – Böhme – Gichtel – Angelus Silesius – Andreae – Oetinger – Hahn.)

Handbücher und Lexika siehe unter ‚Abkürzungen' im Vorspann zum Register.

Verzeichnis der anerkannten Mystiker der Welt-religionen, mystischer Bewegungen, Strömungen und Schriften in alphabetischer Reihenfolge

VERSAL-FETT gedruckt sind die Namen der „anerkannten MYSTIKER": Um den Text nicht unnötig zu belasten und doch eine Möglichkeit zu schaffen, einen umfassenden Überblick über das Phänomen Mystik mit einem Studium desselben bis in die Details zu verbinden, werden unter diesen Einträgen nach Möglichkeit biographische Angaben, Kurzcharakteristiken in Stichworten sowie Literaturhinweise auch zu solchen Personen oder Begriffen gegeben, die im Text nicht direkt behandelt werden. Vielfach haben wir angegeben, in welchem Werk die beste Zusammenfassung über das Leben des Mystikers, wo Ausgaben von Schriften und die wichtigsten Studien über ihn zu finden sind.

Die Auswahl aus der Mystik des 20. Jahrhunderts ist sehr summarisch und nicht repräsentativ.

VERSAL-KURSIV-FETT gedruckt sind Bezeichnungen von mystischen STRÖMUNGEN, GRUPPIERUNGEN UND BEGRIFFEN. Wir geben dazu Kurzcharakteristiken und Literaturhinweise.

Kursiv-fett gedruckt sind Einträge von mystischen SCHRIFTEN. Kurzcharakteristiken und Literaturhinweise schließen sich an.

Die Einträge werden in der Regel mit dem Nachweis der Seite beendet, auf der die Person oder der Begriff behandelt ist.

ABKÜRZUNGEN:

Auf folgende Handbücher und Lexika weisen wir im Register in abgekürzter Form hin:

DS Dictionnaire de la Spiritualité ascétique et mystique. Paris 1932 ff.
Sehr ausführlich mit eingehenden Literaturangaben. Aber sehr langsam erscheinend: die ersten Bände (von 1937 an) sind schon stark veraltet, während die letzten Bände noch erscheinen müssen.

EB Encyclopaedia Britannica, (Chicago [15]1985).

EDM Marie-Madeleine Davy, Encyclopédie des Mystiques, 4 Bände Paris 1972, Taschenbuchausgabe Paris 1977.
Eine Zusammenstellung von Beiträgen über alle historischen Formen der Mystik. Mit einer summarischen Literaturangabe. Die Beiträge sind von ziemlich unterschiedlicher Qualität.

EJ Encyclopedia Judaica, ed. C. Roth, 16 Bände Jerusalem (1971–1972)
Ausführlich und zuverlässig mit Literaturangaben und starkem Interesse für Mystik innerhalb des Judentums.

EM J. G. Ferguson, An Illustrated Encyclopedia of Mysticism and the Mystery Religions; Nederlandse uitgave vertaald en bewerkt door Simon Vinkenoog, Baarn 1979

HI Handwörterbuch des Islam, Leiden 1976.
Enthält alle Artikel über religiöse Themen und Personen aus dem Islam, die in der Enzyklopädie des Islam publiziert waren, überarbeitet von A. Wensinck und J. Kramers; eine Übersetzung von The Encyclopaedia of Islam.

LThK Lexikon für Theologie und Kirche, Freiburg 1957; [2]1967.

NEB New Encyclopedia Britannica, 29 Bände (Chicago 1986).
Eine völlig revidierte Ausgabe der alten Enzyklopädie. Die alte war so angelegt: zuerst die großen Überblicke, dann alles im Detail. Wer in der neuen Ausgabe nach Mystikern sucht, muß in den ersten Bänden dem Alphabet folgen. In den letzten Bänden werden große Strömungen behandelt, darunter die buddhistische, islamische, hinduistische und taoistische Mystik. Die Artikel sind sehr ausführlich und gediegen, aber weniger zugänglich als in der alten Enzyklopädie. Für die Zusammenstellung der Karten in der Zeittabelle sind wir der alten Enzyklopädie gefolgt. Beide Enzyklopädien sind sehr zuverlässig und bringen am Schluß gute Bibliographien und Hinweise.

OGE Ons Geestelijk Erf.
Eine Zeitschrift, die Studien über fromme niederländische Menschen und Mystiker aufnimmt. Darin wird jährlich ein Literaturüberblick über Mystik im allgemeinen und die Frömmigkeitsgeschichte im besonderen publiziert, beschränkt auf die westeuropäische Frömmigkeit, mit besonderem Interesse für die Niederlande und Deutschland.

Pop Cris Popenoe, Books for Inner Development, Washington 1974.
Die vollständigste Zusammenstellung aller Bücher, die in englisch zum Thema Mystik und verwandte Gebiete erschienen sind.
Mit Beschreibung des Inhalts der Bücher und von deren Wert sowie mit kurzen gründlichen Einführungen in die Themen, unter welche die verschiedenen Bücher eingeordnet sind.

RGG Die Religion in Geschichte und Gegenwart, bearbeitet von E. Werbeck, Tübingen 1957–1965; [3]1987.
Gibt einen guten Überblick unter dem Stichwort „Mystik", wo auch auf andere Stichwörter verwiesen wird, die sich auf Mystik beziehen.

ThW Theologisch Woordenboek, 3 Bände, Roermond 1952–1958.
Enthält Angaben über niederländische Mystiker, die in den großen Enzyklopädien nicht vorkommen.

Toynbee Arnold J(oseph) Toynbee, Hrsg.: Der Ferne Osten. Geschichte und Kultur Chinas und Japans. Texte v. E(lse) Glahn u.a., Braunschweig 1974. Die Seitennachweise in nachfolgenden Einträgen verweisen auf die niederländische Ausgabe: De cultuurgeschiedenis van China en Japan, Amsterdam 1977.
Nicht enzyklopädisch, sondern instruktiv in bezug auf die Einbettung der Mystik in die Kultur; der Text wird durch Bilder und Karten unterstützt.

WdM Wörterbuch der deutschen Mystik. Hrsg. von P. Dinzelbacher, Stuttgart 1989.
Erschließt in ca. 1200 von ausgewiesenen Fachleuten verfaßten Artikeln zu den bedeutendsten Mystikern und themenspezifischen Begriffen in allgemeinverständlicher Sprache und wissenschaftlich fundierter Darstellung die europäische Mystik von der Antike bis zur Gegenwart. Schwerpunkt: christliche Mystik, mit einer Fülle von Literaturangaben.

WP Grote Winkler Prins Encyclopedie, 25 Bände, Amsterdam [8]1984, zuverlässig, mit Literaturangaben.

ABRAHAM BEN DAVID VON POSQUIERES (ca. 1125–1198)
Jüdischer Mystiker in der Provence. Selbst kein Kabbalist, wohl aber seine Kinder. EJ 2, 136–140.

ABRAHAM BEN ISAAC (Mitte des 13. Jahrhunderts)
Bedeutender Kabbalist in Gerona. Schüler Isaaks des Blinden. EJ 2, 144.

ABRAHAM BEN ISAAC VON NARBONNE (1186–1237)
In Narbonne geboren, geistlicher Führer in der Provence. Kabbalist. EJ 2, 146.

ABRAHAM BEN MOSES BEN MAIMON (1186–1237)
Sohn des Maimonides. Beeinflußt von Sufis, die er als Schüler des Elija ansah. EJ 2, 150–152.

ABRAHAM BEN SAMUEL ABULAFIA (1240 bis nach 1291)
Aus Saragossa, in Europa umherziehend. Bedeutender Vertreter der prophetisch-kabbalistischen Strömung. EJ 2, 185. LThK I, 59.

ABU SA'ID IBN ABU AL-CHAIR (967–1049)
Persischer Mystiker. Berichtete von praktischen Erfahrungen. Einer der großen Sufis. WP 1, 178.

ABU YAZID (ca. 801–874). Auch: al-Bistami von Bayazid / Abu Yazit al-Bistami.
Persisch-islamischer Mystiker. Verzichtete auf alle Rituale und Frömmigkeitsformen. Lehre von der Selbstvernichtung (fana). EM 7, 8. HI 82–83.

ACARIE, Barbe Jeanne (1566–1618). Auch: Madame Acarie / Maria von der Inkarnation.
Witwe, Karmelitin. Führte die Karmel-Mystik in Frankreich ein. WdM 1 f. LThK 1, 103.
308

ADAMITEN
Immer wieder auftretende Bewegung innerhalb des Christentums: im 2. Jahrhundert in Syrien; im Mittelalter sind es die „Brüder und Schwestern des freien Geistes", danach die Wiedertäufer. Man strebte nach einer menschlichen Existenzweise, die über alles Begehren hinausgewachsen war. LThK 1, 134.
118, 229

AELRED VON RIEVAULX (1110–1167). Auch: von Hexham.
Englischer Zisterzienser, berühmt durch sein Werk „Über die geistliche Freundschaft". WdM 3. WP 1, 317–318. – *Ausgabe:* „Spiegel der Liebe". Übertragen und eingeleitet von M. H. Bren. Gekürzt und überarbeitet von Hans Urs von Balthasar, Einsiedeln 1989.
252

AGRIPPA VON NETTESHEIM, Heinrich Cornelius (1486–1535)
Magier / Alchemist. Er brachte in seinem Werk: „Die okkulte Philosophie" alles in *ein* System. LThK 1, 209.
278

AKIVA (ca. 50–135). Auch: Akiba / Rabbi Akkiba. Aqiba ben Joseph.
Geistlicher Führer des jüdischen Volkes nach dem Fall Jerusalems. Durchlebte die Merkaba-Mystik. Hielt das Hohelied für das heiligste Buch. EJ 2, 488–492. LThK 1, 778.

ALACOQUE, Marguerite Marie (1647–1690)
Französische Mystikerin. Ihre Visionen haben zu einer weitverbreiteten Herz-Jesu-Verehrung geführt. LThK 1, 263. WdM 5.
69, 249

ALBERTUS MAGNUS / ALBERT DER GROSSE (ca. 1200–1280)
Deutscher Dominikaner. Lehrte Theologie in Paris und Köln. Bahnbrechend für eine
mehr naturalistische, humanistische Denkart. Alchemistische Werke werden ihm
zugeschrieben. WdM 7 f. LThK 1, 285 f.
226

ALCHEMIE
Entstand gleichzeitig in Ägypten und China im 2. Jahrhundert v. Chr. Das alchemistische Handwerk wurde als ein Mitgehen mit der Natur erlebt, in der Formen ineinander übergehen: Formen auflösen und danach wieder zu einer anderen Einheit zusammenfügen. Es wurde auch als eine Lebenshaltung erlebt: sterben und
wiedergeboren werden. Vor allem nach dem 14. Jahrhundert entstand in den vielen
illuminierten Handschriften mit alchemistischen Texten eine nichtklerikale Bildsprache für einen mystischen Prozeß. LThK 1, 294–296. WdM 8–10. WP 1, 487–488.
– *Literatur:* J. van Lennep: Alchemie. Bijdragen tot de geschiedenis van de alchemistische kunst, Brüssel 1984. Bedeutsam wegen der Bibliographie. – C. G. Jung: Psychologie und Alchemie, Zürich 1944, vor allem der 2. Teil: „Erlösung in der Alchemie".
43, 152, 267 f., 269, 272, 273, 318

ALUMBRADOS (siehe Illuminaten)

ALVARS (7.–10. Jahrhundert)
Eine Gruppe südindischer Mystiker, die von Tempel zu Tempel zogen und dabei ekstatische Hymnen zur Ehre von Vishnu sangen. Es sind zwölf dieser Gruppen bekannt. NEB 20, 592.

ALYPIUS DER SÄULENSTEHER (7. Jahrhundert)
Lebte 76 Jahre lang auf einer Säule in Adrianopolis (Kleinasien). Um diese Säule bildeten sich zwei Kloster-Gemeinschaften. WP 2, 45. LThK 1, 410.

AMALRICH VON BENE († ca. 1206). Auch: Amaury von Bène.
Lehrer aus Bène mit einer mystischen Auffassung von der Kirche. Professor in Paris.
Postum verurteilt. WdM 16. LThK 1, 415.
200 f., 261

AMALRIKANER
Anhänger Amalrichs von Bène, die in der Erwartung lebten, daß das Reich des Geistes, in dem sie selbst schon lebten, innerhalb einiger Jahre anbrechen und die Kirche
überflüssig machen werde. LThK 1, 415. WdM 16 f. WP 2, 48.
200, 261

Ancrene Riwle (zwischen 1135 und 1154)
Anonyme Regel für „Reklusen"; aus Kilburn, England. WP 2, 155. – *Ausgabe:* A. Zet-
tersten: The English text of the „Ancrene riwle", Edited from Magdalene College,
Cambridge Ms. Pepys 2498, Oxford 1976. – *Literatur:* L. Georgianna: The Solitary
Self. Individuality in the „Ancrene Wisse", Cambridge (Mass.) und London 1981.
251

ANDREAE, Johann Valentin (1586–1654)
Verfasser der „Chymischen Hochzeit des Christiani Rosenkreuz" (1616), eines Basis-
werks für die „Rosenkreuzer", und der „Calwer Totenklagen". LThK 1, 511. WdM
443 (Rosenkreuzer). WP 2, 171.
280

ANGELA VON FOLIGNO (ca. 1249–1309)
Visionäre Mystikerin. Unter franziskanischem Einfluß bekehrt. Witwe. WdM 18.
LThK 1, 530. – *Literatur:* P. Lachance: The Spiritual Journey of the Blessed A. v. F., according to the Memorial of Frater A., Rom 1984.

ANGELUS CLARENUS (ca. 1250–1337)
Leiter der franziskanisch inspirierten „Spiritualen". WP 2, 187. LThK 1, 541. – *Literatur:* Lydia von Auw: Angelo Clareno et les spirituels italiens, Rom 1979.

ANGELUS SILESIUS. (1624–1677). Auch: Johannes Scheffler.
Mystischer Dichter aus Schlesien. Lutheraner, später katholisch. WdM 19. LThK 1, 542. – *Ausgaben:* Sämtliche poetische Werke. Hrsg. von H. L. Held, 3 Bde., München 1949–1952. – „Cherubinischer Wandersmann". Hrsg. von L. Gnädinger, Stuttgart 1984. – „Der Himmel ist in dir". Hrsg. und eingeleitet von G. Wehr, Einsiedeln 1982.

ANSARI, Abdallah (1006–1088)
Persischer Sufi-Mystiker und Dichter. WP 2, 228.

ANTHROPOSOPHIE
Weltanschauung, entworfen von Rudolf Steiner nach seinem Bruch mit der Theosophischen Vereinigung (1913). Zentrum dieser neuen Vereinigung wurde das von Steiner entworfene Goetheanum in Dornach bei Basel. Ein Kerngedanke ist: die Entfaltung des Menschen von dem aus, was er selbst wirklich ist. Vor allem die Anwendung auf den Unterricht hat sich als sehr erfolgreich erwiesen. LThK 1, 630. WdM 25 f. WP 2, 289–290.
284

ANTONIUS, Abt. (251–356)
Einsiedler in der ägyptischen „Wüste". Kämpfte gegen Dämonen. Pionier des christlichen Klosterlebens. LThK 1, 667–669. WP 2, 284–285. – *Literatur:* F. von Lilienfeld: Spiritualität des frühen Wüstenmönchtums, Erlangen 1983.
179

ANTONIUS VON PADUA (1195–1231)
Portugiesischer Franziskaner. Prediger der Armut an die Katharer. Legendärer Volksheiliger als visionärer Wundertäter. LThK 1, 673 f. WP 2, 285.

APATHEIA
Für die Stoiker bedeutete dies: unempfindsam für Einflüsse von außen und Triebe von innen. Von den ersten christlichen Mystikern und Mönchen wurde dies als Ideal erlebt. In Westeuropa wurde es abgelehnt. ThW 173–175.
180

Apophthegmata patrum (zwischen 350 und 450). Auch: Väter-Sprüche / Wüstenväter.
Eine Sammlung von Aussprüchen koptischer Eremiten und Mönche aus Sketis (Wüste im westlichen Delta von Ägypten). LThK 1. 732. WdM 523 f. WP 2, 337. – *Ausgaben:* B. Miller: Weisung der Väter, Freiburg 1965. – Chr. Wagenaar, Vaderspreuken. 3 Bde., Bonheiden 1987–1989. – F. von Lilienfeld, Spiritualität des frühen Wüstenmönchtums, Erlangen 1983.

ARMUTSBEWEGUNGEN
Entstanden vom Beginn des Mittelalters an in den wirtschaftlich blühenden Gegenden Europas. Man wollte wie Jesus leben: ohne Besitz, umherziehend und das Evan-

gelium verkündend. Auch Frauen behielten sich das Recht vor, zu predigen. LThK 1,
883–886. WdM 30–31. WP 2, 493–494.
193 ff., 199, 204 ff., 211, 269

ARNDT, Johann (1555–1621)
Lutheraner. Nach seinem Tod hatte er Einfluß auf den Pietismus. WdM 32. LThK 1,
890. – *Literatur:* C. Braw: Bücher im Staube. Die Theologie Johann Arndts in ihrem
Verhältnis zur Mystik, Leiden 1986 – E.. Weber: Johann Arndts „Vier Bücher vom
wahren Christentum", Marburg ²1978.

ARNOLD, Gottfried (1666–1714)
Pietistischer Pfarrer. Beschrieb die Kirchengeschichte von der Mystik als der eigentlichen Triebfeder aus. RGG I, 633–634. LThK 1, 896.

ARNOLD VON BRESCIA (ca. 1100–1155)
Politischer Mystiker, strebte nach einer geistlichen Kirche. Begabter Prediger. RGG I,
632–633. LThK 1, 893.
195

ASTROLOGIE
Ursprünglich ein gläubiges Wissen, daß Sterne göttliche Wesen sind und daß die Seele
von ihrem himmlischen Ursprung aus durch die Sternenwelt hindurch in den Leib
kommt. Auf diesem Weg wird die Seele von den Sternengottheiten geformt. LThK 1,
964–966. WP 2, 575–576.
43, 131 f., 262, 267, 324

ATTAR, Farid ad-Din (1142–1220)
Persischer mystischer Dichter. Pantheistischer Sufi. NEB 22, 19–20. Pop 219.

AUGUSTINUS, Aurelius (354–430)
Einer der einflußreichsten christlichen Denker. Nordafrikaner. Seine Mystik war
durch ruheloses Suchen gekennzeichnet. WdM 39. LThK 1, 1094 bis1101. – Ausgaben: Bibliothek der Kirchenväter, Bde. 1–12. – „St. Augustin der Lehrer der Gnade"
(antipelagianische Schriften), 4 Bde. Hrsg. von A. Kunzelmann / H. zum Keller,
Würzburg 1955–1977. – *Literatur:* Siehe Ruh: Geschichte der abendl. Mystik I, S. 83
bis 117.
40, 50, 55, 56, 57, 172, 177, 182, 187, 199, 211, 212, 229, 230, 299

AUROBINDO, Sri Ghose (1872–1950)
Indischer Yoga-Philosoph des Neu-Hinduismus. „Alles Leben ist Yoga". Von zahlreichen indischen und westlichen Anhängern in seinem Ashram in Pondicherry aufge-
sucht. – *Ausgabe:* Sri Aurobindo: Der integrale Yoga. Hrsg. von Otto Wolff, Reinbek
1957 (Rowohlts Klassiker 24). – *Literatur:* Otto Wolff: Indiens Beitrag zum neuen
Menschenbild, Ramakrishna, Gandhi, Sri Aurobindo. Reinbek 1957 (Rowohlts deutsche Enzyklopädie 56).

AZRIEL VON GERONA (Anfang 13. Jahrhundert)
Wichtigstes Mitglied des Kabbala-Zentrums in Gerona. Vom Neuplatonismus beeinflußt. EJ 3, 1012–1014.

BAADER, Franz Xaver von (1765–1841)
Universaler Geist im Sinne Jakob Böhmes. Zu seiner Zeit der beste Kenner der europäischen Mystik. WdM, 67294. LThK 1, 1161. – Ausgaben: Sämtliche Werke, Leipzig
1851–60, Nachdruck: Aalen 1963. – Sätze aus der erotischen Philosophie und andere
Schriften. Hrsg. v. G.-K. Kaltenbrunner, Frankfurt a.M. 1966 (sammlung insel 19)
284

378 *Anhang*

BAAL SCHEM TOV (siehe: Israel ben Eliezer.)

BAHAI
Bewegung, entstanden nach dem Tod von Baha Ullah (Beiname für Mirza Hussein ali Nuri, 1817–1892). Strebte nach Einheit aller Menschen. Zentrales Heiligtum auf dem Berg Karmel. Von Khomeini verfolgt, aber im Westen sehr aktiv. – LThK 1, 1190 bis 1191. Pop 63. – *Literatur:* H. Grossmann: Was ist Baha-i-Religion?, Hofheim ³1967.
348

BAKER, Augustin David (1575–1641)
Englischer Benediktiner in Cambrai. Stark beeinflußt von der niederländischen Mystik. WdM 44. NEB I, 811. *Ausgabe:* Augustin Baker: Die Inneren Weisungen des Heiligen Geistes. Übersetzt von L. Ebel, Freiburg 1955.

BARSANUPHIUS († nach 543)
Koptischer Einsiedler in Gaza. Seine Lehre über das hesychastische Gebet ist in Briefen enthalten. WdM 45. WP 3, 382. – *Ausgabe:* M. Dietz: Vom Reichtum des Schweigens, Paderborn 1963 (Auswahl).

BASILIUS DER GROSSE (ca. 330–379). Auch: von Caesarea.
Kappadokier. Reorganisierte das Mönchtum. WdM 46f. LThK 2, 33.
180

BEATRIJS VON NAZARETH (1200–1268). Auch: von Tienen.
Priorin des Klosters Nazareth in Lier. Ihr Buch: „Van seven manieren van heileger minnen" ist die älteste bekannte mittelniederländische mystische Prosa. WdM 47f. WP 3, 449. – *Ausgabe:* „Vita Beatricis". Hrsg. von L. Reypens, Antwerpen 1964. – „Van seuen manieren van heileger minnen". Hrsg. von H. W. J. Vekeman und J. J. Th. M. Tersteeg, Zutphen 1971. *Literatur:* K. Ruh: Geschichte d. abendl. Mystik II, S. 137–157.
62, 73, 223

BEFREIUNGSTHEOLOGIE
Eine Strömung, die in Lateinamerika aus dem Bewußtsein heraus entstanden ist, daß die Kirche sich für die Unterdrückten einsetzen und dabei auch nach Veränderung der Strukturen in der Gesellschaft streben muß. Oft mystisch inspiriert. – *Literatur:* Befreiungstheologie als Herausforderung. Anstöße, Anfragen – Anklagen. Hrsg. von H. Goldstein, Düsseldorf 1981.
47

BEGINEN
Frauen, die sich unabhängig von Männerorden und Ordensregeln Gott weihen wollten. Männer, die ihnen folgten, wurden „Beggarden" (oder „Begarden") genannt. Am Beginn steht die Gruppierung von Frauen um Hospitäler in der Gegend zwischen Nijvel und Lüttich. Nach päpstlicher Approbation (1230) breitete sich die Bewegung über Frankreich und Deutschland aus. Ihr Beitrag zur Geschichte ist eine ursprüngliche und stark emotionale Liebesmystik. LThK 2, 115. WdM 48. WP 3, 523–524.
46, 216ff., 220f., 227

BENEDIKT VON CANFIELD (1562–1610). Auch: William Fitch.
Englischer Protestant. Wurde Kapuziner und Mitglied des Pariser mystischen Salons. WdM 49f. WP 3, 530. – *Ausgabe:* La Règle de perfection. Kritische Ausgabe von L. Orcibal, Paris 1982; siehe die Reaktionen auf diese Ausgabe: OGE 84, S. 41–45 u. 247–273.
308

BENEDIKT VON NURSIA (ca. 480–547)
Begann in Subiaco und Monte Cassino eine neue Form des Klosterlebens. Seine Regel ist die Basis des westlichen Klosterwesens. LThK 2, 182. WdM 50 f. (Benediktinische Mystik). WP 4, 90–92. – *Literatur:* J. F. Tschudy / F. Renner: Der heilige Benedikt und das benediktinische Mönchtum, Sankt Ottilien 1979.
182, 215

BERNHARD VON CLAIRVAUX (1090–1153)
Einer der bedeutendsten Mystiker Westeuropas. Seine Liebesmystik inspirierte Tausende Frauen. LThK 2, 240–242. WdM 53 ff. – *Ausgaben:* Sancti Bernardi opera, 8 Bde., hrsg. von J. Leclercq u. a., Rom 1957–1976. – Die Schriften des honigfließenden Lehrers Bernhard von Clairvaux, 6 Bde., Wittlich 1935–1938. S. auch: Große Mystiker, S. 107 bis 121. – Ruh, Geschichte der abendl. Mystik I, S. 226–275.
27, 62, 210, 211, 213 f., 225, 358

BERTKEN, Suster (ca. 1427–1514)
Mystikerin, Dichterin. Ließ sich in eine Klause an der Utrechter Buurkerk einmauern. WdM 55. WP 4, 183.
224

BERULLE, Pierre de (1575–1629)
Französischer Kardinal. Seine Mystik ist auf die Hingabe des Willens an Gott gerichtet. ThW 157 und 505–507. WdM 56 f. LThK 2, 285. – *Ausgabe:* Œuvres complètes, Paris 1960. „Leben im Mysterium Jesu". Hrsg. von H. U. von Balthasar, Einsiedeln 1984.
308

BESANT, Annie (1847–1933)
Wurde von Anglikanerin zur Atheistin und von Atheistin zur Theosophin. LThK 2, 288. WP 4, 188. Pop 346–347. – *Ausgabe:* „Thought-Forms". Mit 38 farbigen und vielen Schwarzweiß-Illustrationen, ⁵1986.
284

BEVINDELIJKHEID
Im niederländischen Protestantismus die Strömung, die einen starken Nachdruck auf das gelebte und selbsterfahrene Glaubensleben legt. Als Pietismus am stärksten in Deutschland und in der letzten Hälfte des 18. Jahrhunderts. RGG II, 457–461. WP 4.

Bhagavadgita (ca. 200 v. Chr.)
Die meistgelesene Schrift der Hindu-Mystik. Sie ist ein Teil aus dem großen Epos Mahabharata, einer Sammlung, die etwa 1100 v. Chr. begonnen wurde. LThK 2, 332. WP 4, 257. Pop 195–197. – *Ausgaben:* The Bhagavad-gita with a commentary based on the original sources, by R. Zaehner, Oxford 1979. – Bhagavadgita. Der vollständige Text mit dem Kommentar Shankaras. Unter Heranziehung der Sanskrit-Quellen ins Deutsche übersetzt von J. Dünnebier, München 1989.
99 ff., 104

Bhagavata-purana *(9.–10. Jahrhundert)*
Südindien. Poetische Beschreibung der vielen Aspekte Krishnas als der wahren Gestalt der Gottheit. Seine Liebe ist menschlich, sein Wesen ist geistig. WP 4, 257. Pop 204–205.

BHAGWAN-BEWEGUNG
Benannt nach Bhagwan Shree Rajneesh, einem Guru, der Traditionen des Hinduismus mit der westlichen Psychotherapie integrierte. Von Poona aus entwickelte sich

eine westliche Jüngergruppe, die seit der Übersiedlung nach den USA auseinander-
fiel. Pop 202.
75

BHAKTI-YOGA
Form der Hindu-Mystik, in der die liebende Hingabe zentral steht. Entstanden in Süd-
indien. NEB 20, 593–595. LThK 2, 333. WP 4, 257.
41, 95, 99, 351

BIRGITTA VON SCHWEDEN (1303–1373)
Hofdame, Witwe, Gründerin des Birgitten-Ordens, Visionärin. WdM 63 f. LThK 2,
486. WP 4, 310. – *Ausgabe:* „Die Offenbarungen der heiligen Birgitta von Schweden".
Übersetzt von S. Huber / R. Braun, Freiburg 1961. – *Literatur:* F. Holböck: Gottes
Nordlicht. Die heilige Birgitta von Schweden und ihre Offenbarungen, Aschaffen-
burg 1983. – „Du wirst meine Braut und mein Mund sein", in: „Der Berg der Liebe",
S. 171–217.
233

BLAKE, William (1757–1827)
Englischer Maler, Dichter, Mystiker. WdM 65. WP 4, 348. Pop 266–267. – *Ausgabe:*
Werke, englisch-deutsch. Hrsg. von G. Klotz, Berlin 1958.
257

BLAVATSKY, Helena Petrovna (1831–1891)
Russische Theosophin. Gründete 1875 die theosophische Vereinigung. LThK 2, 527.
WP 4, 359. Pop 347–348. – *Ausgabe:* Die Geheimlehre, 4 Bde., Hannover o. J.
284

BLOMMEVEEN, Pieter (1466–1536)
Aus Leiden. Machte das Kölner Kartäuserkloster zum Verlagszentrum mystischer
Werke. LThK 2, 532. WP 4, 403.

BODHIDHARMA (ca. 470–543)
Ein aus Indien nach China gekommener Buddhist. Erster Zen-Patriarch. WP 4, 426.
NEB 2, 315 und 15, 289.

BOGOMILEN
Religiöse Sekte auf dem Balkan zwischen dem 10. und 15. Jahrhundert. Bezog ihre
Lehre über die Paulizianer (Türkei) von Mani. Reagierend auf die Pracht der Kirche
und des Staates, verwarfen sie alles Sichtbare als schlecht. Die Katharer gehen auf sie
zurück. LThK 2, 557. WP 4, 473. *Literatur:* M. Lambert: Ketzerei im Mittelalter. Häresien von Bogumil bis Hus, München 1981.
196 f.

BÖHME, Jakob (1575–1624)
Schuhmacher in Görlitz. Eigentümliche Auffassung vom Zusammenhang des Entgegengesetzten in Gott. Großer Einfluß auf die moderne Mystik und auf moderne
Künstler. LThK 2, 559. WdM 66 f. NEB 2, 329 und 16. 374 und 26, 640. – *Ausgabe*: Jakob Böhme: Sämtliche Schriften. Faksimile-Neudruck der Ausgabe von 1730 in 11
Bänden, Stuttgart 1955 bis 1961.
25, 42, 278, 281 ff., 359

BONAVENTURA (ca. 1217–1274). Auch: Johannes Fidanza.
Italienischer Franziskaner. Kirchenlehrer. Für die Mystik ist sein Werk „Pilgerbuch
der Seele zu Gott" von großer Bedeutung. WdM 68. LThK 2, 582–583. – *Ausgaben:*

„Decem opuscula ad theologiam mysticam spectantia". Quarrachi, [3]1965. – Itinerarium mentis in Deum / Pilgerbuch der Seele zu Gott, Hrsg. von J. Kaup, München 1961. – *Literatur:* Ruh, Geschichte der abendl. Mystik II, S. 406–445.

BOURIGNON DE LA PORTE, Antoinette (1610–1680)
Flämische Mystikerin. Sah sich als neue Eva berufen, ein spirituelles Christentum zu verkünden. Hinterließ ein sehr großes Werk. Fand Anhang in Amsterdam und England, starb in Franeker (Friesland). WdM 70f. WP 5, 80.

***Brahmanas*-*Schriften* (um 1000 v. Chr.)**
Eine Sammlung von Texten, die von „Brahminen" zusammengestellt wurden. Darin sind die Rituale nicht mehr auf eine göttliche Macht gerichtet, sondern Selbstzweck. LThK 2, 639. WP 5, 122–123.

BRANDSMA, Titus (1881–1942)
Karmelit, Professor, Publizist. Formulierte eine zeitgemäße „Mystik der Tat". Starb im Konzentrationslager Dachau. WP 5, 136. – *Ausgabe:* „Mystiek leven". Anthologie von Bruno Borchert, Nijmegen 1985. – Engagierte Mystik. Eingeleitet u. übertragen von Elisabeth Hense. Paderborn 1991
59, 315, 359

BRÜDER UND SCHWESTERN VOM FREIEN GEIST
Sammelname für Gruppen, die vom 13. Jahrhundert an vor allem in Nordfrankreich, den Niederlanden und Deuschland aus dem Bewußtsein lebten, daß der Geist frei macht und daß, wer aus dem Geist lebt, nicht sündigt. LThK 2, 721. WdM 179–180. WP 5, 208. DS V, 1242–1267. – *Literatur:* F. J. Schweitzer: „Der Freiheitsbegriff der deutschen Mystik. Seine Beziehung zur Ketzerei der ,Brüder und Schwestern vom Freien Geist' mit besonderer Rücksicht auf den pseudoeckartischen Traktat ,Schwester Katrei'" (Arb. z. mittleren deutschen Literatur u. Sprache 10). Frankfurt a.M. / Bern 1981.
227, 239

BRÜDER VOM GEMEINSAMEN LEBEN
Auch: Collegium oder Fratres Vitae Communis, auch: Kugelherren.
Religiöse Gruppierung, die mit der Devotio Moderna verbunden war. In Deventer/ Holland auch „Brüder und Schwestern vom gemeinsamen Leben". Brüderhäuser sind in Deutschland nachweisbar zwischen 1400 und 1811. Sie strebten danach, sich aus dem Lärm der Welt auf ihre eigene Innerlichkeit zurückzuziehen, haben aber für die Verbreitung geistlicher Lektüre und für den Unterricht viel bedeutet. LThK 2, 722; 4,139. RGG 1, 1434. WdM 109–111; 207–208; 433. WP 5, 208. – *Literatur:* K. Elm: Die Brüderschaft vom gemeinsamen Leben, in: OGE 59 (1985) 470–496.
248, 259

BRUNO DER KARTÄUSER (1032–1101). Auch: Bruno von Köln.
Gründer des Kartäuser-Ordens. LThK 2, 730. WdM 297 (Kartäusermystik). WP 5, 260.
189, 191

BRUNO, Giordano (1548–1600)
Italiener, Ex-Dominikaner. Strebte nach Religionsfrieden. Reiste durch ganz Europa. Authentische mystische Schau. In Rom hingerichtet. LThK 2, 733. WP 5, 260. – *Literatur:* J. Moltmann: „Was wär' ein Gott, der nur von außen stieße?" Über die neue Bedeutung eines alten Ketzers: Giordano Bruno (1548–1600), in: Gegenentwürfe. 24 Lebensläufe für eine andere Theologie. Hrsg. von H. Häring und K.-J. Kuschel, München-Zürich 1988, S. 151–168.
263, 276f.

BUBER, Martin (1878–1965)
Jüdischer Philosoph. Erschloß den Chassidismus. Formulierte Mystik in seinem
Werk „Ich und Du" als einen Dialog. EJ 4, 1429–1433. WP 5, 289–290. – *Ausgabe:* Ich
und Du, Heidelberg [10]1979.
47

Buch der Frommen *(Sefer-ha-Chassidim)*
Wichtigstes Werk des deutschen Chassidismus. WP 20, 273. Pop 239. – *Literatur:*
M. Buber: Die Erzählungen der Chassidim, Zürich 1949.

Buch der Schöpfung *(Sefer Jezira)*
Jüdische mystische Auffassung von der Schöpfung: Die Wirklichkeit kann gezählt
werden, dem liegen Urzahlen (Sefirot) zugrunde, zehn Stück, die zusammen mit den
22 Buchstaben des hebräischen Alphabets von Gott gebraucht werden, um zu erschaffen. Der Mystiker kann diese Schöpfung durch Zählen und Lesen mitvollziehen.
WdM 282–285 (Jüdische Mystik). – *Ausgabe:* Sepher Jesirah: Das Buch der Schöpfung.
Einleitung von L. Goldschmidt, Darmstadt 1969.
155

Buch von der Heiligen Dreifaltigkeit *(Buch der Heyligen Dreyfaldekeit)*
Anonyme Schrift, die während des Konstanzer Konzils 1419 verfertigt wurde. Sie wird
dem Franziskaner Ulmannus zugeschrieben. Die Absicht ist, das alchemistische Gold
in den Dienst des wahren Glaubens zu stellen im Kampf gegen den Antichristen, der
falsches Geld herstellte. – *Literatur:* J. van Lennep: Alchemie, Brüssel 1984, S. 70–78.
269

Buch der Wandlungen (siehe I Tsching)

Buch des Glanzes (siehe Sohar)

BUDDHA (ca. 560–480 v. Chr.) Auch: Siddharta Gautama / Siddharta Gotama.
Der Name (der „Erleuchtete"), der Siddharta Gautama, dem Gründer des Buddhismus, gegeben wurde. WP 4, 433. Pop 73. LThK 2, 753 f. – *Ausgabe:* „Die Lehrreden des
Buddhas aus der angereihten Sammlung Anguttura-Nikaya". Hrsg. von Nyanapo-
nika, 5 Bde., Freiburg im Breisgau 1984. – *Literatur:* E. Conce: Der Buddhismus, Wesen und Entwicklung. Stuttgart [10]1995.
29, 34, 41, 42, 96 ff., 178, 346, 350

BUNYAN, John (1628–1688)
Kesselflicker, Laienprediger. Seine Beschreibung des Lebens als eine Pilgerfahrt ist in
ca. hundert Sprachen übersetzt. WP 5, 336.

CAITANYA, Bischvrambhara (1485–1533). Auch: Chaitanya und Gauranga.
Liebesmystik mit ekstatischem Tanz und Gesang, auf Krishna gerichtet. Großer Einfluß auf die bengalische Frömmigkeit. WP 5, 440.

CAMBRIDGE-PLATONISTEN *(17. Jahrhundert)*
Eine Gruppe von Gelehrten um die Universität von Cambridge, die Glaube und My-
stik in das rationale Denken aufnehmen wollten, weil sie von einer neuplatonischen
Naturmystik ausgingen. RGG I, 1601–1602.

CASSIAN, Johannes (ca. 360–435)
Bildete die Brücke zwischen dem Mönchtum im Mittleren Osten und dem in Westeuropa durch Gründung von Klöstern und Zusammenfassungen von Gesprächen mit
den Wüstenvätern. WdM 82. LThK 5, 1016. – *Ausgaben:* J. Cassian: Spannkraft der

Seele – Aufstieg der Seele – Ruhe der Seele. Herderbücherei, Bde. 839, 945, 1032. – E. von Severus: Das Glutgebet, Düsseldorf 1966. – *Literatur:* Siehe Ruh: Geschichte der abendl. Mystik I, S. 118–138.
182

CHAJIM ben Joseph Vital (1542–1620). Auch: Hagim.
Einer der größten Kabbalisten. In Safed (Palästina). EJ 16, 171–176. LThK 4, 1327.

CHANTAL, Jeanne-Françoise Frémyot de. (1572–1641)
Mutter von sechs Kindern. Gründete mit ihrem Seelenführer und Freund Franz von Sales den Orden von der Heimsuchung Mariä (Visitantinnen). Litt unter Ängstlichkeit. Sich Gott anvertrauen ist der Kern ihrer Mystik. WdM 83 f. LThK 2, 1013. WP 6, 122. – *Ausgabe: „Briefe",* 2 Bde., Eichstätt 1961.

CHASSIDISMUS, *siehe auch: Buch der Frommen.*
Jüdische Bewegung, entstanden zu Beginn des 18. Jahrhunderts in Osteuropa unter der verarmten ländlichen Bevölkerung, die nach dem Zusammenbruch der ekstatischen messianischen Erwartung des Sabbatanismus in Verzweiflung geraten war. Entgegen der rabbinischen Lehre entstand ein Erleben der Gegenwart Gottes in allen Dingen des Lebens. Man fühlte sich berufen, Gott aus der Materie zu befreien, indem man die überall verstreuten göttlichen Funken neu bündelte. Gründer ist Israel ben Eliezer. LThK 2, 1038. WdM 282–285. WP 6, 135–136. – *Literatur:* S. Dubnow: Geschichte des Chassidismus. 2 Bde., Berlin 1982. – G. Wehr: Der Chassidismus, Freiburg 1978.
47

CHASSIDEI ASHKENAZ
Jüdische Bewegung in dem Gebiet um Mainz und Worms im 13. Jahrhundert. Gekennzeichnet durch die Pogrome in dieser Gegend, in der Erwartung einer völligen Vernichtung. Hauptgestalt: Eleazer von Worms.

COMENIUS, Johann Amos (1592–1670). Eigentlich: Komensky
Tschechischer Gelehrter, Bischof der Böhmischen Brüder. Entwarf eine Pansophie und ein Unterrichtssystem, um die Menschen vom Wesentlichen aus zur Einheit zu bringen. LThK 3, 16. WP 6, 384–385.
283

CORDOVERO (siehe: Moses ben Jacob.)

Corpus Hermeticum *(1471)*
Unter diesem Titel wurden die beiden Haupttraktate des Hermes Trismegistos 1471 in Florenz veröffentlicht. Das Buch wurde zur Grundlage für die westliche Hermetik. WdM 96. WP 11, 131. – *Ausgabe:* Hermetica. The ancient Greek and Latin Writings which contain religious or philosophic Teachings ascribed to Hermes Trismegistos. Edited with english translation and notes by W. Scott, London.
262

DAVID BEN SOLOMON IBN ZIMRA (1479–1573)
Spanischer Jude, der sich in Ägypten niederließ. Kabbalist. EJ 5, 1356–1358.

DAVID VON AUGSBURG (ca. 1200–1272)
Franziskanischer mystischer Autor. Schrieb als Erster in seiner Muttersprache über den mystischen Weg. WdM 103. LThK 3, 177. WP 7, 142–143. – *Ausgabe:* David von Augsburg, Die sieben Staffeln des Gebets. Hrsg. von K. Ruh, München 1965. Siehe auch: Ruh, Geschichte der abendl. Mystik II, S. 524–537
225

DEE, John (1527–1608)
Großer englischer hermetischer Magier. NEB 3, 954.
276 f.

DEVOTIO MODERNA
Religiöse Erweckung, die Ende des 14. Jahrhunderts von Geert Groote ausging. Die „modernen Devoten" strebten nach „Innerlichkeit". Anknüpfend an die damalige Moderne (Humanismus, Renaissance) meinten sie damit eine persönlich gelebte, menschliche Lebenshaltung, offen („gemein") für andere. Die Devotio Moderna verbreitete sich durch zwei Organisationen: die „Brüder und Schwestern vom Gemeinsamen Leben" und die 1895 errichtete „Kongregation von Windesheim". Und vor allem durch das Buch „De imitatione Christi" („Nachfolge Christi") von Thomas von Kempen. WdM 109–111. WP 15, 440.
246 f.

DHU't NUN († ca. 861). Auch: Dhu an-Nun
Ägyptische Sufi-Schule. Führte „ma' rifah" (innere Erkenntnis) als Gegenteil von Bücherweisheit ein. Hymnische Gebete mit der Natur als Lobpreis Gottes. HI 98–99. EM 63.

DIADOCHUS VON PHOTIKE (Mitte 5. Jahrhundert)
Sein Werk „Hundert Kapitel über die geistliche Vollkommenheit" ist das meistverbreitete mystische Werk in der alten Geschichte der griechischen Kirche. ThW 1033. WdM 111 f. LThK 3, 318. – *Ausgabe:* Diadochus von Photike: Gespür für Gott. Hundert Kapitel über die geistliche Vollkommenheit. Eingeleitet und übersetzt von K. S. Frank, Einsiedeln 1982. Siehe auch: Byzantinische Mystik, S. 77–98.

DIETRICH VON FREIBERG († nach 1310)
Dominikaner, der durch seine Lehre über den „Seelengrund" Einfluß auf die deutsche Mystik hatte. RGG II, 194. WdM 116. LThK 3, 384.

DIONYSIUS DER KARTÄUSER (1402–1471). Auch: van Leeuwen / van Rijkel.
Kartäuser in Roermond. Mit einer großartigen Zusammenfassung theologischer mystischer Werke ein Schlußlicht des Mittelalters. WdM 116 ff. LThK 3, 406. WP 7, 338–339.

DIONYSIUS AEROPAGITA, siehe Pseudo-Dionysius

DOGEN (1200–1253)
Der größte der japanischen Zen-Meister, was die Literatur betrifft. Verwarf den „Koan". Lehrte das „Za-Zen"; aufrecht sitzen und an nichts denken. Gründer des Soto-Ordens. NEB 4, 150 (vgl. 12, 901 und 15, 289). Toynbee 240. EM 315–316.

DOMINIKUS (1170–1221)
Aus dem spanischen Geschlecht der Guzmán. Schuf als Antwort auf die Katharer eine neue Art von Klosterorden. WdM 119 (Dominikanische Mystik). LThK 3, 478. WP 7, 360. – *Literatur:* G. Bedoulke: Dominikus. Von der Kraft des Wortes, Graz 1984. Siehe auch: Ruh, Geschichte der abendl. Mystik III.
203 f., 219

DOV BAER VON MEZHIRECH († 1772). Auch: von Mezritch.
Einer der ersten und bedeutendsten Anführer des Chassidismus. EJ 6, 180–184.

DSCHAMI, Abd al-Rahman (1414–1492). Auch: Jami, Narrudin Abdur Rahman.
Der letzte große persische Dichter-Mystiker. WP 7, 360.

DUTOIT, Jean-Philippe (1721–1793).
Auch: Mambrini.
Einer der Protestanten, welche die von Rom verbotene quietistische Mystik durchgesetzt haben. RGG II, 293–294.

EBNER, Christine (1277–1356)
Visionäre mystische Schriftstellerin. Dominikanerin in Engelthal bei Nürnberg.
WdM 123. WP 6, 239. LThK 3, 635. – *Literatur:* OGE 87, Nr. 430.
241

EBNER, Margarete (1292–1351)
Auch: Margarete von Maria-Medingen.
Deutsche visionäre Mystikerin. Sehr zeitgebundene Visionen. WdM 123. LThK 3,
635. WP 12, 613. – *Literatur:* R. Schneider: Die selige Margarete Ebner, St. Ottilien
1985.
241

ECHNATON (1372–1354 v. Chr.)
König von Ägypten. Schuf die erste monotheistische Religion, die aber nicht lange
Bestand hatte. Berühmt durch seinen „Sonnengesang". LThK 3, 638. – *Literatur:* R.
Hari: New Kingdom Amarna Period: The great hymn to Aten, Leiden 1985. – D. B.
Redford: Akhenaten. The heretic king, Leiden 1987. – H. Schlögl: Echnaton. Hamburg (rororo-Monographien). – Ders., Echnaton, Tutanchamun, Fakten und Texte,
Wiesbaden ³1993.
112

ECKHART, Meister (1260–1327). Auch: Meister Eckehart.
Deutscher Theologe und Mystiker. Dominikaner. „Der Vater der deutschen spekulativen Mystik" genannt. Kurz nach seinem Tod wurden einige seiner Thesen verurteilt. Er ist dadurch in Vergessenheit geraten. Heute jedoch gewertet als einer der
Größten. WdM 124–129. LThK 3, 645–648. WP 8, 52. – *Ausgaben:* „Die deutschen
und lateinischen Werke. Die deutschen Werke" (DW), Bände I, II, III, V. Hrsg. und
übersetzt von J. Quint, Stuttgart 1958–1976. „Die lateinischen Werke" (LW), Bd. 1,
hrsg. und übersetzt von K. Weiss, Stuttgart 1964. – Bd. IV., hrsg. und übersetzt von
E. Benz / B. Decker / J. Koch, Stuttgart 1956. – „Die deutschen Predigten und Traktate". Hrsg. und übersetzt von J. Quint, München ³1963. – *Literatur:* K. Ruh: Meister
Eckhart: Theologe, Prediger, Mystiker, München 1958. – A. M. Haas, Meister Eckhart
als normative Gestalt geistlichen Lebens. Durchgesehene Neuauflage, Freiburg 1995.
– „Meister Eckhart". Hrsg. von D. Mieth, Olten 1979.
26, 34, 42, 220, 233 ff., 238, 239, 240 f., 242, 259 f., 263, 270, 358

ELIJA (9. Jahrhundert v. Chr.)
Jüdischer Prophet. Die Karmel-Mystik wurde durch ihn inspiriert. LThK 3, 806–810.
WP 8, 211.
74, 124

ELISABETH VON SCHÖNAU (1129–1164)
Visionäre mystische Schriftstellerin. Benediktinerin. Ihr Bruder schrieb ihre Visionen
nieder. WdM 135. LThK 3, 818. WP 8, 214. – *Literatur:* P. Dinzelbacher: Die Offenbarungen der heiligen Elisabeth von Schönau: Bildwelt, Erlebnisweise und Zeittypisches, in: Studien und Mitteilungen zur Geschichte des Benediktinerordens 97 (1986)
462–482.

EMMERICK, Anna Katharina (1774–1824)
Nonne in Dülmen in Westfalen. Ihre Visionen, Meditationen, Stigmata erregten gro-

ßes Aufsehen. WdM 136f. LThK 3, 850. WP 8, 247. – *Ausgabe:* „Das arme Leben unseres Herrn Jesu Christi". Auswahl aus den Tagebüchern des Clemens Brentano, hrsg. und mit einem Nachwort versehen von Th. Rody, 3 Bde., Augsburg [11]1989.

ENKO DAISHI (siehe Honen)

EPHRÄM DER SYRER (ca. 306–373)
Der größte Hymnendichter der Syrischen Kirche. Sehr verbreitet waren die 15 Gesänge über das Paradies. WdM 145f. LThK 3, 926–929. WP 8, 290–291. – *Literatur:* E. Beck: Ephräm der Syrer. Lobgesang aus der Wüste, Freiburg 1967. – M. Schmidt: Das Auge als Symbol der Erleuchtung bei Ephräm und Parallelen in der Mystik des Mittelalters, in: Oriens Christianus 68 (1984) 27–57.

EPIKTET (ca. 50 bis ca. 130)
Gewesener Sklave. Philosoph, der sich an den einfachen Mann wandte. Einer der Hauptvertreter der Stoiker. LThK 3, 937. WP 8, 291.
142

ERIUGENA (siehe Johannes Scotus Eriugena)

ERLEUCHTETE   siehe Illuminaten

ESRA BEN SOLOMON († ca. 1238)
Kabbalist in Gerona (Spanien). Kommentar zum Hohenlied. EJ 6, 1123–1124. – *Ausgabe:* Le commentaire d'Ezra de Gérone sur le Cantique des Cantiques. Etudes et textes de mystique juive, Paris 1969.

ESSENER   153, 157

EVAGRIUS PONTICUS (346–399). Auch: Euagrios
Der erste Einsiedler, der viel schrieb. In der Nitrischen Wüste, Libyen. WdM 153f. LThK 3, 1140. WP 8, 404. – *Ausgabe:* Geestelijke geschriften. Monastieke cahiers 34 und 35, Bonheiden 1987. – G. Bunge: E. Pontikos, Briefe aus der Wüste, Trier 1986. S. auch: Byzantinische Mystik, S. 23–34. Große Mystiker, S. 36–50.

Evangelische Perle *(Beginn 16. Jahrhundert)*
Geschrieben von einer Begine, die 1540 im Alter von 77 Jahren starb. Dieselbe Begine schrieb auch „Van den tempel onser siele" (Vom Tempel unserer Seelen). Beide Werke wurden von Nicolaus van Essche 1534 beziehungsweise 1542/1543 herausgegeben. WdM 154. WP 8, 408. – *Literatur:* A. Ampe: Den Tempel onser Sielen, Antwerpen 1968.

EZECHIEL (6. Jahrhundert v. Chr.)
Jüdischer Prophet, 597 nach Babylon verschleppt. Seine Visionen vom Thron Gottes hatten großen Einfluß auf die Merkaba-Mystik. LThK 3, 1327f. WP 8, 452.
125, 130, 154

FELGENHAUER, Paul (1593–1677)
Arzt, Prediger der Wiedergeburt. Von Böhme beeinflußt. Vereinte „enthusiastische" Mystik, Pietismus und Aufklärung miteinander. RGG II, 894–895. LThK 4, 65.

FÉNELON, François de Salignac de la Mothe (1651–1715)
Erzbischof von Cambrai. Verteidigte vergeblich Madame Guyon und ihre Lehre über die „reine Liebe" (Quietismus). WdM 157–160. LThK 4, 75. WP 8, 505. – *Ausgaben:*

Œuvres spirituelles. Hrsg. von F. Varillon, Paris 1954. – Correspondance. Bd. 1–6, hrsg. von J. Orcibal, Paris 1979; Bd. 7–9, hrsg. von J. Orcibal / J. Le Brun / I. Noye, Paris 1987. – Geistliche Werke. Hrsg. von F. Varillon / P. Manns, Düsseldorf 1961.
309

FICINO, Marsilio. (1433–1499)
Italienischer Humanist. Übersetzte Hermes Trismegistos, Plato und Plotin. Formulierte selbst auch ein mystisches Weltbild. WdM 160. LThK 4, 116. WP 532–533.
262, 271 f., 353

FOX, George (1624–1691)
Schuster. Predigte aufgrund „der inneren Stimme". Organisierte in England und an anderen Orten in der Welt die Society of Friends (Quäker). WdM 162 f. WP 9, 109. – *Ausgabe:* The Journal of George Fox. Hrsg. von J. Nikkals, London 1952.
292

FRANCK, Sebastian (1499–1542)
Protestantischer Mystiker, für den das innere Wort der einzige Halt war. In Deutschland heftig verfolgt. LThK 4, 250. WP 9, 118. – *Ausgabe:* Paradoxa. Hrsg. von S. Wolgast, Berlin 1966. – *Literatur:* H. Weigelt: Sebastian Franck und die lutherische Reformation, Gütersloh 1972.
291

FRANZ VON OSUNA (ca. 1492–1540). Auch: Francisco de Osuna
Spanischer Franziskaner. Sein umfassendes mystisches Werk „ABC der Umstände der Passion Christi" wurde von Teresa von Avila im Zusammenhang mit der Gebetspraxis gebraucht. WdM 165. RGG IV, 1745. LThK 4, 241.

FRANZ VON SALES (1567–1622)
Bischof von Genf. Machte Mystik für den einfachen Menschen zugänglich. Gründete mit seiner Freundin Jeanne-Françoise de Chantal den Orden der Visitantinnen. WDM 165 bis 167. LThK 4, 244–246. WP 9, 117. – *Ausgaben:* Deutsche Ausgabe der Werke. 12 Bände, hrsg. von F. Reisinger, Eichstätt 1948–1983.
43, 59, 152, 296, 311, 338

FRANZISKUS VON ASSISI (1181–1226)
Einzigartige Gestalt, spontan, radikal arm, Bruder aller Geschöpfe. Hat wie kein anderer die Spiritualität des Mittelalters beeinflußt. WdM 164 f. LThK 4, 231–234. WP 9, 115–117. – *Ausgabe:* Leben und Wunder des heiligen Franziskus von Assisi. Einführung, Übersetzung, Anmerkungen von E. Grau, Werl [3]1980. – Franziskus, Engel des sechsten Siegels. Sein Leben nach den Schriften des heiligen Bonaventura. Einführung, Übersetzung, Anmerkungen von S. Clasen, Werl 1962. – *Literatur:* L. Boff: Zärtlichkeit und Kraft. Franz von Assisi mit den Augen der Armen gesehen, Düsseldorf 1983. – O. Steggink: Der Sonnengesang des Franziskus. Das Lied eines Lebens. Übersetzt von H. Zulauf, Düsseldorf 1987. Siehe auch: Ruh, Geschichte der abendl. Mystik II, s. 377–398.
25, 42, 46, 76, 204 ff., 219, 266, 289, 350, 362

FRATICELLI (14. Jahrhundert)
Auch Spiritualen genannt im Gegensatz zu den Konventualen. Kleine Gruppen von Franziskanern, verstreut über ganz Italien, ferner in Griechenland, Persien, Katalonien und Böhmen. Sie betrachteten sich als die wahre „geistliche" Kirche. LThK 4, 293. WP 9, 178.
269

388 *Anhang*

FRAUENMYSTIK
Frauen haben zur Entwicklung des mystischen Bewußtseins einen besonderen Beitrag geleistet. Vor allem in Epochen, da „Liebe" entdeckt wurde, sowohl in den Offenbarungsreligionen als auch in den Religionen aus dem Fernen Osten. Es fällt auf, daß dies zum erstenmal in der islamischen Welt geschah (Badia von Bagdad) und fast gleichzeitig in Westeuropa und Südindien: 12.–13. Jahrhundert. – *Literatur:* P. Dinzelbacher: Über die Entdeckung der Liebe im Hochmittelalter, in: Saeculum 32 (1981) 185–208. – D. Mieth: Gottesliebe – Menschenliebe. Der Beitrag der Mystik zur Kunst des Liebens, in: Zeitwende 55 (1984) 203 bis 219. – E. Schirmer: Mystik und Minne. Frauen im Mittelalter, Berlin 1984. – P. Dinzelbacher und D. R. Bauer (Hrsg.): Frauenmystik im Mittelalter (1985). – M. Schmidt und D. R. Bauer (Hrsg.): „Eine Höhe, über die nichts geht". Spezielle Glaubenserfahrung in der Frauenmystik? Stuttgart 1986. – B. Rüdiger: Reflexion der Frauenfrage in der deutschen Frauenmystik des 13./14. Jahrhunderts. Untersuchungen zur gesellschaftlichen Stellung der Frau im Feudalismus, Magdeburg 1981, S. 13–46. Siehe auch: Ruh, Geschichte der abendl. Mystik II.
214

GALGANI, Gemma (1878–1903)
Italienische Ekstatikerin. Stigmatisiert. WdM 182 f.
76

GANDHI, Mohandas Karamchand (1869–1948)
Indischer Politiker. Strebte nach Zusammenarbeit zwischen Islamiten und Hindus, nach Befreiung der Parias und Indiens durch passiven Widerstand. Kam vom Jainismus her. Zentral in seinem Denken stand der Begriff „ahimsa", das heißt: universale Liebe zu und zwischen allem, was lebt. LThK 4, 512. WP 9, 285. – *Ausgabe:* Vom Geist des Mahatma. Ein Gandhi-Brevier. Hrsg. von F. Kraus, Baden-Baden 1957. – M. Gandhi: Handeln aus dem Geist. Ausgewählt und eingeleitet von G. und Th. Sartory, Freiburg/Br. [12]1985.
96, 99

Gathas
87, 107 ff.

Gautama, Siddharta (siehe Buddha)

GENKU (siehe Honen)

GENOSSENSCHAFT DER FREUNDE, (siehe: Quäker)

GERSON, Johannes (von) (1363–1429)
Aus den Ardennen stammend. Kanzler der Universität in Paris. Bevorzugte eine praktische Mystik. LThK 5, 1036f. WP 9, 469. – *Ausgabe:* Oeuvres complètes. 11 Bände. Hrsg. von Glorieux, Paris 1960–1973.
233, 250

GERTRUD VON HELFTA (1256–1302). Auch: Gertrud die Große.
Mystikerin aus dem Kloster Helfta. Ihre Schriften hatten großen Einfluß, unter anderem auf die Herz-Jesu-Verehrung. WdM 187 f. LThK 4, 761. WP 9, 470. – *Ausgabe:* Der Gesandte der göttlichen Liebe. Übersetzt und eingeleitet mit Bibliographie von J. Lanczkowski, Heidelberg 1989. – Literatur: Ruh, Geschichte der abendl. Mystik II, S. 296–337.
223

GHAZALI, Abu Hamid Mohammed al- (1058–1111)
Persischer Gelehrter. Führte nach einer Krise ein unstetes Dasein. Brachte orthodoxe und mystische Moslims näher zusammen. Machte Mystik der großen Masse der Moslims zugänglich. WP 9, 533–534. HI 140 bis 144. NEB 22, 19. Pop 221–222.

GIBRAN, Khalil (1883–1931)
Libanesischer Dichter und Maler. In seinem Werk ist die Entwicklung vom Skeptiker zum Mystiker zu verfolgen. WP 9, 543.

GICHTEL, Johann Georg (1638–1710)
Deutscher protestantischer Mystiker, der nach Amsterdam emigrierte. Stark beeinflußt von Böhme. WdM 190. WP 9, 543. – *Ausgabe:* Johann Georg Gichtel: Theosophia practica. Mit einer Einführung von G. Wehr, Freiburg 1979; dasselbe ins Neuhochdeutsche übertragen von A. Klein, Schwarzenburg (Schweiz) 1979.

GNOSIS
Eine mystische Lebenshaltung, die von der Erkenntnis (Gnosis) seiner selbst und der Welt als Weg zum Heil ausgeht. In begrenztem Sinn bedeutet sie eine religiöse Strömung, die aus dem Zusammenfließen der griechischen Kultur und der Kultur des Mittleren Ostens entstanden ist. Die Geschichte dieser Strömung wird nach der Entdeckung einer alten Bibliothek in Nag Hammadi (1945) neu geschrieben. WdM 192 bis 194. WP 10, 55. – *Ausgaben:* R. van den Broek: De taal van de gnosis. Gnostische teksten uit Nag Hammadi, Baarn 1986. – Gnosis, die derde component van de Europese cultuurtraditie. Hrsg. von C. Quispel, Utrecht 1987. – *Literatur:* Gnosis und Mystik. Hrsg. von S. Koslowski, München 1988.
129, 145 ff., 169 ff., 262

GOTTESFREUNDE
Mystische Bewegung von Ordensleuten und Laien im 14. Jahrhundert, vor allem verbreitet im Rheinland und in Südwestdeutschland. Wenig Organisation. Die Verbindung wurde über die Dominikaner unterhalten. Sie tauschten mit Hilfe von Tagebüchern und Traktaten Gedanken aus. LThK 4, 1104. WdM 197–198. EM 43–44 und 302. WP 10, 69. – *Ausgabe*: Jean Tauler: Aux „Amis de Dieu", Sermons, 2 Bde., Paris 1979 bis 1980. – Literatur: B. Gorceix: Amis de Dieu en Allemagne au siècle de Maître Eckhart, Paris 1984.
241

GRAL
Heiliger Kelch, der mühsam gesucht werden muß, aber bei seinem Anblick mystische Freude schenkt. Die Legende kennt viele Varianten. Ihr Ursprung ist unbekannt. Sie kann als eine Formgebung der Mystik des Adels gelten. LThK 4, 1160. WdM 200. WP 10, 151–152.

GREGOR DER GROSSE (ca. 540–604)
Römer. Papst. Er erinnert sich an eine mystische Erfahrung. Spricht von Mystik im Sinne des Augustinus. WdM 201 f. LThK 4, 1177–1181. – *Literatur* siehe Ruh: Geschichte der abendl. Mystik I, S. 145–167.
56

GREGOR VON NAREK (ca. 944–1010) Auch: Grigor Narekaci
Armenischer Mystiker und Dichter. Er kann zu den großen Mystikern des Christentums gerechnet werden. WdM 202 f. DS VI, 927–932. LThK 4, 1209.

GREGOR VON NAZIANZ (329–390)
„Kappadokischer Vater". Zog sich oft von den Ämtern zurück in die Einsamkeit. My-

stischer Dichter. WdM 202ff. LThK 4, 1209–1211. WP 10, 211–212. – *Ausgaben:* Briefe. Hrsg. von P. Gallei, Berlin 1969. – Briefe. Hrsg. von M. Wittig, Stuttgart 1981. – Die fünf theologischen Reden. Hrsg. von J. Barbel, Düsseldorf 1963. – *Literatur:* H. Althaus: Die Heilslehre des heiligen Gregor von Nazianz, Münster 1972. 32

GREGOR VON NYSSA (ca. 335–394)
„Kappadokischer Vater". Entwarf ein Modell, wie Mystiker über Gott sprechen können, das seitdem gebraucht wird: die „via negativa". WdM 204–206. LThK 4, 1211 bis 1213. WP 10, 212. – *Ausgaben:* De vita Moysis. Hrsg. von M. Blum, Freiburg 1963. – Der versiegelte Quell. Hrsg. von H. U. von Balthasar, Einsiedeln ²1987. – *Literatur:* W. Völker: Gregor von Nyssa als Mystiker, Wiesbaden 1955. Siehe auch: „Große Mystiker", S. 17–35.
180f., 234

GREGORIOS PALAMAS (1296–1359)
Byzantinischer Theologe und Mystiker. Seine hesychastische Lehre wurde offiziell von der griechischen Kirche gutgeheißen. Mönch auf Athos. LThK 4, 1214. WP 10, 211. Siehe auch: „Große Mystiker", S. 142–155.

GROOTE, Geert (1340–1384)
Bußprediger in Deventer. Initiator der „Devotio moderna". WdM 207f. LThK 4, 1241. WP 339–340. – *Ausgabe:* De werken von Geert Groote, Nijmegen 1941. – *Literatur:* H. N. Janowski: Geert Groote, Thomas von Kempen und die Devotio Moderna, Olten 1978.
243, 246f., 250

GUERRICUS VON IGNY († 1157). Auch: Werie, Guerric von Igny.
Zisterzienser, geformt von Bernhard von Clairvaux. Christusmystik: Die Seele ist die geistige Mutter Christi. WdM 209. DS VI, 1114–1120. S. auch: Ruh: Geschichte der abendl. Mystik I, S. 321–329.

GUYART, Marie (1599–1672). Auch: Maria von der Inkarnation.
Französische Mystikerin, Schriftstellerin, Missionarin in Kanada. Witwe, Ursuline. WdM 344f. WP 15, 55.

GUYON, Jeanne-Marie Bouvière de la Mothe (1648–1717). Auch: Madame Guyon.
Französische Mystikerin. Hatte großen Einfluß durch ihre Lehre über die „reine Liebe". Als „Quietistin" verurteilt und von 1695 bis 1703 eingesperrt. WdM 212. LThK 4, 1292. WP 10, 390. – *Ausgabe:* E. Jungclaussen: Kurzer und sehr leichter Weg zum inneren Gebet, Freiburg 1986. – *Literatur:* R. Leuenberger: „Gott in der Hölle lieben". Bedeutungswandel einer Metapher im Streit Fénelons mit Bossuet um den Begriff des „pur amour", in: Zeitschrift für Theologie und Kirche 82 (1985) S. 153–172.
309, 310, 354

HAAN, Wim de (1913–1967)
Beschreibt eine intensive mystische Erfahrung im Japaner-Camp. Versuchte diese zu artikulieren. Die Formgebung gelang ihm jedoch erst, nachem er mit bildender Kunst begonnen hatte. – *Literatur:* D. A. Kooiman u.a.: Wie doet mij de tekens verstaan? Wim de Haan, Amsterdam 1985. – B. Borchert: Mystieke openheid; de beeldhouwer Wim de Haan, in: Speling 89/I, 51–61.

HADEWIJCH (13. Jahrhundert)
Flämische Mystikerin, Minnemystik. Gedichte und Prosa in der Muttersprache von hohem literarischem Rang. WdM 213f.. WP 10, 420–421. – *Ausgaben:* De visioenen

van Hadewijch. Vertaald en van commentaar voorzien door P. Mommaers, Nijmegen 1979. – Strofische gedichten. Middelnederlandse tekst en omzetting in modern Nederlands met een inleiding door N. de Paepe, Leiden 1983. – Brieven. Oorspronkelijke tekst en nieuw-nederlandse overzetting met inleidingen en aantekeningen bezoorgd door F. van Bladel en B. Spaapen, Tielt 1954. – Siehe auch: „Die Schönheit der Minne begehren", in: „Der Berg der Liebe", S. 39–85; Ruh, Geschichte der abendländischen Mystik II, S. 158–232
26, 41, 46, 53, 66, 79, 221 ff., 224 f.

HAKIM AT-TIRMIDHI, al- (†898)
Reflektierte theosophisch über die Sufi-Mystik. HI 753–754. NEB 22, 19.

HAKUIN (1685–1768)
Japanischer Zen-Meister, Dichter, Maler, Bildhauer, Schriftsteller. Ließ das Rinzai-Zen neu aufleben. Detaillierte Beschreibung mystischer Erfahrungen und ihrer Nebenphänomene, die er aus eigener Erfahrung kannte. NEB 5, 627. Pop 86. EM 111.

HALLADSCH, Mansur al- (858–922). Auch: al-Husayn ibn Mansur al-Hallasch.
Einer der bedeutendsten „gottrunkenen" Sufis. Als Pantheist in Bagdad hingerichtet. Später als „Märtyrer der Liebe" gesehen. „Ich bin Gott" bedeutete eine Zusammenfassung von: Gott liebt sich selbst, ich bin das Bild dafür. WP 10, 449. HI 159–160. NEB 22, 19–20. – *Literatur:* A. Schimmel, Al-Halladsch, Märtyrer der Gottesliebe, Köln 1968; Al-Halladsch – O Leute, rettet mich vor Gott, Neuausgabe Freiburg 1995.

HAMMARSKJÖLD, Dag Hjalmar Agna Carl (1905–1961)
Schwedischer Diplomat. Generalsekretär der UNO. Aus seinem Tagebuch ging seine mystische Einstellung hervor. WP 10, 468. – Ausgabe: Zeichen am Weg. Übertragen und eingeleitet von A. Graf Knyphausen, München 1965. Siehe auch: „Große Mystiker", S. 317–337.
22, 59, 338

HEINRICH VON NÖRDLINGEN († nach 1350)
Priester. Zentrale Gestalt im Kreis der „Gottesfreunde" in Basel. RGG III, 205. LThK 4, 198.
241

HERAKLIT (ca. 544–484 v. Chr.)
Griechischer Philosoph. „Panta rhei": Aus allen Dingen kommt eine Einheit, aus einer Einheit kommen alle Dinge. Der Logos treibt es. „Gott ist Tag und Nacht, Winter und Sommer, Krieg und Frieden, Überfluß und Hunger." WP 11, 131. EM 115.
141

HERMES TRISMEGISTOS
Mythische Gestalt, dem die volle Erkenntnis Gottes, des Himmels und der Erde geoffenbart worden war. Sein Name ist in Europa bekannt geworden als Autor einer Sammlung von Schriften aus Ägypten aus der Zeit zwischen dem 3. Jahrhundert vor und dem 3. Jahrhundert nach Christus. LThK 5, 257 f. WdM 96. WP 11, 131. Pop 25. *Literatur:* A. Festugière: La révélation d'Hermes Trismégiste, 3 Bde., Paris 1981.
262, 265, 271, 280

HERP, Heinrich (ca. 1431–1477). Auch: Erp, Arp, Herpius, Harpius.
Niederländischer mystischer Schriftsteller. Seine in vielen Sprachen veröffentlichten Werke haben die flämische Mystik in der Welt bekannt gemacht. WdM 224. LThK 4, 91. WP 11, 136–137.

392 *Anhang*

HESYCHASMUS
Strömung im 14. Jahrhundert unter den Mönchen vom Athos. Man strebte die „Ruhe der Kontemplation" an, die Vision vom göttlichen Licht, und zwar durch Aszese, wie die Beherrschung des Atems beim „Jesusgebet". LThK 5, 307. WdM 228. DS VII, 381 bis 399. WP 11, 159. – *Literatur:* A. M. Ammann: Die Gottesschau im palamitischen Hesychasmus, Würzburg, ³1986. – A. Selawry: Das immerwährende Herzensgebet, München ⁴1980.
181

HILDEGARD VON BINGEN (1098–1179)
Deutsche Mystikerin. Wissenschaftlich, musikalisch, literarisch sehr begabt. Berühmt durch ihre Visionen. Äbtissin des Benediktinerinnenklosters bei Bingen. WdM 230 f. LThK 4, 341 f. WP 11, 182–183. – *Ausgaben:* Migne PL 197. – Naturkunde. Übersetzt und erläutert von P. Riethe, Salzburg 1959. – „Heilkunde". Hrsg. von H. Schipperges, Salzburg 1961. – Wisse die Wege, Scivias. Hrsg. von M. Böckeler, Salzburg 1963. – Der Mensch in der Verantwortung. Hrsg. von H. Schipperges, Salzburg ²1985. – Briefwechsel. Hrsg. von A. Führkötter, Salzburg 1965. – Welt und Mensch. Hrsg. von H. Schipperges, Salzburg 1965. – Literatur: K. Clausberg: Kosmische Visionen. Mystische Weltbilder von Hildegard von Bingen bis heute, Köln 1980. – Ch. Feldmann: Hildegard von Bingen. Nonne und Genie, Freiburg/Br. 1991. Dort eine Fülle von Literatur.
25, 37, 43, 69, 215 f., 231, 289, 321

HILTON, Walter (ca. 1330–1396)
Englischer Priester. Vor allem bekannt durch seinen mystischen Traktat „The Scale of Perfection" (Stufen der Vollkommenheit). WdM 232. RGG III, 327–328. LThK 10, 948. – *Ausgabe:* Walter Hilton's Latin Writings (Analecta cartusiana 124), Salzburg 1987. – The Stairway of Perfection. Hrsg. von M. del Mastro, Garden City / N. Y. 1979.
250, 255, 289

HINDUMYSTIK 87, 89, 327, 354

HOBURG, Christian (1607–1675)
Deutscher Pfarrer. Hauptvertreter der mystisch orientierten „Spiritualisten". RGG III, 373–374.

Hoheslied
Sammlung von Liedern, die in die jüdische und die christliche Bibel aufgenommen wurde. Profane Liebe wird zum Symbol für die Liebe zwischen Gott und seiner Braut (dem Volk, der Kirche, dem Mystiker). Als solches ist dieses Buch von großer Bedeutung für die westliche Mystik gewesen. WdM 236. – *Ausgabe:* Le Cantique des Cantiques par Origène, Grégoire d'Elvire, Saint Bernard. Homélies traduites par R. Winling et par les Carmelites de Mazille. Indications doctrinales par A.-G. Hamman. Paris 1983. – *Literatur:* U. Köpf: Hoheliedauslegung als Quelle einer Theologie der Mystik, in: Theologia mystica, hrsg. von M. Schmidt / D. Bauer, Stuttgart 1987, S. 50–72.
53, 128, 189, 218, 303

HONEN (1133–1212). Auch: Honen Shonin / Enko Daishi / Genku.
Gründer der japanischen Jodo-Shu (Reines Land)-Sekte. Lehrte den langsamen Weg. NEB 6, 34 (siehe auch: 9, 807; 10, 744; 15, 288).

HSUAN-TSANG (597–664). Auch: Yuan-tsang / Chen-I / San-tsang.
Chinese. Kam 645 mit 75 echten buddhistischen Schriften aus Indien zurück nach Ch'ang-an. Gründer der Wei-shih (Lauter Bewußtsein)-Schule. Toynbee 123. NEB 6, 104 (siehe auch: 15, 285).

HUGO VON SANKT VIKTOR (ca. 1096–1141)
Leiter der kontemplativen Schule in der Abtei von Sankt Viktor in Paris. WdM 240f.
LThK 5, 518f. WP 11, 370–371. – *Literatur:* Ruh: Geschichte der abendl. Mystik I,
S. 355–380.
25, 212

HUI-NUNG (638–713). Auch: Hwei-neng / Huineng.
Näherte sich dem Buddhismus nicht mehr als Mann aus Indien, sondern als Chinese.
Statt langer Meditationen lehrte er die „plötzliche Erleuchtung", eine Methode, das
„Selbst" durch abrupte Eingriffe zu ertappen. NEB 6, 128 und 15, 289. Toynbee 125.

HUMILIATEN
Armutsbewegung in der Lombardei im 13. und 14. Jahrhundert. LThK 5, 534. WP 11,
391.
196

HUXLEY, Aldous Leonard (1894–1963)
Englischer Schriftsteller. Experimentierte mit Drogen und verglich seine Erfahrungen mit denen der Mystiker. WP 11, 413. – *Ausgabe:* A. L. Huxley: Die Pforten der
Wahrnehmung. Übersetzt von H. E. Herlitschka, München 1956.
48, 335, 361

I Tching (um 100 v. Chr.). Auch: Yi-Jing / I Ching / I Ging / Buch der Wandlungen.
Der Grundgedanke dieser uralten chinesischen Schrift: Die Beziehung zur Natur ist
Grundlage des Heils. Die Natur ist aufgebaut aus Gegensätzen: yin-yang. Ausgeführt
in der Form eines Orakelbuches, mit dem gespielt werden kann. EM 133. Pop 100 bis
101. Toynbee 119–120, 126–130. – *Literatur:* F. K. Engler: Die Grundlagen des I-
Ching. Leben, Lebensgesetze, Lebensordnung, Freiburg 1987; – ders.: Diskussionen
über das I-Ching. Freiheit und Ordnung im Menschheitsschicksal. Freiburg 1989. –
H. Wilhelm: Sinn des I Ging, Köln 1979.
86f.

IATROMANTEN, IATROMANTISMUS
133, 147

IBN AL-ARABI (1163–1240). Auch: Ibn'Arabi, Mocheije al-Din, Mohammed ibn Ali
al-Andalusi ibn al-Arabi.
Spanisch-arabischer Sufi-Mystiker und Gelehrter, inspiriert von einer persischen
Frau in Mekka und in die Mystik eingeführt von zwei spanischen Frauen. WP 11, 443.
HI 182–183. NEB 22, 19–20. Pop 217–218.

IBN AL-FARID (1181–1235)
Ägyptischer Sufi. Mystische Gedichte in Arabisch. WP 11, 443. HI 183–184. NEB 22,
19–20.

IBRAHIM BEN ADHAM (†777)
Edelmann aus Balkh. Bekehrte sich während der Jagd und wurde ein umherziehender
Sufi. HI 193–194.
34

IGNATIUS VON LOYOLA (1491–1556). Auch: Inigo Lopez de Loyola
Baskischer Ordensgründer (Jesuiten). Die Frucht seiner mystischen Erfahrungen sind
seine „Geistlichen Exerzitien". WdM 246f. LThK 5, 613f. – *Ausgabe:* Geistliche
Übungen. Hrsg. von E. Raitz von Frentz, Freiburg 1961. – *Literatur:* M. Zechmeister:
Mystik und Sendung. Ignatius von Loyola erfährt Gott, Würzburg 1985. – K. Rahner:

Betrachtungen zum ignatianischen Exerzitienbuch, München 1965. Siehe auch: „Große Mystiker", S. 208–221.
293 f.

IKKYU (1394–1481). Auch: Ikkiu
Japanischer Zen-Meister. Adeliger. Ging mit allen Arten von Menschen in allen Arten von Verhältnissen um. Lehnte die amidistische (des Amida-Buddhismus) Paradieserwartung ab: Das Paradies ist „im Grund des eigenen Geistes" zu finden. EM 127. NEB 22, 315.

ILLUMINATEN. Auch: Alumbrados
Bezeichnung für Menschen, die sich im Spanien des 16. und 17. Jahrhunderts der Mystik widmeten. Später auch für jeden, der unorthodoxe Ansichten vertrat. Seit 1527 trat die spanische Inquisition hart und oft rechtswidrig gegen sie auf. Der Name wurde auch gebraucht für die Quietisten in Frankreich, für die Geheimbünde im 18. Jahrhundert, für eine 1623 gegründete Gruppe in Südfrankreich, „Les Illuminés", und für eine Gruppe religiöser Schwärmer in Bayern, 1776 von Adam Weishaupt gegründet. LThK 5, 623. WdM 247. WP 11, 479.
56, 229, 293

IPPEN (1239–1289)
Der bekannteste der umherziehenden japanischen Mönche. Sang, tanzte, erzählte Geschichten, sah in jeder Äußerung der Natur Buddha. Gründete die amadistische Jishu-Sekte. Toynbee 230. NEB 15, 288.

ISAAK BEN SALOMON LURJA (1534–1572)
Die zentrale Gestalt in der kabbalistischen Schule in Safed (Palästina). WP 14, 368. EJ 11, 572–578.

ISAAK DER BLINDE (ca. 1160–1235)
Zentrale Gestalt der frühen Kabbalisten. EJ 9, 35–36.

ISRAEL BEN ELIEZER (ca. 1700–1760). Auch: Baal Schem Tov.
Erster Führer des osteuropäischen Chassidismus. EJ 9, 1049–1058. – *Literatur:* A. Heschel: The circle of the Baal Shem Tov, Chicago 1985.

JACOPONE DA TODI (ca. 1240–1306)
Reich und von adeliger Herkunft. Nach dem Tod seiner Frau kapriziöser Mystiker und großer Dichter. Seine Laudi (geistliche Lieder) wurden zur Keimzelle des italienischen Dramas. WdM 262. LThK 5, 850. WP 12, 199.

JAINISMUS (auch Jinismus). Eine von Mahavira gegründete Religion, deren Verbreitung aber fast ausschließlich auf einen Bruchteil der indischen Bevölkerung beschränkt blieb.
96 f.

JAKOB ISAAK VON LUBLIN (1745–1815)
Einer der Gründer des Chassidismus in Polen. EJ 1227–1228.

JEAN DE SAINT-SAMSON 311 f.

JESUS VON NAZARET († ca. 33)
Palästinischer Jude. Hinterließ keine Schriften. Predigte das Reich des „Vaters", als des tiefsten Grundes der Wirklichkeit, mit dem er sich eins wußte. Starb als Verbre-

cher am Kreuz. Als auferstandener Gott-Mensch steht er zentral in der ganzen europäischen Mystik. LThK 5, 922–931. WP 12, 295–298.
37, 55, 74, 125, 131, 153, 157 ff., 163, 175, 177, 193 ff., 205, 216, 221, 248, 332, 346

JOACHIM VON FIORE (ca. 1130–1202)
Aus Kalabrien. Zisterzienserabt. Gründete in Fiore eine eigene Eremitengemeinschaft. Von Einfluß vor allem durch seine eigentümliche Auffassung von der Geschichte: Der Geist wird sich Durchbruch verschaffen. WdM 266. LThK 5, 975. WP 12, 302–303. – *Ausgabe:* Das Reich des Heiligen Geistes. Hrsg. von A. Rosenberg, München 1955. – *Literatur:* H. de Lubac: La postérité spirituelle de Joachim de Fiore. 2 Bde, Paris 1979–1981.
199 f., 206, 278, 288

JOHANNES DER EVANGELIST (1. Jahrhundert)
Was er über „Logos" und „Liebe" schrieb, sind Basistexte in der abendländischen Mystik. LThK 5, 999–1005. WdM 268 ff.
163, 164, 211, 224

JOHANNES GUALBERTUS (ca. 1000–1073)
Florentinischer Mönch, Stifter und erster Generalabt des Einsiedlerordens der Vallombrosaner. LThK 5, 1040. WP 12, 332.

JOHANNES KLIMAKOS († 649)
Mönch im Sinai. Schrieb „Die Leiter (climax) zum Paradies". WdM 271 f. LThK 5, 1051. WP 12, 330. – *Ausgabe:* The Ladder of divine ascent. Übersetzt von C. Luibheid und N. Russell, London 1982.

JOHANNES SCOTUS ERIUGENA (ca. 810–877)
Ire. Leiter der Hofschule Karls des Kahlen. Von Bedeutung durch Übersetzungen des Pseudo-Dionysios und durch sein neuplatonisches Weltbild. WdM 272 f. LThK 5, 1082. WP 12, 337. – *Literatur:* Ruh: Geschichte der abendl. Mystik I, S. 172–206.
259 ff., 263, 266, 269, 278

JOHANNES VOM KREUZ (1542–1591). Auch: Juan de Yepes / Juan de la Cruz.
Spanischer Mystiker. Karmelit. Dichter von Weltformat. Einzigartig seine Beschreibung der „dunklen Nacht". WdM 273 ff. LThK 5, 1052–1054. WP 12, 233. – *Ausgabe:* Mystische Werke. Übersetzt von Oda Schneider (Bd. 1) und Irene Behn, 4 Bde., Einsiedeln 1961–1964. Vollständige Neuübersetzung seiner Werke von U. Dobhan, E. Hense u. E. Peeters (Herder Spektrum), Freiburg 1995 ff. – *Literatur:* J. Array, Christian mysticism in the light of jungian psychology: S. John of the Cross and Dr. C. G. Jung, Chiloquin 1986.
25, 26, 29, 51, 64, 67, 293, 299, 302 ff., 310, 358, 359, 362

JOHANNES VON DEN ENGELN (1536–1609). Auch: Johannes ab Angelis / Juan de los Angeles.
Spanischer Mystiker. Franziskaner. Stark von Ruusbroec beeinflußt. WdM 276 f. LThK 5, 998. WP 12, 372.

JOHANNES VON FÉCAMP (ca. 990–1078)
Gehört zu den meistgelesenen Autoren des Mittelalters. Seine Werke liefen aber meistens unter dem Namen eines anderen Autors. WP 12, 338.
211

JOHANNES VON SAINT-SAMSON (siehe Jean de Saint-Samson)

JORDAENS, Wilhelm von Heersele (ca. 1321–1372)
Flämischer mystischer Schriftsteller und Übersetzer der Werke Ruusbroecs ins Lateinische. WdM 280. WP 12, 356. – *Ausgabe:* De oris osculo. Hrsg. von L. Reypens, Antwerpen 1967.

JOSEPH VON COPERTINO (1603–1663)
Wegen seiner vielen Levitationen „der fliegende Heilige" genannt. WdM 280f. LThK 5, 1126. WP 12, 370.
76

JULIANA VON NORWICH (ca. 1342–1422)
Englische Mystikerin. Rekluse. Persönliches Erlebnis des Bösen und Gottes als Mutter. WdM 285–288. LThK 5, 1202. WP 12, 380. – *Literatur:* M. Collier-Bendelow: Gott ist unsere Mutter. Die Offenbarung der Juliana von Norwich. Aus dem Englischen von M.-S. Bienentreu, Freiburg 1989.
251f.

JUNIAD, Abu el-Oasim al- (†910). Auch: Junyad von Bagdad/ Dschunaid.
Sufi-Mystiker in Bagdad. HI 116.

KABBALA
Lehre, die sich in der Provence und in Nordspanien entwickelte. Fortsetzung der jüdischen Merkaba-Mystik. Hauptwerk: „Sohar". Fortsetzung im 16. Jahrhundert unter geflohenen spanischen Juden in Safed, Palästina. Ein später Ausläufer ist der Chassidismus in Osteuropa im 18. Jahrhundert. LThK 5, 1233–1236. WdM 292–294. WP 12, 419. – *Ausgabe:* Das Buch Bahir: ein Schriftdenkmal aus der Frühzeit der Kabbala auf Grund der kritischen Neuausgabe von Gershom Scholem. Darmstadt [3]1980. – *Literatur:* „... und alles ist Kabbala": Gershom Scholem im Gespräch mit Jörg Drews. München 1980. – G. Scholem: Origins of the Kabbalah. Translated by A. Arkush and edited by R. J. Zwi Werblowsky, Leiden 1987.
43, 153, 262, 266, 272

KABIR (ca. 1440–1518)
Indischer mystischer Dichter. Besingt die göttliche Liebe in der Umgangssprache. LThK 5, 1237. HI 245. NEB 6, 671.

KARMEL, KARMELITEN　14, 32, 105f., 132, 152–156, 158f., 165

KARO, Joseph (1448–1575). Auch: Caro.
Zentrale Figur in einer Gruppe jüdischer Mystiker in Safed (Palästina). LThK 5, 1373. WP 12. 519. – *Literatur:* R. Zwi Werblowsky: Joseph Karo, Lawyer and Mystic, Philadelphia [2]1977.

KARTÄUSER　189, 209, 213, 347

KATHARER
Vom Manichäismus inspirierte und von den Bogomilen herkommende Sekte, die im Rheinland und in Norditalien auftauchte, aber vor allem in der Provence zur Blüte kam. Von Anfang an bekämpft. Am längsten bildete die Sekte eine feste Einheit in dem Gebiet um Albi. Daher auch der Name „Albigenser". Hildegard, Dominikus und Franziskus wurden durch sie dazu angeregt, ein Gegenbild zu schaffen: Liebe als Fundament der Schöpfung, Wahrheit als höchste Norm für Reinheit, Armut in den Fußstapfen Jesu. RGG III, 1192–1193. LThK 6, 58f. – *Ausgabe:* De weg der katharen: dertien zangen van een troubadour. Hrsg. von M. Messing, Deventer 1984. – *Literatur:* L. Baier: Die große Ketzerei. Verfolgung und Ausrottung der Katharer durch Kirche

und Wissenschaft, Berlin 1984. – Ketzer im Mittelalter. Hrsg. von M. Erbstösser, Leipzig 1984. – A. C. Shannon: The Medieval Inquisition. Washington 1983. – A. Borst: Die Katharer (Spektrum Bd. 4025), Freiburg 1991.
191 f., 196 ff., 216, 228 f., 240, 266, 362

KATHARINA VON BOLOGNA (1413–1463). Auch: Vigri von Bologna, Negri von Bologna.
Klarissin. Beschrieb ihre mystischen Erfahrungen. WdM 300 f. LThK 6, 61. WP 6, 44. – *Ausgabe:* Le sette anni spirituali. Hrsg. von L. Foletti, Padua 1985.

KATHARINA VON GENUA (1447–1510)
Verheiratet. Integrierte Krankenpflege und Psychose in ein mystisches Leben. Und beschrieb dies als ein Fegefeuer: einen Läuterungsprozeß. WdM 301 f. LThK 6, 62. WP 6, 44.
64 f.

KATHARINA VON RICCI (1522–1590)
Visionäre Mystikerin, stigmatisiert. WdM 302 f. LThK 6, 62 WP 6, 44.

KATHARINA VON SIENA (1347–1380)
Tochter eines Färbers. Brautmystik. Hatte großen Einfluß auf die kirchliche Politik. Ihre Briefe gehören zu den klassischen italienischen Texten (289 Briefe). WdM 303 ff. LThK 6, 63. WP 6, 44. – *Ausgabe:* Caterina von Siena. Gotteserfahrung und Weg in die Welt. Hrsg., eingeleitet und übersetzt von L. Gnädinger, Olten 1980. – *Literatur:* Das Leben der heiligen Katharina von Siena (Legenda maior des Raimund von Capua). Hrsg., eingeleitet und übersetzt von A. Schenker, Düsseldorf 1965. – „Auf der einen flammenden Straße der göttlichen Liebe", in: Der Berg der Liebe, S. 218 bis 260.
25, 225, 233, 289

KEMPE, Margery (ca. 1373–1440)
Mutter von 14 Kindern. Sehr emotionale englische Mystikerin. WdM 307 f. NEB 6, 795. EM 149. – *Literatur:* CL. W. Atkindson: Mystic and Pilgrim. The „Book" and the World of Margery Kempe, Ithaca und London 1983.
252 f.

KHAN, Hazrat Inayat (1882–1927)
Kam 1910 in den Westen und gründete den modernen Sufi-Orden. Die erste seiner Sufi-Botschaften hieß „Die Mystik des Klangs". Pop. 225–226. – *Literatur:* H. I. Khan: Vom Glück der Harmonie. Ausgewählt, übersetzt und eingeleitet von K. S. Gupta. Freiburg ⁴1985 (Herder-Bücherei „Texte zum Nachdenken" 724).
348

KLARA VON ASSISI (1194–1253)
Anknüpfend an die Regel ihres Freundes Franziskus, gründete sie in San Damiano einen Frauenorden, die Klarissen. WdM 312. LThK 6, 314. WP 6, 293.
205, 208, 219

KLEMENS VON ALEXANDRIA (ca. 150–215)
Kirchlicher Schriftsteller, offen für den Hellenismus. Der Kern seiner Lehre ist die „Gnosis" als erlösendes Bewußtsein. WdM 313 f. LThK 6, 331. WP 6, 308.
143, 145, 168 f.

KONFUZIUS (551–479 v. Chr.)
Übertrug den Taoismus auf die Gesellschaft, die nicht durch Gewalt oder Privilegien, sondern durch sittliche Prinzipien strukturiert werden müsse. Das Tao größer ma-

chen durch tugendhaftes Zusammenleben. LThK 6, 438. WP 6, 446. Pop 98. – *Ausgabe:* P. Do-Dingh: Konfuzius in Selbstzeugnissen u. Bilddokumenten, Reinbek 1981.

KRISHNAMURTI, Jiddu (1895–1986)
Indischer Mystiker. Brach mit der theosophischen Bewegung, die ihn zum Weltlehrer proklamierte. Wurde zu einem Lehrer, der überall auf der Welt das selbständige Suchen verteidigte. WP 13, 360. – *Ausgaben:* J. Krishnamurti: Ausgewählte Texte. Goldmann Tb. 11033. – Gespräche über das Sein. Goldmann Tb 11856. – *Literatur:* M. Lutyens: Krishnamurti, 2 Bde., Deventer 1966–1983.
41, 284

KUKAI (774–835). Auch: Kobo Daishi
Führte den esoterischen Buddhismus in Japan ein. Gründete die Singhon-Schule. Hatte einen großen Einfluß. „Vater der japanischen Kultur". NEB 7, 28 und 15, 294.

LABADIE, Jean de (1610–1674)
Aus Bordeaux. Gründete eine mystische Sekte, die in Friesland bis 1732 weiterlebte (Labadisten). WdM 316. LThK 6, 717. WP 13, 440.

LABADISTEN
Jünger und Anhänger von Jean de Labadie (1610–1674), der ein protestantischer Pietist wurde, in Amsterdam eine Hausgemeinde gründete, danach eine mystische Sekte in Herford und in Altona. Nach Labadies Tod wich seine Gruppe aus nach Wieuwerd in Friesland. Hörte 1732 auf zu bestehen. LThK 6, 717. WP 13, 444.

LABKYI SGRONMA (11.–12. Jahrhundert)
Jüngerin von Dampa Sangsrgyas, dem Brahmanen aus Südasien, in Tibet. Lebte abwechselnd als verheiratete Frau und als Nonne. Ihre noch immer praktizierte Lehre hatte Bezug auf die Beherrschung der Leidenschaften durch Mitleiden. EB 3, 416.

LABRE, Benedikt Joseph (1748–1783)
Zerlumpter Streuner an den Wallfahrtsorten Europas. Hatte mystische Ekstasen. Heiliggesprochen. LThK 6, 721. WP 13, 443. – *Literatur:* P. Doyère: Benoit Labre, ermite pélerin, Paris 1983. – A. Dhotel: Saint Benoit Joseph Labre, Paris 1983.

LAMAISMUS
Name für den tibetischen Buddhismus. Es ist ein Mahayana-Buddhismus, der besonders viele Buddha-Gestalten und sehr viele Klöster kennt. Er wurde von Padmasambhava aus Nordindien eingeführt. LThK 6, 753–755; 6, 1351–1355. WP 13, 463. – *Literatur:* W. Anderson: Der tibetische Buddhismus als Religion und Psychologie. Weilheim [3]1986. – A. Lama Govinda: Grundlagen tibetischer Mystik. Weilheim [6]1985.

LANGMANN, Adelheid (†1375)
Dominikanerin in Engelthal. Hatte Visionen von Jesus als Kind und als Achtzehnjährigem. LThK 6, 787.
241

LAO-TSE (ca. 500 v. Chr.)
Legendäre Gestalt, in welcher der Taoismus seinen Ursprung findet. Ihm wurde die Schrift „Tao-te-tsching" zugeschrieben. LThK 6, 796. WP 13, 545. Pop 101–102. – *Ausgabe:* Lao-tse, Tao-te-king. Das Buch vom Sinn und Leben. Übersetzt und kommentiert von R. Wilhelm, Köln 1985.
33, 362

LAURENTIUS VON DER AUFERSTEHUNG (1614–1691). Auch: Nikolaus Herman.
Koch im Karmel von Paris. Seine einfachen Ratschläge, die an Johannes vom Kreuz

anknüpften, wurden in verschiedenen Sprachen veröffentlicht und waren auch bei Protestanten beliebt. ThW 2882–2883.

LEEUWEN, Jan van (1314–1378)
Mystischer Schriftsteller. Koch im Kloster Ruusbroecs. WP 14, 27. – *Ausgabe:* P. van Geest: „Dboec van den X. gheboden" van Jan van Leeuwen. Eine Textausgabe in 2 Bänden, Leiden 1986.
240

LLULL, Ramón (1232–1315). Auch: Raymundus Lullus und Lull.
Katalanischer Mystiker. Originaler Denker, der eine Brücke zwischen Christen und Moslems schlagen wollte. WdM 328 ff. LThK 8, 974–976. WP 10, 56. – Ausgaben: Das Leben des seligen Raimund Lull. Die ‚Vita coëtanea' und ausgewählte Texte zum Leben Lulls aus seinen Werken und Zeitdokumenten. Übertragen und eingeleitet von E.-W. Platzeck, Düsseldorf 1964. – Ramon Llull, Die Kunst, sich in Gott zu verlieben. Übertragen von E. Lorenz, Freiburg 1985. – Das Buch vom Freunde und vom Geliebten. Übersetzt u. eingel. v. E. Lorenz, Freiburg 1992.
58, 259 f., 262, 263, 266 ff., 270, 272, 326

LUDOLF VON SACHSEN (ca. 1295–1378)
Sein „Leben Jesu Christi" gehört zu den meistgelesenen Büchern im späten Mittelalter: 420 Ausgaben in allen europäischen Sprachen. WdM 331. LThK 6, 1180. WP 14, 343.
250

LUTHER, Martin (1483–1546)
Kirchenreformator. Erwarb sich als Augustinermönch ein tiefgehendes Wissen über verschiedene mystische Strömungen. Er fühlte sich vor allem mit Tauler verwandt. Lehnte sehr nachdrücklich die neu-platonische Mystik des Pseudo-Dionysius ab und konnte, wie er sagte, dabei „aus Erfahrung" sprechen. WdM 335 f. LThK 6, 1223 bis 1230. WP 14. – *Ausgabe:* Dr. Martin Luthers Werke. Kritische Gesamtausgabe (WA), Weimar 1883 ff. Siehe auch: „Große Mystiker", S. 185–202.
241, 284 ff., 294

MADHWA (1199–1278)
Hindu. Viele Übereinstimmungen mit dem Leben Jesu. Dualistisch: Gott und das Selbst sind Gegenpole, unabhängig und abhängig voneinander. Er gründete eine Bhakti-Sekte. NEB 7, 654.

Mahabharata siehe: Bhagavadgita.

MAHADEVIYAKKA (12. Jahrhundert)
Hindu-Dichterin in Kanada. Mystische Liebespoesie. Wußte sich mit Shiva vermählt. EB 8, 925 (Vergleich mit Katharina von Siena).

MAHAVIRA (ca. 560. v. Chr.). Auch: Vardhamana
Gründer des Jainismus. LThK 5, 857. NEB 7, 696; 8, 246; 22, 274.
96, 98

MAIMONIDES, siehe Moses M.

MANI (216–276)
Der „Apostel des Lichts", der die Botschaften Jesu, Buddhas und Zoroasters in einer neuen Religion zusammenbrachte, die eine klare Entscheidung zwischen Licht und Finsternis beinhaltete. Ein Mystiker, der seine Visionen auch selbst zeichnete. LThK 6, 1351. WP 14, 539.
170, 173 ff., 190, 362

MANICHÄER, *(siehe: Mani)*

MARC AUREL (121–180)
Römischer Kaiser, Stoiker. Sein Werk „An mich selbst" wurde auch als „Meditationen" veröffentlicht. LThK 7, 9. – *Ausgabe:* Des Kaisers Marcus Aurelius Antoninus Selbstbetrachtungen. Übersetzung, Einleitung und Anmerkungen von A. Wittstock, Stuttgart 1988 (RUB 1241).
142

MARGARETA VON CORTONA (1247–1297)
Konkubine, Büßerin und Mystikerin. WdM 339. LThK 7, 19. WP 15, 41.

MARIA VON OIGNIES (1177–1213)
Mystisch begabte Frau aus Nijvel (Brabant). Zog sich aus der Ehe zurück und wurde zum Mittelpunkt einer ersten Gruppe von Beginen. WdM. 346. LThK 7, 42. WP 15, 47.
46, 219, 222

MA-RUF AL KARKHI (†815). Auch: Abu Mahfuz B. Firuz / Firuzan.
Islamischer Eremit, der zu der Schule von Bagdad gehörte. Aus Karkh. Sohn christlicher Eltern. Er hatte viele Jünger, nur mündliche Aussagen von ihm sind überliefert. Volksheiliger. HI 420–421.

MAXIMUS CONFESSOR, Maximus der Bekenner (580–662)
Genialer Initiator der Byzantinischen Mystik. Mehr als 90 Schriften. WdM 347. LThK 7, 208. WP 15, 148. – *Ausgabe:* Selected writings. Übersetzt von G. Pelikan, London 1985. Siehe auch: „Byzantinische Mystik", S. 99–126.

MECHTHILD VON HACKEBORN (1241–1299). Auch: von Helfta.
Deutsche Mystikerin. Ihre mystischen Erfahrungen wurden von ihrer Schülerin Gertrud von Helfta aufgezeichnet. WdM 348. LThK 7, 224. WP 15, 166. – *Ausgabe*: Leben und Offenbarungen der heiligen Mechthildis und der Schwester Mechthildis von Magdeburg. 2 Bde. Übersetzt von J. Müller, Regensburg 1880 (Neuübersetzung in Vorbereitung). Siehe auch: Ruh, Geschichte der abendl. Mystik II, S. 296–337.
25, 223

MECHTHILD VON MAGDEBURG (ca. 1208–1282 oder 1294)
Begine und später Zisterzienserin in Helfta. Aus ihren Aufzeichnungen entstand das älteste mystische Werk in Deutsch. WdM 348 ff. LThK 7, 225. – *Ausgabe:* Das fließende Licht der Gottheit. Zweite neubearbeitete Übersetzung mit Einführung und Kommentar M. Schmidt, Stuttgart-Bad Canstatt. 1995. – *Literatur:* K. Ruh, Geschichte der abendl. Mystik II, S. 245–295; „Aufstieg und Sturz der Seele", in: „Der Berg der Liebe", S. 86–128.
26, 73, 223 f., 225, 226, 252

MENAHEM MENDEL VON KOTSK (1781–1859)
Führer der chassidischen Bewegung in Polen. EJ 10, 222–224.

MENAHEM MENDEL VON WITEBSK (1730–1788)
Chassidischer Führer in Litauen, Minsk und Palästina. EJ 11, 1310.

MENG-TSE (372–289 v. Chr.). Auch: Menzius / Meng-ko.
Konfuzianischer Philosoph mit mystischer Schau, der die Tugend statt das Gesetz betonte. LThK 7, 302. NEB 8, 2. Pop 103.

MERKABA-MYSTIK Auch: Halakha-Mystik
Früheste Form jüdischer Mystik, erlebt als eine Reise zum Thron Gottes. LThK 7,
307. Pop 235–243. – *Literatur:* N. A. van Uchelen: Joodse mystiek: Merkaba: tempel
en troon, 1983, Bd. 1.Eine historische und literarische Einführung . In bezug auf die
jüdische Mystik im allgemeinen: G. Scholem: Judaica. 3 Bde. 1977–1981. – Ders.: Die
jüdische Mystik in ihren Hauptströmungen. Zürich 1957, Wissenschaftliche Sonder-
ausgabe: Frankfurt am Main 1967.
128, 153, 154f.

MERSWIN, Rulman (1307–1382)
Kaufmann in Straßburg. Seine Schriften genossen großes Ansehen im Kreis der „Gottesfreunde". WdM 353. LThK 9, 95. WP 19, 462.
241f.

MICHAEL A SANCTO AUGUSTINO (1622–1684)
Auch: Ballaert oder von Ballaer.
Flämischer Karmelit. Mystischer Schriftsteller. Geistlicher Freund Maria Petyts.
LThK 7, 399.
311

MILAREPA, Jetsun (1052–1135). Auch: Mi-la-ra-pa. Tibetanischer Mystiker, Dichter
und Sänger. Nachdem er die schwarze Magie aufgegeben hatte, wurde er jahrelang
von Marpa (1012–1096) unterrichtet. Er zog selbst viele Jünger an und hat in Tibet
noch immer großen Einfluß. WP 15, 369. NEB 15, 294. Pop 82. – *Literatur:* Tibet's
Great Yogi Milarepa. Hrsg. von W. Y. Evans-Wentz, Oxford ²1978.

MOHAMMED (570–632)
Politisch begabter Seher aus Mekka. Gründer des Islams. Seine mystische Erfahrung
erhielt die Form einer Himmelfahrt. LThK 7, 519. WP 15. 458–460. Pop 228–229. – *Literatur:* A. Schimmel: Mystische Dimensionen des Islams, Köln 1985.
31, 74, 124, 154

MOLINOS, Michael von (1628–1696). Auch: Miguel de Molinos.
Spanischer Mystiker. Einflußreicher geistlicher Führer in Rom. Seine Lehre über das
stille Beten und Versinken in Gott wurde als „Quietismus" verurteilt, er selbst zu le-
benslänglicher Gefangenschaft. WdM 360f. LThK 7, 530. WP 15, 470.
310, 354

MOSE (13. Jahrhundert vor Chr.)
Führer des jüdischen Volkes beim Auszug aus Ägypten. Erfuhr den lebendigen Gott.
LThK 7, 648–653, WP 15, 568.
107, 116ff., 156

MOSES BEN JACOB CORDOVERO (1522–1570)
Kabbalist. Systematisierte „Sohar" und andere Schriften. EJ 5, 967–970. LThK 7, 655.

MOSES BEN SHEM TOV DE LEON (ca. 1240–1305). Auch: Moses de Leon.
Kabbalistischer Führer. Verfasser des größten Teils des „Sohar". EJ 12, 425–427. LThK
7, 655.
43

MOSES MAIMONIDES (1135–1204). Auch: Rabbi Mose ben Maimon.
Spanischer Jude, Philosoph und Arzt. Schrieb das Standardwerk der jüdischen Philosophie: „Der Führer der Unschlüssigen". LThK 6, 1298–1299. EJ 11, 754–781. Pop

240. WP 14, 483. – *Ausgabe:* Mose ben Maimon: Führer der Unschlüssigen. Übersetzung u. Kommentar von A. Weiss, Hamburg 1981.

MÜLLER, Heinrich (1613–1675)
Lutheraner. Geistlicher Schriftsteller in der mystisch-erotischen Tradition. RGG IV, 1169.

MÜNTZER, Thomas (1490–1525). Auch: Münzer.
Führer einer radikal-spiritualistischen Volksbewegung. Geschlagen in Frankenhausen. LThK 7, 689. WdM 365. – *Ausgabe:* Thomas Münzer: Schriften und Briefe. Hrsg. von G. Franz, Gütersloh 1968. – *Literatur:* E. Wolgast: Thomas Münzer, Göttingen 1981. – E. Bloch: Thomas Münzer als Theologe der Revolution. Suhrkamp Tb Wissenschaft 551, Frankfurt am Main 1985.
284 ff., 289, 294

MUSO SOSEKI (1275–1351)
Berühmter japanischer Zen-Meister. Hatte politische Macht. Auch als Künstler bekannt. NEB 22, 315 und 2, 335. WP 15, 455–457. – *Literatur:* H. Münsterberg: Zen-Kunst, Köln 1978.

NAMMALVAR (8.–9. Jahrhundert)
Hindu-Mystiker, Dichter. Brautmystik, gerichtet auf Krishna. NEB 1, 304 und 27. 728.

NEUMANN, Therese (1898–1962)
Deutsche Frau aus Konnersreuth. Große Bekanntheit wegen ihrer mystischen Phänomene. WdM 373 f. WP 16, 309. – *Literatur:* J. Steiner: Therese Neumann von Konnersreuth, München ²1974.
77

NEUPLATONISMUS
Eine der bedeutendsten philosophischen Strömungen, die, auf Plotin zurückgehend, der mittelalterlichen Mystik zugrunde liegt. Der Grundgedanke ist, daß alles aus dem einen Unbestimmten entstanden ist, nach unten zu sich immer mehr aufteilend in viele Formen und endend in dem anderen Extrem: dem Nichts. Das mystische Element in diesem Denken liegt darin, daß man das Sichtbare bis in den Ursprung durchschauen und doch das letztlich Eine nicht rational erreichen kann, weil dieses über alles Sein hinausgeht. LThK 7, 917–919. WdM 374–375. WP 16, 288. – *Literatur:* Th. Wittacker: The Neo-Platonists. A Study in the History of Hellenism. Cambridge 1928; Nachdruck Hildesheim 1987.
172, 235, 354

NEW AGE
Bezeichnung, die andeutet, daß eine neue Epoche entstanden ist, nämlich das Zeitalter des Wassermanns (Aquarius-Zeitalter). Gebraucht, um die vielen Strömungen, die als Reaktion auf die rationale, technische Kultur entstanden sind, auf einen Nenner zu bringen. WdM 376. – Literatur: M. Ferguson: Die sanfte Verschwörung. Persönliche und gesellschaftliche Transformation im Zeitalter des Wassermanns. Mit einem Vorwort von Fritjof Capra. Aus dem Amerikanischen von Th. Reichau, Basel 1982; Knaur Taschenbuch 4123.
319

NICLAES, HENDRIK (1502–1580)
Kaufmann, Mystiker. Gründete in Amsterdam die „Familie der Liebe" (Familisten). LThK 7, 21. WP 16, 362. – *Literatur:* H. Hamilton: The Family of Love, Cambridge 1981.

NIKOLAUS VON FLÜE (1417–1487) Auch: Nikolaus Löwenbrugger / Bruder Klaus.
Vater von zehn Kindern. Zog sich in eine Einsiedelei bei Flüeli zurück. Hatte großen
politischen Einfluß auf die Schweizer Eidgenossenschaft. WdM 381. LThK 7, 985. WP
16, 356. – *Literatur*: P. Meier: Ich Bruder Klaus von Flüe. Ein biographischer Diskurs,
Zürich 1996.
241, 249, 250, 290

NIKOLAUS VON KUES (1401–1464) Auch: Cusanus.
Sohn eines Schiffers in Kues. Bischof, Diplomat, Mystiker, vielseitiger und eigenstän-
diger Denker. Aufgewachsen bei den Brüdern vom Gemeinsamen Leben in Deventer.
WdM 381 ff. LThK 7, 988–991. WP 16, 364–365. – *Ausgabe:* Opera omnia. Hrsg. im
Auftrag der Heidelberger Akademie der Wissenschaften, Hamburg 1959 ff., Cusanus
Gesellschaft.
167, 259 f., 270 f., 276, 278, 279, 283, 359

Oden Salomos *(Anfang 2. Jahrhundert)*
Eine Sammlung von 42 frühchristlichen, gnostischen Liedern. Syrisch. LThK 7, 1094.
WP 16, 534.

OETINGER, Friedrich Christoph (1702–1782)
Deutscher theosophischer Prädikant auf der Linie Böhmes. Er glaubte an die Leiblich-
keit Gottes, diese Überzeugung wurde vom schwäbischen Pietismus und von der Anthroposophie übernommen. WdM 385 f. LThK 7, 1299, WP 16, 576. – *Ausgaben:*
Sämtl. Schriften, hrsg. v. E. Ehmann, 1852–64, Neuausg. 190 ff. – Selbstbiographie,
hrsg. v. J. Roessle, 1961. – *Literatur:* H. F. Fullenwider: Friedrich Christoph Oetinger.
Wirkungen auf Literatur und Philosophie seiner Zeit, Göppingen 1975. – G. Spindler:
Friedrich Christoph Oetinger, in: Lebensbilder aus Schwaben und Franken 16, Stuttgart 1986, S. 38–76. Siehe auch: „Große Mystiker", S. 267–281.
284

OKKULTISMUS
Sammelname für Theorien und Praktiken, die nach Ansicht der Anhänger nur für
Eingeweihte zu verstehen oder zu erleben sind. Vieles, was sich heute als Mystik präsentiert, ist okkult. Das bezieht sich meist auf Nebenphänomene, die durch die Pa-
rapsychologie von dem Geheimnisvollen, das ihnen anhaftet, entkleidet werden können, oder auch auf die Geheimhaltung der Vereinigung. LThK 7, 1125. WdM 388. WP
20, 273.
44

OMAR, Chaijam (ca. 1062–1123). Auch: Chayyam / Khayyam.
Persischer Sufi-Dichter. Seine Werke gehören zur Weltliteratur. WP 17, 77. NEB 8,
945 und 22, 47/55.

ORIGENES (ca. 185–254)
Einer der kreativsten Denker seiner Zeit. Lebte in Alexandria. Seine Mystik geht vor
allem aus seinen Bibelkommentaren, insbesondere dem Kommentar zum Hohenlied,
hervor. WdM 389. LThK 7, 1230 bis 1235. WP 17, 263–265. – *Ausgaben:* Viele seiner
Schriften sind in zweisprachigen Ausgaben in den Soucres Chrétiennes, Paris 1960 ff.,
erschienen. – *Literatur:* N. Bernes: Origenes, Darmstadt 1981.
168 f.

PACHOMIUS DER ÄLTERE (ca. 287–347)
Mönch in Oberägypten. Begründer des koinobitischen Klosterlebens. LThK 7, 1330.
WP 17, 360.
180

404 *Anhang*

PANSOPHIE
Bewegung, die alles Wissen in einem einzigen zusammenfassenden Erkennen unterbringen und dadurch zu einer Welterneuerung kommen will, als Vorbereitung auf das Reich des bleibenden Friedens. Vertreter sind: Paracelsus, die Rosenkreuzer, Valentin Weigel, Jakob Böhme, Angelus Silesius, Johann A. Comenius und Friedrich Oetinger. Vor allem Comenius hat auf das Friedensdenken großen Einfluß ausgeübt. LThK 8, 23–24. WdM 392.
283

PARACELSUS, Philippus Aureolus (1493–1541). Auch: Theophrastus Bombastus von Hohenheim.
Schweizer Arzt und Alchemist. Gotteserkenntnis ist für ihn Selbsterkenntnis. LThK 8, 65. WP 17, 434. RGG.
269

PARMENIDES (ca. 512–443 v. Chr.). Philosoph-Schamane.
Empfing seine Erkenntnis bei seinen Himmelsreisen: „Das Seiende ist Eines". WP 17, 458. EM 210–211.

PASCAL, Blaise (1623–1662)
Mathematiker und Physiker, der zugleich die Religion verteidigte: Das Herz hat seine eigenen Gründe. WdM 393f. LThK 8, 125f. WP 17, 477–478. – *Ausgabe:* Œuvres complètes. Hrsg. von L. Lafuma, Paris 1963. – Gedanken. Nach der endgültigen Ausgabe übertragen von W. Rüttenauer. Einführung von R. Guardini, Wiesbaden 1953. – Schriften zur Religion, Einsiedeln 1982.
309, 318

PAULUS VON TARSOS († ca. 60)
Heidenapostel. Unter dem Einfluß einer Vision bekehrter orthodoxer Jude. Spricht von seinen Ekstasen und formuliert eine mystische Auffassung von Christus, von dessen Leib und dem neuen Menschen. WdM 397f. LThK 8, 216–238. – *Literatur:* J. Gnilka: Paulus von Tarsus. Apostel und Zeuge, Freiburg 1996. – B. Heininger: Paulus als Visionär. Eine religionsgeschichtliche Studie, Freiburg 1996. – E. Lohse: Paulus. Eine Biographie, München 1996.
153, 160ff., 164, 175, 217

PAZZI, Maria Magdalena dei (1566–1607)
Italienische Mystikerin. Ekstatische Visionen. Karmelitin in Florenz. WdM 343f. LThK 8, 241. WP 15, 195. – *Ausgabe:* „Tutte le opere, dei manoscritti originali". 7 Bde. Hrsg. von V. Puccini, Florenz 1960–66.

PETYT, Maria (1623–1677). Auch: Maria a Sancta Teresia.
Rekluse an der Karmelkiche zu Mecheln. Berichtete in einem Tagebuch erstaunlich genau über ihr mystisches Leben. Auch literarisch und psychologisch gehören ihre Schriften zu den interessantesten des 17. Jahrhunderts. WP 18, 99. – *Ausgabe:* Het leven van Maria Petyt (1623 1677). Ihre Autobiographie. Hrsg. von J. Merlier o. J.
22, 311f.

PHILON VON ALEXANDRIA (ca. 25 v. Chr. – 45 n. Chr.)
Jüdisch-hellenistischer Philosoph und Mystiker. LThK 8, 470. WP 18, 111f. – *Ausgabe:* Die Werke in deutscher Übersetzung. Hrsg. von L. Cohn, I. Heinemann, M. Adler, W. Theiler, Berlin 1962–1964.
55, 153, 155ff.

PICO DELLA MIRANDOLA, Giovanni (1463–1494)
Aus Florenz. Artikulierte eine neue mystische Auffassung vom Menschen. LThK 7,
436. WP 18, 125. – *Ausgabe:* Die Würde des Menschen. Nebst einigen Briefen und der
Lebensbeschreibung Pico della Mirandolas, Fribourg-Frankfurt-Wien o. J.
271, 273

PIETISMUS
Bewegung vor allem in den deutschsprachigen Ländern, wobei der Nachdruck auf das
innere Erleben gegenüber der veräußerlichten Kirche gelegt wurde. RGG V, 370–383.
LThK 8, 499–501. WdM 405–407. WP 18, 131–132. – *Literatur:* J. Wallmann: Der
Pietismus (Die Kirche in ihrer Geschichte Bd. 4), Göttingen 1990. – Geschichte
des Pietismus. Hrsg. v. M. Brecht, K. Deppermann, U. Gäbler u. a., 4 Bde., Göttingen
1993 ff.
248, 310

PLATON (427–347 v. Chr.)
Griechischer Philosoph. Sein Einfluß auf das abendländische Denken ist von entscheidender Bedeutung. WdM 409 f. LThK 8, 553 f. WP 18, 207. – *Ausgaben:* Werke in
8 Bänden (griechisch und deutsch). Hrsg. von G. Eigler, übersetzt von F. Schleiermacher, Darmstadt 1977.
135, 156, 201

PLOTIN (ca. 204–270)
Ägypter. Legte Platon mehr mystisch aus. Geistiger Vater des Neuplatonismus. WdM
412 f. LThK 8, 564. WP 18, 207. – *Ausgabe:* Plotins Schriften. 7 Bde. Übersetzt von
R. Harder, Hamburg 1956–1971.
170 ff., 212

POIMANDRES Auch: *Pimandres*
Lehrmeister des Hermes Trismegistos. Titel eines Traktats im Hermes Trismegistos,
wo er in einem Interview mit Hermes wesentliche Dinge erhellt. Der Traktat wurde
in das „Corpus Hermeticum" aufgenommen. – *Literatur:* J. Büchli: Der Poimandres.
Ein paganisiertes Evangelium, Leiden 1987. – R. A. Segal: The Poimandres as myth.
Scholarly theory and gnostic meaning, Leiden 1986.
150 f.

PORDAGE, John (1607–1681)
Anglikanischer Mystiker, der sich vor allem in Jakob Böhme wiedererkannte. RGG V,
463. LThK 8, 443 (Philadelphische Gesellschaft).

PORETE, Marguerite († 1310). Auch: M. de Hainaut.
Begine aus Valenciennes im Hennegau. Verfasserin des Buches „Spiegel der einfachen
Seelen", das später anonym oder unter Pseudonym weit verbreitet war und viel gelesen wurde. Porete selbst wurde aufgrund dieses Buches verurteilt und in Paris verbrannt. WdM 416. OGE 84, S. 388, 389; 87, Nr. 375. – *Ausgaben:* Der Spiegel der einfachen Seelen. Übersetzt von L. Gnädinger, Zürich/München 1987. – Le Miroir des
âmes simples et anéanties et qui seulement demeurent en vouloir et désir d'amour.
Übersetzung und Anmerkungen von M. Huot de Longchamp, Paris 1984. – *Literatur:*
P. Verdeyen: Le procès d'inquisition contre Marguerite Porète et Guiard de Cresso-
nessart (1309–1310), in: Revue d'histoire ecclésiastique, 81 (1986) 47–94. Siehe auch:
„Der hinreißende Fernnahe", in: „Der Berg der Liebe", S. 129–170; Ruh, Geschichte
der abendl. Mystik II, S. 338–371.
227 f., 296

PORPHYRIOS (234–306)
Griechischer Philosoph. Machte das Denken Plotins durch Veröffentlichung und Interpretation zugänglich. LThK 8, 620. WP 18, 305–306.
171

PSEUDO-DIONYSIUS AREOPAGITA (ca. 500)
Unbekannter, frühchristlicher Schriftsteller, der sich hinter dem Namen des Dionysius Areopagita, des von Paulus bekehrten Dionysius vom Athener Gerichtshof, verbirgt. Hat sehr großen Einfluß auf die mittelalterliche Mystik gehabt. WdM 424f. DS III, 286 bis 429. LThK 3, 402 f. – *Literatur:* A. Louth: The Origins of the Christian mystical Tradition. From Plato to Denys, Oxford 1981. Siehe auch: „Große Mystiker", S. 77–92.
33, 167, 181, 212, 224, 254, 261, 287, 354, 361

PYTHAGORAS (ca. 575 bis nach 500 v. Chr.)
Philosoph-Schamane aus Süditalien, auf den die Pythagoräer sich beriefen. Er selbst hat nicht geschrieben. Er lehrte Reinheit durch Einsicht in das Universum, das durch die Zahl bestimmt wird. WP 8, 469. – *Literatur:* Iamblichos: Pythagoras. Leben, Lehre und Lebensgestaltung, hrsg., übersetzt u. eingel. v. M. v. Albrecht, 1963. – Iamblichus / Porphyrius: Leven en leer van Pythagoras. Hrsg. und kommentiert von H. W. A. van Rooijen-Dijkman, Baarn 1987.
134, 262

QUÄKER
Der Name, den man den Anhängern von George Fox gab, weil sie vor Erregung zitterten. Der offizielle Name war „Society of Friends" – Gesellschaft der Freunde. LThK 8, 912 bis 914. WdM 429–431. WP 18, 498. – Ausgabe: Quäker spirituality: selected writings. Ed. von E. Gray Vining, London 1984. – Literatur: R. C. Scott: Die Quäker (Kirchen d. Welt A 14), Stuttgart 1974.
292

QUIETISMUS
Weist auf einen wesentlichen Aspekt des mystischen Prozesses hin: die Aufnahmebereitschaft, Ruhe (quies), das Nicht-Tun. In engerem Sinne weist der Begriff auf eine Bewegung hin, die diesen Aspekt verselbständigte, zumindest in iher Lehre. Die apatheia, die hesychastische Lehre, die Lehre der Brüder und Schwestern vom freien Geist, die Lehre des Molinos und der Madame Guyon. RGG V, 736–738. LThK 8, 939 bis 941. WdM 431–432. – *Literatur:* M. Bendiscioli: Der Quietismus zwischen Häresie und Orthodoxie, Wien 1964.
310, 354

QUSHAYRI, al- (986–1074). Auch: al Kushairi / Abu l'Kassim abd. al Karim.
Schrieb ein Buch über den Sufismus, um zu zeigen, daß er orthodox sei. NEB 22, 53. HI 362.
67

RABIA AL-ADAWIYA (†803). Auch: Rabia von Basra.
Dichterin aus Basra. Formulierte als Erste das Sufi-Ideal einer selbstlosen Liebe ohne Hoffnung auf ein Paradies oder Furcht vor einer Hölle. NEB 22, 19. HI 603–604. EM .

RAMAKRISHNA (1834–1886)
Indischer Mystiker und Guru. Durchlebte alle Religionen und erfuhr, daß alle im mystischen Kern gleich sind. Sein Schüler Vivekananda gründete die Ramakrishna-Bewegung. LThK 8, 984. WP 18, 566. NEB 9, 917; 20, 596 und 584. – *Ausgabe:* Sri Ramakrishna: Setze Gott keine Grenzen. Gespräche des indischen Heiligen mit seinen Schülern. Aus dem Bengalischen übersetzt, ausgewählt und eingeleitet von M. Kämp-

chen, Freiburg/Br. 1984. – *Literatur:* S. Lemaitre: Ramakrishna in Selbstzeugnissen und Bilddokumenten (rowohlts monographien), Reinbek 1963. – H. Torwesten: Ramakrishna, Schauspieler Gottes, Fischer Tb 5094, Frankfurt am Main 1981.
348

RAMANANDA (1370–1440)
Hindu-Mystiker / Dichter. Inspirator Kabirs. Ersetzte erotische Krishna-Verehrung durch mystische Verehrung von Rama-Sita. NEB 9, 918.

RAMANUDSCHA (1050–1137) Auch: Ramanuja.
Der erste Hindu-Mystiker, der das Bewußtsein von „Atmon" nicht als Ende, sondern als Prozeßphase sieht. Die Identität des Ichs und Gottes bedeutet: Ich existiere nicht unabhängig. Mystik ist ein Liebesprozeß. WP 18, 567–568. NEB 9, 918–919.

RAMAYANA *(4. Jahrhundert v. Chr.)*
Großes episches Gedicht über die Geschichte von Rama und Shiva. Von dem Weisen Valmiki. WP 18, 568. Pop 204–205.

REKLUSEN
Ursprüngliche Form religiösen Lebens für die einzelne Frau, die nicht im Klosterverbund leben wollte. Sie wurden unter bestimmten Riten und meistens bei einer Kirche eingemauert. WP 19, 85.
250

RICHARD VON SANKT VIKTOR (1123–1175)
Mystischer Theologe der Schule von Sankt Viktor in Paris. Übte großen Einfluß aus durch seine methodische Beschreibung des mystischen Prozesses. Schotte von Geburt. WdM 437 f. LThK 8, 1293. WP 19, 226. – Ausgabe: Über die Gewalt der Liebe. Hrsg. von M. Schmidt, München 1969. – Die Dreieinigkeit. Übertragung und Anmerkungen von H. Urs v. Balthasar, Einsiedeln 1980. – Literatur: K. Ruh: Geschichte der abendländ. Mystik I, S. 381–406.
212

ROLLE, Richard (ca. 1300–1349). Auch: Richard von Hampole.
Englischer Mystiker. Lange Zeit der meistgelesene mystische Schriftsteller in England. WdM 430 f. NEB 10, 146. LThK 8, 1292. – *Ausgabe:* The Fire of Love. Hrsg. von C. Wolters, Harmondsworth 1972.
253 f.

ROSA VON LIMA (1586–1617). Auch: Isabella von Lima.
Mystikerin aus Lima, Peru. WdM 441 f. LThK 9, 41. WP 18, 388.
42

RUMI, Dschalal al-Din (1207–1273). Auch: Jalal ad-Din Rumi.
Größter Dichter-Mystiker aus Persien. Sein Liebesverhältnis mit Schamsi Tabriz in Konya (Türkei) wurde für ihn zu einer Quelle mystischer Liebe, die sich in Poesie, Gesang und dem Derwisch-Tanz äußerte. WP 7, 306. HI 105–107. NEB 6, 475. Pop 232. EM 235–236. – *Literatur:* A. Schimmel: Rumi. Ich bin Wind und du bist Feuer. Leben und Werk des großen Mystikers. München [8]1995.

RUPERT VON DEUTZ (1075–1130)
Benediktiner aus Lüttich, Abt in Deutz. LThK 9, 104 f. WP 19, 469. – *Literatur:* R. Haacke: Die mystischen Visionen Ruperts von Deutz, in: Sapientiae doctrina, S. 68–90.

RUUSBROEC, Jan (Johannes) van (1293–1381). Auch: Ruysbroec und Ruisbroeck. Brabantischer Mystiker. Schrieb in seiner Muttersprache. Trinitätsmystik. Seine Werke waren schon früh auch im Ausland verbreitet. Er gehört zu den Großen. – WdM 447f. LThK 9, 127. WP 19, 493–494. – *Ausgaben:* Volledige werken. Hrsg. von der Ruusbroec-Gesellschaft, 4 Bde., 1944–1948. – Von 1978 an erschien in der Reihe „Ruusbroec hertaald", hrsg. von dem Verlag Lannoo in Tielt, eine neue kritische Ausgabe des ursprünglichen Textes mit einer Übersetzung von L. Moereels (9 Bde.). – Die Zierde der geistlichen Hochzeit und die kleineren Schriften. Hrsg. und übersetzt von F. M. Huebner, Frankfurt a. M. 1980.
25, 26, 27, 33, 41, 62, 67, 233, 238ff., 250

SABBATAI ZEVI (1626–1676). Auch: Schabtai Zwi.
Kabbalist aus der Türkei. Pseudo-Messias mit vielen Anhängern in der jüdischen Diaspora. WP 20, 410.

SABBATANISMUS
Jüdische Bewegung, von Sabbatai Zevi im 17. und 18. Jahrhundert begonnen. Stark messianisch mit heftigen Ekstasen und Visionen vom nahen Ende und vom Thron Gottes. Einige Anführer hielten sich für den Messias selbst. LThK 9, 190–191. WP 20, 410.

SADI, Moslih al'-Din Abu Mohammed Abdallah (ca. 1200–1292)
Persischer Dichter in Shiraz. Sprachvirtuose. Mystischer Einschlag. WP 19, 535.

SAHL AT-TUSTARI (818–896)
Reflektierte theosophisch über die Sufi-Mystik. HI 633–634.

SAINT SAMSON, JOHANNES VON, (siehe Jean de Saint-Samson)

SANAI (ca. 1050–1131). Auch: Sanayi.
Persischer Dichter-Mystiker. NEB 22, 20 und 10, 402.

SCHAMANISMUS
Die ursprüngliche Religion der Steppenvölker. Der Schamane ist der Mittelpunkt des Stammes. Er ist der Priester, der durch Ekstase zum Himmel und zur Hölle und zum Allerhöchsten vordringen kann. Moderne Bedeutungen von Schamane haben alle etwas mit der Ekstase-Technik und mit einer paranormalen Heilkunst zu tun. LThK 9, 366. WP 20, 411. – *Literatur:* Rausch: Ekstase, Mystik, Grenzformen religiöser Erfahrung. Hrsg. von H. Cancik, Düsseldorf 1978. – P. Heigl: Mystik und Drogenmystik, Düsseldorf 1980. – S. Davidson: Drugs, kruiden van hemel en hel, Antwerpen 1982.
43, 80ff., 108, 133ff., 320, 324, 361

SCHLEIERMACHER, Friedrich Daniel Ernst (1768–1834)
Deutscher protestantischer Theologe. Befaßte sich mit dem mystischen Kern der Religion. LThK 9, 413–415. WP 20, 187. – *Literatur:* E. Benz: The mystical sources of German romantic philosophy. Allison Park 1983.
332

SCHWENCKFELD, Kaspar von (1489–1561)
Deutscher evangelischer Theologe. Strebte aus einem mystischen Spiritualismus heraus nach einer geistlichen Kirchengemeinschaft. LThK 9, 346. WP 20, 251.
291

SCOTUS ERIUGENA (siehe Johannes Scotus Eriugena)

SEUSE, Heinrich (ca. 1295–1366). Auch: Suso.
Dominikaner. Sensibler Mystiker. Schüler Eckharts. Wirkte in der Schweiz und im Oberrhein-Gebiet. Freund von Elisabeth Stagel. WdM 459ff. LThK 5, 200f. – *Ausgaben:* Deutsche mystische Schriften. Aus dem Mittelhochdeutschen übertragen und hrsg. von G. Hofmann, Düsseldorf 1966. – Horologium Sapi̇́entiae. Hrsg. von P. Künzle, Fribourg 1977.
220, 239, 241, 242, 246, 250

SHANKARA (788–820). Auch: Sankara.
Größter Philosoph Indiens. Brachte in seinem kurzen Leben die Upanishaden zum Leben. Advaita (Nicht-Zweiheit)-Lehre: Die einzige Wirklichkeit ist Brahman, alles übrige ist Maya. Ruhe ist die Erfahrung der Identität zwischen Atman und Brahman. NEB 10, 418–419. WP 20, 56.

SHIBLI, ben Dschahdar al- (861–945)
Beamter, der nach seiner Bekehrung seine Begeisterung ziemlich merkwürdig in den mystischen Kreisen Bagdads äußerte. In ein Irrenhaus eingesperrt. Seine Ansichten sind überliefert. HI 692–693.

SHINRAN (1173–1262)
Reformierte die Jodo-Shu-Sekte zu Jodo-Shin-shu (Schule des wahren reinen Landes). Lehrte den plötzlichen Weg. Er neigte zum Quietismus, gründete aber eine aktivistische Sekte. Toynbee 240.

SHIVAISMUS
Hindu-Religion, die vor allem das weibliche Prinzip im Gott Shiva betont, dem Urquell von allem, was entsteht und stirbt. WP 20, 346.
327

SOHAR (um 1280)
Basisschrift der Kabbala, wie sie in der Provence und in Nordspanien zur Blüte kam. Geschrieben, wenigstens zu einem Teil, von Moses von Leon. LThK 10, 1395. WP 24, 570. – *Ausgaben:* E. Müller: Der Sohar. Das Heilige Buch der Kabbala. Köln ³1986. – Zohar, the book of enlightenment. Translated by Chanan Matt, London 1983. – *Literatur:* G. Scholem: Zur Kabbala und ihrer Symbolik, Zürich 1960, Suhrkamp Tb. 13, 1973.
43, 266

SOLOVJOV, Vladimir Sergejewitsch (1853–1900)
Russischer Philosoph und Dichter. Mystisch inspiriert. WdM 402. LThK 9, 869. WP 20, 530. – *Literatur:* J. Sutton: The Religious Philosophy of Vladimir Solovjov. Towards a reassessment. Library of Philosophy and Religion 1988. – M. George: Mystische und religiöse Erfahrung im Denken V. Solovjovs, Göttingen 1988.
324

SPINOZA, Baruch de (1632–1677). Auch: Benedictus / Bento Spinoza.
Niederländischer Philosoph von portugiesischer jüdischer Herkunft. Versuchte Wissenschaft und jüdisch-mystische Tradition miteinander zu vereinen. LThK 9, 970f. WP 21, 80–82.

SPIRITUALEN
Franziskaner, die für die Befolgung des Testaments des Franziskus gegen die Strukturerrichter kämpften. Später auch, angeregt von Joachim von Fiores Blick auf die Geschichte, für die „spirituelle Kirche". Der zäheste Widerstand kam von seiten der Fraticelli. Die Bezeichnung „Spirituale" oder „Spiritualisten" wurde auch für Gruppen von Protestanten gebraucht, die gegen die Erstarrung in der Kirche angingen und den

Nachdruck auf Erfahrung, Frömmigkeit, inneres Leben, Hören auf das innere Wort legten, wie Pietisten, Enthusiasten und die niederländischen Bevindelijken, Erweckungsbewegungen. LThK 9, 974. WdM 170f. und 422f. WP 21, 85. – *Literatur:* H. Weigelt: Spiritualistische Tradition im Protestantismus, Bern 1973.
200

STAGEL, Elisabeth (†ca. 1360). Auch: Stagelin.
Dominikanerin aus Zürich. Freundin Seuses. Durch ihre Aufzeichnungen und ihre Korrespondenz ist das Werk Seuses erhalten geblieben. LThK 9, 1006.
241

STEINER, Rudolf (1861–1925)
Begründer der Anthroposophie, nachdem er aus der Theosophischen Vereinigung ausgeschlossen worden war. Übte großen Einfluß auf die moderne Mystik, den Unterricht und die Künste aus. Die „Gesamtausgabe" von 1959 an (Dornach) umfaßt schon mehr als 350 Bände. LThK 9, 1032. WP 21, 194. Pop 330–334.
284f.

SUFI-BEWEGUNG
Mystische Bewegung im Islam. Auch als Reaktion auf das Starre und Abstrakte. Es gibt Schulen und Orden. Oft eine stark erotische Note. Die verwestlichte Sufi-Bewegung wurde von Inayat Khan gegründet. LThK 9, 1149. WP 20, 561–562.
43, 54, 67, 348

SUHRAWARDI-AL-MAQTUL (ca. 1155–1191). Auch: al-Suhrawardi
Persischer Sufi. Leiter der „Erleuchtungs"-Schule. Predigte eine mystische Lehre, in der sich Zoroastrismus und Hermetik verbinden. In Aleppo hingerichtet. NEB 22, 22.

SURIN, Jean-Joseph (1600–1665)
Französischer Mystiker. Jesuit. Konnte seine Erfahrungen nicht verkraften. WdM 472. LThK 9, 1193. – *Literatur:* S. Breton: Deux mystiques de l'excès: J.-J. Surin et Maître Eckhart, Paris 1985.
29, 64

SWEDENBORG, Emanuel (1688–1772)
Schwedischer Physiker. Beschrieb als Wissenschaftler die Welt der Geister, wie er sie in Visionen schaute. 1788 wurde von seinen Anhängern die „Kirche des neuen Jerusalem" gegründet. WdM 472ff. LThK 9, 1199. WP 21, 370. – *Ausgabe:* The universal human and soul-body interaction. Hrsg. von G. F. Dole, London 1984.
71, 284, 324

SYMEON DER NEUE THEOLOGE (ca. 949–1022)
Byzantinischer Mystiker. RGG VI, 554. WdM 476f. LThK 9, 1215. – *Literatur:* B. Fraigneau-Julien: Les sens spirituels et la vision de Dieu selon Symeon le Nouveau Theologien, Paris 1985. – W. Völker: Praxis und Theorie bei Symeon dem Neuen Theologen. Ein Beitrag zur byzantinischen Mystik, Wiesbaden 1974. Siehe auch: „Große Mystiker", S. 93–106.

SYMEON STYLITES der Ältere (ca. 389–459). Auch: Symeon der Säulensteher.
Zog sich auf eine Säule außerhalb Antiochias zurück, die er immer wieder ein Stück höher machte, bis zu 20 Metern hoch. LThK 9, 1216. WP 20, 379.
177, 181

Tao-teh-tching *(zwischen 500 und 300 v. Chr.). Auch: Tao-te-king / Tau-te-Tching.*
Lao-tse zugeschrieben. In Wirklichkeit eine Sammlung von Schriften, die vom

6. Jahrhundert bis etwa 300 v. Chr. angewachsen ist. Inhalt: Tao ist der Weg der Natur. Ist unnennbare Einheit, aus der Zweiheit (yin-yang) hervorgeht. WP 21, 470. Siehe auch: Taoismus. LThK 9, 1294. *Ausgabe:* Lin Yutang: Die Weisheit des Laotse. Fischer Tb., Frankfurt am Main 1986. – *Literatur:* J. Blofield: Der Taoismus, Köln 1986. 143

TANTRISMUS
Eine Art Mysterienreligion aus dem alten Indien, die in den späteren Hinduismus und Buddhismus eindrang, vor allem von Südindien aus. Er kennt viele Meditationsriten und -bilder, auch sexuell-mystische. LThK 9, 1290. Pop 336–337. WP 21, 449–500.
54, 100ff., 104f. 362

TAULER, Johannes (1300–1361)
Dominikaner, Mystiker, Schüler Eckharts. Zentrale Gestalt im Kreis der „Gottesfreunde". WdM 478ff. LThK 5, 1089f. WP 21, 466. – *Ausgaben:* Opera omnia, Hildesheim 1985. Johann Taulers Predigten. Übersetzt und herausgegeben von G. Hofmann u.a. 1961 (Reprint mit einer Einführung von A. M. Haas, Einsiedeln 1979). – *Literatur:* L. Gnädinger: Johannes Tauler. Lebenswelt und mystische Lehre, München 1993.
62, 220, 239f., 241, 242

TEILHARD DE CHARDIN, Pierre (1881–1955)
Jesuit, französischer Geologe, Paläontologe und Philosoph. Mystische Sicht des evolvierenden Alls als Entfaltung des Bewußtseins und des mystischen Leibes Christi. WdM 480. WP 21, 488. – *Ausgabe:* Œuvres de Pierre Teilhard de Chardin, Paris 1955–1965. – Gesamt-Ausgabe, Olten/Freiburg 1961ff. – *Literatur:* C. Cuénot: Teilhard de Chardin. Leben und Werk, Olten 1966. – „Briefe an Frauen". Herausgegeben und erläutert von G. Schiwy, Freiburg 1988.
44, 324f., 327, 348

Tempel unserer Seelen *(um 1530), siehe: „Evangelische Perle".* ThW 3464
Ausgabe: Gods tempel zijn wij. Door de Schrijfster van de Evangelische Perle. Een liturgiebeleving uit de XVIe eeuw, Bonheiden 1980.

TERESA VON AVILA (1515–1582). Auch: Theresia / Teresa de Cepeda y Ahumada.
Spanische Mystikerin. Karmelitin. Sehr erfolgreiche Reformerin. Beschrieb genau alle mystischen Phänomene und den mystischen Weg durch die Psyche hindurch. WdM 489ff. LThK 10, 98–102. WP 22, 35. – *Ausgabe:* Die kritische Ausgabe der Werke wurde von O. Steggink in der spanischen Reihe BAC veranstaltet, Madrid ⁸1986. – Sämtliche Schriften, 6 Bde., übersetzt von A. Alkover, München 1956–63. – Die innere Burg. Hrsg. und übersetzt von F. Vogelgsang, Zürich 1979. Siehe auch: „Große Mystiker", S. 222–236. – *Literatur:* J. Burggraf: Teresa von Avila. Humanität und Glaubensleben, Paderborn 1996.
24, 26, 50, 63, 67, 68, 69, 71, 73, 74, 220, 225, 293, 297ff., 302, 308

TERSTEEGEN, Gerhard (1697–1769)
Deutscher mystischer Dichter und Pfarrer. Stand stark unter dem Eindruck des Quietismus von Madame Guyon. WdM 483. WP 21, 540. – *Ausgabe:* Geistliche Reden. Hrsg. von A. Löschborn und W. Zeller, Göttingen 1979. – *Literatur:* H. Ludewig: Gebet und Gotteserfahrung bei Gerhard Tersteegen, Göttingen 1986. Siehe auch: „Große Mystiker", S. 251–266.
310

THAKAR, Virnala
Freundin Krishnamurtis. Indische Mystikerin. Pop 253.

Theologia Deutsch. Auch: Theologia Germanica.
Anonyme mystische Abhandlung, die Tauler zugeschrieben, aber in Wirklichkeit von einem Anonymus aus dem Kreis der Gottesfreunde verfaßt wurde. Die Abhandlung wurde von Luther hoch geschätzt. Er gab diese 1516 heraus. – *Ausgaben:* Der Franckforter. Theologia Deutsch. In neuhochdeutscher Übersetzung herausgegeben von A. Haas, Einsiedeln 1980. – W. von Hinten: „Der Franckforter" („Theologia Deutsch"). Kritische Textausgabe, Zürich/München 1982.

THEOSOPHIE
Eine Weltanschauung, die aus der mystischen Erfahrung des Göttlichen Wissen zu Weisheit (sophia) bringen will. In der modernen Theosophie wird diese Weisheit als der Kern aller Religionen gesehen. Diese universale Theosophie wurde zusammengefaßt und neu artikuliert von H. P. Blavatsky. Sie gründete 1875 die „Theosophische Vereinigung". Von ihr spaltete sich 1885 die „Theosophische Gesellschaft" ab. LThK 10, 95. Pop 345–500. WdM 488 f. WP 22, 33. RGG 6, 845 ff. – *Literatur:* H. P. Blavatsky: Der Schlüssel zur Theosophie, (1889), Graz 1969.– S. Bichlmayr: Christentum, Theosophie und Anthroposophie, Wien 1955.
283 f.

THERESE VON LISIEUX (1873–1897)
Französische Mystikerin. Karmelitin. Lebte und beschrieb „den kleinen Weg". Echte mystische Passagen wurden in der ersten Ausgabe ausgelassen. WdM 492. LThK 10, 102 f. WP 22, 35. Ausgabe: Selbstbiographische Schriften, Einsiedeln 1978.

THOMAS VON AQUIN (1225–1274)
Dominikaner. Erbauer des Systems des mittelalterlichen Denkens. Erst am Ende seines Lebens empfing er eine mystische Erfahrung. WdM 493. LThK 10, 119–134. WP 22, 51–52.
32

THOMAS VON KEMPEN (1379–1471). Auch: Hemerken van Kempen / Thomas a Kempis.
Augustinerchorherr, gilt als Verfasser des weltberühmten Buches „Nachfolge Christi" (De Imitatione Christi). WdM 495f. LThK 10, 144. WP 22, 53. – *Ausgabe:* Das Buch von der Nachfolge Christi. Übertragen v. J. M. Sailer, bearbeitet v. W. Kröber (Reclams UB 7663). – *Literatur:* H. N. Janowski: Geert Groote, Thomas von Kempen und die Devotio Moderna, Olten 1978.
25, 248

THOMAS VON VERCELLI († 1246). Auch: Thomas Gallus.
Schuf im Andreaskloster in Vercelli ein Studienzentrum für Mystik. Hatte bedeutenden Einfluß auf die franziskanische Mystik, vor allem durch seinen Schüler Antonius von Padua. LThK 10, 149.

Tibetanisches Totenbuch
Handbuch mit Anweisungen für tote Seelen. Von tibetischen Mönchen als Handbuch für mystische Betrachtungen gebraucht. WP 22, 72. – *Ausgabe:* Das Totenbuch der Tibeter. Eine neue Übersetzung aus d. Tibetischen m. Kommentar v. F. Fremantle u. Chögyam Trungpa, Düsseldorf-Köln 1976.
33

TM-BEWEGUNG
TM bedeutet „transzendentale Meditation". Gegründet 1958 von Maharishi Mahesh Yogi aus Madras. Dieser Guru reiste seitdem durch die ganze Welt und verstand es, die westliche Elite zu einer weitausgebauten Organisation zu bringen, in der die In-

tegration von östlicher und westlicher Meditation erforscht und ausgeübt wird. Der
religiöse Charakter ist allmählich verschwunden. Hauptziel scheint jetzt zu sein:
Ruhe zu finden bei Teilnahme an der Konsumgesellschaft. WP 14, 478–479; 22, 189
bis 190. – *Literatur:* C. van der Burg u.a.: Transcendente meditatie: een kritische
analyse, Amsterdam 1984. – F. W. Haack: Transzendentale Meditation, München
⁵1980.
48, 61

Upanishad *(zwischen 1000 und 500 v. Chr.)*
Sammelbegriff für Sammlungen verschiedener Betrachtungen, entstanden in Indien
seit etwa 800 v.Chr. LThk 10, 539. Pop 208–209. WdM 250 (Indische Mystik). WP 22,
393. – *Ausgabe:* Sechzig Upanishad's des Veda, Leipzig 1897 (Darmstadt 1963). – *Literatur:* H. LeSaux: Der Weg zum anderen Ufer. Die Spiritualität der Upanishaden.
Übersetzt von B. Bäumer, Düsseldorf 1980.
89 ff., 171

VALENTIN (2. Jahrhundert n. Chr.)
Einer der bedeutendsten Lehrer der Gnosis. Aus Alexandria. WP 22, 457.
166

VALLABNA (1473–1531)
Gründer einer Bhakti-Sekte, die Krishna verehrt. WP 22, 463.

Vätersprüche *siehe: Apophthegmata Patrum*

Vedanta Sutras
System von 555 Sutren als Interpretation der Upanishaden durch Badarayana. Es
diente als Grundlage für die späteren Hindu-Mystiker, wie Shankara, die sie kommentierten. LThK 10, 648. Pop 211. WP 22, 503.

Vedische Schriften (von etwa 1500 v. Chr. an)
Eine Sammlung von Schriften, bestehend aus vier Teilen. Von der ältesten zu jüngsten: Rigveda, Samaveda, Agurveda und Atharvaveda. WP 22, 503. Pop 210–212.
89 f., 107

VINCENZ VON PAUL (1628–1660)
Mystiker der Tat. LThK 10, 801 f. WB 23, 203. – *Literatur:* Vinzenz von Paul. In seiner
Zeit und im Spiegel seiner Briefe, Vorträge und Gespräche. Übertragen und eingeleitet von H. Kühner, Einsiedeln 1950.
57, 59, 311

VISHNUISMUS
Religion, die auf den Gott Vishnu und seine Inkarnationen gerichtet ist, vor allem auf
Rama und Krishna. Einer der drei Hauptströme des Hinduismus. WP 22, 444.
53 (s.a. Alvars)

VITAL siehe: Chajim

VIVEKANANDA (1862–1902)
Schüler Ramakrishnas. Führte die Hindu-Mystik in die Vereinigten Staaten ein. Proklamierte auf dem World Parliament of Religions in Chicago, 1893, die Gleichheit
aller Religionen im mystischen Kern. WP 23, 244. – *Literatur:* R. Roland: Der Göttermensch Ramakrishna und das universale Evangelium des Vivekananda, Zürich
1964.
348

WALDENSER
Ursprünglich eine Armutsbewegung, begonnen von Petrus Waldes in Lyon. Verketzert und verfolgt, lebten sie weiter in der Lombardei. Seit dem 16. Jahrhundert gehören sie dem reformierten Protestantismus an. LThK 10, 933–935. WP 19, 634–635. – *Literatur:* M. Schneider: Europäisches Waldensertum im 13. und 14. Jahrhundert, Berlin 1981. 196

WEIGEL, Valentin (1533–1588)
Deutscher Mystiker. Lutherischer Pfarrer in Zschopau. Entwickelte von der Mystik aus eine Erkenntnistheorie. Sah die Kirche ausgesprochen spiritualistisch. WdM 516. LThK 10, 979. WP 24, 55. – *Ausgaben:* Valentin Weigel: Sämtliche Schriften. Hrsg. von W.-E. Peuckert / W. Zeller, bisher Lieferung 1–7, Stuttgart 1962–1978. – V. Weigel: Ausgewählte Werke. Hrsg. v. S. Wollgast, Berlin 1977.

WEIL, Simone (1909–1943). Auch: Weill.
Agnostisch-jüdisch. Suchte für ihre Erfahrungen Klarheit bei den Stoikern, dem Hinduismus, dem Katholizismus und durch Solidarität mit den Arbeitern. WdM 517f. RGG 1258–1259. LThK 10, 992. – *Ausgaben:* Das Unglück und die Gottesliebe, München [2]1961 – Schwerkraft und Gnade, München [3]1981 – Zeugnis für das Gute, Olten [2]1979. Alle übersetzt und herausgegeben von F. Kemp. 359

WIEDERTÄUFER
Anhänger Zwinglis, die ihn nicht radikal genug fanden und 1523 eine eigene Gemeinde bildeten. Sie wurden verfolgt und wohnten verstreut von Straßburg, den Rhein entlang, bis in die Niederlande. Es waren oft Handwerker, die aus der Vision von einer geistlichen Stadt Gottes lebten. Versuche, diese Stadt in Münster zu gründen, mißlangen. Die verstreuten friedlichen Wiedertäufer wurden von Menno Simons gesammelt und nannten sich fortan lieber Taufgesinnte oder Mennoniten. LThK 10, 1107–1108. WdM 521. 288f.

WILHELM VON SAINT-THIERRY (1085–1148). Auch: Guillaume de Saint-Thierry
Mystiker aus Lüttich. Freund Bernhards v. Clairvaux. Hat die niederländische Mystik stark beeinflußt. WdM 521f. LThK 10, 1150–1152. – *Ausgabe:* J. M. Déchanet: Œuvres choisies de Guillaume de Saint-Thierry, Brüssel 1943. – *Literatur:* Y. Baudelet: L'expérience spirituelle selon Guillaume de Saint-Thierry, Paris 1985. Siehe auch: K. Ruh: Geschichte der abendl. Mystik I, S. 276–319. 213f., 224

Wolke des Nichtwissens (14. Jahrhundert)
Ein anonymer englischer mystischer Traktat, geschrieben von jemandem, der Pseudo-Dionysius ins Englische übersetzte. – *Ausgabe:* Die Wolke des Nichtwissens. Übertragen und eingeleitet von W. Riehle, Einsiedeln 1983. – *Literatur:* W. Jäger: Kontemplation, Gottesbegegnung heute: Der Weg in die Erfahrung nach Meister Eckehart und „der Wolke des Nichtwissens", Salzburg 1982. 250ff.

Wüstenväter (siehe Apophthegmata)

Yoga Sutra
Eine Basisschrift, mit kurzen vedischen Zusammenfassungen über Yoga, gesammelt von Patanjali, der zwischen dem 2. und dem 5. Jahrhundert n.Chr. gelebt haben muß. LThK 10, 1289. Pop 201, 203, 355–356. WP 24, 390. – *Literatur:* J. H. Woods: The Yoga-System of Patanjali, Delhi 1952.

YUNUS EMRE (13. Jahrhundert)
Sufi-Dichter. Bei ihm beginnen die türkische mystische Poesie und der Orden der
Derwische. NEB 22, 22.

ZINZENDORF, Nikolaus Ludwig von (†1760)
Gründer der Evangelischen Brüdergemeine (Herrnhuter). Suchte „die Religion des
Herzens". Schrieb etwa 2000 geistliche Lieder. WdM 526f. LThK 10, 1376–1378. WP
24, 562. – *Literatur:* D. Meyer: Christus, mein anderes Ich. Zu Zinzendorfs Verhältnis
zur Mystik, in: Zeitwende 54 (1983) 87–101.

ZOROASTER (zwischen 1500 und 1200 v. Chr.) Auch: Zarathustra.
Priester-Schamane. Dichter. Gründer der zoroastrischen Religion, die im persischen
Reich Staatsreligion wurde. Predigte *einen* Gott, das Ende der Zeiten, das Gericht
über Himmel und Hölle, das tausendjährige Reich. LThK 10, 1312, NEB 29, 1078 bis
1083. WP 24, 450. – *Ausgabe:* The Gathas of Zarathustra. Übersetzt von S. Insler, Leiden 1975. – *Literatur:* F. Zölzer: Leben und Lehre Zarathustras nach den Gathas,
Würzburg 1979.
107ff., 117, 121, 125, 129, 132, 135, 284

Bildnachweis

ABC-Press Service, Amsterdam, 75 o., 178 u., 340
ACL, Brüssel, 253 u.
Alte Pinakothek, München, 211 o.
American Academy, Rom, 170
ANP-Foto, Amsterdam, 345 u.
Archiv Bruno Borchert, Maastricht, 40, 50, 80 o., 82, 93, 119, 124, 130 o., 131, 167,
    184, 188, 220, 244 o., 249 o., 249 u., 273, 274, 275 o., 277, 278, 279, 326, 334 o., 341,
    347 u., 356 o., 356 u., 357 o., 357 u.
Badische Landesbibliothek, Karlsruhe, 58, 219
Bayerische Staatsbibliothek, München, 331
Biblioteca Apostolica Vaticana, Vatikan, 206
Biblioteca Nacional, Madrid, 299
Biblioteca Nazionale Centrale, Florenz, 264, 265
Biblioteca Statale, Lucca, 36, 321 u.
Bibliothèque Municipale, Troyes, 210
Bibliothèque Nationale, Paris, 144 o., 260, 261, 321 o., 323
Bild der Wissenschaft, Stuttgart, 322
Bildarchiv Foto Marburg, Marburg/Lahn, 163, 352 o.
Bildarchiv Preußischer Kulturbesitz, Berlin, 174, 337
Bodleian Library, Oxford, 112 u., 192, 228
British Museum, London, 150 r.
Joan Broderick 360
Bürger Bibliothek, Bern, 320
C.E.R.N., Genf, 322 o.
Cincinnati Art Museum, Cincinnati, 112 u.
Cordon Art, Baarn, 330
Corpus Christi College, Cambridge, 204
Escorial, Madrid, 257 l.
C. Barton van Flymen, Zuiderwoude, 75 u.
Werner Forman Archiv, London, 112 o. l.

Lambert van Gelder, Nijmegen, 191, 352 u.
Glasgow Museum & Art Gallery, Glasgow, 305
Greek Museum, Newcastle upon Tyne, 150 l.
Robert Harding Picture Ltd., London, 178 o.
King's College, Cambridge, 211 u.
Koninklijke Bibliotheek Albert I, Brüssel, 239, 240, 256, 353
Kunsthistorisches Museum, Wien, 334 u.
Bernhard Lontin 253 o.
Metropolitan Museum of Art, New York, 87
Musée de Louvre, Paris, 181, 245 o.
Museo Archeologico Nazionale, Cividale del Friuli, 201
Museo del Prado, Madrid, 230
Museum of Fine Arts, Boston, 225
Nederlands Carmelitaans Institut Boxmeer 297 r., 312
Niedersächsische Staats- und Universitätsbibliothek, 94
Neue Galerie, Aachen, 343
Pinacoteca Ambrosiana, Mailand, 197
Rijksmuseum Meermanno-Westreenianun, 's-Gravenhage, 229
Roger-Viollet, Paris, 113 o.
Routhier, Paris 268
Sammlungen der Benediktinerabtei, Einsiedeln, 349
Scala, Antella, 38 o. l., 63, 75
Sprengel Museum, Hannover, 274 u.
Stedelijk van Abbemuseum, Eindhoven, 181 m., 275 u.
Thames & Hudson Ltd., London, 94, 100–105
Topkapi Sarayi Muzesi, Istanbul, 31
Universiteitsbibliotheek, Amsterdam, 30, 347 o.
Universiteitsbibliotheek, Leiden, 244 u.
George Weidenfeld and Nicholson Ltd., London, 245 u.
Whitworth Art Gallery, The, Manchester, 257
Kurt Will, 345 o.